新中国著名大学校长评传

下卷

程斯辉 刘立德／主编

中国教育出版传媒集团
人民教育出版社
·北京·

图书在版编目（CIP）数据

新中国著名大学校长评传．下卷／程斯辉，刘立德主编．—北京：人民教育出版社，2023.6

ISBN 978-7-107-37311-4

Ⅰ．①新… Ⅱ．①程… ②刘… Ⅲ．①高等学校—校长—评传—中国—现代 Ⅳ．① K825.46

中国国家版本馆 CIP 数据核字（2023）第 109833 号

新中国著名大学校长评传　下卷

出版发行　人民教育出版社
（北京市海淀区中关村南大街 17 号院 1 号楼　邮编：100081）
网　　址　http://www.pep.com.cn
经　　销　全国新华书店
印　　刷　北京盛通印刷股份有限公司
版　　次　2023 年 6 月第 1 版
印　　次　2023 年 10 月第 1 次印刷
开　　本　787 毫米 ×1 092 毫米　1/16
印　　张　32.75
字　　数　367 千字
印　　数　0 001~1 500 册
定　　价　86.00 元

李国豪

周培源

苏步青

刘佛年

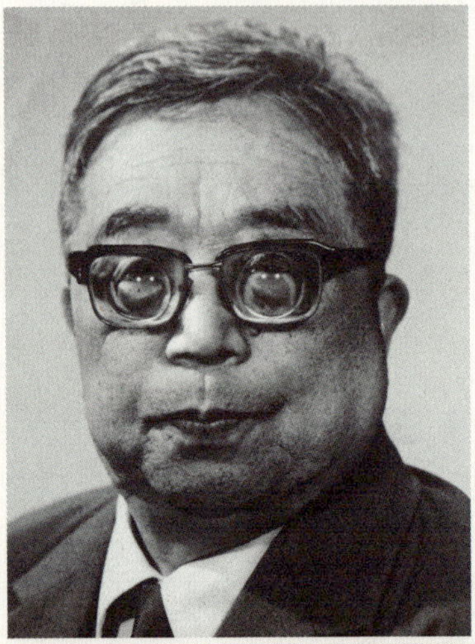

唐敖庆

严济慈

李秉德

叶培大

钱令希

史绍熙

钱伟长

谢希德

丁石孙

袁宝华

吴咏诗

母国光

潘承洞

编委会

丛书责编　韩华球　杨　燕
本卷责编　穆建亚

出版说明

历史是最好的教科书。新时代开展党史、新中国史、改革开放史、社会主义发展史教育，要注重把握历史规律，领悟历史智慧，形成历史共识。办出中国特色、世界一流大学，不仅需要研究外国大学教育的历史和现状，吸取外国大学教育的经验，还需要不断增强中华民族的大学教育自信，全面探讨我国特别是新中国大学教育的历史与现状，系统总结我国大学教育的思想智慧，发扬光大我国大学教育的优良传统。

习近平总书记强调："我国有独特的历史、独特的文化、独特的国情，决定了我国必须走自己的高等教育发展道路，扎实办好中国特色社会主义高校。"新中国著名大学校长研究是新中国大学教育史和中国共产党大学教育思想史研究的重要组成部分。我们必须了解在党的领导下新中国大学教育波澜壮阔、与时俱进的发展历程、光荣传统、宝贵经验和伟大成就，做到知史爱党、知史爱国，进一步明晰中国特色社会主义大学的初心和使命。我们必须探索中国特色社会主义大学教育的发展道路和规律，从新中国著名大学校长身上汲取营养，获得资源，坚定教育自信，为从高等教育大国向高等教育强国迈进而不懈奋斗。

人民教育出版社对大学校长和高等教育的研究历来十分重视，

所出图书涉及大学教育实践、大学教育思想和大学教育精神等各个方面，不仅编辑出版了《蔡元培教育论著选》《蒋梦麟教育论著选》《张伯苓教育论著选》《蔡元培年谱长编》《张伯苓年谱长编》等一系列大学校长的文选、年谱，还编辑出版了新中国第一部高等教育学著作《高等教育学讲座》及《高等教育研究丛书》《中国近代著名大学校长研究》《中国近代大学精神史》《大学校长的教育理念与治校》《论大学》等一系列重点学术图书，为人们研究和学习著名大学校长办学治校的先进事迹、光辉思想和高尚品德提供了重要文献。

为了庆祝中国共产党成立100周年，学习总结中国共产党大学教育思想特别是新中国社会主义大学教育发展规律和大学管理经验，深切缅怀新中国著名大学校长的丰功伟绩，以及发扬光大新中国著名大学校长的精神财富，我们特组织编写出版三卷本《新中国著名大学校长评传》。敬请读者对本书的编辑出版工作提出宝贵意见。

人民教育出版社
2020年12月1日

序

新中国成立伊始，百废待兴，最重要的是要有人才。但是新中国成立前夕，我国的高等教育很不发达，全国只有高等学校205所，其中公立学校124所，私立学校81所，大学生总共才11.7万余人。新中国成立以前的高等学校以文科为主，培养工农业专家的高校很少，分布也不均衡，不能适应新中国经济社会建设的要求。同时，新中国成立后改造旧教育的任务非常繁重。《中国人民政治协商会议共同纲领》指出："中华人民共和国的文化教育为新民主主义的，即民族的、科学的、大众的文化教育。人民政府的文化教育工作，应以提高人民文化水平，培养国家建设人才，肃清封建的、买办的、法西斯主义的思想，发展为人民服务的思想为主要任务。"因此，新中国成立以后的一段时间，高等教育变革的任务，一是改造旧的高等学校，二是建立新的高等学校。1952年开始的高等学校院系调整，就是为了加强理工科及农林院校，调整高等学校在全国的布局，使高等学校更好地为新中国的经济社会建设服务。在这个过程中涌现了一批著名的大学校长，如清华大学的蒋南翔、北京大学的陆平，分别为清华大学和北京大学的改造和发展做出了重要贡献；新高校中国人民大学的建立，第一任校长吴玉章贡献了他的杰出思想和领导力；华中工学院（后发展为华中理工大学并又发展为华中科技大学）的建设，是朱九思校长主持规划的。可以说，新中国高等教育体系是在老一辈著名校长的积极引领特别是他们的非凡智慧和辛勤劳动下建成的。同时，新中国成立70多年来，特别是改革开放40多年来，在高等教育的改革发展过程中，也培养了一批著名大学校长。

根据最新的统计，我国2020年有普通高等学校2 738所，在校学生4 183万人，高等教育毛入学率达54.4%。当前，我国高等学校正在建设一流学科和一流大学，向教育现代化和高等教育强国迈进。在我国高等教育进一步改革发展的过程中，我们不能忘记一大批著名校长对新中国高等教育建设做出的贡献，以及他们创造的高等教育理论的宝贵财富。在贯彻落实《中国教育现代化2035》的实践进程中，我们需要继承和发展新中国著名大学校长的办学理念和实践经验。同时，在构建和完善中国特色社会主义高等教育理论体系的进程中，我们也需要总结和发扬他们的办学理念和实践经验。

程斯辉同志和刘立德同志本着学习、总结和研究新中国社会主义大学教育发展规律和大学行政管理经验，深切缅怀新中国著名大学校长的丰功伟绩，以及发扬光大新中国著名大学校长精神财富的宗旨，组织编写《新中国著名大学校长评传》，可谓正当其时。书中选择了大家比较熟悉的、在各自校长任上为其执掌的大学建设做出贡献的、已经过世的47位著名大学校长，详细地介绍了这些校长的人生经历、大学教育工作业绩，特别介绍了他们的办学理念、治学态度和工作作风，以及其他在大学建设上所做的种种创造性工作。本书既有事实的介绍，又有理论的分析。我们现在提倡向世界讲好中国故事，这部《新中国著名大学校长评传》就是在讲述中国高等教育改革发展的故事。它不仅可以使我们了解新中国高等学校与时俱进的历程，而且能够使我们领略和学习著名大学校长的理想信念，以及他们为发展中国高等教育而不懈追求的情怀，还有感悟学习他们坚持党的教育方针、立德树人的使命感和改造旧大学、创造新大学的奋斗精神，以及学习他们高尚的品德和实事求是的工作作风。本书对当前高等学校的管理者们来说，无疑是弥足珍贵的精神食粮。

新中国成立70多年了，我国高等教育不仅在规模上有了很大的发展，质量上也有了很大的提升，服务中国特色社会主义建设的能力在不断提高，已有多所大学跻身世界百强的行列。这是许多优秀的大学校长和众多大学教师长期努力的结果。本书介绍的著名大学校长，是新中国著名大学校长的代表和榜样，大多数是我国老一辈的教育家，他们为新一代著名大学校长的成长打好了基础。我们要认真学习他们为高等教育事业献身的精神，弘扬他们的优良传统，为建设教育强国而努力奋斗。

2021年3月20日

（本序作者顾明远先生系北京师范大学资深教授、原副校长，国家教育咨询委员会委员，中国教育学会名誉会长）

凡例

1.《新中国著名大学校长评传》分上、中、下三卷。

2. 本书收录了47位新中国著名大学校长的评传，按照出任校长年份的先后排列，同年出任校长的则按照其出生时间的先后排列。

3. 本书上卷收录马寅初、李达、吴玉章、刘伯承、王亚南、侯外庐、屈伯川、许崇清、潘菽、华岗、陈垣、陈望道、陈鹤琴、孟宪承等14位著名大学校长的评传。

4. 本书中卷收录成仿吾、彭康、陈赓、蒋南翔、林迪生、钟师统、匡亚明、杨石先、郭影秋、郭沫若、戴伯行、周荣鑫、江隆基、刘介愚、王季愚、朱九思等16位著名大学校长的评传。

5. 本书下卷收录李国豪、周培源、苏步青、刘佛年、唐敖庆、严济慈、李秉德、叶培大、钱令希、史绍熙、钱伟长、谢希德、丁石孙、袁宝华、吴咏诗、母国光、潘承洞等17位著名大学校长的评传。

6. 本书包括出版说明、凡例、序、绪论、评传正文、后记；绪论排在上卷，后记排在下卷；上、中、下三卷均包括出版说明、凡例和序；正文各篇评传附录主要参考文献，有的还附录了相应大学的校训、校训精神或大学精神等。

7. 本书收录的新中国著名大学校长均为2019年12月前逝世者。

8. 因新中国成立70多年来部分大学的名称有变化，在记述有关校长时，以当时的学校名称为准。

9. 本书力争所收录的著名大学校长具有一定的代表性，注意兼顾新中国成立以来各个历史时期、不同学科领域的著名大学校长。

10. 新中国成立70多年来，在大学教育改革发展史上涌现了众多优秀的大学校长。由于篇幅、时间和编者研究水平所限，本书没能收录所有著名大学校长，还有不少著名大学校长有待我们探讨和研究。

编　者

2021年2月26日

目录

李国豪

LI GUOHAO

同济大学校长（1977—1984）

李国豪（1913—2005）在同济大学百年发展史上发挥着积极的作用，有着深远的影响。这位同济大学培养的优秀桥梁专家，将毕生的精力和才华都奉献给了同济大学。“文化大革命”结束后，百废待兴，他担任同济大学校长，不辱使命，带领同济大学步入了崭新的快速发展轨道。他倡导的“两个转变”战略构想，为同济大学确立综合性、国际化建设格局奠定了坚实的基础。“同舟共济，自强不息”，同济的发展离不开李国豪，“李国豪是同济精神的化身和具体表现，是内涵丰富、特色显著的同济文化的标志符号”[①]。李国豪无愧于“学之师表　国之英豪”之美誉。

一、生平与教育活动

李国豪是同济大学历史上最优秀的毕业生之一。1929年，16岁的李国豪考入同济大学，尽管家境贫寒，但他坚持完成了两年德语、五年本科的学业。1936年，李国豪毕业留校担任助教，直至1938年夏。1938年秋，他获得洪堡奖学金赴德国留学，师从克勒佩尔教授，并获准直接攻读博士学位。1940年春，他获得工学博士学位。博士学位论文发表后，他被德国桥梁界誉为“悬索桥李”。1942年，他获得德国“特许任教博士学位”，成为德国教育史上第一位获得此学位的中国留学生。第二次世界大战结束以后，李国豪怀着对祖国的无限热爱，毅然回国，于1946年夏天到母校同济大学任教。

① 本书编委会编：《学之师表　国之英豪——纪念李国豪诞辰100周年文集》，同济大学出版社2013年版，前言。

（一）同济英才——“悬索桥李”

1913年4月13日，李国豪出生在广东梅县（今梅州市梅县区）一个贫苦的农民家庭。为了维持家计，李国豪的父亲不得不离开家乡，只身去南洋做小生意糊口。年幼的李国豪跟随母亲熊戴英留在家里。他勤劳懂事，自幼帮助母亲拾柴种地，而且聪慧好学，学习成绩特别突出。为了报考中学，李国豪报名参加设在郭家祠堂的中英数补习学校。

梅州有稳定的客家民系。客家人勤劳团结、耕读持家，客家女的勤劳忍耐更是闻名遐迩。在梅州，由于大部分家庭里的男人到南洋等地做生意，客家女便养成了善良朴素、勤劳勇敢的能力和美德。李国豪的母亲熊戴英就是这样一位客家女，她每天挑煤炭、卖煤球，辛苦劳作。“母亲每星期给我18个铜板，外加每个月4毛钱水钱。在补习学校的一年里，我每个星期上学时，总要带一罐酱菜，自己烧饭。每顿饭只能用一个铜板买豆腐、青菜。”① 就是在这样艰苦的生活中，李国豪凭着刻苦勤奋的精神和坚强不屈的毅力，考取了梅县一中，成为全班年纪最小的学生，并很快成为梅县一中的名人，年仅13岁的他学习成绩总是名列前茅，而且在游泳、打球等各项活动中都能看到他的身影。

由于成绩优异，加上在集体活动中表现出色，李国豪一上高中就被推选为校学生会主席。此时，由于生活所迫，身在南洋的父亲希望儿子跟着自己赚钱以担负起养家的重任，但是李国豪酷爱读书，不忍心放弃学业，又深知父亲谋生养家的苦楚与艰辛，只好与父亲商量先学医再去南洋开诊所。因为当时在印尼做医生

---

① 引自李国豪录音自述。自述较为详细地回顾了李国豪早期的生活及留德情况 1980年同济大学出版社黄国新对李国豪的录音采访。

很赚钱，父亲同意了，准许他到上海报考同济大学医科。1929年8月底，年仅16岁的李国豪从粤东来到上海投考同济大学，参加了同济大学举行的第二次入学招生考试。据李国豪回忆："100多人参加的考试录取15名，差不多10 ∶ 1，我排在第14位。"① 自此，16岁的李国豪成了梅县一中第一个考上同济大学的学生，也是当时同济大学最年轻的大学生。

李国豪报考同济大学是遵从父命，学医开诊所是父亲供他读书的主要目的。当时的同济大学是联通中德文化的最高学府。学校规定，所有学生无论学习何种专业，均须先学两年德文，成绩合格者方可升入心仪的专业。1929年秋，李国豪如愿进入同济大学德文补习班学习。预科学习结束后，李国豪以优异的成绩获得继续深造的资格，却面临着究竟是学习医科还是学习工科的艰难选择。由于对力学知识越来越感兴趣，他深感"力学结构比较奥妙"，最终决定选择工科，放弃医科。1931年，他进入工科学习。父亲勉强支持他读到大学三年级。当时李国豪成绩十分优异，在为时五年的大学学习期间，在每年全校仅有的三四名免费生中，李国豪始终牢牢地占据一席。"1936年李国豪以13门功课门门优秀的成绩大学毕业。其中，建筑力学97分、铁道及交通学98分、水利工程98分、钢桥及钢材建筑学99分、钢筋混凝土99分……李国豪成绩单的照相复印件现在悬挂于上海的院士风采馆里。"②

1936年，李国豪毕业留校当助教，协助德籍教授贝勒讲授"结构力学"和"钢筋混凝土"两门课程。在担任助教期间，李国豪扎实的专业知识、敏捷的反应能力和清晰的思路在工作中逐渐

---

① 引自李国豪录音自述。
② 程国政编著：《李国豪》，同济大学出版社2013年版，第16页。

显露出来，引起德籍教授罗鲁的注意，罗鲁教授为李国豪争取了洪堡奖学金。1937年，全民族抗日战争开始，学校迁往浙江金华，李国豪代替离校的德国教授讲授“钢结构”和“钢桥”两门课程，由此确立了他此后几十年锲而不舍从事科学研究、人才培养和工程实践的学科方向。由于战争，同济大学在吴淞的校区毁于日军炮火。学校内迁，李国豪随着学校流亡，从浙江金华到江西赣州，他和同事骑行900公里的崎岖山路。

1938年秋，李国豪登上驶往德国的邮轮，赴德留学。到德国后，李国豪来到达姆施塔特工业大学，拜访了推荐他入学的罗鲁教授。此时的李国豪已身无分文，仅靠微薄的奖学金维持极其简朴的生活。看着把全部精力都集中在学习上的李国豪，罗鲁教授决定向德国教育部建议，允许李国豪直接攻读博士学位。1938年11月，德国教育部批准了李国豪攻读博士学位的申请，理由是李国豪的大学成绩平均90分以上，特别优秀。李国豪本科毕业设计选择的是钢筋混凝土体育馆，但达姆施塔特工业大学没有这个方向的教师，所以李国豪选择了从事钢结构方向研究的国际著名的桥梁专家克勒佩尔担任他的指导老师。克勒佩尔当时正在担任一座公路铁路两用悬索桥的顾问，他提出让李国豪尝试做这座桥梁的设计。两个月后，李国豪完成计算的部分设计令导师很满意，导师决定让

《学之师表　国之英豪——纪念李国豪诞辰100周年文集》封面
（图片由张朝平提供）

他考虑将这座桥梁的设计作为博士论文选题。此后，李国豪把自己关在实验室里，从模型实验入手研究悬索桥的分析方法。仅用七个月的时间，1940年2月底他就完成了博士论文《悬索桥按二阶理论的实用计算》。两个月后，他通过论文答辩，获得工学博士学位。是年，李国豪27岁。

在博士论文中，李国豪第一次提出了桥梁建筑史上的二阶理论使用计算方法，第一次改变了旧的通过直接求证桥梁承受压力的计算方法。这种新的计算方法当时在力学研究中还从来没有使用过。长期以来，许多桥梁研究者只会运用旧的计算方法，不能解答悬索桥桥梁所能承受的压力，并为此而苦恼。李国豪解开了这道难题，独创了这一系统而精密的计算理论。他的论文在德国的《钢结构》杂志上发表后，整个德国桥梁界为之轰动。[①]从此，人们誉他为“悬索桥李”。

（二）心系祖国——再回同济

1944年冬天，李国豪与在维茨堡大学医院工作的医生叶景恩博士结为伉俪。抗战胜利后，李国豪夫妇思乡心切、归心似箭，这从他们长子的名字——李归华也能看出来。[②]1945年，李国豪夫妇终于踏上了归途。

1946年6月，李国豪在上海市工务局工作。在一年多的时间里，他只做了一件与桥梁有关的事情——修理外白渡桥。李国豪当时给出的方案既经济又不影响市民来往通行。李国豪在桥梁工程界的杰出才华引起了丹麦康益工程公司的关注，该公司重金聘

---

① 丁润令:《李国豪传》,《中国科技史料》1988年第1期。
② 《大智者大爱——记李国豪院士》,《人民日报（海外版）》2001年9月5日。

任他为工程师。李国豪原以为可以在建造桥梁事业上施展才华，可是事与愿违，他发现这家公司根本不信任中国人，他不愿寄人篱下，毅然辞去了拥有丰厚待遇的工作。1946年8月，颠沛流离近十年的同济大学从四川李庄（今宜宾市翠屏区李庄镇）迁回上海，董洗凡校长邀请李国豪回校任教。李国豪先是被聘为教授，继而担任土木系系主任。自此，李国豪再也没有离开过同济大学。

1948年1月29日，地下党组织在同济大学组织开展爱国学生运动，史称“一·二九”运动。在“一·二九”运动中，任工学院院长的李国豪坚定地站在学生一边。当时同济大学被称为上海的民主堡垒，而土木系正是堡垒的中心。李国豪不仅自己支持进步学生，而且争取系里教师支持进步学生，学生们暗地里称李国豪为“红色教授”。1987年，同济大学举行“一·二九”运动纪念活动，当年学校里的老地下党员说：“李校长早就是我们的战友了！”

1949年5月，上海解放。我国高等教育开始从“通才教育”向“专才教育”转变，同济大学和全国所有高校一样，开始向专门类高校转变。其间，李国豪由工学院院长转为教务长后，又担任主管教学和科研的副校长。随着院系调整深入进行，同济大学最终变成了一所专门的土木类工程院校。针对当时的情况，李国豪主要采取两项重大措施，“一项是设置多项新建的专业或细化原有的专业，引入或编写相应的专业教材，并加强专业实验室的建设，另一项是设置相应的基础学科，诸如数学、物理、化学、外语、体育等基础课，教研室两项措施相互配合，相互促进，充分挖掘了有限的师资队伍的潜力。”①

① 赵松龄：《缅怀同济老校长李国豪》，本书编委会编：《学之师表　国之英豪——纪念李国豪诞辰100周年文集》，同济大学出版社2013年版，第133页。

1952年，李国豪主持创办了同济大学的桥梁工程专业，并先后出版了中国在此领域的第一套中文教材《钢结构设计》和《钢桥设计》。1955年，学校开始培养桥梁工程专业的研究生。

1955年5月31日，经国务院批准，中华人民共和国第一批中国科学院学部委员名单公布，李国豪当选科学技术部学部委员。1993年10月，国务院第11次常务会议决定将中国科学院学部委员改成中国科学院院士。1994年，李国豪又当选为首批中国工程院院士，成为中国为数不多的双院士之一。

1956年，李国豪出任同济大学副校长后，又创办了工程力学专业，他亲自讲授板壳力学，为中国培养出首批工程力学专业的大学生。

自20世纪50年代中期开始，李国豪先后受聘担任举世闻名的武汉长江大桥和南京长江大桥的技术顾问委员会委员和主任委员。“从那时起，这位才华卓著的学者为国家的众多重大工程建设（尤其是桥梁工程建设）呕心沥血，功绩辉煌。从武汉长江大桥、南京长江大桥，到后来的上海南浦大桥、江阴长江大桥、虎门珠江大桥、汕头海湾大桥、长江口交通通道、杭州湾交通通道、琼州海峡交通通道、伶仃洋大桥……处处都留下了他的足迹，他的学识和真知灼见，他对祖国、对社会、对桥梁工程事业的一片炽热爱心。”①

（三）玉汝于成——矢志桥梁

1957年10月15日，由李国豪担任顾问的武汉长江大桥通车

①《大智者大爱——记李国豪院士》，《人民日报（海外版）》2001年9月5日。

了。此时，大桥却晃动起来。“大桥为什么晃动？”当时许多中外桥梁专家都无法解释，李国豪也一直在思考其中的原因。1958年，李国豪任南京长江大桥技术顾问委员会主任。1968年12月29日，南京长江大桥全面建成通车，任技术顾问委员会主任的李国豪却没有亲临现场。当时正值“文化大革命”期间，李国豪正遭受批斗，他在学校的隔离室内听到南京长江大桥建成通车的新闻后，开始“偷偷”地潜心研究解决武汉长江大桥的震动问题和南京长江大桥的稳定问题。后来在被看管期间，他在家继续做模型试验和数字计算，其间虽屡遭破坏、刁难和批斗，但他仍保持着对科学研究的严谨态度，“一个失去人身自由的科学家，两手空空，身无片纸，凭着一颗对祖国对事业的爱心，凭着卓越超群的理论基础和创造思维，神游于八极，构图于大千，借助于报纸的边角和夹缝，演算推导，无我无物，鉴过往乃辟新径！他微阖双目，坐地日行八万里；他定睛远眺，纳须弥于芥子。一时间，百十思路，纷至沓来。于是，去粗取精，去伪存真，他豁然开朗，他欣喜万状。于是，桁桥梁的腹杆系，转化成为剪切板；进而，又将这种空间离散体系化成为一个连续体箱梁模型，又建立起弯曲和扭转的弹性平衡微分方程组去求解！大苦见大乐，大悲生大喜。秋去冬来，寒暑交替中，李国豪终于不负苦心，取得了桁梁结构领域理论分析的初战告捷！”①

1969年9月，李国豪终于完成了大桥稳定的初步计算，给出了大桥自身结构没有问题的结论，在练习簿的扉页，李国豪写下这样一行字：“献给伟大的社会主义祖国二十周年国庆”。1971年

① 《大智者大爱——记李国豪院士》，《人民日报（海外版）》2001年9月5日。

10月1日，在写给儿子李乐曾的信中，李国豪介绍了自己科研工作中的新收获，其中透露出愉快的情绪。1972年春节，计算终于结束，印证了李国豪先前的推断。1974年，李国豪受邀参加全国钢铁震动科研协作会议，报告了其研究成果：武汉长江大桥通车时出现的晃动，是由于涌上大桥的人群荷载造成的桥梁弯曲、扭转共振，大桥自身结构没有问题。因此，南京长江大桥多用的4 000吨钢没有必要。①报告结束后，全场掌声雷动。大桥副总工程师王序森紧紧地握着他的手说："困扰我们17年的谜解开了！"1975年，11万字的《桁梁扭转理论——桁梁桥的扭转、稳定和振动》一书出版，1983年，这一成果获得了国家自然科学奖三等奖。

从20世纪70年代开始，李国豪还结合工程实际，致力于公路桥梁荷载横向分布的研究，并在这一时期写成专著《公路桥梁荷载横向分布计算》，后又进一步研究拱桥、曲线桥和斜梁桥的荷载横向分布，再获成功。至此，这位结构工程的大家已建构起一个基于同一原理和力学模式、适用于中外各种公路桥梁的荷载横向分布计算的统一方法。

二、复兴同济的"同济之魂"

"文化大革命"结束以后，李国豪担任同济大学校长，倡导并积极推进同济大学的"两个转变"，引领学校恢复对德联系和继承德语教学传统，推动同济大学由以土木为主的单科性大学向以理工为主的多科性大学转变。他审时度势，提出建设教学和科研两

① 程国政编著：《李国豪》，同济大学出版社2013年版，第104页。

个中心的办学思想，引领大批科研人员走上经济建设第一线，走上教学科研与经济建设实际紧密结合之路。1984年，李国豪担任名誉校长以后，时刻关心学校发展，为学校争取支持奔走呼吁，为学校取得改革发展成就而欣慰。为实现创办综合性大学的理想，恢复医学专业，他亲自出访海内外，广泛联络校友，推荐优秀人才。其间，学校经历了许多大事，包括民主推举校长、“211工程”、“985工程”、两次并校，每一个发展的关键时刻，李国豪总是以他丰富的办学经验和领导经验提出建设性意见。[①]同济大学的发展，与李国豪休戚相关。

（一）“两个转变”，复兴同济

“20世纪70年代末期和80年代初期，无论在中国的政治史、经济史还是教育史上，都是一个极其重要的转折期。中国有句古语‘时势造英雄’，其实谁能成为英雄，还要看你有没有智慧、才能与胆略去顺应那个时势，使自己成为名副其实的英雄。如果那个时势已成历史，英雄的光芒还在光阴里闪闪烁烁，那这个英雄及群体也就应该被历史记住了。”[②]1977年10月，李国豪任同济大学革委会主任。“革委会主任”虽有“校长”之实，但称谓却是过渡性质的。1978年7月，李国豪被正式任命为同济大学校长。

1978年，李国豪开始了“两个转变”的探索。他说：“‘文化大革命’破坏了大学的教学和科学研究，我任职伊始，即大力着

① 本书编委会编：《学之师表　国之英豪——纪念李国豪诞辰100周年文集》，同济大学出版社2013年版，前言。

② 喻大翔、周黎萍：《两个转变的提出、内容与历史贡献》，本书编委会编：《学之师表　国之英豪——纪念李国豪诞辰100周年文集》，同济大学出版社2013年版，第67页。

手恢复过去，也着眼部署未来。一是恢复与新建一批研究所、室，二是提出同济大学的‘两个转变’：第一，土建单科性大学转变为以理工为主的多科性大学；第二，恢复与德国的合作关系和恢复德语作为外语教学之一。这两件事，特别是后者对同济大学的发展影响较大。”①

李国豪的“两个转变”办学思想为世界一流大学和高教强国建设作了一次“强筋壮骨”的热身运动和基础再造的战略调整。②“两个转变”的历史贡献，至少有三个方面的意义与价值：“第一，特色化，恢复了与同济教育传统相关的学科；第二，国际化，加强了与德国乃至整个欧洲之间的交往；第三，综合化，新建了与中国现代化直接相关的专业。”③李国豪主持决策的“两个转变”，一直是以实现“四化”、振兴中华为己任的。多科性理工大学的规划，是为了对接德国大学的学科与院系设置，更重要的还是为了弥补土建单科专业设置的缺陷。“两个转变”这场巨大的体制变革创造了“同济模式”。李国豪“不仅未雨绸缪、高瞻远瞩地指导同济通过两次并校改革，成功抓住了实现恢复综合性大学这一几代同济人的夙愿，也表现出其作为战略教育家的远见卓识和非凡智慧”④。“‘两个转变’之起步，开辟了同济大学继往开来的通衢大道。”⑤

1979年，李国豪任上海市科协主席、宝钢顾问委员会首席顾问。1980年，在京人士传言，宝钢将要下马。次年，又传说国民

---

① 李国豪：《学校领导要德才兼备》，《上海教育》2001年第3期。

②④ 章仁彪：《李国豪校长与“两个转变”》，《文汇报》2013年4月26日。

③⑤ 喻大翔、周黎萍：《两个转变的提出、内容与历史贡献》，本书编委会编：《学之师表　国之英豪——纪念李国豪诞辰100周年文集》，同济大学出版社2013年版，第67页。

经济要调整，有人提出让宝钢下马。作为首席顾问，李国豪主张："宝钢不能下马！"他的意见后来被国家相关部门采纳。

李国豪为同济大学题词
（图片由视觉中国提供）

解放思想、实事求是的精神，也为李国豪在科学研究上带来了巨大的精神动力，进入20世纪80年代，他先后主持编写了《工程结构抗震动力学》和《工程结构抗爆动力学》，主持重建结构理论研究所，组建桥梁研究室，开展桥梁的空间分析、稳定、抗震、风振和车辆振动方面的研究，培养了大批博士研究生，并建成地震工程、风工程和桥梁工程研究中心。他还先后发表了大曲率曲线箱梁的弯曲—扭转理论和公路弯桥及斜桥的荷载横向分布的分析理论，引起学界的广泛关注。1981年，李国豪被选为上海市政协主席。同年，李国豪被国际桥梁与结构工程协会推选为世界十大著名结构工程专家之一，从而进入这一领域的世界级大师行列。他还先后获得过达姆施塔特工业大学授予的荣誉工学博士学位（1985年）、国际桥梁与结构工程协会授予的"国际工程功绩奖”（1987年），专著《箱梁和桁梁桥的分析》也在国外翻译出版。

（二）名誉校长，萦怀同济

1984年，李国豪退居二线，担任同济大学名誉校长。虽然告别了繁忙的事务性工作，但只要学校有大事、要事，需要李国豪贡献智慧和力量的时候，他从来没有推辞，都是倾心献计献策。在同济大学史上具有重大意义的事件中，李国豪都发挥了极其重要的作用。

20世纪90年代，国家推出建设“211工程”的重大举措。李国豪抓住机会向有关部门和领导汇报同济大学对上海地方建设所做出的突出贡献，说明同济大学进入“211工程”的必要性。1995年，同济大学实现了国家教委与上海市人民政府共建，1996年进入“211工程”。李国豪是同济“211工程”建设的功臣。

在学校争取进入“211工程”的同时，同济大学向国家教委申请要求民主推举校长，当时王建云担任学校党委书记，党委副书记周箴负责组织民主推举。周箴回忆说：“当时学校有4位候选人，都非常优秀，实行民主推举重点在‘民主’二字，学校很重视，给每一位候选人都做了录像，并组织了18到19人的推举委员会。在应该怎么选同济校长的决策中，李国豪起了关键作用，他提议：第一，同济与德国之间有着悠久的历史渊源，对德联系很重要，所以未来的校长应该跟德国的联系比较紧密；第二，推选上来的人年纪应该相对比较年轻，因为学校在争取进入‘211工程’的过程中，需要校长花费很大的精力去做此事，所以最好是由相对比较年轻的人来担任。另外，如果有海外经历，有一定的管理能力，就更好了。”① 当时李国豪推荐的人选是吴启迪。后来事实证明，吴启迪校长（1995—2003年任同济大学校长）确实把同济大学带到了一个新的高度。1996年7月26日，同济大学被列为全国“211工程”首批启动学校。

吴启迪校长回忆道：“我担任校长的八年间，李校长一直作为名誉校长默默地支持学校领导班子的工作。李校长提出了‘立校为公’的思想，这对学校的领导很重要。”② 后来吴启迪到了教育部工作，也仍然记挂同济大学的发展，时刻关注学校在“985工程”中的进展情况。最终，中央决定把同济大学列入“985工程”。吴启迪获知这个消息之后，第一时间把喜讯告诉了李国豪。

后来担任全国政协副主席、科技部部长的万钢回国与李国豪也有直接的关系。万钢在接受凤凰卫视专访时坦言，人生经历中有三位智者给了自己很好的启示，其中一位就是李国豪先生。万钢于2000年回到同济大学，被聘为教授、博导等，并于2004—2007年任同济大学校长。从此，同济大学开始走上了综合性大学的发展征程。

把同济大学建设成为综合性大学是李国豪毕生追求的目标，这一目标明确而坚定。李国豪深信综合性大学有益于学生的成长，有利于建立完善的知识结构体系，这也是他自己的切身感受。医科是李国豪校长一生的心结，李国豪念念不忘恢复医科。2004年11月14日，年逾九旬的李国豪来到同济大学医学院新落成的大楼，了解医科建设的情况，那时他激动的心情可想而知。

---

① 周箴：《风骨长存同济　明灯烛照后人》，本书编委会编：《学之师表　国之英豪——纪念李国豪诞辰100周年文集》，同济大学出版社2013年版，第17页。

② 本书编委会编：《学之师表　国之英豪——纪念李国豪诞辰100周年文集》，同济大学出版社2013年版，序二。

在为同济大学的发展殚精竭虑的过程中，李国豪获得了广泛的社会认可和极高的荣誉。1994年，李国豪被选为首批中国工程院院士，成为中国为数不多的双院士之一；1995年，李国豪获得“何梁何利基金科学与技术进步奖”；1996年，李国豪获得“陈嘉庚技术科学奖”和香港理工大学授予的荣誉工学博士学位。

李国豪在讲话中
（图片由视觉中国提供）

（三）同济之魂——薪火相传

李国豪这位“同济之魂”将同济大学带上了“复兴之路”。2007年同济大学百年校庆时，《人民日报》刊发了题为《与祖国同行　以科教济世》的长篇文章，详细介绍了同济大学的百年历程，浓墨重彩地记述了李国豪等同济人的科教足迹。

李国豪作为“学之师表　国之英豪”，成为永远的“同济之魂”。章仁彪曾对同济大学的百年历史做出这样的概括：“诞生于东西文明碰撞、中德文化交融之中的同济大学的百年，是同步中国现代高教艰难历程的百年，是伴随中华民族命运跌宕起伏的百年，也是见证了人类科技文明突飞猛进的百年。”① 他赞誉李国豪这位集桥梁专家、教育大师、战略科学家于一身的最杰出的同济人，终身信守的是中华优秀传统文化中集“学问之道”和“成

① 章仁彪：《“同济魂”：李国豪与洪堡的大学理念——兼谈“很工程”的同济人能否“亦洪堡”？》，《同济大学学报（社会科学版）》2015年第2期。

人之道”于一体，格致诚正、修齐治平、明德新民、止于至善的“大学之道”，身体力行的是坚持学术自由、教研统一，经由对“高深的学问”的研究而达致人格的完善，并致用于民族、国家乃至于人类的进步与福祉的洪堡理念。作为“永远的同济魂”，李国豪所代表的是凝聚着中德文化交融和科学文明结晶的永远的大学精神。①

今天，新一代同济人提出要建设以人类的可持续发展理念为导向的世界一流大学，致力于造就“学界的精英，社会的栋梁”，重温李国豪老校长所体现的“同济魂”，回顾他坚持大学理念和大学精神，为圆“同济梦”而多年不懈追求与努力，心中涌起的是深深的敬意与绵绵的思考。一代宗师，高山仰止；国之英豪，景行行止！李国豪老校长是同济的宝贵财富，是“永远的同济魂”！他留给我们的不仅是无尽的思念，更是冷静的睿智和致远的动力。李国豪70多年的大学生涯及其卓著的科教贡献，是留给中国高等教育乃至中国科教界的一份难能可贵的宝藏。研究和继承作为教育大家的李国豪的办学理念和教育思想，需要将其办学与教学实践的经验进行整理，并与相关教育理念和教学思想的理论研究结合起来，才能梳理出其内在的逻辑和脉络。②

如今，中西兼顾，文理交融，专（业）通（识）互补，内（精神）外（身体）兼修，全民共享，富有德国洪堡式通才教育理想的、现代创新型综合性的同济大学屹立于上海。③李国豪未尽的

①② 章仁彪：《“同济魂”：李国豪与洪堡的大学理念——兼谈“很工程”的同济人能否“亦洪堡”？》，《同济大学学报（社会科学版）》2015年第2期。

③ 喻大翔、周黎萍：《两个转变的提出、内容与历史贡献》，本书编委会编：《学之师表　国之英豪——纪念李国豪诞辰100周年文集》，同济大学出版社2013年版，第67页。

梦想终于实现了。

三、校长的教育情怀

“校长作为一个单位的领导者，要具有领导者的德和才。而作为培养德智体美人才的领导者，更应是全校德智体美的典范，这两方面的要求很多，我体会最深刻的是以下几点：①大公无私、胸怀宽广；②尊重人、平等待人；③严格治校；④有远见，抓大事；⑤当业务内行、高手；⑥热爱教育事业、热爱学校。”[1]李国豪的言辞朴实无华，他在《学校领导要德才兼备》一文中提出的六条箴言可谓是肺腑之言，句句平易笃实而又富有哲理，也是他多年来身体力行的治校经验，从中我们也能看出他的为人处事准则和价值导向，这也是李校长终身秉持的为学、为人和治校之道。

李国豪这位同济大学校史上功勋卓著的校长，用自己一生的品格与操守，本着“同舟共济　自强不息”的同济精神，带领同济大学通往复兴之路。他大胆推进的“两个转变”，是践行现代大学办学理念的勇敢尝试和勇敢探索，而敢于大胆呼吁并积极主动促进中国高校体制改革，则促成了中国高教现代化的具有历史意义的深刻变革。这两件大事最能体现作为教育家的李国豪的教育思想理念，也最能见证“教育大师”的远见卓识和非凡胆略，我们完全有理由说，李国豪不愧为杰出的“教育功臣”，他有着卓越教育家勇于担当的教育情怀和教育信仰。

---

① 李国豪：《学校领导要德才兼备》，《上海教育》2001年第3期。

（一）热爱教育事业，热爱学校

“一位校长热爱教育事业，才会为教育事业献身；热爱这个学校，才会为这个学校的事业竭尽全力。我大学毕业后，本想当一个桥梁工程师，可是机遇使我在学校当了助教，1946年留学德国回国后，又是如此，仅仅做了短时间桥梁工程，最终还是当了教师，我感到做教师不仅意义重大，而且很有乐趣。一年一年看到新的学生进来，学成的学生毕业，令人高兴，从此教育岗位成了我的终身事业。”①

对于校长李国豪而言，教育是他的终身事业，教育者的身份意味着更多的责任和担当，同时也需要教育者职业境界的提升。李国豪在回忆往事时这样说：“我的命运和同济大学联系在一起，同济大学成了我的家。我熟悉这个家的家史，关切它的传统和发展。所以我当校长时，积极提出恢复同济大学传统的‘两个转变’，并且极力试图恢复20世纪50年代调整到武汉去的医科，可惜没有成功。现在学校又有了医科，并且大大发展了，这是国家发展兴旺的缩影，十分令人高兴。”②朴素的话语体现了他对同济大学的殷殷期望和深深热爱。

除了热爱教育事业和学校，李国豪还非常热爱学生。“在众多同济人的记忆里，参加同济大学每年的新生入学典礼是李国豪的‘必修课’。李国豪关心爱护莘莘学子，不是蜻蜓点水，不是浮光掠影，而是只要可能，随叫随到，热情参与。”③在近70年的教学生涯中，他桃李满天下，其中许多人已经成为我国桥梁和结构领域的领军人物。他的学生中有项海帆、范立础等四位院士，还包

①② 李国豪：《学校领导要德才兼备》，《上海教育》2001年第3期。
③ 程国政编著：《李国豪》，同济大学出版社2013年版，第151页。

括几十位知名教授。中国工程院院士范立础曾评价李国豪说："李校长不仅是大家科学事业上的导师，更是我们每一个学生的领路人。"① 李国豪十分关心学生的成长，强调要拓展学生的知识面，倡导不同学科学生之间的相互交流，注重培养学生的创新意识。李国豪深切勉励学子：大学里要做两件事，即学做人和做学问。1993年，他设立了"李国豪教育奖励基金"，至今已经有数百名优秀师生获得了奖励。

（二）胸襟开阔，立校为公

"胸襟应当开阔"是李国豪这位老同济人以其丰富的阅历和睿智的眼光鼓励后来同济大学领导人的至理名言。他对继任的领导说："你不用担心存在于一个时期的某些调整和磨合，要相信在同济大学这面大旗下，一定可以把学校办好。"② 所以无论是继任的吴启迪校长，还是之后的万钢校长，都在李国豪这位"同济巨人"的肩膀上，继往开来，谱写了同济大学发展的新篇章。

"'立校为公'也是李国豪常挂在嘴边的话，在他看来，作为校级领导班子成员，特别是'一把手'，一定要把管理学校当作是自己的责任，不要掺入私人的杂质。李校长为人高风亮节，治校犹如修身，以身作则，激励后继者。这一点对学校的领导人来说是十分重要的。"③ 真正的教育家，殚精竭虑办好一所学校，所考虑的不是个人荣誉，而是下一代的成长和教职工的发展，是为了服务社会和贡献国家。教育是公益，只有目的纯粹，才会使学校

① 康华明、胡贵勇、汪先平:《李国豪：矢志桥梁　心系教育》,《教育与职业》2013年第4期。

②③ 本书编委会编:《学之师表　国之英豪——纪念李国豪诞辰100周年文集》，同济大学出版社2013年版，序二。

发展得更好。

李国豪胸襟开阔，立校为公，大胆实施“两个转变”，开创了同济大学新时期发展的新局面，为今天同济大学的国际化、综合化格局奠定了坚实的基础。他积极促进校长的民主推举，以开放的眼光，支持和帮助继任学校领导；在任名誉校长之时，他积极促成同济大学“211工程”和“985工程”的建设。他有极强的大局意识，不计较个人得失。他关注的是同济大学的发展和前途命运，表现出一位卓越大学校长应有的气度和风骨。

（三）有理想，有抱负

李国豪在接受《上海高教研究》编辑部王一鸣的专访时说：“校长要有自己的理想。”他说：“邓小平同志提出，要培养有理想、有道德、有文化、有纪律的人才，我感到有理想是关键。要培养有理想的学生，校长自己先要有理想、有献身于事业的精神。只有有理想、有献身精神的校长，才能凝聚一批有事业心的教师，才能培养出有理想、有作为的学生。”①

李国豪是这样说的，也是这样做的。1946年，他学成归国后，就一直在为实现自己的理想而不懈地奋斗。新中国成立后，李国豪立志为新中国培养更多德才兼备的人才。他说：“新中国成立初期，为了改造旧大学，学习苏联的办学经验，进行院系调整，在当时起了积极作用。但大学要发展不能停留于一个模式，凭同济大学的条件，应当办成多功能、综合性的大学，而且要保留和发展原有的特色。经过院系调整后的同济大学，只剩下土木建筑专

---

① 王一鸣：《校长要有自己的理想——访同济大学名誉校长李国豪》，《上海高教研究》1988年第1期。

业，学科实在太窄，而工科没有理科的基础怎么能培养出高质量的人才？以后我们恢复了理科，又相继增设了计算机、机械、电气、工业经济和德语等新专业。1981年，学校成立了很有特色的波尔固体物理研究室。”①这样，同济大学基本上就成为一所以工科为主的初具特色的多学科大学了。当然，要办好大学更重要的是聘请高水平的教师，在教学与科学研究的基础上，在一些主要学科建设上形成学术梯队，有高水平的学术带头人。

李国豪说：“我深深地感到，一所大学要办出特色，是很不容易的。当校长的要有办学理想，并积极创造条件去实现它。我深信随着改革的深入，办学自主权的扩大，中国的高等教育一定会走向世界，迅速发展的。”②

（四）有远见卓识

李国豪对怎样办好大学有着丰富的经验和卓有见地的主张。他说：“要办好一所学校，首先要有好的校长。对校长的培养和选拔还是要有一点‘台阶’好，一下子提拔没有管理经验的教师担任校长并不合适。能教好课和能领导好一所学校是两码事。至少要从既有教学、科研经验又有一定管理实践的教研室、系一级领导中去选拔。提拔新生力量，不能只考虑教学水平和学术水平，还应当着重考虑其政治思想上的敏感性和组织才能。现在国内培养的和从国外回来的有真才实学、有理想抱负的博士、硕士研究生很多，他们中间能干的校长一定不少，可以培养提拔。现在40多岁当校长的似乎不多，要打破论资排辈的旧观念。”③

①②③ 王一鸣：《校长要有自己的理想——访同济大学名誉校长李国豪》，《上海高教研究》1988年第1期。

关于校长任期问题，李国豪主张废除终身制。他说：“有的校长做了四年，成绩平平，就下来让新的上去，有的成绩卓著，可以再干四年，但不能再多了，因为当了八年校长，经验是丰富了，但在教育和科研上的进步慢了。一个校长失去了教学和科研的威望也就失去了原有的威信。再说经验也是有利有弊的。利，大家都知道；弊，却很少引起重视，那就是新思想少了，稍不自觉，就会陶醉在已经取得的成绩之中，听不进相反的意见，容易墨守成规。而且工作时间长了，容易在周围形成一套老班子、老人马，往往会丧失工作的活力。如果让合适的新同志上去，就会在原来的基础上开创新局面，这对事业的发展是有好处的。”①

四、校长要善于管理

李国豪透过纷繁复杂的治理表象，洞察大学的本质，抓住了办学方向选择、功能定位和人才培养类型等重大问题，对同济大学的办学思想和管理方法进行了清晰的阐释。

（一）具有民主作风和组织能力

李国豪十分重视校长的民主作风。他说：“蔡元培、竺可桢等教育家的教育思想中，突出的一点是校长必须有民主作风。在学术上一定要贯彻‘百家争鸣’的方针，学术上不能搞帮派，不要排斥各种学术观点中的积极成分。同济大学在吸收国外先进科学

① 王一鸣：《校长要有自己的理想——访同济大学名誉校长李国豪》，《上海高教研究》1988年第1期。

技术、开展国际学术交流方面，以德国为重点的同时面向美日等国家，博取各家之长，而且我自己也这样做，就是基于这样的考虑……校长的民主作风表现在多方面。一个人的见识和能力毕竟有限，作为大学校长一定要广听博闻、虚怀若谷，遇事要和大家商量，特别要听取不同（包括反对的）意见。只有集思广益，反复研究，才能做出正确的判断。我是赞成校长负责制的，要给校长自主权；同时，校长也要用好权，绝不能简单地一个人说了算。当然，民主也要集中，校长的决策，应当集中大家的正确意见。校长的权力越大，用权越要慎重。民主作风还包括平等待人，不要以为自己是一校之长，是专家，就看不起广大师生。中央领导同志很重视发扬民主，要建设具有高度民主的社会主义国家，大学应该做出榜样，大学校长理应是民主作风的表率。”①

李国豪还说：“作为科学家不一定都有管理能力，但作为校长，管理能力是不可缺少的。管理是一门科学，过去对此研究得不够，现在开始重视了。校长的管理能力，主要来自实践。要强调民主管理学校。我以多年的经验，深感校长要十分重视发挥各级组织的作用，一般不越级处理下面的事情。对部门负责人要求要严格，哪个部门出了事，首先找部门负责人，要他汇报情况，校长要关心整个处理过程；另外，校长又要十分尊重部门负责人，放手让他们工作，对有创造性的同志给予鼓励。要使和校长合作共事的同志既感到工作有压力，又觉得心情舒畅，这样办事效率就会高。校长最忌讳的是喜欢听别人讲好话，不喜欢听批评意见。其实工作做得好是应该的，不值得津津乐道，而工作中存在的问

① 王一鸣：《校长要有自己的理想——访同济大学名誉校长李国豪》，《上海高教研究》1988年第1期。

题和缺点却是重要的，这是改进工作的所在。”①

（二）大胆推行教育改革

同济大学原党委书记王建云赞誉李国豪是“高校管理体制改革的推动者”②，是同济大学历史上知名度最高的校长。“1977年，李国豪劫后复出，任同济大学校长。学人治校，自见不凡。上任以后，李国豪做了两件事。第一件事是，1952年高校院系大调整，同济大学由原来的理工医文兼具的综合型大学转为土建型的专门大学。李国豪提出，要将之转变为以理工为主的多科性大学。第二件事是，李国豪提出，要恢复同济大学过去的特色之一，也就是恢复与德国高等学校和科研机械的传统联系，采用德语作为主要的教学语言之一。就这样，李国豪以其恢宏气魄，出众才华，运筹帷幄，指点方略，使同济成为今日国内外公认的一所理工医文管理兼具的多学科重点大学，其功绩累累，世人共识。”③他以极大的勇气，迅速恢复了学校教学秩序，先后提出了提高教学质量的诸多措施：学生可以自行选择教师设置的课程、实行学分制等。为迅速恢复、提高同济大学的学术研究水平，他不顾很多人的顾虑，对好几位被错划为右派的中青年学者委以重任，项海帆、范立础当时都名列其中。范立础对此深有体会：“没有李先生的冒险，很可能没有我们今天的成就。”李国豪十分重视学校人文精神的培育，引领形成了“严谨、求实、团结、创新”的同

① 王一鸣：《校长要有自己的理想——访同济大学名誉校长李国豪》，《上海高教研究》1988年第1期。

② 王建云：《高校管理体制改革的推动者》，本书编委会编：《学之师表　国之英豪——纪念李国豪诞辰100周年文集》，同济大学出版社2013年版，第8页。

③《大智者大爱——记李国豪院士》，《人民日报（海外版）》2001年9月5日。

济大学精神。在某种意义上讲，他更是同济大学的精神支柱。

（三）重视师资队伍建设

李国豪强调指出："一所学校的校风、学风和校长、教师的作风是息息相关的。校长除了要有民主作风外，还要以身作则，要求师生做到的，校长首先要做到，身教重于言传。学校的优良校风、学风要形成一种力量，这就不只是校长发挥个人作用的问题，而要成为群体的风尚。因此，要建设好一支教师队伍，要求教师德才兼备、教书育人。"①

李国豪非常重视师资队伍建设，提出只有提高教师队伍水平，才能提高教育质量，才能培养出好的学生。在他的大力倡导下，同济大学"采取了一系列措施加强师资队伍建设，如脱产进修、在职进修、以任务带进修、'送出去'进修、'请进来'带动进修、以老带新推动进修等，为同济大学转变教风、学风、文风、作风起到了较好的促进作用"②。

在师资培养问题上，李国豪的远见卓识让人佩服。学校曾从1979级学生中抽调200名最优秀的学生集中一年学习德语，并且选派赴德国学习最前沿的学科，为学校的可持续发展打下了扎实的基础。李国豪还指出，教师是一个群体，在一所学校或一个系都应该有合理的结构。这种结构不是由领导临时拼凑起来的，应该是在长期的工作实践中自然形成的。当然，不是自发的成长，而是要精心培育。李国豪提出在系、教研室建立学科小组制度，

① 王一鸣：《校长要有自己的理想——访同济大学名誉校长李国豪》，《上海高教研究》1988年第1期。

② 金正基：《忆大师风范与智慧》，本书编委会编：《学之师表　国之英豪——纪念李国豪诞辰100周年文集》，同济大学出版社2013年版，第35页。

即在教研室中选择六七名不同职称的人员组成教学科研小组。就当时李国豪所负责的桥梁研究室而言，有三位学术带头人，都是教授、博士研究生导师，他们各有两三个副手（副教授），每个副手下又有几位讲师做助手，每位讲师再带几位助教。这样就形成同济大学系、研究所（室）合理的梯队结构。每人都有自己的岗位，各司其职，又保持上下级联系，这样的梯队结构既保证了教学科研的连续性，又培养了一批又一批人才，并在教学、科学研究工作中培养了教师们严谨而勇于探索的学风。学科小组制度在学科可持续发展、新的学科带头人的培养中发挥了重要作用。

五、深远的影响

作为头脑冷静、富有卓识远见，并且拥有坚强意志力和强烈责任感的科学家和教育家，李国豪的教育思想与治校实践对同济大学的发展所产生的影响是深远的。

首先，李国豪在办学思想上进行的一系列探索和卓有成效的开拓，铸就了同济大学发展的灵魂。20世纪70年代末与80年代早期，李国豪制订和强力推行的同济大学的综合化和国际化发展方针，在根本上为同济大学开辟了发展的路径。就前者而言，他以一个教育战略家的非凡气魄反思苏联教育模式的利弊，克服了许许多多的挫折和阻力，对计划经济下仿照苏联教育模式建设同济大学的办学方针做出了重大的转变，提出了学科结构综合化的思想，全力主张多科化、综合化发展，为同济大学今天的成就奠定了基础。

李国豪对于德国高等教育和教学的研究始终抱有热忱，强烈要求同济大学恢复学习德国大学的优良传统。他以睿智开阔的眼界，既着力于教育手段方式的学习借鉴，也注意对大学制度的改革引进。他所倡导的学习德国高等教育的灵魂，使同济大学真正拥有独具风格的德国特色，为同济大学当今实施国际化办学方略开辟了道路。

其次，李国豪强调大学教育的社会功能，要求大学教育为社会服务，强调“为建设”与“为国家”的有机结合，极力反对将教学与科研相分离的模式，大力推崇教学与科研相结合，为同济大学求真务实作风的进一步发扬提供了宝贵的养料。

最后，李国豪所拥有的教育家意识、人格风范与道德追求成为同济大学的标志。他在高等教育价值取向上将科学和人生结合起来，主张培养合乎社会伦理要求和具有健全道德的人的教育主张，为同济大学提供了一笔丰厚的教育遗产，为同济大学的健康发展奠定了坚实的基础。

谈到“问学”之道，李国豪可谓世界一流的桥梁大师，力学专家；谈及“成人”之道，李国豪可谓贡献卓著的教育大师、杏坛楷模。纵观其历经风霜坎坷的传奇一生，从年轻时海外求学的艰辛经历，学成归国后的几经磨难，再经政治运动中多次挨批，“文化大革命”动乱中几陷灭顶之灾，但他从不言败，反而越挫越勇，一如古人所言：天将降大任于斯人也，必先苦其心志，劳其筋骨，饿其体肤，空乏其身，行拂乱其所为，所以动心忍性，增益其所不能……直到老而弥坚，年逾花甲再度披挂上阵后，更是以只争朝夕之精神，披荆斩棘，勇于开拓，善于践行，不仅为同济大学闯新路，为上海教育开新局，更为中国高校改革创新篇。晚年，他虽退居二线，仍然心系教育，以极大的热情为教育改革把脉问政，并以纵观全局的卓越智慧，为高教体制改革建言献策，努力为推动科教兴国战略的实施与现代大学的办学理念的落实做出了巨大的贡献。”①

纵观李国豪的一生，他始终坚守着自己“做人要正派，做事要讲诚信”的人生信条，“遇难不苟免”“大难不死，矢志不休”，艰难困苦，玉汝于成。李国豪是具有创新精神的战略科学家，也是具有高尚人格的杰出教育家，还是一位无私奉献、积极建言献策的卓越社会活动家。

“矢志桥梁，化天堑为通途，成一代宗师；心系教育，沐桃李以春风，立千秋典范。”这是在李国豪逝世后，他的学生对他的评价，堪称他一生的真实写照。“李国豪一生热爱祖国，以他的人格力量、学术成就和闪光智慧，为后人留下了宝贵的精神财富。他不仅是同济的骄傲、是我国科教界的骄傲，同时也是中国人的骄傲。在李国豪身上，集中体现了以‘同舟共济　自强不息’为核心的同济精神。时至今日，他的塑像依然矗立在同济大学校园内，他的教育思想和治学理念依然影响着一代又一代的同济人，也为我国当前高校的建设和发展提供了重要的借鉴，他在学术领域的建树以及为同济建设和发展所做出的贡献将永载史册。”②

主要参考文献

1. 李国豪:《战火纷飞中的留德生活》，季羡林等著:《旅德追忆》，商务印书馆2000年版。

① 章仁彪:《我心中的教育大师李国豪》，本书编委会编:《学之师表　国之英豪——纪念李国豪诞辰100周年文集》，同济大学出版社2013年版，第106页。

② 康华明、胡贵勇、汪先平:《李国豪：矢志桥梁　心系教育》，《教育与职业》2013年第4期。

2. 李国豪:《学校领导要德才兼备》,《上海教育》2001年第3期。

3. 李国豪:《谈谈怎样培养好博士生》,《同济教育研究》1987年第1期。

4.《李国豪教授思想检查提纲》,同济大学档案馆,档案号2-LGH-RW11-4。

5.《李国豪教授思想日记》,同济大学档案馆,档案号2-LGH-RW11-5。

6.《李国豪教授思想、工作日记》,同济大学档案馆,档案号2-LGH-RW11-231。

7.《李国豪生平经历的录音》,同济大学档案馆,档案号2-LGH-RW11-231。

8.《科技精英李国豪》,同济大学档案馆,档案号2-LGH-RW14-9。

9.《李国豪专案问题报告》,同济大学档案馆,档案号2-1976-DQ11-125。

10.《李国豪校长在职工代表会上和校系干部会上的讲话》,同济大学档案馆,档案号2-1980-XZ-85。

11.《李国豪校长在新生开学典礼和职代会上的讲话》,同济大学档案馆,档案号2-1982-XZ-27。

12. 程国政编著:《李国豪》,同济大学出版社2013年版。

13. 丁润令:《李国豪传》,《中国科技史料》1988年第1期。

14. 章仁彪:《"同济魂":李国豪与洪堡的大学理念——兼谈"很工程"的同济人能否"亦洪堡"?》,《同济大学学报(社会科学版)》2015年第2期。

15. 王一鸣:《校长要有自己的理想——访同济大学名誉校长

李国豪》,《上海高教研究》1988年第1期。

16. 黎君:《李国豪教育思想及其对同济大学的影响》,《德国研究》2007年第2期。

17. 程国政编著:《李国豪与同济大学》,同济大学出版社2007年版。

18.《中国现代教育家传》编委会编:《中国现代教育家传》,湖南教育出版社1988年版。

同舟共济
自强不息

同济大学精神

撰稿人:杨冰,南京晓庄学院副教授,主要从事教育史研究。

周培源

ZHOU PEIYUAN

北京大学校长（1978—1981）

（图片由视觉中国提供）

周培源，江苏宜兴人，我国当代著名的科学家、教育家、社会活动家。1978—1981年出任北京大学校长。周培源为新中国的科技事业和高等教育事业做出了杰出贡献。

一、多彩的人生

（一）似水年华：丰富的人生阅历

周培源（1902—1993）一生致力于理论物理的研究和教学工作，在相对论及湍流理论方面有着突出的成就。他于1919—1924年求学于清华学校（清华大学的前身），1924—1928年先后就读于美国芝加哥大学和加州理工学院，并用三年半左右的时间先后取得了学士、硕士和博士学位。1929年应国立清华大学校长罗家伦的邀请回国，担任清华大学物理系教授，成为当时清华大学物理系最年轻的教授。1936年利用所享有的一年休假时间，周培源到美国普林斯顿高等学术研究院工作，与著名科学家爱因斯坦共事，并参加了由爱因斯坦亲自主持的相对论研讨班。他于1937年卢沟桥事变前回国，之后便执教于西南联合大学。1943—1946年利用第二次休假时间赴美，并受邀参加了美国战时科学研究。[①]1947年回国后历任清华大学教务长、校务委员会副主任，北京大学教授、教务长、副校长、校长等。他还担任中国科协主席、中科院副院长、九三学社中央委员会主席及全国政协副主席等社会职务，并为世界和平事业和中外科技文化交流做出了突出的贡献。他于1959年加入中国共产党。1982年获国家自然科学奖，

① 周如苹：《我的父亲周培源》，宜兴市政协学习和文史委员会编：《宜兴文史资料·周培源专辑》，宜兴市政协2000年印行，第204—206页。

1980年获美国普林斯顿大学名誉法学博士学位，1980年和1985年先后两次获美国加州理工学院“具有卓越贡献的校友奖”。在晚年，周培源与夫人王蒂澂把一生所收藏的145件珍贵书画无偿捐献给国家，交由博物馆完整收藏。1993年11月24日，周培源因病去世，享年91岁。[①]

总结周培源的一生，用九三学社中央委员会副主席、北京大学教授金开诚的《忆周培源先生》（七言古风）来概括最贴切不过：“两间正气千秋在，百年风雨一书生。科海壮怀骊珠彩，如箭归心赤子膺。学府流迁烽烟急，绛帐高悬彻夜灯。树人原为根本计，敢作砥柱逆浪争！披肝沥胆同舟义，谋深虑远国士情，盛世更忆真风骨，旷宇何处觅先生。”[②]

（二）科学家：学界巨擘，人民使者

1. 科学家本色

周培源是一位严谨治学的杰出科学家。新中国成立后，他长期担任北京大学领导工作和中国科协主席等职务，外事活动也很多。在“文化大革命”中他遭受了不公正的待遇。然而无论在政治风浪中，还是在繁忙的事务中，他从没忘记自己的身份和责任，始终保持科学家的本色，以锲而不舍的精神，争分夺秒地在科教园地辛勤耕耘。

周培源在广义相对论研究上的造诣很深。他提出的许多理论，都被后来的科学实验所证实，当时学术界有“12个半懂得相对论

---

① 岳公侠、李玲兰：《周培源教授生平》，宜兴市政协学习和文史委员会编：《宜兴文史资料·周培源专辑》，宜兴市政协2000年印行，第1页。

② 金开诚：《忆周培源先生》，纪念周培源诞辰100周年活动办公室编：《宗师巨匠　表率楷模——纪念周培源文集》，学苑出版社2002年版，第145页。

的人”的说法，即全世界只有12个半学者懂得爱因斯坦的相对论，周培源就在其中。

在湍流理论领域周培源奋斗了53年，成为该领域耕耘时间最长的科学家，为世界的科学事业做出了不可磨灭的贡献。[①]自20世纪40年代他提出“逐级逼近法”而创湍流模式理论之后，70年代中期他又提出了“引入准相似性条件”，80年代以后又以“逐级迭代法”代替“逐级逼近法”[②]，从而完成了湍流理论研究上的飞跃。他被公推为湍流模式理论的奠基人，被外国学者誉为“湍流模式理论之父”。

一个人在两个互不相干而又十分艰深的领域取得突出的成就，并在国际上产生重大影响，这确实无人可以望其项背，周培源堪称一代科学巨匠。[③]

周培源经常说，与科技界往来一定不要忘记自己是一名科学家，尤其要使对方感到自己是一名科学家。无论是出席国际学术会议还是率代表团出访，只要有机会，他就要亲自作学术报告，身体力行，诠释着一位科学家的责任和使命。例如，他在1985年访日和1986年访问波兰、匈牙利和民主德国期间，都作了学术报告，讲述了自己潜心研究的广义相对论和湍流理论的最新成就。

① 李玲兰编著：《周培源》，中国和平出版社1996年版，第1页。

② 岳公侠、李玲兰：《周培源教授生平》，宜兴市政协学习和文史委员会编：《宜兴文史资料·周培源专辑》，宜兴市政协2000年印行，第5—6页。

③ 王予靖：《我与周先生有缘》，纪念周培源诞辰100周年活动办公室编：《宗师巨匠　表率楷模——纪念周培源文集》，学苑出版社2002年版，第380页。

2. 科技产业化与产业科技化

周培源作为世界著名的科学家，曾担任中国国际科技促进会会长。他倡导科学与技术、科技与经济的结合，实现“科技产业化，产业科技化”，走富民强国之路。

周培源认为自然科学理论对生产实践具有指导作用，随着科学技术的不断发展，已经形成了“科学—技术—生产”的紧密链条，“科技产业化，产业科技化”已经成为一种必然趋势。这意味着基础科学将通过技术科学、工程科学去转化为生产力，也意味着基础科学必须先行于技术科学、工程科学，必须走在生产的前面，生产也将越来越依赖科学进步。①

1988年，在中国国际科技促进会成立的新闻发布会上，作为会长的周培源语重心长地说：“中国要振兴自己的经济，赶上发达国家的水平，尤其需要重视科学技术的发展，重视科学技术与经济的结合。既要重视以未来市场为导向的科学技术研究工作，更要重视科学技术向生产力的转化。这才是振兴中华之本，富民强国之道。成立中国国际科技促进会的目的之一，就是要把科技发展与经济振兴密切结合起来。”周培源经常以日本在第二次世界大战以后的经济振兴经验来说明科技与经济结合的必要性。

1991年，在中国国际科技促进会理事会上，周培源指出，推进“科技产业化，产业科技化”是大家的事，全民族都来关心和促进科技和产业的发展，中国将会以强盛的综合国力，出现在世界民族之林。他十分重视典型示范的作用，要求中国国际科技促

---

① 盛森芝、武际可、陈佳洱、王义道：《怀念周培源教授》，纪念周培源诞辰100周年活动办公室编：《宗师巨匠　表率楷模——纪念周培源文集》，学苑出版社2002年版，第112页。

进会不仅要促进“科技产业化，产业科技化”的实现，而且自己也要做。他认为选择具有意义深远而经济效果又十分显著的开发项目，建立开发型的研究所，从事生产的研究开发是十分重要的。周培源开创的“科技产业化，产业科技化”的事业利国利民，功在千秋。[①]

（三）教育家：教书育人，诲人不倦

1. 教育家本色

周培源在从事相对论研究的同时，主讲理论力学、相对论、电动力学、统计力学等理论物理的课程，在长期的教学实践中形成了一整套教育思想和教学方法。

周培源反对“满堂灌”，课堂上主要采用启发式教学，以培养学生主动思考的能力。比如，他向学生讲“滑轮”时，曾一连两节课展开了关于猴子爬滑轮问题的辩论，用这样一个简单而又有趣的问题，使每个学生都能深入理解动力学与静力学的本质和差别。

周培源鼓励学生养成阅读参考书和钻研问题的好习惯。从参考书中学生可以学到有关学科的最新成就，这是课堂上无法讲授的。比如，他在流体力学教学中，进一步把学生引到还没有写进书的有关这门学科的最前沿内容，并提出尚没有解决的具体的物理问题，希望学生将来努力解决。这一做法激发了学生的兴趣和探究热情，而这些恰恰是我们现在大学教学中所缺乏的。

---

① 中国国际科技促进会：《科技产业化，产业科技化》，纪念周培源诞辰100周年活动办公室编：《宗师巨匠　表率楷模——纪念周培源文集》，学苑出版社2002年版，第427—433页。

周培源提倡教学要“三严”和“三基”。“三严”即严密的教学计划、严格的教学训练和严谨的科学作风；“三基”即加强基础知识、基本训练和基本技能教育。“三严”和“三基”至今仍然是北京大学教学的特色，对后代学人产生了深远的影响。

周培源为了祖国的科学和教育事业辛勤耕耘，年近90高龄仍亲自指导博士研究生工作。从研究生学位论文的选题、论文进度以及撰写一直到论文答辩，只要学生们的学位论文手稿交到他手中，他便逐段逐句斟酌，反复指导学生修改。① 周培源的学生胡宁提到，周培源在指导研究时，循循善诱，非常耐心，从不急躁，但对学生要求严格，需要批评时直言不讳，让学生受益匪浅。②

周培源常对学生讲述“学生应当超过老师”的道理，并常引用牛顿的一句名言：“我所以看得比前人远一点，因为我是站在前人的肩膀上面。”他经常对学生说：“我要求你们必须超过老师，是因为学生在前一辈人的基础上往前走，应该超过他们的老师，这样人类才会进步。否则，如果学生总是不及老师，那就一代不如一代，最后人类就要退步到成为穴居野人了。”他以高度的热忱和责任感教育学生，把发展科学和社会进步的希望寄托在学生身上，把自己全部的知识毫无保留地、无私地传授给学生。他以真实的情感、高尚的品格影响着他的学生。③

---

① 林建忠：《周师之学识与风范》，纪念周培源诞辰100周年活动办公室编：《宗师巨匠　表率楷模——纪念周培源文集》，学苑出版社2002年版，第312—313页。

② 胡宁：《我的导师周培源先生》，纪念周培源诞辰100周年活动办公室编：《宗师巨匠　表率楷模——纪念周培源文集》，学苑出版社2002年版，第110页。

③ 周如苹：《我的父亲周培源》，宜兴市政协学习和文史委员会编：《宜兴文史资料·周培源专辑》，宜兴市政协2000年印行，第215—216页。

2. 桃李满天下

周培源执教60多年，为中国的高等教育事业兢兢业业、呕心沥血，为国家培养了一大批蜚声中外的著名科学家，如王竹溪、钱三强、彭桓武、钱伟长、林家翘、段学复、于光远、胡宁、郭永怀、杨振宁、张守廉等，可谓桃李满天下。在我国研制“两弹一星”的专家学者中，绝大多数都是周培源的学生，这种贡献的意义绝不亚于他对学术的贡献。华裔科学家张守廉曾经风趣地作了一个比喻：“孔夫子的弟子三千，周先生少说也有弟子三万；孔夫子的弟子遍布华夏，周先生的弟子遍布五湖四海。”周培源爱学生爱得深厚，他同样也得到学生们的无限敬仰和爱戴。正如在周培源90华诞的庆祝会上，他的学生们写给他的祝词中所说的：“一代宗师学厚仁厚情厚，五洲学子同贺福如地厚；科学泰斗言高行高德高，华夏晚生共祝寿比山高。”①

（四）社会活动家：老骥伏枥，心系天下

1. 角色抉择

作为科学家的周培源本来一直是只专注于科学研究的，但一个偶然的机会，改变了周培源的人生，让他的人生变得更加丰富。

1950年，周恩来总理派出中国政府代表团到英国，参加英国共产党庆祝中华人民共和国成立一周年活动，周培源也在代表团名单中。这是周培源第一次参加社会活动，他怀着忐忑的心情圆满完成了任务。在汇报工作中，他对周总理表达了不愿从事社会活动，只想专心从事科学研究工作的想法。周总理鼓励他说：“凡

① 王予靖：《我与周先生有缘》，纪念周培源诞辰100周年活动办公室编：《宗师巨匠　表率楷模——纪念周培源文集》，学苑出版社2002年版，第381页。

是对人民有益的工作，都是重要工作。”周总理的一席话使周培源深受启发。

从那以后，周培源把从事社会活动、外交活动放到同科学研究同等重要的位置，先后担任了北京大学校长、中国科学院副院长以及中国科学技术协会主席、全国政协和九三学社的领导等职务，表现出高超的领导才能和杰出的社会活动能力，并做出了很大贡献。而他的威望和高尚的人品，也使他赢得了人们的敬重。[①]

其实，如何对待社会活动和科学研究之间的矛盾，是周培源一直在思考的问题。法国大物理学家朗之万说过，有些研究课题我们没有来得及做的，几个月后或是几年后，别人会做出来的。但是，我们要是不关心社会事业，不关心政治活动，那不需要很久，根本就没有科学研究了。爱因斯坦、朗之万、约里奥－居里、贝尔纳等世界前沿的大科学家正是沿着这条路走的。周培源深受这些科学家的影响，尤其是曾与其共事的爱因斯坦。他评价爱因斯坦“不仅是一位伟大的科学家和一位富有哲学探索精神的杰出的思想家，同时还是一个正直的、有高度社会责任感的人。他深切体会到一个勤恳的科学工作者的劳动成果对社会可能产生怎样的影响，一个有远见的知识分子对社会要负怎样的责任”[②]。而“有高度社会责任感”也成了周培源一生从事社会活动的座右铭。当看到农村生产技术落后时，他便语重心长地指出，应当把改变我国落后面貌作为我们的责任，我们要报国，有多少事情要做啊！他认为要把眼光放远，不能把自己圈在物理研究的小范围内。

---

① 焦聚川：《周培源和周总理交往二三事》，纪念周培源诞辰100周年活动办公室编：《宗师巨匠　表率楷模——纪念周培源文集》，学苑出版2002年版，第471—472页。

② 周培源著：《周培源文集》，北京大学出版社2002年版，第107页。

2. 九三学社中央委员会主席

作为一位具有强烈社会责任感的科学家，他非常关心和重视国家的经济建设，特别是在改革开放以后，耄耋之年的周培源，仍然在为祖国经济建设事业奋斗不息。在他的领导下，九三学社充分发挥知识密集的优势，积极开展智力支边和科技扶贫。他曾经亲自主持九三学社中央有关大西南资源开发和生态保护的研究论证，向中共中央、国务院提出了一系列具有重要意义的可行性建议，受到中共中央和国务院的重视，所提建议后被纳入国家“八五”规划，并专款立项实施。

20世纪80年代，当我国决定兴修大亚湾核电站时，由于某些香港媒体大肆渲染，不少人担心核污染，一时间反对在深圳附近修建核电站的呼声强烈，造成了人心的不稳定。为了澄清误解，有关方面组织了一个内地专家组，并邀请了香港的一些专家、代表在深圳召开了一个座谈会，周培源与陈明绍等九三学社的科学家参加了会议。在会上，周培源以现代科学技术水平与各国的实践经验充分阐述了核能的安全可靠性。在与会专家的共同努力下，座谈会取得了良好效果，对消除香港民众的误解起了十分重要的作用。如今大亚湾核电站已经安全运行了近30年。

周培源非常赞成中共中央和国务院提出的决策民主化、科学化。他认为，重大建设项目和经济发展战略决策，关系到国家和人民的利益，必须慎重从事。他曾经就三峡工程问题向党和政府提出建议，并亲自率领全国政协考察团赴四川、湖北进行实地考察，在深入调查研究的基础上，形成了自己的意见，致函中央领导同志，直陈己见，引起了中央领导的高度重视。中央领导批示，对周老提出的问题“一定要充分论证”。此后，有关方面又组织专家对三峡工程进行了广泛、深入、细致的论证，从而使决策建立在更为科学的基础之上。①

3. 中国科协主席

他曾担任中国科协领导职务（书记处书记、副主席、代主席、主席、名誉主席）近30年之久，为促进国家和民族科学技术的繁荣和发展，促进科学技术的普及和推广，促进科技人才的成长，进行了不懈的努力，做出了卓越的贡献。他于1955年当选为中国科学院学部委员和物理学数学化学部常务委员，并曾多年担任中国物理学会理事长、中国科学院副院长和中国科学院主席团成员等职务，为中国科学院的建设和发展，拓展国际科学合作与交流，制定科学技术发展规划，推进学部工作和研究所的科学活动，以及在组织领导和促进国家的科学文化事业等方面，做出了重大贡献。

同时，作为中国科协开展国际科技交流的奠基人，周培源为国际科学界保卫世界和平运动奔走数十载。在世界科协错综复杂的斗争中，周培源和中国代表团的成员坚决贯彻中央有关国际问题的方针、政策，在战争与和平、缓和国际紧张局势和裁军等问题上，坚定不移地坚持了我国的一贯立场。周培源还积极参加了由美国著名物理学家爱因斯坦及英国著名科学家罗素等联合发起组织的旨在推动核裁军、保卫世界和平的“帕格沃什”运动。

周培源关于中国科协的国际科技交流工作的经验和思想，主要有以下三个方面：第一，中国科协的国际科技交流的重点必须立足于国内的需要，密切结合我国社会主义建设的实际，为国民

① 赵伟之：《一代英才　世代风范》，纪念周培源诞辰100周年活动办公室编：《宗师巨匠　表率楷模——纪念周培源文集》，学苑出版社2002年版，第143页。

经济建设做出贡献；第二，中国科协的国际科技交流必须符合中国科协的特点，充分发挥其跨行业、跨部门和跨学科的特点，为交叉学科的发展做出贡献；第三，中国科协的国际活动必须着眼于培养年轻一代科技活动家，为培养一支既精通本门专业又能运用外语，独立对外进行交流的队伍做出贡献。①中国科协以这些经验和思想为指导，在国际科技交流工作中取得了积极的成果。

4. 科学外交家

作为中国科协的带头人，周培源在国际交往中积累了丰富的经验，他坚持原则，不卑不亢，敢于斗争，树立了良好的对外形象，为世界和平事业和中外科技交流做出了令人瞩目的成就。

1959年世界科学工作者协会召开年度常务理事会。我国由周培源率领代表团赴莫斯科出席会议。在开会期间，由于苏联代表团的欧帕林教授蛮不讲理，摆出老大哥的架势，坚持要在决议中写上反映苏联外交政策的词句，使会议无法继续下去。周培源坚持原则、据理力争，毫不畏惧、针锋相对，迫使欧帕林改变态度，通过了各方均可以接受的决议方案。

1979年中国科学院派出以周培源为团长的科学代表团赴日本访问。周培源应邀在日本东京大学做学术报告，题目是《流体力学湍流方面的研究进展》，受到赞许。在与东京大学校长会晤时，对方提出了在政治上很难回答的问题，周培源既坚持原则，又从容礼貌地予以回答，最终使对方心悦诚服。

周培源在外事活动中总是那样不卑不亢，心平气和，但他

---

① 方均、吴甘美：《中国科协国际科技交流的奠基人》，纪念周培源诞辰100周年活动办公室编：《宗师巨匠　表率楷模——纪念周培源文集》，学苑出版社2002年版，第348—350页。

又是十分坚持原则的。1980年周培源率领中国代表团参加在多伦多举行的第15届国际理论与应用力学大会。这是在1956年后我国第一次重返该组织。由于周培源的声望，在这次会议上，他又重新成为国际理论与应用力学联合会理事和大会理事。时隔24年之久，我们和这个组织接触，会议上出现了违背一个中国的错误声音。在这个原则问题上，周培源态度十分明确，坚决要求改正，在周培源的坚持下，这个问题终于在会上得到了彻底的解决。①

1980年，周培源率团参加了在莫斯科召开的第6届帕格沃什会议，这是东西方科学家谈裁军和限制核武器问题的会议。在其中一次大组讨论会上，美国麻省理工学院的校长威斯纳（Wiesner）教授在报告中明显地挑拨中苏关系。基于当时的情况和大使馆的指示，作为中国代表团团长的周培源在会上立即对威斯纳的发言予以反驳，并指责他恶意挑拨中苏关系，令他哑口无言，十分狼狈。最后，他只好向周培源道歉。

在国际交往中，周培源给对方以良好的印象，提升了我国的国际形象。我国著名声学专家、中科院院士汪德昭回忆，在巴黎，其实验室好友毕加教授向他夸赞周培源是那样的诚恳、坦率、热情、亲切和朴实。诺贝尔奖获得者卡斯特莱教授谈起在帕格沃什科学与世界事务会议中的周培源，对他表示赞赏、钦佩和尊敬。②

正如周培源在接受记者采访时所说的："作为一个科学家，我深深懂得科学既可以造福人类，也可以危害人类。因此，早在20

---

① 郑哲敏：《记周老二三事》，纪念周培源诞辰100周年活动办公室编：《宗师巨匠 表率楷模——纪念周培源文集》，学苑出版2002年版，第136页。

② 汪德昭：《愿同驰骋新世纪》，纪念周培源诞辰100周年活动办公室编：《宗师巨匠 表率楷模——纪念周培源文集》，学苑出版社2002年版，第14页。

世纪50年代，我就同国内外许多科学家一起强烈呼吁科学上的新发明应用于造福人类而不应用于军事目的。我始终坚信人类既然有智慧发明原子弹，最终也一定有办法去消灭它。今天我已是耄耋之年，但只要一息尚存，我就要为维护世界和平做出自己的贡献。”[①]周培源在国际和平事业方面的远见卓识和杰出贡献，将载入史册。[②]

（五）收藏家：瑰珍共赏，懿德常馨

1. 为收藏节衣缩食

周培源是物理学家，他的夫人王蒂澂是一位教育家。王蒂澂熟稔中国历史，博览群书，在中国古典文学艺术、历史等方面有良好的造诣，新中国成立后在一所普通中学辛勤耕耘23年，亦可谓“桃李满天下”。夫妇二人都具有高雅的审美情趣和鉴赏水平，是典型的书画收藏家。说起俩人的收藏，这就要从20世纪50年代初说起。夫人王蒂澂偶然买回一幅古代书画，继而她就开始有意识地收集，不久也引起周培源的兴趣，于是他们就开始共同收藏，一到周末欣赏古代书画成了他们生活中的重要活动。他们收藏古代书画并非有殷实的家产作为后盾，而全凭他们的工资收入，通过节衣缩食换来的。其实按他们当时的收入，生活本可以安排得相当舒适，但他们一贯省吃俭用。“三年严重困难”时期，王蒂澂为了省下钱来收集古代书画，始终不肯拿出更多的钱来购买食品，以致缺乏营养而患浮肿病。

① 周如苹：《我的父亲周培源》，宜兴市政协学习和文史委员会编：《宜兴文史资料·周培源专辑》，宜兴市政协2000年印行，第250页。

② 张维：《周老永远是我学习的榜样》，纪念周培源诞辰100周年活动办公室编：《宗师巨匠　表率楷模——纪念周培源文集》，学苑出版社2002年版，第76—77页。

2. 慷慨捐献

周培源、王蒂澂并没有将这些珍贵书画视为私有财产，而是经常告诫女儿们“这些字画是替国家收藏的，将来要送给国家”。周培源践行了他的诺言。1989年，夫妻二人将毕生收藏的珍贵书画145件悉数捐献给了国家，交由江苏省无锡市博物馆完整收藏，以弘扬祖国传统文化，启迪后人热爱祖国和人民，珍视中华民族的文化传统。仅此一端，即可窥见伉俪的高风亮节。为此，1989年11月1日，中国科学技术协会、九三学社中央委员会和无锡市人民政府在北京故宫联合举行隆重的捐献表彰仪式，并展览所捐古书画。国家文物局和无锡市人民政府向两位先生颁发了奖状。无锡市政府决定在无锡市博物馆内设立“周培源、王蒂澂画馆”，以资永久纪念。

任西南联大物理系教授时的周培源
（图片由视觉中国提供）

二、办学治校的主要业绩

在1952—1981年近30年的时间里，周培源由北京大学教务长、副校长到校长，长期负责学校的教学、科研工作。他是北大历任领导人中任职时间较长的一位[①]，对北京大学的建设、发展倾注了全部心血，也取得了卓著的成绩。

① 周如苹：《我的父亲周培源》，宜兴市政协学习和文史委员会编：《宜兴文史资料·周培源专辑》，宜兴市政协2000年印行，第229页。

（一）临危受命

新中国成立后，周培源以极大的热情投身于祖国科教事业，把自己的命运同国家发展紧密相连。1952年周培源出任北京大学教务长，1956年，由周恩来总理提议，周培源出任北京大学副校长。[①]1966—1976年十年“文化大革命”对教育摧残极重，北京大学首当其冲。“四人帮”被粉碎后，中国进入了一个新的历史时期。1977年，邓小平重新回到党和国家的领导岗位，主管国家科教工作。对于遭受“四人帮”严重破坏的北京大学，谁有能力做好其重建工作呢？北京大学是我国的知名学府，校长必须是学术泰斗。1978年7月，由邓小平提议，76岁的周培源被任命为北京大学校长。“文化大革命”刚刚结束后的北京大学，问题成堆，是个棘手的烂摊子。要做好这个校长，难度很大。“苟利国家生死以，岂因祸福避趋之。”周培源从来不会因困难而却步。他号召将蔡元培主持北京大学时所提倡的崇尚科学与民主的思想传统发扬光大，对北京大学进行全面的整顿和改革。在他的勤奋工作和正确领导下，北京大学各方面的工作很快恢复正常，顺利地开展起来。[②]

（二）奠基力学专业

1952—1966年，周培源教授在北京大学先后担任教务长、副校长职务，主管教学和科研工作。在他的倡导下，北京大学逐步建立起一系列新专业，如计算数学、核物理、放射化学、地球物

① 岳公侠、李玲兰：《周培源教授生平》，宜兴市政协学习和文史委员会编：《宜兴文史资料·周培源专辑》，宜兴市政协2000年印行，第5页。
② 李玲兰编著：《周培源》，中国和平出版社1996年版，第96—97页。

理、无线电、力学等专业。全国第一个力学专业就是在他的倡议下创办起来的。北京大学力学专业的建立为力学在中国的发展奠定了重要基础。周培源对力学专业有深厚的感情，1978年以后，他担任北京大学校长以及各种社会职务，在繁忙的行政工作之余，始终坚持在力学系指导研究生。[①]长期以来，北京大学力学专业为我国培养了大批优秀人才，为发展我国的国防、基础工业和力学教育事业做出了重大贡献，周培源被公认为我国力学科学教育事业的奠基人。

（三）整顿教学秩序

周培源担任校长后面临的一个重要任务是拨乱反正，重建新的教学制度和教学秩序。在他的主持下，北京大学制订了严格的教学计划、教学大纲和一系列有关教学管理的规章制度。在教学管理中，周培源倡导对学生严格要求，强调对学生进行基本理论和基础知识教育，进行基本技能训练。正是在以周培源为代表的一批名师坚持下，长期以来在北京大学形成了一种严谨认真、基础扎实、一丝不苟的教学风气，使北京大学的毕业生基础牢、后劲足，有发展潜力，受到社会的好评。同时，周培源也果断地停办了一些不适合学校发展或者污染环境的校办产业设施，而对于符合时代要求和学校发展的校办产业，他则以极大的热情，集中大量的人力物力给予全力支持。经过一系列整顿，学校各方面的工作迅速恢复正常，同时保持和发扬了北京大学重视基础理论教育和基本理论研究的优良传统和勤奋、严谨、求实、创新的校风，

① 丁石孙：《我们的周老》，宜兴市政协学习和文史委员会编：《宜兴文史资料·周培源专辑》，宜兴市政协2000年印行，第65页。

使北京大学的专业设置、科学研究逐步适应社会主义物质文明和精神文明的建设要求。

（四）全力推动激光照排技术研制

我国印刷业从铅字印刷方法向激光汉字编辑排版这一划时代印刷技术的转变，告别了铅与火，迎来了光与电，得益于北京大学王选教授发明的汉字激光照排系统（也被称为“748工程”）。这背后也凝结了周培源的诸多心血。作为校领导，周培源对科研中的新事物总是竭尽全力地予以支持。1974年“748工程”立项成功后，研制这套系统面临着缺乏场地、经费等问题。王选当时是北京大学的讲师，在学校人微言轻。据王选教授回忆：1977年5月，当时担任副校长的周培源了解到这个科研项目，认为它的成功将使中国的印刷业发生根本性的变革，便竭力支持和推动这一项目的研制工作，使项目进展顺利，不久便研制出了样机。尽管原理性样机系统设计思想先进，技术上有所突破，但仍无法与国外产品竞争，因此面临着诸多质疑。在需要领导和舆论支持与理解的关键时刻，周培源利用一切机会对产品进行宣传，指出要相信自己的力量，支持国产系统的研发，反复强调要支持新生事物，促使它不断完善，反对盲目进口。经过十多年的艰苦奋斗，国产汉字激光照排系统终于成为成熟的商品，并把国外系统挤出了中国市场。在此过程中，我国的新闻、出版和印刷界则经历了一场技术革命，从铅与火过渡到电脑与激光时代。[①]汉字激光照排系统的成功，不仅改变了整个汉字印刷行业，为北京大学带来了经济效

① 王选：《周老和汉字激光照排系统》，纪念周培源诞辰100周年活动办公室编：《宗师巨匠　表率楷模——纪念周培源文集》，学苑出版社2002年版，第146—151页。

益，也为我国高校创新产业技术探索出一条新路，为科研成果转化为生产力提供了一个成功的范例。[①]

周培源为北京大学的发展费尽了心血，他对北京大学的贡献远不止于此。他的高等教育思想及实践，乃至他的为人都深深地铭记在北京大学师生的脑海里。

三、“十六字”治学方针

1991年在天津大学召开的一次全国湍流大会上，周培源将自己一生的道路概括为十六个字：独立思考、实事求是、锲而不舍、以勤补拙。这十六个字，确实是周培源一生治学乃至为人的极好写照。

（一）独立思考，实事求是

20世纪70年代中期，周培源为完成周恩来总理委托的加强基础研究的任务，承受了很大的压力。当听说上海要组织人写文章批判他关于加强基础研究的主张时，他淡定地说“我不怕”。面对“四人帮”之流的不可一世，周培源只有不屑一顾的鄙视。20世纪70年代末，在乍暖还寒、拨乱反正之际，当社会上许多同志还有种种顾虑时，钱学森和周培源等中国力学学会的领导人便率先为一位著名科学家平了反。杨振宁曾写道：“大家对周先生很佩服，因为他不怕打压。”这些事例充分展现了周培源实事求是、坚持真

① 盛森芝、武际可、陈佳洱、王义道：《怀念周培源教授》，纪念周培源诞辰100周年活动办公室编：《宗师巨匠　表率楷模——纪念周培源文集》，学苑出版社2002年版，第236—237页。

理的精神。

当大多数人接受了广义相对论的坐标无关论的解释时，周培源却独立思考，坚持坐标有关论；当对于三峡建设问题众说纷纭时，周培源和一些科学家通过深入调查，悉心分析，实事求是地提出“先上（游）后下（游）、先支（流）后干（流）、先易后难”的谨慎意见，不惑于纷纭众说，据理力陈此见。针对一些人反对兴建核电站的意见，周培源则持完全相反的态度，力主兴建核电站以解决我国能源紧缺问题。作为物理学界的泰斗，他认为现代技术水平与各国的实践经验已充分证实了核能的安全可靠性，从而解除了一些人的误解。周培源对待三峡工程和核电站工程的态度，再次充分说明了他求真务实的科学态度与治学风范。

“文化大革命”期间，陈伯达掀起了批判相对论运动，并要周培源表态。周培源毫不含糊地说：“爱因斯坦狭义相对论已被事实所证明，批不倒；广义相对论学术上有争议，可以讨论。”他拒绝了陈伯达要他领导北京大学师生撰写批判相对论文章的无理要求。周培源一贯认为，一个新理论必须有三个功能：一要满足旧理论已经说明的物理现象；二要说明旧理论所不能说明的物理现象；三要预见现在还没有观察到，但通过科学实验一定能够观察到的物理现象。他认为，相对论既能解释牛顿力学所阐明的低速运动规律，又能解释牛顿力学所不能阐明的高速运动规律，还能推出质能定律、预测原子能的存在，是符合上述三个功能、经过实践检验的科学真理。周培源又一次做到了不畏强权，维护了真理和正义。

（二）锲而不舍，以勤补拙

锲而不舍始终贯穿于周培源的一生。西南联大时期，在一无校舍、二无设备、三无图书的条件下，周培源写出了他的第一篇关于湍流理论的论文（1940年发表）。新中国成立后，周培源行政工作和社会工作繁多，但他的研究、教学工作从未停止，近90岁高龄还亲自带研究生并认真与他们讨论，修改文章时甚至不放过一个标点符号的错误，这是周培源在学术上孜孜不倦的勤奋精神的写照。

周培源雕塑
（图片由视觉中国提供）

至于周培源在美国用三年半时间拿到一般人需要六七年时间才能拿到的学士、硕士、博士学位，几乎是一个传奇。当有人对此深感不解而问他时，他回答说，这并不是因为自己聪明（他认为自己并不聪明），只不过是自己连暑假也不休息，以勤补拙罢了。周培源在跟学生的谈话中曾说："科研工作是十分艰苦的，一定要勤奋。我这个人就很笨，当年我教王竹溪，他就比我聪明，理论力学后面的习题，他可以一道不漏全部做一遍，我就不行，顶多做一半，但我勤奋，要以勤补拙。"[1]其实周培源并非不聪明，只是他更强调勤奋而已。

① 李明轩：《回忆周老与我的两次谈话》，宜兴市政协学习和文史委员会编：《宜兴文史资料·周培源专辑》，宜兴市政协2000年印行，第148页。

这十六字治学方针不仅是周培源的经验之谈，也是他在寻求科学真理的过程中身体力行的准则。周培源将治学十六字贯彻于一生的实践中，而其中每一个实例，都是我们治学与做人的优秀榜样，将激励我们奋发向前。①

四、高等教育思想及影响

周培源有着60多年从事高等教育的实践，他在实践的基础上逐步形成了自己的教育思想。这些思想集中反映在他的《对综合大学理科教育革命的一些看法》《访美有感——关于高等教育改革的几个问题》等文章之中。②归纳起来，他的高等教育思想主要有以下几个方面。

（一）重视基础科学理论研究

新中国成立后，周恩来总理在多个场合，不下十次地反复强调要重视基础理论的学习和研究，并嘱咐周培源："要把北大理科办好，把基础理论水平提高。这是我交给你的任务。有什么障碍要扫除，有什么钉子要拔掉。"③周培源根据毛泽东主席和周恩来总理重视自然科学基础理论研究的精神，写了一篇关于综合大学理科教育革命的文章，大力提倡加强基础研究。

① 盛森芝、白彤东：《试论周培源教授的科学观》，宜兴市政协学习和文史委员会编：《宜兴文史资料·周培源专辑》，宜兴市政协2000年印行，第128页。

② 盛森芝、武际可、陈佳洱、王义遒：《怀念周培源教授》，纪念周培源诞辰100周年活动办公室编：《宗师巨匠　表率楷模——纪念周培源文集》，学苑出版社2002年版，第111页。

③ 周培源著：《周培源文集》，北京大学出版社2002年版，第59页。

周培源在文章中以300年前微积分的研究为例说明，即使对当前的生产尚不产生直接作用的理论课题，也应予以足够的重视。针对“四人帮”对自然科学基础理论采取全盘否定的态度，他在文章中对应用理论与基础理论进行了区分：前者要解决当前生产建设中所遇到的具体科技问题，因此更具有局部性与特殊性，而后者由于更深刻反映自然现象的本质，因此更具有全面性与普遍性。应用理论与基础理论的关系类似于矛盾的特殊性与普遍性的辩证关系。①

重视基础理论研究，这并不代表周培源对于发展国民经济不重视。他意识到，要发展国民经济必须依靠科学技术，而要提高科学技术的水平必须认真进行科学研究，其中很重要的一环——基础理论的研究是任何时候都不能忽视的。事实上如果没有基础理论的研究，就不会有高技术的发展。②

（二）改革综合大学理科教育

周培源指出：为了迅速把我国的自然科学基础理论研究搞上去，必须采取有力措施，培养更多又红又专的科研人才。而综合大学理科是培养基础理论研究人才的主要基地。周培源认为，在学校中基础课的教学工作一定要做好，这是最根本的。其中包含了两个方面的意思：一方面，基础理论知识是学习专业知识和技术知识的基础；另一方面，基础知识和基础理论教学又是培养和

① 周培源著：《周培源文集》，北京大学出版社2002年版，第87页。

② 程民德：《在周老领导工作下工作的一些回忆》，纪念周培源诞辰100周年活动办公室编：《宗师巨匠　表率楷模——纪念周培源文集》，学苑出版社2002年版，第118—119页。

提高学生分析问题、解决问题能力的基本手段和重要环节。①

周培源强调：高等学校理科必须加强基础课教学，只有这样才能使学生在学习较深奥的现代科学理论时，有一个比较扎实的基础，而且学生毕业后能在工作中，从比较广阔的范围内吸取现代科学技术迅速发展所带来的新知识、新理论，掌握新技术，学习新学科，不断提高知识与技能水平，适应社会主义建设事业蓬勃发展的新局面。我们要正确处理针对性和适应性之间的矛盾，既要针对目前的情况，使学生毕业后能较快适应本职工作的需要，又要兼顾长远发展，使学生掌握覆盖面广、基础扎实的理论知识，并在这个基础上通过科学实验来获得进一步的发展，以适应今后学习新学科、掌握新技术和继续提高的需要。在加强基础教学中，培养学生的抽象思维能力是一个值得注意的问题。不能把培养学生解决实际问题的能力曲解为只是动手的能力，并把它与培养抽象思维能力对立起来。②

针对社会上忽视理科教育和基础理论研究等现象，周培源多次谈道，“教育是百年大计，不能急功近利”，不能犯“近视眼”的毛病，必须从国家和民族的长远利益出发，牢记周总理的指示，坚持基础理论研究，支持办好大学理科。③

（三）坚持理论联系实际

周培源认为，办好大学理科的重大原则之一就是要处理好自然科学理论同实践之间的关系，要做到理论联系实际。综合大学

①③ 盛森芝、武际可、陈佳洱、王义遒：《怀念周培源教授》，纪念周培源诞辰100周年活动办公室编：《宗师巨匠　表率楷模——纪念周培源文集》，学苑出版社2002年版，第112、235页。

② 周培源著：《周培源文集》，北京大学出版社2002年版，第77—78页。

理科负有普及科学知识和提高科学水平的双重使命。

关于理论的实际意义，周培源认为，我们不能把理论联系实际仅仅理解为满足当前的需要。一个自然科学理论有没有应用，或有没有科学意义，也只有通过实践才能加以判断。有些学科看起来与今天的生产实践并无联系，或认为将来可能有需要，但通过实践它们在一定条件下会转化为当前的需要。[①]

谈到基础理论的学习与大学毕业生工作适应性之间可能存在的矛盾，周培源指出，“在学校中基础课的教学工作一定要做好，这是最根本的。掌握必要的基础理论知识，是为了适应学习新学科、掌握新技术和继续提高的需要，并对培养分析问题与解决问题的能力起到重要作用。理科在原则上不宜按产品的生产设立专业，亦不宜‘以工代理’或‘理向工靠’；既不能漫无目标，又不能过于狭窄；既要有鲜明的针对性，又要有一定的适应性”[②]。

对于综合大学理科是否成立独立研究机构、培养科学研究人员这一问题，周培源持完全肯定和支持的态度。他认为，综合大学本身具有科研力量集中、学科多元化的优势，同时科学研究也是提高大学理论联系实际，提高教学质量，培养学生用辩证唯物主义的思想方法分析问题、解决问题的重要途径。另外，综合大学理科开展理论性的科学研究工作，是促进国民经济进一步发展、赶超世界先进科学水平的重要举措。

关于如何理解理论联系实际的途径，周培源建议：“综合大学理科可以办短期训练班、进修班，创立为生产直接服务的计算中心、科学工作站，等等。教育革命的实践证明，短期训练班能使

①② 周培源著：《周培源文集》，北京大学出版社2002年版，第56—58、58页。

工农学员在短期之内提高理论水平，他们回到工厂或农村之后，就能发挥更大作用。”①

（四）倡导民主与创新的学术氛围

继承蔡元培先生的“思想自由，兼容并包”的治校思想，周培源担任北京大学校长期间，提倡学术民主，重视活跃学术空气。他认为，与社会上的一切事物一样，科学技术中矛盾的对立统一推动了科学技术的发展，所以“百家争鸣”是科学技术取得发展的必然要求，是不可避免、不能取消、不该回避、不许压制的客观规律，用行政手段扶植一个学派、压制另一个学派，这种做法对于科学技术发展十分有害。他列举马寅初的人口论的遭遇，说明使用这种行政手段可能会造成严重的社会后果。在周培源等老一辈学者的倡导下，北京大学的学术思想始终比较开明，学术讨论气氛比较浓厚，思想比较活跃，人们敢于创新、勇于开拓、严于求实、乐于勤奋。科学民主作风深深扎根在北京大学师生中。周培源认为北京大学的这个传统应该得到弘扬。

周培源鼓励学科创新，发展学科体系。他认为，随着科学技术的不断发展，新学科将不断出现，老学科的内容也将不断充实和扩展。这就提出了学科设置现代化的问题，它具有两重含义：一是要随着时代的发展不断增加社会所需的新学科；二是要随着科学技术内容的扩展不断增添原有学科的内容。②

---

① 周培源著：《周培源文集》，北京大学出版社2002年版，第58页。

② 盛森芝、武际可、陈佳洱、王义遒：《怀念周培源教授》，纪念周培源诞辰100周年活动办公室编：《宗师巨匠　表率楷模——纪念周培源文集》，学苑出版社2002年版，第113—114页。

（五）建立具有中国特色的高等教育体系

周培源主张通过高等教育改革，建立有中国特色的高等教育体系，为此他提出以下几点看法。①

第一，实行“民主办校”。他认为，对于“教授治校”，“民主办校”的提法更恰当些。周培源认为，领导工作要从重大问题入手。一般来说，校内工作有四种，即政治思想工作、科学研究工作、教学工作和行政工作。在这四种工作中，他认为方针政策、培养目标是领导的内容，领导是根据方针政策来决定重大问题的，不可能事无巨细，每件事都由党委决议。

第二，要给高校一定的自主权。通过实践和比较，周培源发现，我国高等教育的根本问题在于控制得太死。他认为，要加强党对教育的领导，但同时也要给予学校一定的自主权，调动它们的积极性。他以当时中国科技大学的改革为案例来分析，认为中国科技大学创办少年班、建大型加速器、支持教学改革等尝试都比较成功，就是由于中国科技大学的自主权比较大。

第三，应明确以教师为主体，严选良师。他指出，学校的学术水平，主要看教师的学术水平；有了高水平的教师，才能出成果并培养出高水平的学生。在落实知识分子政策中，很重要的一个方面是要让知识分子能发挥作用。他认为：“一所大学办得好或不好，其水平如何，决定因素或根本标志之一乃是这所大学的教师阵容。教师是学校的主体，古今中外，绝无例外。”他还提出要严选良师，并建立严选良师的办法和标准。他认为，一所大学的人才，只有不断地严选和淘汰，才能在学术上打破保守，不断

---

① 周培源著：《周培源文集》，北京大学出版社2002年版，第169页。

前进。

第四，高校要大力开展科学研究。他认为，只有通过科学研究的实践，教师的才华才能展现出来，水平才能提高。但我们国家的教育经费太少，科研经费更是少得可怜，很不利于人才的培养。因此他建议，要发挥高等学校教师的积极性，一方面要对教师的作用提高认识；另一方面要在思想上重视科研，增加教育经费，并大大增加学校的科研经费。

第五，建立学术委员会。周培源建议把校务委员会改为学术委员会，专管科学研究工作和教学工作，成为一个最高决策机构，但由校长执行，以便充分发挥老教师的作用。学术委员会可以由校长邀请校内群众拥护的、有代表性的人士做学术委员会委员。学术委员会只讨论科学研究和教学工作。

（六）探索新的人才培养方式

1. 批判“一考定终身”的招考方式

周培源在《访美有感》一文中谈到了培养人才，他说：“大学的任务是培养人才。这里有两点必须考虑。其一是社会需要，其二是必须按照受教育者的特点去培养，做到人尽其才、因材施教。一所好的大学，就要使这两方面得到统一。”[①]他对大学教育中一次考试定终身的做法，培养出来的学生知识面、眼界、思想过于狭隘，缺乏独立思考能力的现象，都深感忧虑，并且介绍了美国大学中自由选系、选课的教学制度。他还建议打破在人才培养方面的主观主义的“计划”。周培源所说的要打破的“计划”，实际就

① 周培源著：《周培源文集》，北京大学出版社2002年版，第146页。

是目前我们所说的要使人才培养适应市场的需求。改革开放以来的实践证明，他的这些看法是非常正确的。[①]

2. 提倡学习人文科学和社会科学

周培源认为任何学科的大学生，都必须学习人文科学和社会科学。他引用加州理工学院院长的话来说明其必要性：“我们要求学生用20%的时间学习社会科学和人文科学，这是加州理工学院的传统，因为我们培养的不仅是一个工程师、一个科学家，而最根本的，我们培养的是人。学生要学习文艺、历史、社会科学，他们要懂得社会和人，因为任何一个科学家，每天、每时都在和人、和社会打交道。”[②]

3. 探寻人才成长的规律

周培源认为，从科学研究的角度来看，培养一个青年科学工作者的基本要求是使他们能够独立做科学研究工作。作为一个青年科学工作者，在业务方面至少要争取具备三方面的修养，即掌握知识、练好本领、树立见解。这三方面的培养是有阶段性的，但不是绝对分开的，它们会互相影响，互相促进。[③]

周培源认为，一个青年科学工作者的成长，概括地说可以分作三个阶段。第一个阶段是在高等学校的学习期间。这一阶段高年级的同学在大学学习期间，除把教学大纲内所规定的教材与参考书念完外，还应该多阅览一些课外书籍与近代文献来丰富自己，以便获得对知识的进一步了解。第二个阶段自高等学校毕业后开始，即研究生的培养阶段。这一阶段培养的主要要求是使青年科

① 武际可：《善教者使人继其志》，纪念周培源诞辰100周年活动办公室编：《宗师巨匠　表率楷模——纪念周培源文集》，学苑出版社2002年版，第268页。

②③ 周培源著：《周培源文集》，北京大学出版社2002年版，第146、42—44页。

学工作者初步具有独立进行科学研究工作的能力，是一个关键性的阶段。第三个阶段是逐步成熟的阶段。在这个阶段内青年科学工作者必须做出更大的努力，形成自己独立的科学见解，做更多的科学实践。①

4. 提倡自学成才

周培源认为，自学成才是一条必由之路。他在《自学成才要有文史知识》一文中指出，自学是我们当今造就人才的一条重要途径。他认为，凡是通过学习和实践成为本职工作的行家能手，凡是从丰富的实践中总结出工作的系统经验，使学习成果超出一般水平，凡是工作和劳动对社会做出了一定的贡献，都称得上自学成才。他认为，不进学校必须自学，即使进了学校，教师也只能起指导、咨询和辅助作用，学生成才也主要靠自己的主观能动性，而自学成才，必须打好基础。获得一定的文史知识是自学成才的基础，真正掌握文史知识是会遇到困难的，克服这些困难的关键在于坚持，在于锲而不舍，坚持学习几年一定会学通。②

周培源的一生，是为我国科学和教育事业，以及世界和平事业奋斗的一生。正如周培源在评价爱因斯坦时所说的："爱因斯坦不把自己的注意力局限在科学研究和哲学抽象思维的狭小天地里，他深刻地体会到一个科学工作者的研究成果会对社会产生怎样的影响，以及要对社会负怎样的责任。他关心社会公益，关心人类的文明和进步，希望科学能真正造福于人类。他认为，人只有献身于社会，才能找出那实际上是短暂而有风险的生命的意义。"可以说，周培源对爱因斯坦的上述评价，在周培源身上也得到了很

①② 周培源著:《周培源文集》，北京大学出版社2002年版，第42—44、165—167页。

好的体现。

主要参考文献

1. 孟庆勋:《周培源先生年谱》,《力学与实践》2015年第3期。

2. 叶松庆:《著名物理学家周培源教授》,《中国科技史料》1997年第1期。

3. 冯秀芳、戴世强:《周培源先生学术思想初探》,《力学与实践》2006年第5期。

4. 王志芳:《周培源的学会思想及其实践意义》,《自然辩证法研究》2015年第9期。

5. 武际可:《善教者使人继其志——周培源教育思想的探讨》,《力学与实践》2002年第4期。

6. 奚学瑶:《科学与民主的时代跫音——周培源科教思想寻踪》,《甘肃社会科学》2002年第5期。

7. 盛森芝、武际可、陈佳洱、王义遒:《怀念周培源教授》,《高等理科教育》1994年第1期。

8. 周培源著:《周培源文集》,北京大学出版社2002年版。

9. 朱开定:《与周培源先生过从二三事》,《江淮文史》2016年第5期。

10. 武际可:《我最敬重的科学家——周培源先生——纪念周培源先生诞辰110周年》,《力学与实践》2012年第4期。

11. 国际流体力学和理论物理科学讨论会组织委员会编:《科学巨匠 师表流芳》,中国科学技术出版社1992年版。

12. 岳庆平:《从周培源看爱国民主科学》,《民主与科学》2013年第2期。

爱国　进步　民主　科学

北京大学光荣传统

勤奋　严谨　求实　创新

北京大学优良学风

思想　自由　兼容　并包

北京大学学术精神*

撰稿人：赵静，河北廊坊师范学院教育学院讲师，主要从事课程与教学论研究。

* 北京大学光荣传统、北京大学优良学风和北京大学学术精神引自《北京大学章程》。

苏步青

SU BUQING

复旦大学校长（1978—1983）

（图片由复旦大学档案馆提供）

苏步青（1902—2003），浙江平阳人，我国现代著名数学家、教育家、社会活动家。他不仅在几何学研究上取得了杰出成就，而且在数学教育上也贡献卓著。他于1978年出任复旦大学校长，为复旦大学的拨乱反正与后续发展做出了突出贡献，为推进教育改革贡献了智慧。

1902年9月23日，苏步青出生于浙江平阳带溪村的一个普通农民家庭。他从小酷爱读书，1919年赴日留学，以第一名的成绩考入日本东京高等工业学校电机系。1923年又以第一名的成绩考入日本东北帝国大学数学系，1927年毕业并免试升入该校研究生院，1931年获得理学博士学位。同年4月回国，受聘于浙江大学数学系。先后任副教授、教授和数学系主任。1935年参与发起成立了中国数学会，被推为《中国数学会学报》主编。1941年后任中央研究院研究员、院士兼学术委员会常委。1948年9月任浙江大学训导长。1949年5月杭州解放后，任浙江大学教授、教务长，并主持筹建了中国科学院数学研究所。1952年全国高等院校院系调整后，到复旦大学任教授、教务长。1955年当选为中国科学院学部委员。1956年任复旦大学副校长。1958年筹建复旦大学数学研究所，任所长。1959年加入中国共产党。1960年3月任中国数学会副理事长。1978年任复旦大学校长。1980年创办《数学年刊》，任主编。1983年任复旦大学名誉校长、中国数学会名誉理事长。曾任全国政协副主席、民盟中央副主席等职。

一、把毕生精力献给教育事业

苏步青长达70多年的办学和教书生涯，大致可以划分为三个阶段。[1]第一阶段为1927—1931年的4年间，在日本东北帝国大学为数学教师进修班学员上高等代数课。第二阶段为1931—1952年的21年间，从赴浙江大学任数学系副教授起，至全国高等院校院系调整止，共培养出100多位数学系毕业生，其中有30多位新中国成立后在各大院校和研究机构担任正副系主任、所长、研究员等。第三阶段从1952年起到离休的50余年间，先调入复旦大学，其间担任教务长、副校长，经历了“文化大革命”十年浩劫，又担任校长。他的办学思想与治校实践主要体现在这一时期，特别是自1978年担任复旦大学校长之后。

苏步青不仅是我国著名的数学家，而且是一位出色的教育家。在担任副校长、校长的15年间，教育战线连续受到自然灾害、“文化大革命”等各种冲击，各项工作屡遭破坏。但是，苏步青总是不顾个人荣辱得失，不怨天尤人，以大局为重，以教育为己任，全身心地投入大学的行政管理中，力求把损失降到最低，维持学校的正常秩序，同时开拓新的发展思路，形成了有特色的、丰富的高等教育思想。他的主要观点有：大学要自主办学；要办一流大学；要注重基础课教学；必须坚持教学与科研相结合；要正确处理基础理论和应用科学研究的关系，积极为国民经济建设服务；要教导学生学会独立思考和创造；要严格要求，使学生德才兼备，鼓励学生一代超过一代；高等教育办学必须适合中国国情；要办好高等师范院校；要搞好研究生培养工作；等等。

苏步青为复旦大学的建设和发展做出了重要贡献，同时对推动我国教育事业特别是高等教育事业的改革和发展也有重要建树。

---

① 忻福良主编:《当代中国高等教育家》，上海交通大学出版社1995年版，第184页。

苏步青的办学理念是和他自身的教学理念紧密联系在一起的。他在长期实践中所形成的高等教育价值观、人才观、质量观、发展观，内涵丰富，是留给我们的宝贵精神遗产。

二、办学治校的思想和实践

1978年苏步青出任复旦大学校长时已76岁高龄，但他老骥伏枥，志在千里，为复旦大学在“文化大革命”后走上正确的人才培养之路奉献了自己的智慧与才干。苏步青主持学校的教育教学改革和科研等一系列工作，形成了丰富的办学思想，积累了宝贵的教育实践经验，对复旦大学乃至高等教育界都产生了重要影响。

（一）教学为先，科研为要

苏步青非常重视教学工作，强调要正确处理教学与科研两者之间的关系：把科学研究搞上去首先要保证教学；要在保证搞好教学的前提下把科研工作搞上去；任何轻视教学的思想都是错误的；作为一位教师，首先要把书教好。[①]在长期的教学实践和管理工作中，苏步青博采众家之长，融合中外教育特点，逐步形成了自己的教学风格。他提出，作为以教书为天职、以育人为根本的教师，应该不断地提高教学质量，因为教师的讲课与辅导，既要使学生听懂，又要回答学生提出的各种问题。这就要求教学不是简单地复述，而是需要更多的创造性。教师在教学工作中要想吸引和征服学生，必须

① 忻福良主编：《当代中国高等教育家》，上海交通大学出版社1995年版，第189页。

有独立见解、新颖观点，必须积极开展科学研究，严谨治学，不断充实知识、更新观点、形成意见。

基于对教学重要性的认识和体验，苏步青非常重视教材的编写工作，还鼓励青年教师自编讲义，形成自己的特色、风格和体系，在此基础上再正式编成教材。苏步青始终认为，编写教材一定要把最新的研究成果写进去，再通过教学，就会更好地吸收和提高。以《微分几何学》为例，苏步青早在1931年的讲义中，就写进了1928年世界上的最新最高水平的成果，以后每教一次，就做一次修改，删掉次要的部分，增添新的内容，用一些新的材料（包括方法）替代旧的，还把自己的科研成果融进讲义。正因为这样，在此书第一次出版时，就反映了当时微分几何的最新成就，1985年国家教委决定重新出版该书。《射影曲线概论》《射影曲面概论》《射影共轭网概论》《仿射微分几何》《高等几何学五讲》《一般空间的微分几何学》等，都是他从事教学的硕果，也是供本科生与研究生使用的优秀教材。

教学与科研是相辅相成的，坚持教学和科研相结合，是培养优秀人才的一种有效方法，也是发展新学科的一条重要途径。这是苏步青几十年的教学经验所得。他认为，在教学工作中，要想做到有创造性，有独立见解，还必须积极参加科学研究，不断充实最新知识。他进一步阐释，要使自己的教学取得好的效果，“除了教学经验的积累之外，主要是依靠科学研究，对新学科发展要加强了解”[①]。教师的科研成果越多，教学内容就越丰富。教学有新意，学生愿意听讲，培养出来的学生才能适应今后工作的需要。

---

① 王增藩：《苏步青高等教育思想略论》，《复旦教育论坛》2003年第3期。

教师只有在平时教学时注意选择适当的课题，争分夺秒地进行艰苦的科学研究，才能使学生开阔视野，增强适应性。担任复旦大学副校长后，苏步青分管学校的科学研究工作。他进一步提出，高校的科学研究必须结合实际，应该努力为社会主义建设服务。即便是比较抽象的数学，也是如此。现代数学中新的分支的发展，都是与生产上重大的新发展、现代技术的新成就相联系的。他与数学系的教师在从事基础理论研究的同时，积极参与筹建上海计算中心，使之为国防和工农业生产服务。此后，学校又成立了计算数学专业，使学生修完必修课程，便能开展程序设计。在他的领导下，复旦大学数学系高年级学生，根据教学计划的规定，定期到业务部门、生产单位参加生产劳动，协助解决生产中的数学问题。其他系所科研人员也都非常重视科研与生产相结合的问题，取得了一系列优秀成果。

科学研究的深入开展，又为开创现代技术、发展新兴科学打下坚实的基础。苏步青认为，科学技术正处在相互渗透、交叉的新时期，只有提倡并坚持教学与科研相结合，才能发展新学科，跟上飞速发展的科技形势。他以“鸡孵鸭”为比喻，鼓励有能力的青年教师敢于开拓，敢于冲破学科的界限，在自己还不太熟悉的新领域，实现学科的渗透、交叉和复合重组，以此创立新兴学科、边缘学科，这好比用鸡代替鸭去孵鸭子。正是在这种思想的指导下，苏步青引导科研与教学人员大胆创新，不断开辟科学的新领域。这些年轻的科研与教学人员取得的一些重要科研成果，既充实了教学内容，更新了教材，使学生拓宽了知识面，又为他们日后成才奠定了基础。复旦大学数学系不断开出新课程，而且研究领域也从原来的2个方向扩展到16个方向，派生出计算机科学、管理科学、应用科学、统计运筹学等系科，培养出一批学科带头人。复旦大学原子能、技术物理等研究所也相继成立。“高等院校的教育必须抓住教学与科研的密切结合。70年来我是努力沿着这条道路走过来的。只有强调教学与科研相结合，才能有效地提高质量，我们的高等教育工作必须抓住这个关键。”[①]苏步青的这一论述，高度概括了教学与科研相互促进的密切关系，在发展交叉学科、提高教学质量方面，至今仍具有重要的现实指导意义。

（二）德才兼备，严慈相济

苏步青认为：“为国家培养德、智、体、美全面发展的‘四有’人才，是教育的根本目的。辛苦一辈子，培养出不合格的人才，或者把大学四年的教育当作出国留学的跳板，那就和教育的根本目的背道而驰。所以教师必须‘教书育人’，关心学生的全面发展。”[②]苏步青特别关心学生的健康成长。20世纪60年代，他就在学生毕业典礼上做报告，畅谈无产阶级的幸福观，鼓励学生们响应党的号召，到祖国建设最需要的地方去。20世纪80年代，他又经常以亲身经历，教导学生热爱社会主义祖国。他还经常宣传又红又专的思想，鼓励学生坚持“四项基本原则”，树立为人民服务的价值观。当一些学生给他写信探讨做人的真谛时，苏步青又与他们恳谈，帮助他们解除思想负担，坚定社会主义信念，为振兴中华而发奋学习。苏步青强调，学生学成之后要一心为社会主义服务，好好为社会主义建设服务。当然要面向世界，有的需要出国留学，但出国留学总不能没有期限，总应该用自己的学问

①② 王增藩：《苏步青高等教育理论与实践》，《中国高教研究》2001年第6期。

为祖国的富强服务。派出国进修的教师，时间也不能太长，主要是利用外国的实验条件，掌握先进科学技术为我国所用，不能总为自己的前程着想。他曾深情地说："祖国是母亲，很值得我们去爱。我们要生于此，长于此，死于此。当然，我们也需要与国际进行学术交流。作为炎黄子孙，一定要为祖国做贡献。"①

苏步青认为，科学研究的集体主义原则应该成为科学工作者职业道德的主要规范之一。这是因为，世界科学技术的迅猛发展促进了学科之间的交叉、渗透和许多综合性学科的产生，使科学技术呈现高度综合的发展趋势。现代科学技术发展的特点决定了在现代科学研究中，凡是重大的科学问题，并不是少数几个人所能解决的。只有把个人的力量在共同的目标上凝聚起来，形成结构合理、优势互补的强大团队，才能具有强大的竞争实力，才能在科学技术的创新中有所作为。这就需要青年学子必须正确处理个人与集体的关系，形成与他人合作共事的能力，绝不能孤芳自赏、脱离集体。这就更要把个人作用与集体作用、个人利益和集体利益结合起来，以集体利益、国家利益为重，反对个人主义，反对争名逐利。这就需要出以公心，不计较个人得失。因为我们从事科学研究的目的，是建设"四个现代化"的社会主义强国，造福于人民。在这个共同的目标下，每个科学工作者应该树立为公的思想。有了这种精神，利己主义思想一定能够逐渐克服，大公无私的高尚品德一定会日益发扬光大，一定会使集体主义的协作精神结出更加丰硕的果实。

苏步青在人才培养上有一个明确的目标，那就是"鼓励学生

① 王增藩：《苏步青高等教育理论与实践》，《中国高教研究》2001年第6期。

超过自己”。这一观点被大家赞誉为“苏步青效应”[①]。他在不同场合多次讲过：我们培养人才，目的就是要学生超过教师，出类拔萃的学生是国家的宝贵财富，是科学发展的希望，我们要满腔热情地爱护他们，千方百计地为他们赶超教师创造各种条件。他认为：作为教师，不要心胸狭窄，不要妒忌学生，不要怕丢面子；教师要从事业的需要出发，为中青年人才开道，甚至应不惜为此牺牲自己的一点利益，而不应在那里挡道，更不该与他们抢功夺利。如果学生超过了自己，那就应该感到高兴，就应该支持和欢迎，这是使我国科学文化事业兴旺发达的必要条件。[②]这充分体现了苏步青的博大胸怀和提携后辈的高尚情操。在总结培养优秀人才经验时，苏步青归纳出以下三个做法：“一是先鼓励他们尽快赶上自己；二是不要挡他们的成才之路，要让他们超过自己继续前进；三是自己绝不能一劳永逸，还要抓紧学习和研究，用自己的行动，在背后赶他们，推他们一把，使中青年人戒骄戒躁，勇往直前。”[③]苏步青认为，培养人才必须从基本功抓起，如果没有掌握基本理论和技能，在需要你发明创造的时候，就不可能脱颖而出，做出应有的贡献。只有练好基本功，将来才能在学习上有所创造，有所前进。[④]他要求学生不怕艰苦，舍得下功夫，牢牢打好基础，一步一步、扎扎实实地去学习。苏步青还强调一个“严”字。他认为“名师出高徒”这句话不全面，应该是“严师出高徒”。学生的本领大了，无形中就把教师的威望提高了。苏步青把“名师”

---

① 赵红洲、蒋国华：《苏步青效应》，《光明日报》1985年9月22日。

② 苏步青：《鼓励学生超过自己》，《文汇报》1980年12月25日。

③ 苏步青：《大学校长论坛——多出人才快出成果的有效途径》，《人民教育》1979年第7期。

④ 余立主编：《校长——教育家》，同济大学出版社1988年版，第45页。

改为"严师"，虽然只是一字之差，但充分体现了其严谨治学的高尚风范。凡是他的学生，几十年之后，都还能谈出苏步青对他们严格要求的许多事例，这足以说明教师的严格要求在学生中产生了终身的效益。苏步青注意对拔尖学生的培养。"选苗拔尖，拔一个，带一批"[1]，这是他的主要经验。为培养学生超过自己，他无论工作多忙，任务多重，都长期坚持在教学、科研第一线，亲自考察和选拔业务上有培养前途的青年，并以高度的责任感对选中的苗子进行精心的培养。为了"广开才路"，复旦大学数学系还通过招收研究生、数学竞赛、举办数学训练班和试点班等各种方式物色人才。选准对象后加以重点培养，在业务成熟后就把他们推上学术领导岗位，带领一些同志搞研究工作。这样拔一个，带一批，使人才一代一代地成长起来。

苏步青在复旦大学引进人才中曾经说过："引进人才先不要管一个老师的名气大不大，只要这个人是学问好、人品好的实干派，就要创造条件把他争取到复旦来。"[2]他反复说明，高等学校实施教育，教师是最重要的，是学校的灵魂。一所学校校风的优劣，以教师的教风为转移。要聘请好的教师，宁缺毋滥。要花大力气把教师队伍建设好，特别是骨干教师、系主任要配备好，任人唯贤。[3]在人才的使用上，苏步青强调人才要流通，不要使优秀人才过于集中，否则他们很难发挥自己的才能。这一观点完全符合人才自身发展的规律和生产力发展的规律。通过流通，可为人才创造一个施展才能的适当位置，可使人才在一个新的群体中各得其所，

---

① 苏步青：《大学校长论坛——多出人才快出成果的有效途径》，《人民教育》1979年第7期。

②③ 余立主编：《校长——教育家》，同济大学出版社1988年版，第43、44页。

可使人才有一个心情舒畅的工作环境，从而真正做到人尽其才，才尽其用。

（三）倡导研讨，创新模式

苏步青始终认为，大学生的学习方法，不同于中学生的死记硬背，要注重独立思考和研究能力。对于大学生，教导他们学会独立思考和研究，不应仅仅停留在口头上，重要的是应有具体的方法。早在1931年，苏步青和陈建功就在浙江大学共同提出、倡导和主持了小型科学报告会的教学和学术活动。讨论班由科研项目相同的青年教师和高年级学生组成，每周举行一次，采取报告人自己阅读，轮流上讲台做报告，教师听讲并提问的形式。报告人事先必须认真阅读文献，仔细思考，提出自己的观点。参加讨论的人也要在事前准备意见，在会上提出问题，并就报告人的观点进行讨论。报告会上报告通不过者，不得毕业。苏步青指出："用讨论班的形式育人具有多种优点。其一，培养学生或青年教师严谨的学风，他们必须仔细阅读书籍和文献，在阅读中如发现问题，一定要推敲到底；其二，养成独立思考的习惯，报告者在阐述自己的学习心得时，要求有独到之处，这就必须深入思考、研究；其三，教师在讨论班上可以针对每个学生的具体情况进行个别指导，经过讨论答辩，使论文达到较高的水平，讨论班报告通不过者不得毕业，对青年学生无形中也有一定的压力。"[①]讨论班这种发扬学术民主、培养严谨学风的好形式，在实践中不断发展。有的讨论班是几个二级学科合开的，有的是单独开的；每一个类

① 王增藩：《苏步青高等教育理论与实践》，《中国高教研究》2001年第6期。

型中还分为初级、中级、高级三种；有的是读论文，有的是合读一本原版参考书，不拘一格，各得其所。在讨论班里既报告重要论文，介绍国内外最新的研究动向，也报告自己的研究成果，就共同关心的问题开展较深入的讨论。讨论的过程同时也是活跃思想、交流思想、解放思想并孕育新思想的过程，有不少科学论文，最初就是在讨论班中形成的。有一段时间，浙江大学数学系、所每周开班达43个之多，学术研究呈现生动活泼的局面。

苏步青与谢希德合影

（图片由复旦大学档案馆提供）

在苏步青的指导下，通过采用介绍文献资料、信息，报告读书心得、体会，宣读科研成果等各种各样的形式，大学生或青年教师养成了独立思考的习惯，培养了自主、严谨的学风。这样的学习比单纯听教师讲课，记笔记，再做习题，效果自然会更好。这是有指导的学习，学生由学习到独立从事研究工作所经历的过渡阶段，学会了去图书馆寻找资料与独立思考一些问题。指导教师在讨论班上针对每个学生的具体情况进行个别指导，还能发现富有创造性才能的学生。实践证明，这是一种有效且高效的方法，因而在浙江大学、复旦大学一直沿用至今。苏步青在总结讨论班的经验时指出：开办讨论班在中国是一种首创。凡在浙江大学、复旦大学工作过的教师，无人不知讨论班。著名数学家卢庆骏、程民德、龚升等，无一不是通过讨论班培养出来的。1982年，美国里海大学教授熊全治回国时，特地到上海看望苏步青。他是苏步青在抗战时期浙江大学内迁贵州时“山洞讨论班”中培养出来的四个学生之一，当年曾因讨论班报告准备不充分而被苏步青训斥过。他对此记忆犹新，感激地说：“幸亏40年前苏先生痛骂了我一顿，把我给骂醒了，否则我就不会有今天的成就。”苏步青的学生方德植，毕业后一年间就发表论文，改进法国著名数学家达尔布的一个公式，随后又在外国数学杂志上发表科研成果。中国科学院院士谷超豪、胡和生也都是在苏步青“数学讨论班”教导下成才的，为数学事业做出重要贡献。谷超豪对这种培养人才的方法评价道：“老师的严格训练和创新鼓舞，使我有了一个很好的根基，使我的进取心越来越强烈。这比多读一本书，多选一门课，更为根本，更为重要。”①

苏步青十分关注我国的研究生培养工作，国务院学位委员会成立后，他积极参加了相关工作，并且对此发表过不少意见。他认为，我国自己培养的硕士研究生，仅从专门论文这方面来做比较，并不比外国的水平差，但如果从知识的基础方面来看，我国研究生的知识面比较狭窄，这对进一步培养博士研究生不利。现

① 忻福良主编：《当代中国高等教育家》，上海交通大学出版社1995年版，第189页。

代自然科学已经发展到极其广泛的范围，不但理科各学科之间，而且理科与工科之间、文科与理科之间，大有相通的趋势。为此他提出，硕士研究生的培养，既要使之具有专门的知识，又要使之注意到其他有关领域的一般知识，免得硕士研究生将来钻进“牛角尖”里面不能自拔。他建议，今后大学各系的课程可不分专业，基础课之外还要着重选读有联系的基础课，而且作为硕士研究生必须开展应用科学课题的研究，这样有利于将来毕业后更好地为现代化建设服务。他对博士生的要求就更高了。博士生写出的论文要有更多、更高的创造性，还要具备深厚的基础科学知识和解决应用科学课题的能力。博士生至少要掌握两门外语，既能阅读也能写作，对浏览国外多种科学论文和新著作，如同读中文一样地顺畅。这样，他们一方面从这些资料中吸收养分来丰富知识，另一方面养成独立思考的能力，对这些成果能够提出评价。①苏步青特别指出，研究生在学习中要树立良好的学风，勤学苦练，持之以恒，严谨治学。他强调：“研究生应踏踏实实地学习，既要抓紧时间，早出科研成果，又要循序渐进，不急于求成，即使获得博士学位，也不过是科研工作的新起点。要谦虚谨慎，团结合作。”②

苏步青在多次去师范院校的访问中，以及从中学教师、学生的来信中，了解到一些来自基层的问题，如高等师范院校还没有真正明确如何培养师资，有些师范院校总想向综合大学看齐，有些师范院校的毕业生不愿去中学教书。他认为这种情况亟须改变。他指出：“目前师范教育存在的问题有客观原因，但作为师范院

① 王增藩：《苏步青高等教育理论与实践》，《中国高教研究》2001年第6期。
② 忻福良主编：《当代中国高等教育家》，上海交通大学出版社1995年版，第192页。

校，要好好研究教育理论，指导中等学校教学。教育这门学问较复杂，只凭经验不行，照搬外国也不行。要搞出一套适合我国国情的教育学来。任务很艰巨，但必须大力做好这项基本建设，才能提高中等教育的水平。中等教育水平的提升反过来又会促进高等教育质量的提高。”① 要真正办好中小学教育，从教学内容、教学方法、教材建设到教学形式等方面进行系统的改革，主要是依靠教师。

苏步青不仅经常呼吁有关领导重视师资，而且还给予指导，身体力行，做出表率。早在20世纪60年代初，苏步青就受上海市有关部门委托，主持中学数学教材编写工作。他为此参阅了德、英、法、意、日、苏等国的教材，从中摸索到一些路径。在“文化大革命”前，他和编审委员会一起，利用周末和寒暑假讨论、编写教材，最后编成了6册初中数学课本，并在部分中学试教。1977年，上海市教育局又请苏步青主编高中理科班数学教材，不久，4册课本全部出齐。年届九旬的苏步青，后来又担任《中学百科全书》的总主编。退居二线之后，苏步青便与有关部门的领导和同志商定，为中学数学教师举办讲座。他说：“为教师举办讲座，其目的在于提高师资质量，这是提高中学教育质量的关键所在。有的中学为了追求升学率，靠增加学生负担，这是不可取的。正确的办法应该是提高教师的教学水平，改进教学方法。举办数学讲座，对中学老师讲解如何以高等数学的观点来看待初等数学的问题，心中有数，言之有物，要避免不懂装懂，贻误青年。”② 从1984年1月到1987年11月，苏步青先后3次为中学数学教师举

①② 余立：《校长——教育家》，同济大学出版社1988年版，第44—45、45—47页。

办了培训班，后来他将所用的培训教材《圆与球》《拓扑学初步》《高等几何学教程》正式出版，以便让更多的教师受益。

（四）满足需求，调整专业

苏步青认为，高等教育必须适合中国国情，这是办好高等教育的一个十分重要的指导思想。他多次论述这个问题，并就如何创办具有中国特色的社会主义大学提出具体建议。新中国成立以来，我国高等教育体制经历多次变革。20世纪50年代至60年代中期，我国高等教育学习苏联，文、理、工、农严格分开，专业分得过细，学习年限过长。“文化大革命”期间，高等教育受到毁灭性破坏，学校搞“开门办学”，学生学多少算多少，缺乏基础知识学习和技能训练。粉碎“四人帮”以后，我国新建和扩建一大批高校，大专以上文化程度的人口激增。计算机、管理、法律、会计等专业一哄而上。苏步青认为，我国高等教育发展起伏大，曲折多，在办学的体制和方针、办学规模等重大问题上，没有充分的时间去探索一套符合我国国情的办学经验。其结果是，培养出来的人才无论在数量上还是在质量上，都不能完全符合各部门、各单位的需要。要改变这种状况，就必须对高等学校进行整顿，调整专业设置，克服急于求成的心态，在办学中积累经验，不断改革，稳步前进。

苏步青一贯强调办学要从实际出发。他建议，综合性大学的理科要从纯理论中解脱出来，同工、农、医科结合，同经济实践结合，还要融进管理科学、应用数学、计算机科学等与经济密切相关的学科。我们固然需要大力发展研究生教育，但要防止脱离实际，否则招收那么多博士生、硕士生，在实际中却派不上用场，也是一种人才浪费。他还建议开辟培养研究生的另一条渠道，实行企业与学校挂钩，培养在职研究生。事实表明，苏步青的这一建议是符合我国国情的、行之有效的办法。他认为，高校在专业设置上要把满足社会需求放在第一位，社会需要什么样的人才，就开设什么样的专业。根据国情，高等教育的专业设置与学制要调整，应增加实用的学科，调整基础理论和应用学科的人数比例。如秘书专业、管理专业都是社会需要的，应当办好，办出特色。专业设置如此，课程、教学内容也要注意适应社会主义现代化的需要。曾经担任过复旦大学校长的华中一说："苏步青对我影响最大的，就是他一直认为专业设置第一位是满足社会需求，这个思想直到现在都还是很重要的。"[①]正是有了这种办学理念，20世纪 80年代的复旦大学成为我国最早创办技术科学学院、培养研究开发型人才和招收文理学生的高校。此外，借鉴国外的经验，苏步青提出，在"四化"建设中可以试办两年制的专科，培养大批有一定文化素质的专门实用人才，为管理、经济、交通运输部门服务。

（五）自主办学，办成一流

我国对高校办学自主权的探索，发端于1979年12月。苏步青与同济大学校长李国豪、华东师范大学校长刘佛年、上海交通大学党委书记邓旭初联名在《人民日报》发表文章，呼吁给高等学校一点自主权。[②]这在当时是需要胸怀、胆略和魄力的，也推动了高等教育体制改革。苏步青等人的这一建议，可视为新中国

① 忻福良主编：《当代中国高等教育家》，上海交通大学出版社1995年版，第194页。
② 苏步青等：《给高等学校一点自主权》，《人民日报》1979年12月6日。

成立后我国倡导高等学校办学自主权的先声。其后，在各种会议上，“高等学校办学自主权”的呼吁不绝于耳，批评“上面”管得太多、太死，要求“松绑”，改变高等学校直接附属于行政部门的关系，把高等学校办成“独立的实体”，建言纷纷。1985年颁布的《中共中央关于教育体制改革的决定》，提出要赋予高校六个方面的自主权；1993年颁布的《中国教育改革和发展纲要》指出，要在招生、专业调整、机构设置、干部任免、经费使用、职称评定、工资分配和国际合作交流等方面，进一步扩大高等学校的办学自主权；1999年颁布的《中华人民共和国高等教育法》，明确提出高校具有招生、专业设置、教学、科研、对外交流、机构、人事评聘等几个方面的自主权。这不得不让人佩服苏步青等人对国家形势的准确把握，以及在高等教育发展态势上的高瞻远瞩。苏步青清醒地认识到，复旦大学作为国家的重点大学，在国家的改革发展中负有特殊的使命，要为国家经济、科技、文化和社会发展担纲，要在促进生产力发展中领衔。这是国家发展的战略需要，也是学校自身发展的需要。为此，苏步青带领一班人制订了复旦大学1980—1985年发展规划，鲜明地提出总的奋斗目标“要把复旦大学办成能反映我们科学文化最先进水平的国内第一流大学，为国家培养更多优秀的专门人才”。他的这个思想为后几任校长所继承，一流大学的战略也成为复旦大学基本的发展战略。

受片面追求升学率的影响，不少中学过早地实行文理分科，而大学的理工科学科结构中又缺少人文学科，再加上受“重理轻文”思想的影响，不少理工科学生的中外文学、中外历史、中外地理等知识非常贫乏。尽管他们取得了较高的学历，具有一定的专业水平，但在语言文字修养、文学艺术修养、伦理道德修养、历史和哲学修养等方面的整体素质并未达到相应的水准。针对以上问题，苏步青特别指出，高等学校的学生是祖国的未来，建设社会主义现代化的重任将由他们来承担，要求大学生了解和学习我国的文史知识尤有必要。他认为，学习文史知识，特别是中国近代史知识，把前天、昨天和今天做个对比，有助于大学生了解社会发展的进程，树立辩证唯物主义和历史唯物主义的世界观。只有树立了正确的世界观，才能科学地认识自身与客观世界的关系，科学地认识自己在客观世界中的地位，才能科学地处理主观与客观、主体与客体、个人与社会、现实与未来等的相互关系，从而形成改造客观世界与主观世界的正确的目标与方案，这对大学生是至关重要的。苏步青还认为，学习近代史知识，就能明白中国旧民主主义革命屡遭失败的原因。学习中国近百年来革命志士追求真理的历程，就可以使人们坚信：只有在中国共产党的领导下，走社会主义道路，才是历史的必由之路。理工科学生读一点文史知识，还可以帮助他们学习和继承中华民族的优良传统，激发他们为祖国而奋斗的热情。读一点古代史，对理工科学生有效阅读古代科学著作，以备将来从事科学技术史研究，也是大有益处的。

三、治学、执教、为人、处事、写作的诗意人生

1991年苏步青在《人民日报》上撰文，表达了“此身到老属于党”的爱国热情和奉献决心。治学精深、执教精细、为人精心、处事精准、为生精神，是他毕生风貌的真实写照。

（一）治学：但求名副其实

苏步青是国际上公认的几何学权威，对我国数学学科的建设功勋卓著。在日本东北帝国大学期间，苏步青并不满足于学习一般的知识，而是向自己提出了更高的目标——跨进科学研究的领域。大学三年级，他写出了第一篇数学论文，发表在日本学士院学报上，成为当时能在该刊物发表论文的唯一的中国学生，在全校引起轰动。20世纪20年代攻读博士学位期间，苏步青就对仿射微分几何做出了重要贡献，享有国际声誉。他以“仿射空间曲面论”为主题，在《日本数学辑报》上连续发表了12篇论文。他的主要成就之一，就是引进了仿射铸曲面和仿射旋转曲面。对于一般的曲面，他发现了一个极有意义的四次（三阶）代数锥面，被人们称为“苏锥面”。在射影曲线论研究中，苏步青的贡献在于用富有几何意味的构图来建立一般射影的基本理论。他还深入研究了许多重要类型的曲面和共轭网，得出非常有意义的几何构图。苏步青匠心独具，用形象具体、引人入胜的几何构图，把研究结果表现出来，开辟了微分几何研究的新局面，建立了一系列新理论，在数学发展史上留下了一座座丰碑。德国数学大家布拉须凯曾称赞苏步青是“东方第一个几何学家”。美国学者认为，苏步青建立了微分几何学派。著名数学家陈省身在为苏步青的《微分几何五讲》英译本写序时，用了三个带“美”字的形容词：一本优美的书，总结了优美的工作结果，而这些工作的大部分是在一个美丽的城市（杭州）完成的。①

“文化大革命”期间，苏步青的身心遭受迫害。尽管如此，只

① 张德明、章甫：《此身到老属于党》，《文汇报》1991年10月2日。

要有机会接触新的科研成果，他总是如饥似渴地学习研究。外国朋友每次寄来一本新书，苏步青不仅立即研读，还做大量读书笔记，共10万多字。这些资料对他后来研究新学科、指导研究生学习，都有很大的帮助。

热爱和认真教学，促进了苏步青的科学研究成果的涌现。他的第一本书《微分几何学》于1948年由正中书局出版。他用10年心血写成《射影曲线概论》专著，但当时的国民政府教育部不予理睬，直到新中国成立后，该书才于1954年由中国科学院印行，4年后又出版了英文版。新中国成立后，苏步青先后出版了11本著作。退居二线之后，苏步青仍然伏案操劳，继续整理、写作科学技术著作，出国参加国际数学学术会议。1983年4月，苏步青率领中国数学代表团应邀参加在日本广岛举行的日本数学年会，在会上他做了题为《微分几何学在中国的成长和发展》的报告。也就在这一年，《苏步青数学论文选集》（英文版）及《仿射微分几何》（英译本）同时由中国的科学出版社与美国的高登与伯利奇科学出版社联合出版。由苏步青主编的《数学年刊》在1980年出版后，赢得国内外数学界同行的赞誉。随后，与中文版内容不同的《数学年刊》（英文版），又于1983年开始在国内外出版。1985年，在国家教委召开的教材编写会上，决定重新出版苏步青的《微分几何学》一书。1988年9月，新版《微分几何学》由高等教育出版社出版。1986年之后，《初等微分几何》《拓扑学初步》《实用微分几何引论》分别在上海科技出版社、复旦大学出版社及科学出版社出版。苏步青就是这样争分夺秒，在科学研究领域不懈努力，成果累累。

（二）执教：亲执教鞭严在手

1983年2月，年逾八旬的苏步青辞去复旦大学校长的职务，一向“没有星期天”的他，虽然也还有不少工作要做，但相对而言要比往常轻松一些。苏步青对这种轻松感到十分不安。经过深思熟虑，他对上海市数学会的同志、上海市教育局的领导谈了自己的打算和请求，想为中学数学教师举办讲习班，指导他们用高等数学的观点来看待初等数学，以提高教学水平。经过上海市教育局、科协、数学会的积极筹备，这个没有先例的讲习班诞生了。1984年1月，63位幸运者走进上海科学会堂二楼的一间会议厅，望着眼前这位著名的老数学家，他们感慨万千。有的教师在中学埋头教了20多年课，从未有过系统的进修，而现在敬慕已久的苏步青教授亲自为他们开课，更感到这个机会来之不易。苏步青精神抖擞地走上讲台，他目光清澈，腰板挺直，步履稳健，说起话来声音洪亮，完全不像八旬老者。苏步青在教学上以严格著称，“先和大家约法三章：不迟到、不早退、不旷课。迟到的不要进来！名师不一定出高徒，严师才能出高徒”[①]。别看只是这么几句简单的开场白，却是一位执教几十年老

苏步青在复旦大学讲课

（图片由复旦大学档案馆提供）

① 张德明、章甫：《此身到老属于党》，《文汇报》1991年10月2日。

教师的经验结晶。1985年11月、1987年11月，苏步青又先后两次为中学教师举办讲习班。苏步青期冀的不是颂扬，不是名望，更不是报酬，而是吸引更多的人来关心中学教育；他不空谈，而是用脚踏实地的行动，来召唤人们，鼓舞人们献身于人民教育事业。

抗日战争时期，苏步青在艰难困苦的环境下，坚持开展数学讨论班活动，把科学研究与教学密切结合起来，那时的4名学生熊全治、张素诚、白正国、吴祖基，后来都成为知名学者。跟随苏步青工作时间最长、关系最为亲密的学生是谷超豪，后来成为中国科学院数理学部院士，并出任中国科技大学校长。在黎曼空间完全运动群、规范场等研究方向有较高建树的女数学家胡和生，也是苏步青的学生。从1931年4月回国到浙江大学担任数学系副教授至1952年，苏步青共培养出106位毕业生，他们在各自的岗位上，为社会主义现代化建设做出了许多贡献，不少人成为劳动模范、教授、总工程师等，其中在各大院校担任系主任、研究所所长的就有30多位。1952年到复旦大学任教30多年间，苏步青担任过教务长、副校长、校长，在培养人才方面积累了丰富的经验。

（三）为人：以身示范导青年

苏步青关心青年的成长，并经常结合自身的经历对他们进行理想信念教育。1931年，他受聘浙江大学任副教授，尽管校方承诺“月俸大洋300元”，可是一去就被欠薪4个月，靠借债度日。学校设备很差，参考书奇缺，他就利用暑期到日本去，手抄40多篇论文回来。全面抗日战争开始后，学校内迁，教学、科研和生活条件更差。1940年，他在广西宜山郊外洞口大石头前写过几篇论文。在贵州遵义的邻县湄潭破庙里安身5年，他在桐油灯下写了几十篇论文。经历过艰难困苦的人，更珍惜今天的生活。他深深地感受到，青年是祖国的未来，把老一辈热爱社会主义、艰苦奋斗的思想传给青年是十分重要的。每当出差开会到外地，他总是应邀为青年学生做报告，鼓励青年做德、智、体全面发展的一代新人。厦门、杭州、武汉、成都、北京、沈阳、南京、沙市、西安等地，都留下了他讲学的足迹。

有一回，苏步青应邀到他工作过20多年的浙江大学讲学。他登上讲台，讲述自己热爱祖国，选择留学归来为国家培养人才；在全面抗日战争爆发之后选择正确道路，以及不跟随国民党当局去台湾等过“三关”的体会，在一个半小时的讲话中，会上响起40多次掌声。1989年年初，苏步青收到本校一位硕士研究生的来信，请求苏步青告诉他，应该怎样做才能上不负国家，下不负自己；怎样才能有功于社会，无愧于后人。苏步青把这位研究生请到自己的办公室来促膝谈心，告诉他，青年人思想上有苦闷，同教育工作存在问题、经济尚未搞上去等因素有关。在困难面前要顶住，不能失去信心，困难正是磨炼青年的好机会。国家还不可能一下子富起来，我们的眼光要放到以后15至20年，国家富强要靠全体人民齐心协力，共同奋斗。研究生比本科生要有更多的思想准备，搞学术研究是不可能安逸的，必须坚定信念、吃苦耐劳、艰苦奋斗。1989年10月，华东师大一附中高一年级的10位同学给苏步青写信，问“人活着是为什么”。在10月16日给这些中学生的回信中，苏步青指出，一个人的能力有大小，活着就要为人类做出贡献。苏步青这般关心青年成长，那热情而又严肃的话语，强烈地震撼着青年的心。人们也许会问，他的讲话凭什么能使学生信服。苏步青说：“教育者，必须先受教育，老师的言行是十分重要的。”[①]

（四）处事：常怀忧党忧国心

苏步青对党的认识，经历了多年逐步深化的过程。杭州刚解放时，苏步青对共产党能否领导经济建设，特别是能否领导教育、科学，半信半疑。正在这时，浙江省军管会主任谭震林派一位负责同志来到苏步青家里，亲切地与他握手、谈心，介绍党的政策，了解他的家庭生活情况，并郑重其事地邀请苏步青到北京出席即将召开的中华全国自然科学工作者代表会议。在北京，他受到党和国家领导人的接见，参加了周恩来总理主持的宴会。共产党如此礼贤下士，使他深受感动。后来，他又亲眼看到，在共产党领导下，财政经济状况迅速好转，整个国家在朝气蓬勃地前进。新旧社会的对比，党对科学的重视，教育事业的发展，使苏步青树立了对党的坚定信念。他终于感悟到，社会主义制度为知识分子开辟了大有作为的广阔天地。1958年夏天，他向他的学生谷超豪倾诉了自己热爱党、要求加入党组织、决心为党贡献自己一切的愿望。第二年春天，党组织经过考察，决定吸收苏步青入党。正是对党的坚定信念，支持着苏步青在困难和挫折面前不屈不挠地前进。在“四人帮”横行的恶劣环境下，苏步青仍坚持做力所能及的工作，在江南造船厂、上海工具厂“劳动改造”时，为工人、技术员讲授微分几何。那时，来自四面八方的自学青年，经常给他寄来数学论文，与他探讨学术问题，苏步青都认真阅读，并回信指导。他还从来信来稿中发现有才能的青年，记下他们的地址

① 张德明、章甫：《此身到老属于党》，《文汇报》1991年10月2日。

和名字。粉碎“四人帮”后，苏步青立即在邓小平同志主持召开的科教座谈会上，向党中央建议恢复研究生制度。复旦大学数学研究所在1977年招收了一批研究生，苏步青关心的十几名青年中，有12名通过入学考试，后来大都学有所成。

苏步青热爱党，党组织更加关怀和爱护苏步青。粉碎“四人帮”之后，党组织恢复了他的党组织生活，并委以重任。苏步青挥笔写下“岂为高明遭鬼瞰，毋因包袱碍装轻。此身到老属于党，二次长征新起程”的诗句，表达了他对党的坚定信念和忠诚之心。担任复旦大学名誉校长之后，年近八旬的苏步青虽然身兼多种社会职务，可他仍以一个普通共产党员的身份，坚持参加党的组织生活，关心党的建设，受到所在党支部同志们的一致赞扬。对过组织生活，苏步青一向十分认真。每到星期四，他就主动向党支部询问星期五的组织生活内容，以便提早安排工作，准时参加。凡是因病或到外地开会，他都向党支部请假。有人好心劝他，你是党员专家，搞好业务就行了。苏步青却说：“党员专家，首先是党员，然后是专家，在我们党内可没有特殊党员。”有一次他上午到市区开会，回来时很晚了，但想到下午有组织生活，他没有休息就赶去参加。每当发工资的日子，他拿到工资后，第一件事就是交党费。若是到外地出差，他总是按时将党费用纸包好，单独存放，回校后及时将党费补交。1988年4月，苏步青荣任全国政协副主席职务，在有些人看来，这是一个大官，可以享受好多待遇，如配有专职秘书、司机，出门可以乘专厢火车等。苏步青对此不感兴趣，他的人事关系仍留在复旦大学，享受着和以前一样的待遇。有一次他去成都出差，按当地规定，一定要给他挂火车专厢，苏步青摆了摆手说，要是这样，我就不乘火车了。

有关部门的同志怎么也说服不了他，就按他的要求，给他买了软卧票。至于到那些名胜旅游点休假、旅游，他也不感兴趣。直到他88岁的时候，才上了一次黄山，时间仅一周。他说："国家的经济还没搞上去，我们仍然要发扬艰苦朴素的传统，与人民群众同甘共苦。"从担任第一届政协委员至1986年，苏步青去北京的机会有上百次，可是他的夫人总因其注意影响而不能同行，一生都没有去过向往的北京。①

（五）写作：拙爱诗吟偏有味

苏步青是著名的数学家，同时又是一位造诣很深的诗人。他坚持业余写诗，而且十分勤快。他写诗有"三写"和"三不写"。所谓"三写"，即咏人民之志、社会主义之志的写，给人们以鼓励的写，有利于中外文化交流的写。所谓"三不写"，即无病呻吟的不写，溜须拍马的不写，客套应酬的不写。苏步青13岁就学写诗，抗日战争期间，他同浙江大学师生西迁到贵州湄潭，与一些老先生组成"湄江诗社"，通过社课，互相切磋，练就一手硬功夫。几十年来，他所创作的诗词已有五六百首，现有两本诗集和一本词钞的手抄本：《西居集》收集了新中国成立前他在贵州、广西时的诗作，《原上草集》汇总了新中国成立后他所做的诗篇，《苏步青业余诗词钞》录有100多首词。由浙江科学技术出版社出版的《苏步青文选》，选收了350多首诗词。他的诗已成为对外友好交往的最佳赠品，来自美国、日本的著名数学家向苏步青索诗，他都一一满足了请求，将诗写成条幅赠送给他们。

① 张德明、章甫：《此身到老属于党》，《文汇报》1991年10月2日。

苏步青写诗抒发自己的情感，表达自己爱祖国、爱人民的意愿，而他坚持锻炼身体，练就健康的体魄，更是要为国家、人民做出更多的贡献。这是他健康长寿的奥秘所在。在中学时期，苏步青爱上足球、乒乓球、网球、划船、溜冰等运动。在日本留学时，他常与同学登山、旅行。在75岁之前，他曾选择洗冷水澡来锻炼身体，坚持每天步行2千米。养花种树是苏步青的另一个业余爱好。每到花季，他家门前繁花似锦，宛若一座大花园。他亲手栽种的月季、蔷薇、兰花、美人蕉、菊花、桂花、洋桃等，吸引了邻居和行人。“五十知非识所之，今将九十欲何为。丹心未泯创新愿，白发犹残求是辉。偶爱名山轻远屐，漫随群彦拂征衣。战天斗地万民在，不信沧浪有钓矶。”①1991年9月初，苏步青回顾90个春秋的经历，写下这首诗，表现出强烈的为人民服务的思想。苏步青关注着祖国、关注着世界，他更懂得人活着的意义，更懂得人应该怎样度过自己的一生。

四、功德昭后世

2003年3月17日，苏步青在上海逝世，享年101岁。苏步青一生担任过众多职务，拥有诸多头衔，在各条战线上为党和国家做了大量有益的工作，是政治与业务相结合、教学与科研相结合、理论与实践相结合、文与理相结合、言与行相结合的光辉典范。

苏步青是蜚声海内外的数学家。苏步青从事微分几何、计算几何的研究和教学70余载，学风严谨，硕果累累。从1927年起，

① 张德明、章甫：《此身到老属于党》，《文汇报》1991年10月2日。

他在国内外发表数学论文160余篇，出版了《射影曲线概论》《射影曲面概论》《射影共轭网概论》《一般空间的微分几何学》等10多部专著和教材。他创立了国际公认的微分几何学派，是我国近代数学的主要奠基者之一。他的研究成果先后荣获国家自然科学奖二等奖、全国科学大会奖、国家科学进步奖、何梁何利基金科学与技术成就奖。苏步青还是一位优秀的诗人，他一生与诗结缘，从事诗歌创作的时间长达70余年，并出版多种诗集，有的诗作还被选入《历代诗词选注》《科学家诗词选》等著名诗集中。

苏步青是师德高尚的教育家。他把自己的毕生精力无私地奉献给了人民的教育事业。1978年担任复旦大学校长后，苏步青主持推动了复旦大学的一系列改革发展工作，教学、科研、后勤等无不涉及，其独特的办学思想和独到的教育实践经验，对复旦大学乃至全国高校都产生了重要影响。苏步青坚持科研与教学相结合，提倡教师既要教书又要育人，1981年他被批准为基础数学博士生导师，为祖国培养了一代又一代优秀的数学人才，深受人们的崇敬和爱戴。全国知名大学中，曾有30多位数学系正、副主任是苏步青的学生，有5人后来当选为中国科学院院士。复旦大学的谷超豪、胡和生两位教授，是他一手培养出来的院士，李大潜院士也深受他的教益，有“一门四院士”之称。苏步青在担任复旦大学领导期间，一直十分关注校园文化建设并身体力行，大力弘扬学校的优良传统，其人格、品行以及治校理念产生了深远的社会影响。

苏步青是声名卓著的社会活动家。1959年加入中国共产党后，他积极参与政治活动和社会活动，历任第二、三、七届全国人大代表，第五、六届全国人大常委会委员，第二届全国政协委员，第七、八届全国政协副主席，第七届上海市人大常委会副主任，政协第五届上海市委员会副主任，民盟第四、五、六届上海市副主任委员，民盟第四、五届中央副主席，民盟第一、二、三届中央参议委员会主任，民盟第八、九届中央名誉主席。他还曾任上海市对外文化交流协会会长，中国对外友好协会上海分会会长、名誉会长，第一、二届国务院学位委员会委员，中国科学技术协会名誉委员，全国人大教育科学文化卫生委员会副主任委员。他为巩固和发展爱国统一战线，坚持和完善中国共产党领导的多党合作和政治协商制度呕心沥血，多方奔走，做出了重要贡献。

苏步青是教育战线上的一名斗士、一面旗帜。他一生光明磊落，实事求是，谦虚谨慎，生活简朴，把自己的全部身心都倾注在教学、科研和管理工作之中，为人才培养、学术创新和高校发展倾尽心血，无愧为知识分子的楷模。他以自己高尚的人格、谦虚的品德、平易近人的作风，赢得了大家的高度赞誉。他忠于党的科教事业，其严谨的办学治校作风，甘做人梯的无私奉献精神，给人们以深远的影响。他的教育思想是我国教育科学园地里闪烁的瑰宝！

主要参考文献

1.《中国现代教育家传》编委会编：《中国现代教育家传》，云南民族出版社1985年版。

2. 余立主编：《校长——教育家》，同济大学出版社1988年版。

3. 卢嘉锡主编：《中国现代科学家传记》第三集，科学出版社1992年版。

4. 忻福良主编：《当代中国高等教育家》，上海交通大学出版社1995年版。

5. 王增藩著：《苏步青传》，复旦大学出版社2005年版。

6. 王增藩：《苏步青高等教育理论与实践》，《中国高教研究》2001年第6期。

7.《给高等学校一点自主权》，《人民日报》1979年12月6日。

8. 赵红洲、蒋国华：《苏步青效应》，《光明日报》1985年9月22日。

9. 张德明、章甫：《此身到老属于党》，《文汇报》1991年10月2日。

博学而笃志
切问而近思

复旦大学校训

撰稿人：李中伟，管理学博士，湖北大学党委教师工作部副部长、人事处副处长，主要从事教育管理、高等教育研究。

刘佛年

LIU FONIAN

华东师范大学校长（1978—1984）

（图片由华东师范大学校史馆提供）

刘佛年（1914—2001）是新中国高等教育发展史上著名的师范大学校长，著名教育家，为粉碎“四人帮”之后华东师范大学的发展做出了重要贡献，对改革开放初期我国的教育改革与教育科学研究起到了重要的推动作用。

一、一位教育学家的非凡人生

1914年4月1日，刘佛年出生于湖南醴陵小林桥村一个地主家庭。其父亲进过科场，入过书院，最后于湖南优级师范学堂毕业，是个文人，“诗文俱佳，颇有学问”[①]，民国时期曾出任政府职员，对刘佛年的成长影响很大。6岁时，刘佛年启蒙于家乡的国民小学。他高小进长沙读书，中学就读于当时长沙很有名气的明德中学。1929年中学毕业后，考取武汉大学预科。1931年秋正式进入武汉大学本科，读的是哲学教育系。1935年大学毕业后，经父亲的朋友介绍到广东学海书院工作。不久，他参加抗日救亡运动，于1936年由广州经武汉到了当时救亡运动蓬勃发展的上海。

1937年9月，刘佛年出国留学，初到英国伦敦，于伦敦大学听课，是年圣诞节以后，转入著名的剑桥大学，专攻哲学。1938年暑期，转学到法国巴黎大学，希望用一年的时间取得学位，同时降低留学成本。1939年暑假，与同伴去德国作短期考察，参观了几所中小学和劳动营。后因德国和法国开战，他返回巴黎，旋即回国。

---

① 刘佛年著，金一鸣整理：《刘佛年学述》，浙江人民出版社1999年版，第3页。

1940年春，他就职于国立西北大学，任副教授，依据法国学者的讲义讲授哲学史，任职半年。1941年夏，到位于湖南蓝田的国立师范学院任教授。刘佛年在该校讲授“哲学概论”，由于没有合适的教材，乃改“哲学概论”为“科学概论”，介绍自然科学原理，从中引申出马克思主义唯物辩证法。1943年，国民政府教育部密令国立师范学院将其解聘。被解聘后，他回到家乡醴陵，先是在开明中学教了一年英文，后又到攸县临时中学教了一年英文，直到1946年春。这段宝贵的中学教学实践对刘佛年后期教育思想的形成有重要影响。1946年11月，他进入暨南大学任教，教授哲学概论和教育哲学。其间，他围绕“反对自由主义”写了三篇文章，分别是《张东荪先生的思想》《杜威教育思想的再认识》《论罗素》。三篇文章主要体现了一个中心思想：反对自由主义，批判“第三条道路”①，提倡中国要在中国共产党的领导下走上革命之路。这一时期，他还撰写了《进步教育与民主政治》和《唯物论与教育》等文章。

1949年5月后，上海军管会接管了暨南大学，刘佛年任暨南大学校务委员会常委兼秘书长。不久，暨南大学停办，刘佛年任上海师范学校校长兼复旦大学教授，并担任上海市教育工会的副主席。1951年春，他以校务委员会常务委员身份参加了华东师范大学的筹备建设工作（在大夏大学和光华大学两所私立大学的基础上成立华东师范大学）。1951年12月，华东师范大学正式成立，刘佛年被任命为教务长兼教育系系主任，负责学校的教学管理工作。

① 刘佛年著，金一鸣整理：《刘佛年学述》，浙江人民出版社1999年版，第16页。

1955年，他在《文汇报》上发表了《什么是反动的实用主义教育思想》，批判杜威的教育哲学思想，这时他还兼任上海市教育学会副会长。1956年他加入中国共产党，1957年任华东师范大学副校长。当时，教育领域就"因材施教"问题有不少争议，刘佛年认为"主要是教育工作的一系列矛盾未能处理好"[①]，于是在1957年撰写了《关于个性全面发展教育的几个问题》一文，列举了教育中的八个矛盾：①学与思；②知与行；③一个真理与百家争鸣；④社会需要与学生实际；⑤集体与个人；⑥全面发展与培养专长；⑦需要和可能；⑧独立性与联系性。

1958年中共中央、国务院发布了《关于教育工作的指示》，规定我国社会主义教育的工作方针是教育为无产阶级政党服务，教育与生产劳动相结合，教育工作要由中国共产党领导。已经是华东师范大学副校长的刘佛年，对教育中的问题给出了自己的回答。1958—1959年，他在报刊上发表了10余篇文章，内容涉及联系实际与知识的系统性问题、教学工作中理论与实践的联系问题、青少年的道德教育问题等。

1961年中宣部、教育部组织编写文科教材，他被任命为《教育学》主编。"文化大革命"中，他被错误地戴上"党内走资本主义道路的当权派"和"反动学术权威"两顶帽子，遭受批斗，下放到嘉定县马陆公社（今上海市嘉定区马陆镇）进行改造，这一时期他编写了《教育发展史资料》。

1978年8月，刘佛年出任上海师范大学校长。从1978年起，刘佛年校长先后在《红旗》《光明日报》《文汇报》《教育研究》等

---

① 刘佛年著，金一鸣整理：《刘佛年学述》，浙江人民出版社1999年版，第19—20页。

报刊上发表20多篇论文，在教育界产生了非常重要的影响。1984年6月，刘佛年自己要求从校长岗位上退下来，后改任华东师范大学名誉校长，并继续指导博士研究生，还承担了编写教材《教育基本原理》的任务，几乎把所有精力都投入到他热爱的教育科学研究中。2001年5月12日，刘佛年在上海逝世，享年87岁。

二、治校办学的思想与实践

（一）改革开放之初出任校长

粉碎“四人帮”之后，刘佛年很快恢复工作，并担任上海师范大学革委会副主任。1978年8月起任上海师范大学的校长。1972年1月至1980年7月，华东师范大学曾有一段时期更名为“上海师范大学”。其背景是1971年7月31日全国教育工作会议通过了《全国教育工作会议纪要》，该纪要提出要对全国高校进行院校调整。上海市委、市革委会根据此次会议精神，决定对上海的高校进行调整，调整的方法主要是撤销、迁移和合并，到1976年，将上海高校由24所调整为16所。1971年12月7日，上海市委决定将上海师范学院、上海半工半读师范学院、上海教育学院和上海体育学院并入华东师范大学，更名为“上海师范大学”。所以，实际上，刘佛年是接任华东师范大学的校长，只不过这

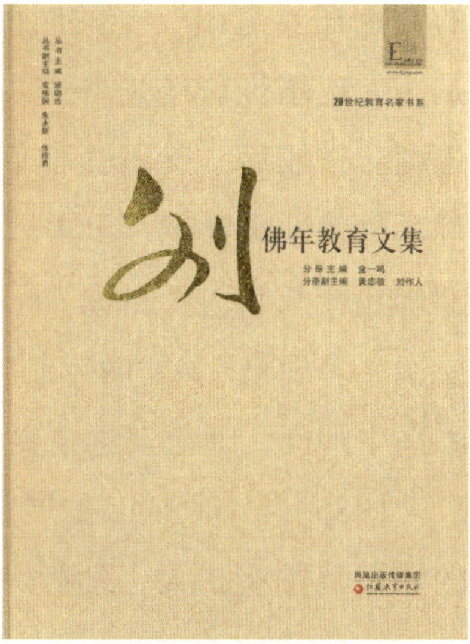

《刘佛年教育文集》封面
（图片由张朝平提供）

一时期被称为“上海师范大学”。恢复“华东师范大学”校名的工作从“文化大革命”结束后不久就开始了，先是1977年6月2日，学校教工郁中秀、徐增珏等12人联名给校革委会写信，力陈重建华东师范大学的必要性，到1978年，上海师范学院、上海体育学院和上海教育学院分别脱离“上海师范大学”，结束了长达6年的并校历史。1979年，校友吴亮平把恢复“华东师范大学”的信函亲自递交给中央党校副校长胡耀邦和教育部部长蒋南翔，加快了推进校名恢复的进程。1980年7月，华东师范大学校名正式恢复。

（二）顺应社会师资需求，狠抓教师培养工作

在校长任上，刘佛年很快发现了问题，那就是中小学教育中的“师资荒”，因为师范院校几年不招生。“1971年我校复课后，又搞了个师大、师院等五校的合并。为了解决‘师资荒’，只得办一年制的培训班，有的班只办了10个月或8个月，而‘四人帮’的党羽还要拿出一半的时间搞所谓的‘政治培训’。更为严重的是，无论培训班还是普通班都没有入学考试，有的学生只有小学程度。进校后，又不让他们学习基础理论和基础知识。例如，物理系的普通班学生，出去以后不能教中学的力学和热学。”[①]所以，刘佛年校长首先抓的是师资培养问题，并主张“师范教育也要多层次、多规格”。如两年制师专培养初中师资，四年制师范学院培养高中师资，师范大学主要培养高师的师资等。

1985年，刘佛年在展望高师教育的发展时总结道：①高师的培训范围将扩大，幼教和小教师资的培养将来会作为高师的任

---

① 刘佛年著，金一鸣整理：《刘佛年学述》，浙江人民出版社1999年版，第38页。

务；②师范学院将努力提高文理基础知识和学科专业知识的质量；③其他高校也可以培养师资；④教育学科的训练将要加强。[1]

作为重点师范大学的校长，刘佛年认为："重点高师要承担这样的任务，本身的质量需要有较大的提高。也就是说，现在很需要把重点高师办成重点。"[2]这里所说的任务是重点师范大学在本科或研究生阶段要培养其他类型高校的师资，把培养非师范类高校教师作为师范教育的一项重要任务。事实证明，刘佛年的这一论断非常正确，中国后来高等教育的发展，非师范类的教师相当部分是由师范院校培养的。至于要求将"重点高师办成重点"是针对当时不重视师范教育来说的，那就是即便华东师范大学是第一批重点大学，在国家政策扶植方面也总是排在其他类型重点大学之后。

为了办好重点师范大学，并能够真正为其他类型的高校输送师资力量，刘佛年认为，首先，必须招收优秀的中学毕业生，在重点高师中增加一年学制，用来学外语和中文。其次，重点高师专业设置不宜只限于与中学课程有关的那些方面。凡能培养大学基础课和部分专业课的师资的专业，只要学校有条件就应该设立。最后，重点高师还应该办成教学和科研两个中心。他明确指出，学校不搞科研，就不能培养出胜任大学教学的毕业生，就不能办研究班。

（三）谋划学校发展与教育学科的建设

在刘佛年校长任期内，华东师范大学取得了非常重大的成就，

①② 刘佛年著，金一鸣整理：《刘佛年学述》，浙江人民出版社1999年版，第39、40页。

1984年，刘佛年转任名誉校长时，“华东师范大学有14个系，设25个专业，有10个研究所、1个直属研究室。研究生教育已具有相当规模，有博士生点18个，硕士生点67个，在校研究生有274人（其中博士生17人）。华东师范大学承接了一大批基础研究方面和国家急需项目的科研任务”①。

华东师范大学的教育学学科建设也走在全国的前列，刘佛年为此倾注了大量心血。“文化大革命”期间，华东师范大学原有的教育系和教育科学研究所合并为一个教育系，人员流失不少。1977年恢复高考后，还面临着要不要招收本科生的问题，因为当时教育系的本科生不好就业，在系统内不受欢迎，毕业后大多被迫改行。

根据这样一种情况，刘佛年对华东师范大学的教育系进行了改造：一是1978年教育系在培养方案中增设高等数学、测量统计、普通物理等理科课程，使学生有更宽广的知识基础，教育学科方面也开设了一系列新课；二是1981年举办教育科学专业班，在本校各系三年级学生中招生，吸收有志于教育科学研究者于四年级时转学教育科学，用一年时间学习教育科学和撰写教育方面的毕业论文。②这些措施后来被证明是合适的，由此培养出来的不少学生成为行业骨干。

为推进教育学科的建设，刘佛年调整了教育学科的组织机构。首先，恢复了教育科学研究所，并将教育系的心理学专业独立成系。教育科学研究所又发展了“高等教育学”“职业技术教育学”等分支学科。其次，将教育系的“外国教育研究室”独立出来，

①② 刘佛年著，金一鸣整理：《刘佛年学述》，浙江人民出版社1999年版，第40—41、42页。

发展成为“比较教育研究所”。在各系教学法研究室的基础上组建课程教材教法研究所，以便合作研究，协调攻关。借助于数学系、物理系的力量建立现代化教育技术研究所。最后，还成立了教育咨询服务中心，其目标是研究教育科学的应用问题并为社会提供咨询服务，包括教育规划、考试和心理咨询等。①

调整、新设机构的工作开始于1978年，完成于1985年。为了统筹、协调教育科学的教学和科研工作，1980年华东师范大学向教育部申请成立教育科学学院。经批准，该院于1980年正式成立。刘佛年兼任第一任院长，直至1985年春。

（四）关心中小学的教育改革

作为师范大学的校长，刘佛年对中小学教育始终是极度关注的，他对华东师范大学教育学科的系列改革以及成立教育科学学院的策划，目标之一就是为中学输送高水平的师资力量。

不仅如此，刘佛年还身体力行地积极推动中小学的教育改革。1983—1986年，他多次深入中小学，在全国各地做教育理论和提高教育质量的相关报告，并针对当时中小学中存在的“片面追求升学率”问题，认为“只抓尖子班是不对的”，要突破教学上的难题，夺取“大面积丰收”。②如何取得大面积丰收？刘佛年在了解了青浦县（今上海市青浦区）数学教研组的经验后，马上撰文推广，并指导说：“一要解决观念问题，相信可以把大多数学生教好；二要抓好教学的每个环节，包括教学目标、教学评价和教学措施。解决了这两个问题，大面积丰收应当是可能的。”③

---

①②③ 刘佛年著，金一鸣整理：《刘佛年学述》，浙江人民出版社1999年版，第43、46、48页。

三、对教育学学科与高等师范教育的重要贡献

（一）刘佛年主编的《教育学》之地位

1961年2月，刘佛年由周扬点名主编《教育学》。周扬时任中央宣传部副部长，分管文艺处和科学处，并主持文科教材的编写工作。可以说，刘佛年此次主编《教育学》完全是受命于危难之际。因为在此之前的1959年下半年，已经有由华东师范大学、上海师范学院、上海市教育局、共青团上海市委员会和上海市教育学会等单位，组成教育学编写组，编辑了一本“厚达700余页，43万字”的《教育学》，1960年内部印发了这本《教育学》。针对这本《教育学》，著名学者陈桂生说：“从表面上看来，确实突破了苏联‘教育学’的框架，相当‘中国化’了，但不得不承认，教育学‘中国化’的第一步，在中国‘化’掉了教育学，成为‘工作手册式’教科书或成为‘政策图解式’读物。”①

1979年，人民教育出版社正式出版了刘佛年主编的《教育学》一书，署名“上海师范大学《教育学》编写组”

（图片由张朝平提供）

周扬看过这本书，称之为“政策汇编”，并认为新编的教育学不应该是“政策汇编”，而应该是一本学术著作。所以，刘佛年是在这样一个脆弱的基础上起步的，面临着极大的困难。②刘佛年很

① 陈桂生：《刘佛年〈教育学〉述评》，《江西教育科研》1998年第3期。
② 刘佛年著，金一鸣整理：《刘佛年学述》，浙江人民出版社1999年版，第26页。

快组织了编写教育学的班子，除了华东师范大学的教师外，还从上海师范学院和上海第一师范学校抽调人员参与编写工作。第一步编写了一份《教育学讲授提纲》，列了12章，分别是：教育的本质；我国教育的目的；教育与青少年身心发展的关系；教育计划；我国教育的性质；德育；智育；体育；人民教师；学校、家庭和社会；业余教育；我国教育事业的发展。

此后，编写团队开始进入实质性的编写过程，到1963年完成了《教育学（讨论稿）》。《教育学（讨论稿）》共14章内容：教育与政治经济的关系；教育与儿童身心发展的关系；教育目的与教育方针；学校教育制度；课程与教材；教学过程与教学原则；教学方法与教学形式；思想教育的意义任务和内容；思想教育的过程与原则；思想教育的途径与方法；生产劳动；体育卫生；教师；学校行政。另有绪论和附录“美育”。

这个最后成书的讨论稿，与最初的《教育学讲授提纲》有多处不同：①“教育本质”修改为“教育与政治经济的关系”，而教育本质问题移至第二章“教育与儿童身心发展的关系”中讨论；②改变了德育、智育、体育的编写体系；③在附录中增加了“美育”。

尽管在编写过程中力求以马克思列宁主义、毛泽东思想为指导，划清与实用主义教育思想和凯洛夫教育学的思想界限，特别是在教育目的、教育方针以及具体的教学、教育措施方面[①]，并且“讨论稿”非常注重政治倾向性，如“思想教育”涉及三章内容，但是，《教育学（讨论稿）》还是招致了不少批评，“在‘文化大革命’初期，它被视为毒草，在华东师范大学内受到批判”[②]。该书

①② 刘佛年著，金一鸣整理：《刘佛年学述》，浙江人民出版社1999年版，第29、30页。

主要被指责未体现马克思主义的历史唯物论，为修正主义教育路线制造舆论，宣扬“智育第一”，是凯洛夫教育学的中国翻版。更有甚者，有大字报称刘佛年为“中国的凯洛夫”。

在特殊的历史背景下，这本来之不易的《教育学（讨论稿）》可以说命运多舛，直到20世纪70年代末才正式出版面世。该书出版前也做了一些修改，增加了“教育与经济发展”“电化教育”两章内容。1979年，人民教育出版社正式出版了这部新中国成立后我国学者自编的第一部《教育学》，署名“上海师范大学《教育学》编写组”。该书曾重印多次，发行数十万册。一时间成为师范院校教育学科的通用教材和师资培训的重要参考书。①因此，刘佛年被誉为“新中国教育学的奠基人”②。

（二）《教育发展史资料》和《外国教育发展史资料》的作用

1969年，刘佛年协助青年教师收集国外教育资料信息，后来发展成为一个小组，专门收集国内外教育发展资料。他进入国外组，这充分发挥了他外语好的特长。刘佛年主要收集资本主义教育制度和教育思潮方面的内容。教育制度方面，重点关注美国、英国、法国、联邦德国、瑞典和日本六个国家的学制和发展动向。教育思想方面，重点关注杜威的实用主义教育思想、改造主义教育思想、永恒主义教育思想、要素主义教育思想、新托马斯主义教育思想和存在主义教育思想等方面的内容。

起初，刘佛年等人编译收集的这些资料作为内部参考使用。

---

① 刘佛年著，金一鸣整理：《刘佛年学述》，浙江人民出版社1999年版，第31页。

② 吴爱芬：《著名教育家刘佛年：高师教育理论及其社会实践》，《上海教育》2009年第Z2期。

到1972年年底，编写组将这些材料整理分类，编辑成《教育发展史资料》（含资本主义国家部分、苏联部分和中国部分），于1973年2月由上海师范大学印行。[①]后来，又将资本主义国家部分和苏联部分抽出，经过进一步补充、修改，更名为《外国教育发展史资料（近现代部分）》，于1976年9月由上海人民出版社出版。这两部重要的资料性图书都受益于刘佛年的重要贡献，两部书的出版，在当时还比较封闭的环境里，为人们了解西方教育、苏联教育的发展态势和开拓教育视野起到了一定的积极作用。

（三）推进师范教育发展

如前所述，刘佛年作为师范大学的校长，非常清楚师范教育的任务就是要为各级各类学校，尤其是要为基础教育培养师资。因此，他在争取师范教育在整个教育体系中的地位的同时，在师资培养上采取了一些切实举措，提高了师资培养质量。这些措施不仅缓解了中小学教育中“师资荒”的问题，还把培养非师范类高校基础课程师资和部分专业课师资列为重点高师的主要任务。

刘佛年还积极推进教师培养与中小学教育教学实践相结合，教育理论研究与教育教学实践相结合，主张积极开展教育实验，主张教育改革要“确立教育目标，加强教学评价，按照目标从事教学活动，提高一般中小学的教育质量”，提出“教育研究工作者要深入实际，参加教育工作的调查和学校的教育实验”。他以发展教育理论，推动教育改革为己任，亲自带领教授、专家到中小学

① 刘佛年著，金一鸣整理：《刘佛年学述》，浙江人民出版社1999年版，第33页。

进行“一条龙”教育改革，进行课程与教材改革实验。①这对于形成良好的教育科研学风，促进教育科研成果在中小学教育教学实践中的转化起到重要的指导作用。华东师范大学教育学部的教师们具有理论联系实际、注重教育科研与教育实践结合的学风，与刘佛年多年积极倡导与身体力行的带动有密切的关系。

四、教育质量观与人才观

1986年12月，刘佛年参加全国普通教育整体改革研讨会，并在会上做了重要讲话，重点谈到了教育的“质量观与人才观”。他认为，人才的培养质量受到评价标准的制约，我们的衡量标准要考虑多方面因素，基于全面发展的观点，应该帮助学生更好地适应将来的社会。如何正确认识人才观，一方面，对绝大多数学生来说，要充分发挥他们的才能（但现在大多数学生的潜力没有得到充分发挥）；另一方面，要培养尖端人才。总之，人才要多样化。所以他强调，在教育内容方面，课程设置要多样化，将课内教学与课外活动相结合，同时重视校园文化建设。“教师做到不强制，学生自然对教师有好感。同时要给学生一点选择，没有一点自由不好。”②

改革开放初期，国家提出了要实现“四个现代化”的宏伟目标，要求教育要做到“三个面向”，即教育要面向现代化、面向世界、面向未来，培养全面发展的“四个现代化”建设人才。为此，

① 吴爱芬：《著名教育家刘佛年：高师教育理论及其社会实践》，《上海教育》2009年第Z2期。

② 刘佛年：《关于教育改革中的几个问题——刘佛年同志在全国普通教育整体改革研讨会上的讲话（节录）》，《基础教育》2014年第2期。

必须改革教育中不适应的方面，如教育实践中存在“智育第一”，片面追求升学率的错误做法，忽视了人的全面发展。对此，刘佛年认为，培养全面发展的人是整个现代化进程的客观需要，不培养全面发展的人，我们的“四个现代化”就实现不了。所以，他反对当时对人才的一种比较流行的看法，即“中小学校大量的学生中必然有不少的差生和中等学生，只有少数是优秀的”。刘佛年认为现代科学研究充分证实人的潜力非常大，应该使每个儿童都得到充分发展，把他们的潜力发挥出来，有些学生学得不好，绝不是他天生智力不行。他的结论是：“90%以上的学生是可以学得很好的，不是一般的好，而是能达到优秀的水平。”[①]“没有固定的差生，优秀的教师应当而且能够把差的学生教好，基础教育要关心每一个学生。”[②]

怎样才能做到面向全体学生呢？刘佛年提出了三点意见：第一，学校和家庭、社会配合，通过各种具体形式，帮助学生明确学习目的；第二，要让学生掌握真正合格的文化知识；第三，除了要让学生学习文化知识以外，还要掌握一些必要的劳动技术、技能。[③]在当时的社会背景下，刘佛年对教育质量的认识、对人才的认识、对学生的看法，是切中时弊的，因此对当时学校的人才培养工作具有重要的引领价值。

① 刘黎明、祁占勇：《论刘佛年的中小学教学改革思想》，《华东师范大学学报（教育科学版）》2014年第3期。

② 吴爱芬：《著名教育家刘佛年：高师教育理论及其社会实践》，《上海教育》2009年第Z2期。

③ 王自立、范才生：《刘佛年谈办学思想》，《江西教育》1982年第9期。

五、“一本值得我们永远铭记的大书”

（一）公共职务

刘佛年在教育界很有声望，他担任过很多职务：第五、六届全国人大代表，中国教育学会第一、二届副会长，全国马克思主义教育思想研究会理事长，全国比较教育研究会理事长，全国教育史研究会理事长，上海市教育学会会长，上海市高等教育研究会会长，上海市哲学学会第一届副会长，上海市教育工会名誉主席等。同时他还担任《教育大辞典》编辑委员会总顾问及《中国大百科全书·教育》编委、副总编辑、副主任。刘佛年担任这些重要职务，都尽力履行职责，以促进相关工作的开展。

（二）入选首批“上海社科大师”

2018年5月14日，“纪念习近平总书记‘5·17’重要讲话两周年暨上海社联成立60周年会议”召开，上海市社会科学界联合会公布了首批“上海社科大师”人选名单，包括吕思勉、廖世承、张耀翔、孟宪承、刘佛年等在内的68位社会科学界已故著名学者当选，其中华东师范大学就有24位先生入选。此次刘佛年入选为“上海社科大师”，不仅是对他推动社会科学研究，尤其是推动教育科学研究做出贡献的肯定，也是对他在教育科学研究上所做出的开创性贡献的肯定。

（三）百年诞辰时的追忆

2014年10月16日，时值华东师范大学建校63周年之际，举行了刘佛年百年诞辰纪念会，并借此机会举行了教育学部成立仪式。校领导、教师和学生代表、离退休领导和教师，来自北京大学等9所高校的教育学院院长以及刘佛年学习、生活过的主要地方的代表人士等，共同见证了这一历史性时刻。

在协和教育集团董事长、上海市教育科学研究院副院长、民进上海市委副主委、华东师范大学1979级教育系校友胡卫的捐资支持下，专门制作了刘佛年的塑像，以示纪念。

刘佛年的生前好友、同事、学生和家人也纷纷在大会上追忆老先生。中国教育学会原会长、北京师范大学资深教授顾明远在贺电中的回忆细节感动了与会人员："我们都是在他的教育和扶植下成长起来的。我虽然没有成为他的亲授弟子，但常常接受他的教诲。刘佛年校长治学严谨笃学，待人谦虚诚恳，堪为教师楷模。有一次，我到华东师大教育系查资料，发现几乎每本外文著作后面都有他借书的记录，他勤奋读书的精神，令人钦佩不已。"这种严谨治学治校的精神，也是刘佛年留下的宝贵遗产。厦门大学原副校长、文科资深教授潘懋元亲临会场，深情回忆了他与刘佛年相识相交的过程，表达了他对刘佛年学术造诣的敬仰，并对刘佛年在中国高等教育学科创建和发展过程中的指导与支持表示感激。华东师范大学终身教授叶澜则用"磊落处世""执着事业""温厚待人"这三个词来形容她心目中的刘佛年，并通过讲述一个个温暖的小故事，展现了刘佛年的人格魅力，她表达了钦佩之情"他用自己的生命写下了一本大书，一本值得我们永远铭记的大书"。刘佛年先生弟子代表、上海教科院原副院长顾泠沅回忆了20世纪80年代，为了突破中小学教学"大面积丰收"这个难题，他与刘佛年结下特殊的师生情缘。刘佛年先生的亲属代表对学校组织此次活动表示感谢，并表示将铭记刘佛年先生的谆谆教诲和殷切期望，努力传承他的崇高理念和优秀品质。

主要参考文献

1. 刘佛年著，金一鸣整理：《刘佛年学述》，浙江人民出版社1999年版。

2. 吴爱芬：《著名教育家刘佛年：高师教育理论及其社会实践》，《上海教育》2009年第Z2期。

3. 刘佛年：《关于教育改革中的几个问题——刘佛年同志在全国普通教育整体改革研讨会上的讲话（节录）》，《基础教育》2014年第11期。

4. 刘黎明、祁占勇：《论刘佛年的中小学教学改革思想》，《华东师范大学学报（教育科学版）》2014年第3期。

5. 王自立、范才生：《刘佛年谈办学思想》，《江西教育》1982年第9期。

6. 陈桂生：《刘佛年〈教育学〉述评》，《江西教育科研》1998年第3期。

求实创造
为人师表

华东师范大学校训

撰稿人：陶美重，教育学博士，华中农业大学公共管理学院副教授，主要从事教育经济学与高等教育研究。

唐敖庆

TANG AOQING

吉林大学校长（1978—1986）

（图片由吉林大学档案馆提供）

唐敖庆（1915—2008）是我国著名的物理化学家，中国现代理论化学的开拓者和奠基人，被誉为“中国量子化学之父”。作为吉林大学的校长，他是当代中国高等教育界的领军人物之一，为吉林大学的发展做出了巨大贡献；作为一位杰出的教育家，他的学生遍布祖国大地，可谓桃李满天下。

一、献身祖国科教事业的一生

1915年11月18日，唐敖庆出生于江苏省宜兴县（今宜兴市）和桥镇的一个平民家庭。父亲在其6岁时将他送到私塾读书。不久，母亲因病过世，一年后父亲再婚。幼小的唐敖庆经常阅读继母陪嫁带过来的书籍，这养成了他爱读书的好习惯。1928年唐敖庆小学毕业，以优异成绩考入和桥镇彭城中学。由于父亲患有肺病，白天他不得不分担父亲的工作，只能晚上在油灯下学习直到深夜，因此他过早地患上了深度近视。1931年唐敖庆初中毕业，由于家境困难，在老师的劝说下父亲才同意让他报考不交学费且管食宿的无锡师范学校。在校期间正值日本侵占东三省，“科学救国”的思想在他心里越来越强烈。在校的最后一年，他读到了著名化学家曾昭抡的文章，萌生了师从曾昭抡的愿望。师范毕业后他渴望上大学继续深造。为了筹集上大学的费用，唐敖庆先到本县凌霞小学教书一年半，终于凑够了上大学的学费。1936年夏，他参加了北京大学、北平大学和同济大学选拔新生的考试，结果同时被三所大学录取。唐敖庆因一直仰慕曾昭抡，毅然选择了北京大学，进入北京大学化学系学习。

抗日战争全面爆发后，唐敖庆先在由北京大学、清华大学、南开大学组成的长沙临时大学学习。1938年年初，因长沙面临沦陷的危险，临时大学决定迁移到更偏远的大后方昆明。唐敖庆跟随化学家曾昭抡、文学家闻一多、生物学家李济侗等少数教师和一部分学生，跋山涉水，历时68天，步行1 663公里到达了在昆明新组建的西南联合大学。这一段经历锻炼了他的意志，也更加坚定了他立志报国的决心。尽管西南联大学习条件很艰苦，唐敖庆却如饥似渴地学习着，夜晚灯光条件有限，他只能在图书馆昏暗的灯光下读书，整理笔记。久而久之，他的近视度数越来越深，严重时坐在第一排仍然看不清黑板上的字，他只能训练自己的记忆力，把老师讲的内容全部记在脑子里，下课时再补笔记。在这样艰苦的条件下，唐敖庆的成绩却遥遥领先，可见他付出了超出常人数倍的努力。1940年夏天，他以优异的成绩从西南联大毕业，随即留校任教。

1946年，唐敖庆以助手的身份跟随曾昭抡赴美考察原子能技术。后经曾昭抡推荐到哥伦比亚大学化学系攻读博士学位。那个时候，很多学生连修完一个专业的课程都有困难，但是他因为珍惜这来之不易的学习机会，居然偷偷地加修了数学系的课程。唐敖庆学习极其刻苦，同时修完了化学与数学两个系的课程。其间还担任了导师的助手，凭借扎实的基础，他能够在导师不在学校期间替导师上课。1949年11月，唐敖庆提交了题为《相互独立粒子统计理论》的博士论文，顺利获得博士学位。导师非常欣赏唐敖庆的品质和才华，希望他继续留在美国深造。但是唐敖庆毅然决定回到当时千疮百孔、百废待兴的祖国。此后，他把自己的一生都献给了最需要他的祖国。

1950年1月，唐敖庆回国，在北京大学任副教授，半年后被评为教授。1952年9月，唐敖庆来到东北人民大学（吉林大学前身）和蔡镏生教授一同创建了东北人民大学化学系。1955年6月，唐敖庆当选为中国科学院数学、物理、化学学部委员（院士），1956年3月，他出任东北人民大学（1958年更名为吉林大学）副校长，分管科研工作，协助匡亚明校长共同管理学校的教学和科研工作。从1978年5月起，唐敖庆任吉林大学校长，主持和领导学校的全面工作。1978年他创建了吉林大学理论化学研究所，兼任所长（1986年改任名誉所长）。1981年被评为国际量子分子科学研究院院士。

1986年2月，唐敖庆出任国家自然科学基金委员会首任主任。在他的领导下，基金委资助了众多科研项目，发现和培养了一大批优秀科技人才。科学基金制度是我国科技体制改革的一项重要战略举措，它突破了传统的计划拨款体制，为我国的基础研究开辟了一条稳定持续的资助渠道，极大激发了科技人员爱国奉献、开拓创新的热情。

姚建年院士曾这样评价唐敖庆：唐老是科教战线的领导者，在领导基金委工作期间，他尊重科学家的主体地位，以战略科学家的开阔视野、先进的管理理念，为发展中国特色科学基金建设、繁荣我国科学研究事业做出了卓越的贡献。姚建年院士认为，我们要学习唐敖庆治学救国的奉献精神、攻坚克难的拼搏精神、勇于开拓的创新精神、唯真求实的务实精神，在新的历史时期，继承和弘扬唐敖庆校长的崇高精神和优良品德，深入实施创新驱动发展战略，为建成创新型国家，实现中华民族伟大复兴的中国梦，做出科学工作者应有的贡献。①

---

① 晓蔚：《吉林大学举行系列活动隆重纪念唐敖庆先生百年诞辰》，《高教研究与实践》2016年第1期。

唐敖庆的六个子女深切地感受到父亲对他们的影响。唐敖庆之子唐东回顾了与父亲在一起生活的往事，他说："父亲的爱国情怀和无私奉献精神都对我产生了潜移默化的影响和教育。父亲凭借坚持不懈的勤奋、真诚待人的胸怀，以及敬业精神和品格成为儿女心中的偶像。我要以父亲为榜样，弘扬父亲的精神，更好地为国家、为社会服务，为实现中国梦做出更多的努力。"①

二、办学治校业绩

唐敖庆主持吉林大学期间，吉林大学在科研、教学、行政等方面都取得了突出的成就。在他的领导下，吉林大学蓬勃发展，尽显活力。1986年10月，在吉林大学建校40周年庆典上，时任校长伍卓群向唐敖庆颁发了一块题有"功昭校史"的精致牌匾，以表彰唐敖庆对吉林大学做出的贡献。1990年6月，在吉林大学举行的唐敖庆执教50周年庆祝大会上，校长伍卓群再次向唐敖庆敬献了"拼却老红一万点，换将新绿百千重"的贺幛，以示对唐敖庆的敬意和感谢唐敖庆对科学界、教育界、化学学科的卓越贡献。

（一）创办"物质结构学术讨论班"

1963年8月，为了推进我国物质结构研究，培养高层次理论化学研究人才，高等教育部决定委托唐敖庆在吉林大学举办为期两年的"物质结构学术讨论班"。唐敖庆对此事极为重视，亲自在

① 晓蔚：《吉林大学举行系列活动隆重纪念唐敖庆先生百年诞辰》，《高教研究与实践》2016年第1期。

众多的报名人员中遴选了8名作为正式成员，其他人作为旁听人员。在这8名正式成员中，有4人具有研究生学历，都毕业于我国知名大学的化学专业。这些人年龄、工作单位各异，最大的已经42岁，比最年轻的大了11岁，但无一例外的是，他们每个人都非常努力，争分夺秒地学习知识。

在讨论班开办期间，唐敖庆亲自给成员上课，与成员一起攻克科学难关，为我国培养了一批优秀的理论研究人才。通过第一学期的教学实践，唐敖庆发现课程学习进度过快，学员负担过重，学习吃力，因此第二学期他就对课程进行了调整。此外专题汇报的时间也大幅度增加了，通过汇报，学员们加深了对知识的理解程度，也锻炼了大家的思维。大家互相讲解，教学相长，基础知识掌握得更加牢固了。第三学期，讨论班开设了“群论在分子结构中的应用”“分子轨道理论”“群论在固体物理中的应用”三门课程，其中两门课程由唐敖庆讲授。在这一学期，唐敖庆带领学员对“配位场理论研究”这一科研课题进行了集中攻关。第四学期是讨论班的最后一个学期，这一学期除了继续上课之外，还主要整理了部分科研成果。但是由于受到“文化大革命”的影响，有些成果还是没有整理完成。讨论班结业时，吉林大学举办了隆重的结业典礼。所有人都收获满满，理论基础有了极大提升，为日后的学习和研究打下了坚实的基础。

（二）拨乱反正

1977年10月，中央相关部委及中共吉林省委对吉林大学在“文化大革命”期间存在的问题先后做了指示。1978年3月，全国科学大会召开，唐敖庆及其研究集体从事的3项研究成果均获重大科研成果奖。他在会上做了题为《加强基础理论建设研究，尽快培养人才》的发言。此后，唐敖庆带领全校人员重建吉林大学。

“文化大革命”期间，吉林大学的教学秩序被打乱了，因此，在重建过程中，唐敖庆首先要做的就是恢复和整顿吉林大学的教学秩序。首先，他要求教务处建立健全有关教学的各项规章制度，如《学生管理制度》《进修和旁听人员暂行办法》等。其次，他十分重视教师队伍建设。1978年1月，吉林大学晋升417名教师为讲师，1979年又晋升9位教授、84名副教授，并选派8名教师出国留学。

此外，吉林大学研究生培养也有了很大的进展。1981年，唐敖庆成为第一届国务院学位委员会委员。此后经教育部批准，吉林大学有了博士学位授予权，也有了博士生导师，并且博士生和导师的数量在逐年增长。1984年，吉林大学成为首批试办研究生院的大学之一。吉林大学研究生院的成立是吉林大学发展史上的一座里程碑。

唐敖庆作为一校之长，时刻为学校的师生和学校的发展考虑，为吉林大学争取了很多资源。例如，吉林大学成为获得世界银行贷款的第一批受益学校，解决了许多贫困学生上学难的问题；为学校引进一批先进的科学仪器设备，促进了学校科学研究事业的发展。可以说吉林大学的重建工作在唐敖庆的带领下取得了令人瞩目的成绩。

（三）创建吉林大学理论化学研究所

吉林大学理论化学研究所是我国理论化学的科学研究中心，

是由唐敖庆倡导，于1978年1月建立的。该研究所为将吉林大学建设成为高水平的研究型大学做出了重要贡献。

唐敖庆借鉴国外一些先进的学校单独成立理论化学系的范例，萌生了成立理论化学研究所的想法。早在1963年，唐敖庆及其研究团队就建立了吉林大学物质结构研究基地。基于此，他向国家计委和教育部提出申请，经批准，吉林大学于1978年1月正式成立了理论化学研究所。这一研究所是与化学系并列的一个研究机构，相对独立，有自己的编制。当时设有量子化学与结构化学两个研究室，还有一些相关的研究室。1989年经国家批准，该研究所建立了理论化学计算国家重点实验室，1990年建立了分子光谱与分子结构开放实验室。

几十年来，由唐敖庆建立的理论化学研究所取得了辉煌的科学成就，多项研究成果获得国家自然科学奖、国家科技进步奖以及省部级成果奖。特别是他领导的研究集体以“配位场理论方法”和“分子轨道图形理论及其应用”两项研究成果均荣获国家自然科学奖一等奖。目前，吉林大学理论化学研究所已成为我国高层次理论化学人才的培养基地，对外开放和交流的窗口，在国际上享有很好的声誉。

为纪念唐敖庆，2008年，理论化学研究所被学校命名为唐敖庆研究所。

（四）开办全国量子化学研究生班（进修班）

在改革开放政策的指引下，全国高校重新开始招收研究生。1978—1980年，在唐敖庆的倡议下，吉林大学理论化学研究所联合四川大学、厦门大学、山东大学、云南大学、东北师范大学和中国科学院上海药物研究所，共同发起开办了全国量子化学研究生班（进修班）。

研究生班由来自全国各地的30名研究生组成，进修班的成员是来自全国几十个学校和科研单位的二百多名进修教师。授课教师都是各大学的著名教授。吉林大学有唐敖庆、孙家钟、江元生三位教授，还有山东大学的邓从豪教授、四川大学的鄢国森教授、云南大学的戴树珊教授、东北师范大学的赵成大教授等。学习的课程有量子化学、量子力学、群论、复变函数、分子轨道图形理论、配位场理论、微观反应动力学、分子振动理论、统计力学等。唐敖庆主要讲授“量子力学”和“量子化学”这两门课，实际上这两门课非常不好讲授，200多名成员基础参差不齐，课程内容又相对较难。因此唐敖庆在第一节课上介绍了量子力学的实验基础，最后还给大家介绍了学习方法。在以后的课上，他循序渐进地讲解课程内容。研究生班的学生都很珍惜这难得的学习机会，在学习上非常刻苦，每天晚上都学到10点多，有的人甚至要学到更晚。大家互帮互助，团结友爱，取得了良好的学习效果。唐敖庆倡议举办的这期研究生班（进修班）共三个学期，历时一年半之久，缓解了“文化大革命”后我国理论化学学科后继无人的问题，为该学科发展做出了历史性贡献。

（五）“唐敖庆精神”

唐敖庆为吉林大学做出了巨大贡献，他对吉林大学的发展产生了深远影响。吉林大学原校长伍卓群这样评价唐敖庆：“他学问大，但从不以权威自恃；他功勋卓著，但从不居功自傲。”[①]他还曾以具体事例概括总结了唐敖庆对科学界、教育界、化学学科的卓越贡献。伍卓群认为，唐敖庆的一生是一面旗帜，彰显了他在教育上、科学上卓越的成就，彰显了他的崇高思想和品德，这些在唐敖庆的身上真正达到了完美统一。

2008年7月15日，唐敖庆在北京逝世，享年93岁。2015年11月18日，是唐敖庆100周年诞辰。吉林大学和国家自然科学基金委联合举办了一系列重要活动，纪念和缅怀唐敖庆为世界化学学科发展，为我国科技教育事业进步和吉林大学建设所建立的不朽功勋。时任吉林大学校长李元元结合唐敖庆的光辉业绩和传奇故事，向大家分享了自己的感受：作为吉林大学的卓越领导者和化学学科的创始人，唐敖庆为吉林大学各项事业发展打下了坚实的基础；作为我国现代理论化学研究的奠基人，唐敖庆为我国科研事业发展和国际影响力的提升做出了突出贡献；作为矢志不渝、自强不息的开拓者，唐敖庆伟大的爱国精神和奉献情怀为世人树立了光辉典范。唐敖庆的一生，是奋斗的一生、奉献的一生。他的光辉业绩和历史贡献，永远值得我们铭记。纪念唐敖庆，就是要继承和发扬他爱生如子、爱校如家的治校精神，就是要弘扬他求真务实、勇于创新的科学精神，就是要传承他顾全大局、甘于奉献的爱国精神。李元元校长认为，“唐敖庆精神”已经成为“吉林大学精神”的重要组成部分，已深深根植于校园文化的沃土，流淌在吉大人的血脉中。

时任吉林大学党委书记的杨振斌在纪念唐敖庆诞辰100周年

---

① 晓蔚：《吉林大学举行系列活动隆重纪念唐敖庆先生百年诞辰》，《高教研究与实践》2016年第1期。

座谈会上做总结讲话时说："唐敖庆先生最辉煌的时期是在吉林大学，他也成就了吉林大学的今天，我们以感恩的心情来纪念唐敖庆先生，唐敖庆先生是国内外化学界的著名大师，他是吉林大学的灵魂、名片、品牌，是吉林大学的旗帜，更是吉林大学全体师生的楷模。"① 他希望全校师生都要认真地学习"唐敖庆精神"，把吉林大学以及化学学科做得更好；深入学习、挖掘和研究唐敖庆的教育与学术思想，在纪念集的基础上形成更加全面的大事记、传记，排演话剧《唐敖庆》，设立唐敖庆教育与学术思想研究课题资助项目，以此彰显和弘扬"唐敖庆精神"。

三、大学管理思想

唐敖庆是一位科学巨人，同时又是一位杰出的教育家。他在担任吉林大学校长期间，秉持科学的大学管理思想，引导吉林大学的发展和人才培养，为我国培养了一批又一批高素质的科研与教学人才。

（一）科研与教学并重的"两个中心"思想

1977年，邓小平提出："重点大学既是办教育的中心，又是办科研的中心。"② 唐敖庆对此深有体会，他决定要把吉林大学办成"两个中心"，即科研与教育两个中心。他认为"两个中心"的提法，深刻地揭示了高等教育同科学研究相互依赖、相互促进的辩

① 晓蔚：《吉林大学举行系列活动隆重纪念唐敖庆先生百年诞辰》，《高教研究与实践》2016年第1期。
② 唐敖庆：《怎样把重点大学办成两个中心》，《高教战线》1985年第3期。

证关系，准确地概括了国内外搞好高等教育，发展科学技术的成功经验。

为把吉林大学办成“两个中心”，唐敖庆还提出了衡量标准，主要从以下几个方面考量：一是看它有没有一支学术水平相当高的教学、科研队伍；二是看它有没有相当于一流水平的学科专业、科研机构；三是看它有没有当代先进的教学、科研设备和情报、图书资料；四是看它的教育水平，是不是能培养出高质量的人才；五是看它的主要研究工作，是不是站到了当代科学发展的前沿，做出了高水平的科研成果。那么如何办好这“两个中心”呢？他认为一定要把科学研究抓上去，这是提高教育教学质量和学术水平的关键。要培养高质量的专门人才，不把教学和科研紧密结合起来是不可能达到的。大学成为“两个中心”，要有客观条件的保证，更要有自身的主观努力。

唐敖庆认为建立“两个中心”主要应抓好以下五项工作。第一，要办好专业。应把那些基础较好的专业办成重点专业，使它们尽快成为攀登科学技术高峰的“国家队”。与此同时，对那些新建或基础较薄弱的专业应采取有力措施，尽快充实师资力量，大力培养学术带头人，积极装备实验室和图书资料室，迅速提高其教学质量和科研水平。第二，要办好研究生院。培养数量多、质量高的硕士研究生和博士研究生，是重点大学的一项重要任务。凡是已经批准成立研究生院的学校，要努力把它办好，以便更多更快地培养高水平人才。第三，要办好研究机构。重点大学要整顿现有的科研机构，组织科研队伍，制定科研发展规划，并根据国家需要，建立若干跨学科的研究中心和研究所，对内实行教学、科研和社会应用相结合，对外实行高等学校、科研单位和产业部门相结合。努力争取使一些研究机构，特别是经教育部批准建立的研究所（室），能达到国内或国际上的先进水平。第四，要建设好教师队伍。要将大学真正办成教育和科研中心，就要有一支学术水平较高的教师队伍。这就要求每个教师应做到既能从事教学，又能搞科研，同时具备这两种能力。第五，要加强管理。把大学办成“两个中心”，还必须加强管理工作，改善办学条件。抓紧管理工作的改革，提高工作效率，促进教育事业深入发展，并逐步实现管理工作的科学化。将先进的科学方法和现代的仪器设备应用于管理，不断提高管理水平。与此同时，应十分重视为师生员工提供必要的工作、学习和生活条件。

在具体的教育教学中，唐敖庆也非常注重教学与科研相结合。在这方面他总是言传身教，时常告诫教师们要做到这一点。他曾经说：“只要认真努力，就能教好书。我们当老师的，一辈子一要教书，二要搞科研。不教书就没有专业知识的广度，不搞科研就没有专业知识的深度，只有二者结合，具备知识的深度和广度，才会做出高水平的科研，深入浅出和少而精地讲好课。”[①] 此外，他还亲自查看老师们的讲课稿，并进行修改，甚至连不恰当的符号和错别字都一一改正。在唐敖庆的倡导和影响下，科研与教学相结合的思想得到很好的落实。

（二）抓好学位与研究生教育，更多更好出英才

唐敖庆非常注重学位与研究生教育，曾发表过多篇论文论述

---

① 林梦海等著：《高山仰止——唐敖庆和他的弟子们》，厦门大学出版社2015年版，第119页。

这一问题。他在《学位与研究生教育的重要性》[①]这篇论文中集中阐述了二者的重要性。在这篇文章中，他从三个方面论述了这一问题。第一，学位与研究生教育是培养高层次专门人才的主要途径。要建设有中国特色的社会主义，需要高层次、高水平的专门人才，要靠我们自己去培养。总结国内外的教育状况，高水平的人才大都是受过一定程度的研究生教育的。第二，学位与研究生教育是体现高等学校教学、科研两个中心的重要标志。他认为“两个中心”最重要的标志是学位与研究生教育，因为培养研究生的过程，就是出人才出成果的过程。第三，学位与研究生教育是提高高等学校教学质量的根本措施。高校教学质量决定于教师队伍的水平，包括学术水平和思想政治境界。因此他认为，大学教师要有一段研究生教育时期，大学教师最好要有博士学位，教师队伍就会起根本性变化。此外，在博士生课程开设上也要下功夫，要开出一批高水平的博士生课程，课程设置上要突出“多”“新”“宽”的特点。

唐敖庆认为，要想使学位制度在世界上站得住脚，就必须保证学位授予的质量。为此，他对研究生培养工作中如何才能保证质量问题，提出了自己的看法。第一，必须保证大学本科的教育质量。大学本科毕业生是招收研究生的主要来源，本科生的业务素质、政治素质如何，直接影响研究生的培养水平。第二，要把好研究生入学考试这一关，在录取时，一定要坚持宁缺毋滥的原则，够标准方能录取，不够标准就不录取。对于委托培养的研究生也要坚持同一标准，不能降低要求。第三，努力提高导师的学

① 唐敖庆：《学位与研究生教育的重要性》，《学位与研究生教育》1994年第6期。

术水平。要想培养出高水平的研究生，导师必须努力提高自己的学术水平。如果导师几年内都没有科研成果，那他是无法指导研究生的。另外导师在学术上要开明，要有“青出于蓝而胜于蓝”的指导思想。要允许和鼓励研究生涉猎和掌握导师所不熟悉的研究领域和研究手段。第四，导师不但要对研究生的业务负责，而且要对他们的政治素质负责，也就是既要教书，又要育人。第五，对授予学位的质量进行评估。评估是保证学位授予质量的非常重要的措施。不仅要对课程教学、论文质量进行评估，而且要对研究生的政治素质，研究生培养的管理工作进行评估。只有坚持这几项原则，才能切实培养出高水平的研究生。要培养研究生就要办好研究生院。唐敖庆认为，要办好研究生院主要从以下三个方面入手：第一要切实加强研究生的指导力量；第二要努力提高研究生的培养质量；第三要加速改革步伐，提高管理水平。

（三）加强基础理论研究，尽快培养科技人才

唐敖庆非常注重基础研究。他认为，科学技术是一个整体，需要应用研究，也需要基础理论研究。没有基础理论研究做后盾，科学技术就不能创新。在他看来，根深才能叶茂，本固才有枝繁，基础科学是整个科学技术的基础和前沿。如果没有基础理论上的重大突破，就不可能有技术上根本性的进步和革新。因此基础理论研究关系到科技的进步、国家的兴衰。

唐敖庆认为，要加强基础理论研究，首先就要提高教师的业务水平。重点在于培养出一批能带研究生，能讲好基础课和专业课的教师。这就要选拔一批政治觉悟高、业务基础好的教师进行重点培养。培养办法是办训练班、进修班、讨论班和派往国外进

修学习。

唐敖庆认为，发展研究生教育是快出人才、早出人才的好办法。要大力招收研究生，重点科研单位、重点大学的科研和教学人员，应当逐步由具有研究生学历的人员担当。对于普通大学生的培养，从业务上说，主要是抓好打基础这个重点环节。要把基础打厚、打牢，打得宽一些。他认为四年学习要有三年打基础，基础包括基础知识、基本技能训练和外语水平。学生在校期间，应当注重学好书本知识。这些知识是前人经验的科学总结，是经过实践证明为科学的东西。此外他认为，要给学生打好基础，必备的两个条件是水平较高的教师和质量较高的教材。在培养研究生和大学生的工作中，也要注意两个方面的问题，一是要鼓励刻苦钻研，二是要建立必要的考核制度。

唐敖庆本人从教几十年，从未停止过基础研究工作。他曾说："在'四人帮'横行的日子里，我们白天的研究时间被挤掉了，就坚持在晚间干，大的学术报告无法开展，就在室内组内搞。大家共同探讨攻关重点，交流研究经验，一直没有间断。我的眼病日益严重，双眼都已近视到一千七百多度，医生告诫我不能再看书，否则会有失明危险。但我心里总是想着毛主席的教导、周总理的指示，我不能不看书。凡是到我们研究组的同志，我就同他们讨论学术问题，询问研究进度，相互勉励、共同前进。我们7个研究组，66名专职科研员，顶着'四人帮'的压力坚持工作。从1972—1976年，完成了9项研究任务，发表了36篇科学论文，提出研究成果报告12份，译著和编写科学书籍、资料18种。"可见，在重视基础研究这一问题上，他总是身体力行，用实际行动影响着身边的教师和学生。

（四）高度重视人才培养，努力推进现代化建设

唐敖庆非常重视人才培养，他曾公开发表过多篇文章，论述自己对人才培养的看法。在具体的教育实践中，他也时时刻刻关注这方面，尽最大努力为培养人才争取条件。由于受到特殊历史时期的影响，唐敖庆意识到，我国的人才培养面临断层问题。1990年唐敖庆就此问题发表了一篇名为《要高度重视人才断层的问题》的文章。他认为在“文化大革命”的影响下，我国高级专门人才中出现了断层现象。对于如何解决这个问题，培养出更多更优质的人才，他的意见是：第一，高等专门人才的培养，要立足于国内，要以自力更生为主，派遣留学生为辅；第二，在高等学校中加强思想政治工作，对青年学生进行爱国主义、民族气节的教育，进行社会主义、共产主义的信仰教育，培养他们的辩证唯物主义和历史唯物主义的世界观和方法论；第三，要切实改进工作条件和生活条件，因为只有这样工作才能顺利进行。

2004年，人事部、科技部、教育部等七部委为进一步加强高层次专业技术人才队伍建设，加速培养造就年轻一代学术技术带头人，联合组织实施了一项国家重大人才培养计划“百千万人才工程”。唐敖庆认为，“百千万人才工程”的制定对我国经济建设具有十分重要的意义。对此他发表了几点自己的想法。首先，他认为“百千万人才工程”是面向社会主义现代化建设、面向世界、面向未来的重要战略部署，在我国社会主义建设中一定能发挥重要的作用，而且经过努力这个计划一定能够实现。其次，他认为对于选才、育才的标准应该是德才兼备，政治素质和业务素质相结合。中国科协提出的科学精神是献身、创新、求实、协作，提出的科学职业道德是坚持真理、诚实劳动、亲贤爱才、密切合作，

这应该作为选择跨世纪科技人才精神文明的标准。再次，他认为国家重点实验室应作为培养跨世纪科技人才的基地，我国还有近百个国家部门开放实验室，这些实验室的条件很好，应作为培养人才的基地。最后，他认为要为科技人才成长创造良好的工作条件。要赋予他们选择工作助手的权利、选择课题人选的权利，但是还应让他们明确自己应尽的义务。他们应参与竞争，争取更多国家重点项目，这实际上既是对他们能力的一种考验，也是促进他们成长的一种手段。

四、教书育人的艺术与主张

唐敖庆在教书育人方面很有建树，尤其是他的授课艺术极其高超。上过他的课的学生，无一不印象深刻，无一不被他严谨、刻苦的精神所感动。颜德岳院士在怀念唐敖庆的《师恩难忘》一文中写道："唐老师离开我们了。他的音容笑貌和讲台上的大师风度却一直在眼前，并且将伴随我一生。当我回顾我几十年的坎坷历程，总觉得自己之所以能立足社会，做些工作，是得益于唐老师和吉林大学的培养和教诲……作为唐老师新入学的研究生，我对后来的学习充满了期待。果然，唐老师给我们讲的第一堂课，就把我们深深吸引了。他给我们先后开了两门课，即高分子统计理论和统计力学（包括非平衡态统计力学），为时两年。唐老师讲课的特点是从来不带讲稿，一边在黑板上推导，一边娓娓道来，引人入胜。他的板书工整苍劲，他的讲解明白易懂。无论多么复杂的公式，例如，不可逆过程统计热力学中的偏微分方程，他给我们一一推演，整版整版的求解过程连一个符号也没有差错。无论多么复杂的问题，他总是举重若轻，讲解得很有条理，清清楚楚。课后他都会给我们留下作业，引导我们深入钻研。我们所有的学生都万分崇拜唐老师，觉得他是不可思议的天才，他的脑子里装着那么多的学问！”① 概括唐敖庆教书育人的艺术与思想，主要表现在以下几个方面。

（一）循序渐进，有的放矢

唐敖庆无论是在给学生制订学习计划还是讲课上总是遵循循序渐进的原则，时刻考虑着学生们的接受程度。例如，1963年唐敖庆在吉林大学创办了“物质结构学术讨论班”。为了办好这个班他做了很多准备，亲自拟订教学计划。前两个学期讲授基础理论课程，后两个学期进行科学研究。课程设置上也是由浅入深，先从基础理论开始讲起。此外他还专门开了参考书目，从入门到普

唐敖庆在吉林大学授课
（图片由吉林大学档案馆提供）

① 颜德岳：《师恩难忘》，《吉林大学校报》2008年8月18日。

及到提高，一步一步循序渐进地打牢学生的理论基础。他在给讨论班上“量子力学”课时，考虑到学员基础参差不齐，第一节课他并没有直接上课，而是讲授了量子力学的实验基础。第二次上课时他介绍了量子力学的发展过程，并针对不同基础的学生，开了三个层次的参考书。这样所有人都能得到不同程度的进步和发展。

唐敖庆还深谙教学法。他具有非常深厚的数理功底和渊博的知识，所以讲课的条理性、逻辑性、系统性都非常强。上课时他总是先将当天要讲的内容介绍一下，有时候还将这节课与下节课的关系点出来，使学生明白知识间的联系。他讲课时条理十分清晰，一环扣一环，环环紧扣。在学生基础参差不齐而课程又很难的时候，他一开始讲课速度会放慢，用一些浅显的例子使学生比较自然地进入这一领域，深入浅出，然后慢慢提升难度让大多数学生都可以跟得上进度。对于基础好的学生，他还会将内容提升到一定高度，画龙点睛，使学生豁然开朗，清楚知识的内在联系。

唐敖庆的授课目的明确，重点突出，总是能够让学生体会到问题的精髓，并且极具启发性，学生听了他的课总能有所收获，在原来的基础上又有很大的提升。他曾经对学生说，讲课不要念讲稿，只有脱离讲稿，才能观察学生对讲课的反应，才能有的放矢、深入浅出地给学生讲好课。他还说，讲课最重要的是对课程的理解，只有真正懂得了才能讲明白，至于教学方法可以慢慢地积累和提高，讲出自己的风格。

黎乐民院士曾经旁听过唐敖庆的课，留下了深刻的印象。他后来回忆说：“唐敖庆讲课总是有高屋建瓴之势，站得高、看得远、讲得透。他从问题的提出讲起，说明解决问题的困难在哪里，前人是怎样解决的，是否完善了，还有什么问题有待解决以及可能的突破等。听过他的课，回过头来再看自己原来对问题的理解，之前就感觉好像站在群山之中，看不出各部分之间的联系，只见诸峰林立、头绪万千，想不出事物之间的全貌。听完课使自己‘站得高’了，对问题的认识就有一种俯瞰群山的感觉，心中豁然开朗。”

（二）勤奋严谨，认真负责

唐敖庆对待讲课非常严谨，他眼睛不好，所以在备课时就把讲稿全部背下来。每备完一节课，他都要在大脑中重新过一次，用脑强度非常大。他的妻子曾经说过，每次他备完课后都会出一身汗。上课时他从来不用稿子，思路清晰，表达流畅，他的大脑仿佛是高级机器，令人赞叹。1992年他应邀给学校全体党员上一次党课。他决定以《中国共产党的七十年》为基本教材来讲授，这本书有近50万字，对于一个高度近视的老人来讲谈何容易。为了上好这一次党课，他硬是花了一个月的时间准备。

1975年五六月间，由于学校安排的课程时间紧，原定三个月的课程，需要两个月完成。唐敖庆每周都要安排四个半天讲课，有时甚至要安排六个半天。在这期间，他不光要讲课，还要亲自撰写讲义。在两个月的时间里，他在闷热的屋子里写了近20万字的讲义，平均每天要写3 000字！没有车接送，每次上课他都是乘公共汽车前往。有几次下起了瓢泼大雨，公共汽车暂时停运。唐敖庆冒着大雨，一步一步走到教室。他的衣服湿透了，脸上淌着雨水和汗水，非常抱歉地对大家说：“耽误了大家的时间！”学生们都被他这种认真负责的精神感动了。“唐先生您休息一下，换一下衣服，先擦擦雨水！”学员们有的脱下自己的衣服，有的递上毛巾……还有一次，唐敖庆由于过度疲劳，在讲台上昏了过去。学员们立即围了上去，帮他解开衣服缓解下病情，然后准备送他到医院。这时唐敖庆苏醒过来，笑笑说：“没什么，咱们接着讲！”老科学家对晚辈的拳拳之心，令所有人为之动容。[①]但是他的这种爱又不是一味地放纵，而是严格要求学生，促进学生进步成长。最重要的是，他最看重的是学生的德行，要求学生德才兼备，在这方面他自己更是以身作则，起到了示范作用。

（三）倾注心血，严格要求

唐敖庆先生用爱心培育了一代又一代人才。他对学生的关怀事无巨细。在学习上为学生指点迷津，在生活中为学生排忧解难。唐敖庆在创办“物质结构学术讨论班”的时候，正值20世纪60年代困难时期，东北生活尤为艰苦。他看学生们实在清苦，每过一段时间就会设法为他们改善伙食。当时长春的老百姓只吃粗粮，一个月只有两斤细粮，不易消化。为了照顾这些学生，他亲自打了报告。他提出学术讨论班8人中有6人是南方人，吃粗粮不习惯，希望为他们提供一些细粮。经过他的努力，1963年年底6人都得到了细粮，除此之外还为他们供应了一些肉类、鸡蛋等。他总是尽自己最大的努力关心学生生活，给学生创造最好的条件。

唐敖庆对研究生的培养更是倾注了大量的心血。国家刚开始招收研究生时，一般是单位选送的，学习基础都比较好。唐敖庆

① 张玉来：《科学之树根植在祖国大地上（连载）——记量子化学家唐敖庆》，《继续教育与人事》2001年第4期。

唐敖庆在讲课

（图片由吉林大学档案馆提供）

很高兴有这么多年轻人跟着他从事教学与科研。为了更好地安排教学，他专门给所有的研究生开了会，询问大家本科的时候开设了哪些课程，用的什么教材。在学生基础比较薄弱的地方，他就想方设法予以充实。“热力学”“物质结构”“统计力学”等课程都是唐敖庆亲自讲授的。为了讲好这些课程，他付出了极大的精力。所讲授的课程没有一门是按某本教科书讲的，而是博采众长，再结合自己的知识结构创造出一套新的体系。有一次，由于讲课的需要，学生借到了唐敖庆的“无机化学”油印稿，快速阅读过后发现该书稿体系的理论性、逻辑性特强，一环紧扣一环。可见唐敖庆对课堂教学用心之细。

唐敖庆在古稀之年还坚持给研究生上课。由于他在国家自然科学基金委员会的工作十分繁忙，且年事已高，秘书向他建议在吉林大学的课程可以请吉林大学的其他教师代上，唐敖庆看着秘书，缓慢而坚定地说：“不行，是教授就要上讲台，不然还是什么教授？没有学生，哪来的教授？”于是，唐敖庆就选择炎热的夏天，大家都在放暑假的时候，回到学校给研究生上课。听过唐敖庆课的学生说，“听唐老师的课，常听常新。”因为他总是结合科学前沿进行讲解，研究生在接触了最新的内容以后就可以很快地进入科研前沿。唐敖庆就是这样一位教师，一位愿意把大量宝贵的时间奉献给学生、时刻为学生着想的好教师。

唐敖庆平时对学生非常和蔼，讲话总是心平气和，非常亲切，但对学生的学业要求却非常严格。他认为，要培养高水平人才，必须把基础打扎实。年轻人总是有惰性的，但是不能纵容学生，要督促他们趁着年轻多学知识。学习班规定进修教师无须进行期末考试，而研究生必须参加期末考试。在量子化学期末考试之前，研究生们对复杂的数理式心存畏惧，纷纷提出希望考试能采取开卷考的方式。唐敖庆了解情况后特意在百忙中抽出时间和研究生们见面，非常恳切地教育大家要趁年轻多学一些、多记一些，把基础打得更扎实些，不然的话将来会后悔。他还以自己求学的经历来说明这个道理，晓之以理，动之以情。研究生们听了都深受感动，渐渐地体会到他对人才培养的要求和理念，愉快地参加了考试。

（四）重视德育，以身作则

在唐敖庆身上体现着科学家与教育家最优良的品质。他认为，科学研究固然重要，但是比知识更重要的是德行。他是这样教导学生的，他自己也是这样做的。他的为人，学生们看在眼里，记在心里。吉林大学原校长伍卓群在《缅怀唐老，学习唐老》一文中写道：唐老身上最突出的特点是道德与文章的最完满的统一。

文人当中，有的有道德，但少有文章；有的有文章，但德行上却有毛病。既有高尚品德，又有锦绣文章者，虽不乏其人，但像唐老这样两方面都达到如此高度的则实属少有。唐老作为化学泰斗，他的学问、他的学术成就享誉国际。就其文章来说，国内学者中能与之齐名者不多。而更令人景仰的是他的崇高思想和品格：对祖国的热爱，对政治信念的忠诚和坚定，对理想的不懈追求，对事业的无私奉献，对思想和行为的严格自律，对同事的真诚、谦逊、热诚和不遗余力的帮助。

唐敖庆在吉林大学任校长时的秘书刘永新在怀念唐敖庆的《一代宗师　风范长存》一文中写道："唐老一生对自己要求特别严格，公私界限十分分明。他任吉林大学校长期间，没有配过专车，每天步行上下班。在他年逾古稀时，我曾拟请校办安排他乘车上下班，他表示不同意。1986年年初，唐老去北京筹建国家自然科学基金委员会并出任主任后，仍担任吉林大学名誉校长，他的人事关系、党组织关系以及工资关系都在吉林大学，国家在北京给他安排了一套临时住房供他和师母居住，于是他将吉林大学分配给他住了几十年的一套住房交回学校，以解决学校办公用房不足的困难，学校将这套住房安排给了高等教育编辑部和理科学报编辑部办公用。后来学校建成一栋新的教职工住宅，和其他院士一样，也给唐老分配一套住房，学校领导将此消息告诉他时，他说，国家自然科学基金委最近在北京中关村黄庄已给他安排一套住房。于是他又婉言谢绝了。

"唐老在理论化学研究中获得了许多令世界理论化学领域瞩目的成果，曾五次荣获国家自然科学奖、陈嘉庚化学奖、何梁何利基金科学与技术成就奖。由于他认为培养年轻人是关系到中华民族未来的大事，所以他用有限的奖金设立了一项量子化学研究生奖励基金，用于奖励其研究集体指导的、获得优秀学位论文的研究生。他将100万元何梁何利基金科学与技术成就奖的奖金中的一部分赠给吉林大学作为奖励品学兼优学生的奖学金，一部分赠送给中国化学学会用于奖励优秀年轻化学工作者，一部分赠送给他的家乡江苏宜兴县用于家乡的基础教育建设。”①

唐敖庆的高尚品德不只体现在教学上和生活中，还表现在学术研究上。他曾经发表过一篇名为《加强社会主义科学道德的修养》的文章，集中论述了他对科学道德的重视。他认为，从事科学工作的人，不仅要勤于实践、敏于思考，而且要具备良好的科学道德。这样才能在自己的研究领域内有所建树，促进科学技术的发展。具体表现在以下四个方面。

第一，学风要严谨，态度要认真。无论是搞科学研究，还是搞教学，对于学术上的问题必须严肃、谨慎。引证、推论、计算、实验要牢靠，要注重客观事实和自然规律，不放过每个疑点，尤其来不得半点虚假。第二，要正确对待自己和他人。在合作研究取得成果后，就有一个正确对待别人和自己的问题。比如，老科学家在他的科研方向上有些想法，提出了题目，自己又做不过来，由助手们去做，组成了研究团队，这就需要导师与助手之间、同事与同事之间以诚相见，互相尊重，不能有了成果，不恰当地夸大自己的贡献，争名夺利，贬低别人，忽视研究团队的作用和导师的指导作用。第三，要实事求是地评价科研成果。科研成果发表后，总有些同行要评议，其中有的评议得当，有的不得当，这

① 刘永新：《一代宗师　风范长存》，《吉林大学校报》2008年8月18日。

就需要有批评与自我批评精神。接受正确的批评，有利于成果的完善，有利于科研取得新的进展。对不正确的批评要冷静地去分析，恰当处理。对言过其实的评价，头脑要清醒，不可盲目乐观。第四，要发扬学术民主，促进百家争鸣。为了发展科学技术，需要发挥所有科学工作者的聪明才智，造成百家争鸣的民主的学术风气。

唐敖庆把自己的一生都奉献给了祖国的科研和教育事业，他一生育人无数，培养出一代又一代优秀人才。他的大学管理思想、教学思想、育人思想都是经过精心思考和实践得来的。他的教育思想主张是我国宝贵的教育财富，很多内容对当今的教育和大学管理工作都有重要的启示意义。

五、功昭史册

唐敖庆是著名的化学家，是我国理论化学的开拓者和奠基人，被誉为“中国量子化学之父”，一生中屡次荣获国家级大奖，擅长物理化学和高分子物理化学，特别是量子化学。他的有关分子内旋转、高分子化学反应统计理论、配位场理论、分子轨道图形理论及分子轨道对称守恒原理等研究成果，均受到国家奖励。其中，与其研究团队关于“配位场理论”的研究，共发表学术论文260多篇；与其研究团队合作出版的《配位场理论方法》等8部学术专著，为世界科学发展做出了卓越贡献，在整个科学界享有崇高威望。

唐敖庆也是一名优秀的教育家，是高等教育界的领军人物之一。他创建了吉林大学化学系（今化学学院）和吉林大学理论化

唐敖庆百年诞辰纪念活动（塑像祭扫仪式）
（图片由吉林大学档案馆提供）

学研究所，为吉林大学的发展做出了巨大贡献。在他的领导下，吉林大学迅速发展，跻身于我国重点大学之列。在他的身上体现了一个教育大家的风范。他用知识指引学生们走好学术之路，用品格指导学生们走好人生之路。他在教育过程中逐渐形成了一套自己的教育教学理论，培养出一批又一批优秀人才。其中最重要的八位学生被称为“八大金刚”，他们是鄢国森（四川大学）、江元生（南京大学）、刘若庄（北京师范大学）、戴树珊（云南大学）、张乾二（厦门大学）、邓从豪（山东大学）、孙家钟（吉林大学）、古正（四川大学）。这些学生在各自的领域都做出了重要的贡献。

唐敖庆展现了我国科学家、教育家的光辉形象。他潜心科研，勇攀科学高峰，在化学领域取得了卓越成就；作为知名大学的校长，他治校有方，尊师爱生，为吉林大学的发展与建设鞠躬尽瘁；作为著名的教育家，他爱国敬业，饱含赤子情怀，为中国的教育和科技事业奉献终生，创造了光辉的业绩；他严于律己，宽以待人，堪称时代楷模，是我们永远学习的榜样。

主要参考文献

1. 林梦海等著：《高山仰止——唐敖庆和他的弟子们》，厦门大学出版社2015年版。

2. 张玉来：《科学之树根植在祖国大地上（连载）——记量子化学家唐敖庆》，《继续教育与人事》2001年第4期。

3. 乌力吉：《中国理论化学学派的形成和发展》，《自然辩证法研究》2009年第4期。

4. 唐敖庆：《保证质量　稳步发展》，《学位与研究生教育》1986年第2期。

5. 唐敖庆：《对“百千万人才工程”谈几点意见》，《群言》1994年第12期。

6. 唐敖庆：《基金制促进我国基础研究发展》，《中国科学基金》1992年第2期。

7. 唐敖庆：《加强基础理论研究　尽快培养科技人才》，《人民教育》1978年第3期。

8. 唐敖庆：《加强社会主义科学道德的修养》，《人口学刊》1982年第5期。

9. 唐敖庆：《切实办好研究生院　更多更快更好地出人才出成果》，《学位与研究生教育》1985年第1期。

10. 唐敖庆：《为发展和完善科学基金制而努力奋斗》，《中国科学基金》1991年第1期。

11. 唐敖庆：《要高度重视人才断层问题》，《群言》1990年第

4期。

12. 唐敖庆、师昌绪等:《我国的基础研究不能再耽误了》,《湖北社会科学》1989年第4期。

13. 唐敖庆:《学位与研究生教育的重要性》,《学位与研究生教育》1994年第6期。

14. 王大珩、王淦昌、唐敖庆等:《要重视造就和培养跨世纪学术和技术带头人》,《中国科技论坛》1994年第6期。

求实创新
励志图强

吉林大学校训

撰稿人：鞠洪贺，东北师范大学教育学部硕士研究生，主要从事中国教育史研究；王睿，教育学博士，哈尔滨学院讲师，主要从事中国教育史研究。

严济慈

YAN JICI

中国科学技术大学校长（1980—1985）

严济慈（1901—1996），浙江东阳人，我国现代著名物理学家、教育家、社会活动家，中国现代物理学研究的开创人之一。曾历任中国科学技术大学副校长、校长、名誉校长。

一、慕光一生的科教先驱

严济慈，学名寓慈、济慈，字慕光，号子祥、厂佛、岸佛。1901年1月23日，严济慈出生于浙江省东阳县下湖严村（今属东阳市横店镇）一个贫穷的农民家庭。因他从小聪慧过人，父母节衣缩食供他读书。1914—1918年，他就读于浙江省东阳县立中学（今浙江省东阳中学）。彼时在校任教，后来成为我国著名文学家、翻译家的傅东华非常喜欢严济慈，给他取字慕光，希望他追求光明和真理。

1918年夏，严济慈参加全国六大学区高师联考，以浙江省第一名的成绩考入南京高等师范学校（后改为国立东南大学）。1923年又以第一名的成绩毕业。大学毕业后的严济慈，远赴法国巴黎大学留学，仅用一年时间就取得巴黎大学三门主科——普通物理学、微积分和理论力学的证书。1925年夏，获得数理科学硕士学位。之后，师从物理学家法布里攻读博士学位。1927年6月，刚刚当选法国科学院院士的法布里在他首次出席的科学院例会上，宣读的是在他指导下、由严济慈完成的博士论文《石英在电场下的形变和光学特性变化的实验研究》，这是法国科学院第一次宣读一位中国人的论文。严济慈因此成果成为世界上第一位精确测定石英压电定律“反现象”的科学家，也成为第一位获得法国国家科学博士学位的中国人。

1927年8月，严济慈回到上海。他受聘于上海大同大学、中国公学、暨南大学和南京第四中山大学，担任物理学、数学教授，并兼任中央研究院理论实业研究所筹备委员。1928年冬，严济慈携夫人张宗英再次赴法国从事物理学研究，其间到居里夫人的实验室帮助安装调试显微光度计，并进行测试研究。1930年年底，严济慈回国。翌年初，出任北平研究院物理研究所专任研究员兼主任（所长）。一年后，又兼任镭学研究所主任（所长），在连续光谱的研究中取得重大成果。1932年，他参与创建中国物理学会。1935年当选为法国物理学会理事。全面抗战期间，严济慈积极开展救国活动，并以科学技术为武器，在科研制造上对无线电发报机、五角测距镜和望远镜的生产做出了重要贡献。

在科学研究领域，严济慈一生从事光学物理研究，是中国光学研究和光学仪器研制事业的重要奠基人。他在压电晶体学、光谱学、大气物理学、压力对照相乳胶感光的效应以及光学仪器研制等方面成就卓著，在国际上有重要影响。他精确测定了居里压电效应"反现象"，发现了光的双折射效应；系统研究了水晶圆柱体施加扭力起电现象，发明了水晶扭电定律；深入研究了碱金属蒸气等光谱，发现轴向对称的分子有效截面数值和费米—莱因斯伯格方程不符，并为原子物理学中的斯塔克效应等提供了丰富的实验证明；在大气物理学的臭氧层测试研究中，他精确测定了臭氧紫外吸收系数，被世界各国气象学家使用达30年之久；他还研究了压力对照相乳胶感光性能的影响，发现压力能减弱乳胶感光性能。1948年，他当选为中央研究院院士，担任中国物理学会理事长、北平科学工作者协会理事长。

新中国成立后，严济慈长期从事中国科学事业的领导工作，并参与国家领导工作，是知名的社会活动家和国家领导人。他参与筹建了中国科学院，曾任中国科学院应用物理研究所所长、中国科学院东北分院院长、中国科学院副院长、中国科学院学部委员（院士）、中国科学院主席团执行主席、中国科学技术协会名誉主席、全国人大常委会副委员长、九三学社中央委员会副主席和名誉主席，兼任《科学通报》和《中国科学》主编。

严济慈毕生致力于科学救国和科技教育，是著名的教育家。1958年，严济慈参与创建中国科学技术大学，并在学校任教。1961年兼任中国科学技术大学副校长，主管学校教学工作。1980年出任中国科学技术大学校长，并于同年加入中国共产党。1985年任中国科学技术大学名誉校长。他领导了中国科学技术大学的二次创业，提出“创寰宇学府，育天下英才”的建校目标，在北京创办了新中国第一个研究生院——中国科学技术大学研究生院（后来分为中国科学院研究生院和中国科学技术大学研究生院），创办了中国科学技术大学少年班，开展赴美留学和对外交流活动，为中国科学技术大学重新迈入国内一流大学行列做出了突出贡献。

从一个浙江乡下贫寒农家的子弟，到南京高等师范学校的优秀学生、法国巴黎大学的物理学博士；从一名海外学成归来的实验物理学家，到新中国科学和高等教育的创建者、领导人，严济慈横跨20世纪的人生，是中国现代教育和科学事业近百年来启蒙、生根、发展的一个缩影。他为改变中国近现代科学技术的落后面貌，终身坚守科技报国的信念，长期从事科学研究和科学教育事业，躬耕前行，矢志不渝。

二、参与中国科学技术大学的筹创

1949年11月，中国科学院成立。49岁的严济慈应院长郭沫若之邀，出任中国科学院办公厅主任兼应用物理研究所所长。在新中国科学事业的管理岗位上，严济慈一干就是40多年。在众多与科技事业有关的社会要职中，中国科学技术大学校长是他一生的挚爱。

20世纪50年代，正值以原子能、计算机、半导体、激光、生物技术、航空技术为代表的新兴科学技术的快速发展期，科技进步为人类展现出一个全新的景象。然而中国当时的科技力量和综合国力十分薄弱，难以适应国家发展和国际竞争的需要。作为全国学术科研中心的中国科学院虽拥有众多的高级科技人才，但亟须补充优秀的后备力量，特别是国内新兴技术学科方面的尖端科技人才。而当时从高等学校分配的毕业生，在数量和质量上都难以满足需要。中国科学院的许多科学家和领导同志一致提出：改变过去教育同科学研究相分离的方式，利用中国科学院具备科学家力量比较雄厚、各研究所实验设备条件较好的优势，创办一所新型的社会主义大学——中国科学技术大学。学校的系科设置，要着重空白薄弱的学科和新兴技术领域，并做到理工结合，克服理工分家的弊病。

时任国务院副总理的聂荣臻对中国科学技术大学的筹办给予了高度关注和大力支持。这一建议得到批准后，迅速成立了以郭沫若为主任委员的学校筹备委员会。作为筹备组的重要一员，时任中国科学院技术科学部主任的严济慈全程参与了中国科学技术大学的筹建创办工作。1958年6月8日，筹备组召开了第一次会议。会议通过了建校方案和1958年招生简章，明确教学设备原则上由中国科学院各有关研究所负责提供，实施“全院办校、所系结合”的办学方针。会议决定学校设置原子核物理和原子核工程系、技术物理系、化学物理系、自动化系、力学和力学工程系、高分子化学和高分子物理系等12个系，并与北京大学、清华大学建立协作关系。

在开学之前，中国科学院副院长张劲夫、吴有训和副秘书长郁文、杜润生、严济慈先后主持召开四次系主任会议。大学的筹备工作繁杂，严济慈与其他老一辈科学家一起，亲自为学校制订了教学计划、教学大纲等重要纲领性文件，商定招生、勤工俭学、仪器设备、人员配备、召集教师等实际问题，提出“苦战三年打下基础，奋战五年建设成具有先进水平的大学”的奋斗目标，确定学校的培养目标，即为国家输送具有社会主义觉悟的、既有坚实科学理论基础又掌握最新实验技术的又红又专的科学技术人才。

1958年9月20日，在郭沫若的领导下，经过严济慈等一批科学家严谨扎实的组织筹备，中国科学技术大学如期顺利开学。中国科学技术大学从提出建校设想，到选定校址、招生、开学，只用了短短的三个月时间，这在世界大学史上堪称奇迹。从此，严济慈的后半生与中国科学技术大学紧密相连，他把中国科学技术大学当成他的“掌上明珠”，他和以郭沫若为首的中国科学院其他领导一起，亲手缔造了新中国第一所科学技术大学，成功地开创了科教融合的办学新模式，成为新中国教育史和科技史上的创举。

三、遵循教学规律，培育科教英才

1961年4月22日，严济慈被正式任命为中国科学技术大学副校长。6月5日，中国科学技术大学领导会议明确分工，严济慈负责分管全校教学及技术物理、无线电、自动化、地球物理四个系及物理、机电两个教研室和教务处。接此重任，他马上投入行动，把学校的教学工作抓了起来。同年，他出任校务委员会副主任，主持校务。至“文化大革命”之前，严济慈在中国科学技术大学负责领导全校的教学工作并担任专业与课程调整委员会主任。

能在短时间内高速度、高质量地创办一所新型大学，一方面离不开党中央、国务院领导的亲切关怀和支持，另一方面离不开中国科学院有一批像严济慈这样热心、内行、具有丰富办学经验的专家学者脚踏实地努力工作。严济慈将自己的科学教育思想贯彻到中国科学技术大学的办学实践中，使中国科学技术大学的教学工作走上了快速、有序的发展道路，为国家培养了大量急需的尖端科学技术研究人才，也使学校在成立后的短短几年内就成为国内最负盛名的大学之一。

（一）重视基础课程教学

理工分家、重视学习专业知识而轻视基础课教学，这是20世纪50年代我国高等教育照搬苏联模式的一大弊端。中国科学技术大学的诞生服务于国家重大战略，为“两弹一星”工程培养后备技术人才。为了实现人才培养目标，中国科学技术大学建校之初就把重视基础、理工结合作为学校的办学特色之一提了出来。

严济慈认为，基础理论是一切应用科学、技术科学的基础，如果一个学生不能很好地掌握基础理论，那他就无法继续将研究深入下去。若要使学生掌握基础理论，那么教师的积极引导就很重要。严济慈始终鼓励学生要把自己的专业基础打得扎扎实实，还要使自己的知识面尽可能宽一点，在精而广的基础上锻炼自己的独创能力。只有这样，将来走出校门参加工作，才能有较强的适应能力，才能有较大的后劲儿。

中国科学技术大学对数理化基础课非常重视。学校设置了专门机构，成立了高等数学、普通物理、普通化学教学组，分别由著名科学家华罗庚、施汝为、柳大刚担任组长，统一布置全校的基础课教学工作。学生入学后，首先着重进行基础课的训练。学校在国内大学中率先将外语列入全校公共基础课，并鼓励对第二外语的学习。五年中用三年半时间讲授基础课程，如数、理、化、外、电、图等。学校教学中强调内容必须讲深讲透，学生要学深学透，“重、紧、深”成为学校各系对于基础课教学的普遍要求，同时注意吸收最新的科技成果。

为了保证基础学科的教学质量，培养学生重视基础理论学习的意识，严济慈大力倡导、鼓励和支持教授深入本科课堂讲授基础课。实力雄厚、阵容强大的师资队伍，使中国科学技术大学诞生伊始就以人才荟萃、群星璀璨而闻名。研究所的著名科学家都来校为本科生上课（每年达300人次），及时把最新科技成就和科研前沿知识传授给学生，并承担制订教学大纲和教学计划、编写讲义、指导学生论文等工作，极大地拓宽了学生的学术视野。著名科学家亲自讲授基础课和指导实验技能的训练成为中国科学技术大学本科教学的独特风景。严济慈也率先垂范，在大礼堂为8个系700多名学生讲授普通物理学，盛况空前。他坚持为本科生授课长达6年之久，直到担任教学副校长时也没轻易放弃。

严济慈倡导科学教育与人文教育相结合。他认为，在科学技术迅猛发展的时代，自然科学和社会科学是密不可分的，它们相互交叉，会出现不少边缘学科。所以，“理工科的学生，应该读点文科的书。同样，文科学生，也应该读一点儿理工科的书。理工科的学生只有既懂得自然科学知识，又知道一些社会科学知识，既有自己专业的知识，又有其他学科的一般知识，这样才能适应现代社会的要求”①。

注重夯实基础成为中国科学技术大学教学工作的特点。中国科学技术大学学生的学习任务很重，课程安排紧张，学习内容难度大，但他们学习勤奋，积极性很高。扎实勤奋是中国科学技术大学学风的标志。正因为如此，中国科学技术大学培养出来的学生具有广博精深的知识，文理相通、理实交融，能在坚实的基础上发挥出创造性，能在社会发展中显示出强烈的适应性。1964年中国科学院北京区研究所录取的200名研究生也由中国科学技术大学负责基础课教学，可见当时中国科学技术大学的基础课教学质量及水平之高。

截至1966年，中国科学技术大学为国家培养了4 710名毕业生，85%分配在科研部门和高等院校工作，绝大部分成为领导和业务骨干。在前三届毕业生中，后来当选为“两院”院士者就有29人，在全国高校中名列第一。

（二）教学是科学与艺术的结合

1958年，中国科学技术大学成立之时，严济慈已年近六旬，

---

① 严济慈著：《严济慈科技言论集》，上海教育出版社1990年版，第245页。

身为中国科学院领导之一的他亲自登台为本科生授课。刚开始，来自全国各地的本科生被他浓重的浙江东阳口音“折磨”得云山雾罩，甚至有学生向时任物理系的主任施汝为教授提出要换人。听完学生们的抱怨，施汝为笑着说：“你们讲的情况我都知道，严老的口音确实重，但也没到完全听不懂的程度，你们坚持听一个月，如果到时候还有任何同学要求换人，我立即给你们换老师。”学生们半信半疑。原来十几年前，施汝为在西南联大读书时严济慈就是他的授课恩师。当年的施汝为碰到了相同的难题，在经历过初期的语言折磨之后逐渐从严济慈那里领受到物理学的无穷魅力。事情的结果不言而喻，一个月之后，没有谁还记得当初要换教师的请求了。学生们说，听严济慈老师的课，比下馆子还舒服。①

严济慈的教学魅力从何而来？对于教学，严济慈有自己独到的见解。他认为，“讲课是一种科学演说，教书是一门表演艺术。教学不仅是教知识，更重要的是教会学生做学问的方法，教师要懂得教学的艺术”②。他的授课风格体现着物理学家的理论思维和艺术联想结合的鲜明特征。他讲课时常插入题外话或举例，使人惊疑之余茅塞顿开，加深了对内容的理解。他曾举例说，半径是个数学概念，只有直径是可测量的，而圆心的位置是计算出来的。我们学的数学知识，体积需要三重积分计算。说着，他随手从衣服口袋里掏出一串钥匙问大家，“这串钥匙的体积怎么求积分？物理学家的思路是什么？”这时，他突然把钥匙扔入讲台上他喝水的杯子里，溅出了水，“这样就可求出体积”。多么简单又熟悉的概念！

---

① 卢曙火著：《科学泰斗——严济慈传》，杭州出版社2004年版，第199页。
② 严济慈著：《严济慈科技言论集》，上海教育出版社1990年版，第245页。

教学作为科学的演说，关键是要备好课。严济慈把备课过程形象地比喻为“揉搓”的过程。严济慈备课时，第一遍快速浏览教材及其他参考书；第二遍逐章细看之后反复揣摩，形成自己的教学系统，然后再动手写教案；第三遍是在上课的前一天再次阅读自己撰写的教案，把书本上的符号、名词和教案中的个性化表达统一起来。这样讲课才可从容不迫，挥洒自如。他独创的“三遍备课法”，作为经验在中国科学技术大学物理教研室推广，影响了一批青年物理教师。

教学要达到艺术的水准。严济慈认为，首先，教师要大胆。“如果一个教师上了讲台，拘拘束束，吞吞吐吐，照本宣科，或者总是背向学生抄写黑板，推导公式，那就非叫人打盹儿不可。”[①]严济慈分析产生这种情况的原因，一是教师对教材还没有充分掌握，二是不够大胆。两者是有联系的，而讲课不大胆，是主要弱点。教书的人大胆就必须真正掌握教材。什么叫掌握？一个杂技演员耍球，五六个球在手中玩耍自如，如达到这种程度，就叫掌握。一个教师要能把一个问题从头讲到尾，再从尾讲到头都行，这才是“真正掌握”。他讲课有个原则：讲课不能现准备、现讲授，要做到不需要准备就能讲的才讲，而需要准备才能讲的不要讲。这不仅是对教师的高标准，也可看出他教学思想的独特性。其次，要“少而精”“突出重点对讲课来说十分重要”。为此，他做了个很恰当的比喻。他说，一本厚厚的小说改编成戏剧只有三五幕，两三个小时就能演完。这是因为，各幕之间用几句话就交代了，集中演的只是那些最需要表演、最能吸引人的部分。讲课也要学

① 严济慈著：《严济慈科技言论集》，上海教育出版社1990年版，第245页。

习这种艺术性。教师要对教材熟悉掌握，做到“少而精”。因为“好的教师，虽曾写过讲义、著过书，讲课时也不会完全照着自己写的书或讲义去讲，他只需要把最精彩的部分讲出来就行了”[①]。严济慈讲课的内容不是千篇一律、一成不变的，每次讲课都有新内容。最后，要启发学生，因材施教。教师要做到全面了解自己的学生，举一反三，引人入胜。他认为，“对学生不了解，也分不出自己教的学生的程度来；上课前东抄西抄，上课时满堂灌，是不会有好的教学效果的”[②]。

（三）严慈相济，甘当人梯

严济慈认为，教师对待学生首要的是有责任心。他特别强调“教师要有责任感”，他曾在《谈谈读书、教学和做科学研究》一文中写道：“现在的大学生素质好、肯努力，男的想当爱因斯坦，女的想当居里夫人，都想为国家争光，为‘四化’多做贡献。当教师的应该竭尽全力帮助他们成才。如果一个青年考进大学后，由于教学的原因，两三年过去了，雄心壮志不是越来越大而是越来越小，从蓬勃向上到畏缩不前，那我们就是误人子弟，对不起年轻人，对不起国家。这是我们当教师、办学校的人应当十分警惕的。”[③]

严济慈对学生要求严格，对教学工作一丝不苟。他每周要为学生上三次课，每次两小时。他在中国科学技术大学讲课时还有一个显著的特点，就是每次上课必然拖堂十几分钟，而他的课又是上午三四节课，所以上严济慈课的学生也都有心理预期，

①②③ 严济慈著：《严济慈科技言论集》，上海教育出版社1990年版，第245、247、249页。

做好晚下课的准备。久而久之，学校食堂的厨师们也掌握了这种规律，只要碰上严济慈上课的中午，他们就会预留一部分饭菜，保持温热状态，保证学生在享受了科学大餐之后还能享受到热气腾腾的饭菜。严济慈在学校上课期间，作为中国科学事业的领军人物，还担负着中国科学院的科研工作和一些社会职务，他经常讲完课后顾不上吃饭就赶往下一个工作地点。但他很少缺课，遇有重大事情不能上课也会让助教代课，对具体的授课内容加以指示。

严济慈对学生十分关爱。中国科学技术大学的学生课业负担重，休息时间少。他认为，过重的学习负担不利于学生的全面发展。他提出学生功课应当紧一些，但不能过重，要恰如其分；教学目标的实现不能靠增加时间，要从改革教学内容、教学方法等方面考虑，适当调整学习时间。

严济慈对学生的爱体现在善于培养、发现人才。严济慈家境贫寒，之所以能够顺利完成在法国的学业，是与恩师何鲁、熊庆来、胡刚复的推荐和资助密不可分的。恩师们的每笔资助，严济慈都记在心里，在他的《严济慈：法兰西情书——爱国·爱家·爱人》一书中，将恩师的资助账单也写入书中。他们爱护人才，提携后生的精神在严济慈的心中留下难以磨灭的印记。回国后，在自己的实验室里，他亲手培养出陆学善、钱临照、顾功叙、钱三强、王大珩、陈尚义、余瑞璜、霍秉权、钟盛标、翁文波、吴学蔺等10多位物理学家。新中国成立之前，他在北平负责中英、中美、中法庚款留学物理考试的命题，参加评审工作，先后选考20多人出国深造，这些人后来大都成了著名科学家，如王淦昌、王竹溪、张文裕、钱伟长等，由于受到严济慈的提携，这些人也都尊称严济慈为老师。

（四）重视对学生自学体悟和动手实践能力的培养

严济慈认为，大学生的学习与中学生的学习有很大差别。大学生的学习自主时间比较多，如果不会自学，或自学能力不强，都将给学习带来严重影响。指导学生提高自学能力、掌握正确的学习方法固然是教师的责任，但是，“归根结底，读书主要还是靠自己，有好的教师当然很好，没有好的教师，一个人也能摸索出适合自己的读书方法，把书读好……即使有了好的教师，如果不经过自己的努力，不靠自己下苦功，不靠自己去摸索和创造，一个人也是不能成才的”①。

严济慈指出，读书有“听”（听课）—“看”（自学）—“用”（查书、研究）这样一个循序渐进的过程。学生要学会“听”课，要善于抓住老师讲授的重点，搞清基本概念，主动思考。要勤做习题，加深理解，融会贯通，举一反三。当掌握了基本的学习方法和技能之后，就可自己去“看”，去钻研了。再进一步，就要学会“用”：一是查书，博鉴者，非精读也，学生不必每本书都从头读到尾，一字不漏，而是取其精华，为己所用；二是研究，运用掌握的知识去开拓新的学习、研究领域，创造新的成就。他形象地比喻说，好像手中握着一把刀，如果不会耍，就是宝刀也无用。必须懂刀法，才能把刀耍起来。刀法是普适的，精通了刀法，手中无刀胜有刀。治学固然要练基本功，更要修法悟道。

对于物理系的学生，严济慈要求他们不仅要注重“读”书，而且要提高“做”的能力，在做中学。“做”，即动手做实验。因

① 严济慈著：《严济慈科技言论集》，上海教育出版社1990年版，第245页。

为物理学上所讨论、研究的，都是实在的事物，要去“测量它，计算它，利用它”，还要“从自然界到实验室里，去做你的物理”。学物理定律不能只满足于应用它去解决一个具体问题，还要进一步细细思考，挖掘它的内涵，体味它的含义，欣赏它的美。他以品茶与喝水的区别做比喻：品茶不是喝水。喝水只是为解渴，品茶是品味茶的清香，在品味中体验那种特有的灵感。所以他特别强调，理论要联系实际，要重视学生动手能力的培养和提高。

严济慈在主持中国科学技术大学教学工作期间，很好地贯彻了他重视学生自学体悟和动手实践能力培养的教学理念。当时中国科学技术大学的学生在大学五年的学习中，前两年在学校的基础课实验室学习实践，到了高年级投入研究所的研究实践，由于较早接触到高水平的科研工作，学生们具备了较强的动手实践能力。这极大地激发了他们对科学的好奇心和求知欲，使他们毕业后能迅速适应岗位的要求。

严济慈为学生讲授物理课
（图片由视觉中国提供）

（五）编好教材是教学与科研有机结合的方式

作为一名科学家，严济慈非常重视科学的普及工作。他认为科普是让科学扎根中国的基础，只有这样科学才能让国家富强，服务于人民大众。正如他在物理教科书序言中所说的："物理是实验科学之母。其应用，直接或间接，对于现代文明之贡献已颇可观。我们作物理研究，无论其为物理而物理，或为研习他种学术之准备，宜力求有益民生造福人类。"[①]因此，他对科普文章的撰写和教科书的编撰尤其用心。

严济慈认为，教学和科研都是教师的职责。他主张"学习要浅入深出，教学要深入浅出"。他认为只有这样，学生才能深入思考，提出问题，进而试图解决问题，教师也才能把深奥的道理讲清楚、讲透彻，这使教与学双方都可以有很大提高。他提倡大学的教学和科研要结合起来，做科研的人要教书，教书不仅能够传授给学生知识，也能促使自己学习更多的知识，教与学可以相得益彰。"在大学里，科学研究工作一定要与教学工作密切结合起来。我们现在需要搞好科研，更需要搞好教学。教学与科研两者是相辅相成的。一所大学应该成为以教学为主的教学与科研中心。教书的人必须同时做科研工作，或曾经搞过科研工作。搞科研的人还要教点书，多与青年人接触，这样可以帮助自己多思考一些问题。"[②]

严济慈认为，编著教材是教师总结自己长期教学和科研经验的过程，是教学和科研有机结合的方式。他经常鼓励中国科学技

---

① 严济慈编著：《普通物理学（上）》，龙门联合书局1950年版，卷首语。

② 严济慈著：《严济慈：法兰西情书——爱国·爱家·爱人》，解放军出版社2002年版，第326页。

术大学的年轻教师“把教学工作搞好了，科学研究工作做好了，长期积累到了一定的时候，就要自己动手写书。可以说，写书是教学和科研工作的总结。写好一本书，特别是写教科书，意义是十分重大的”①。严济慈在教材建设方面硕果累累，做出了很大的贡献。严济慈一直热心编著各种层次的教材。他在大学读书期间编著过中学数学教材《现代初中教科书·算术》和《几何证题法》，均由商务印书馆出版，并多次再版。《现代初中教科书·算术》被国民政府教育部审定为教科书，使用了近20年，并被东南亚一些国家所采用。20世纪40年代后期，严济慈又编著出版了《普通物理学》《高中物理学》《初中物理学》和《初中理化读本》等一系列教科书。60年代出版的《电磁学》和《热力学第一和第二定律》是在他讲课时用的自编讲义的基础上编撰而成的。

严济慈认为，教材要推陈出新，编出自己的风格，绝不能东抄西摘，剪剪贴贴，拼拼凑凑。写书就好像是蜜蜂酿蜜，春蚕吐丝。蜜蜂采的是花蜜，经过自己酿制之后，就变成纯净甘美的蜂蜜。春蚕吃的是桑叶，经过自己消化之后，就变成晶莹绵长的蚕丝。编著教材也是如此。中青年教师应该大胆写书，朝这个方向去努力。②

他向来主张，科学越发达，对事物了解得越深刻、越全面，就越应该用较少的话把一个复杂的事物说清楚。他编著的教材最大的特点就是非常精练，该说的不少说，不该说的坚决不说，没有废话。他认为，科学是进步的，也是严谨的，来不得半点瑕疵

① 严济慈著：《严济慈：法兰西情书——爱国·爱家·爱人》，解放军出版社2002年版，第326页。

② 严济慈著：《严济慈科技言论集》，上海教育出版社1990年版，第249—250页。

和纰漏。教材作为科学知识的系统归纳，如有一点疏漏，就会误人子弟。“文化大革命”期间，他利用“靠边站”的时间，一字一句重新校订《电磁学》和《热力学第一和第二定律》这两部教学参考书，使之在“文化大革命”结束后，很快就再版发行。其中《热力学第一和第二定律》多次印刷，印数达几十万册。

四、领导中国科学技术大学“二次创业”

1966年5月，“文化大革命”在全国范围内爆发，学校停止招生，教学、科研工作被迫停顿。此时，作为党外人士的严济慈无能为力，只能“靠边站”。1969年10月，中央下发了《关于高等院校下放问题的通知》。中国科学技术大学南迁安徽，几经辗转，于1970年1月落在合肥师范学院的旧校址里，维持办学。严济慈虽然身为中国科学技术大学的副校长，但是因故未随学校南迁。1978年，中国重新迎来了科学的春天，高等院校全面恢复招生，严济慈的中国科学院和中国科学技术大学领导职务得以恢复。

1980年，严济慈继郭沫若之后出任中国科学技术大学第二任校长，着手实施学校南迁后的“二次创业”。在担任校长的5年中，严济慈虽年事已高，但在“文化大革命”结束、教育事业百废待兴之际，他率先在全国教育战线拨乱反正，高度关注和推动解决学校战略发展中的几个关键问题，形成了中国科学技术大学在改革开放新时期建设的基本框架，提出并实施了一系列重大举措。

（一）重塑“所系结合”的办学优势

“全院办校、所系结合”是中国科学技术大学的办学优势。1959年5月，创建不到一年的中国科学技术大学被列入16所全国重点大学之一，排名第4，成为这批重点高校中最年轻的大学，依靠的就是“全院办校、所系结合”的办学优势。“文化大革命”期间，“全院办校、所系结合”的办学方针受到批判，学校办学陷于停顿。20世纪70年代初，中国科学技术大学南迁安徽，学校失去了“所系结合”办学的优势，人才培养和科学研究优势丧失殆尽。1975年9月，中国科学院经请示国务院，决定对中国科学技术大学的领导关系重新恢复。恢复后的中国科学技术大学代中国科学院起草《关于中国科学技术大学几个问题的请示报告》（代拟稿），在该报告中，明确提出采取“自愿报名、上级审核、文化考查、择优录取”的办法招收应届高中毕业生以及试办研究生班等建议，尝试进行高等教育改革，但因故未能实施。

1976年10月，“四人帮”被粉碎。中国科学院于1977年8月召开第一次工作会议。9月，中国科学院就此向国务院提交《关于中国科学技术大学几个问题的报告》，提出中国科学技术大学要采取措施加强学校的教学、科研工作，扎根安徽，把学校办成一个能够独立进行高水平教学和科研的重点大学。该报告得到时任中共中央副主席邓小平的批准。

20世纪70年代南迁之后，中国科学技术大学的领导和教师一直试图搬回北京玉泉校区办学，但始终未果。中国科学技术大学原来的办校方针是“全院办校、所系结合”，现在学校迁到合肥，有人产生怀疑，还能不能全院办校。作为学校的创校元勋，严济慈最有感触，最有发言权。他深深懂得，没有“所系结合”，中国科学技术大学就不可能仅开办一年就跻身全国重点大学行列，“所系结合”开创了一种在高起点上办高水平大学的全新方式，也是一种理实结合的培养人才的好方式，符合培养创新人才的研究型大学的发展规律。

为了全面贯彻中科院第一次科大工作会议精神，1978年4月，作为中科院领导的严济慈率领20多位局长和科学家专程来到合肥实地调研，解决学校办学条件中存在的困难，推动“所系结合”办学方针的落实工作。中科院的华罗庚、马大猷、卢嘉锡、张文裕等一批知名科学家再次兼任学校各系主任和教授。这标志着中国科学技术大学第二次创业的开始，也标志着“全院办校、所系结合”的办学方针进入了新的时期。其间，严济慈多次发表讲话，他认为，中国科学技术大学在困难时期仍坚持办学和科学研究，着力培养师资，比其他名校做得要好。国外许多名牌大学都没设在首都，中科院只有中国科学技术大学这一个“独生子”，只要坚持办校方针，中国科学技术大学在合肥照样能办好。他强调学校要继续加强基础课教学和科研工作，倡议学校举行教师晋升专业技术职务答辩会。他对学校未来的发展寄予厚望，祝愿学校“在教育科研中百花盛开，捷报频传，人才辈出，群星灿烂”。这极大地鼓舞了全校教职员工“二次创业”的信心。1981年9月，严济慈在听取学生暑期访问小组的工作汇报后，再次明确提出，“所系结合”无疑已经成为中国科学技术大学的最大特色和最深厚的传统。“所系结合”不能丢，不执行“所系结合”的方针，中国科学技术大学可以不办了，或者交给教育部。他明确指示学校每个系里都应有专人负责，建立固定的联系渠道，主动与各对口研究所联系。

在严济慈等中科院领导的努力下，远在安徽的中国科学技术大学再次加强与中科院中断的血脉联系。学校按系招生和负责组织教学，学生前三年半学习基础课和专业基础课，后一年半各系根据不同学科开设专业课程，并有计划地组织学生到对口研究所参与科学研究，撰写毕业论文。尽管此后20多年间，中国科学技术大学“所系结合”的模式客观上遇到了挑战，但是中国科学技术大学与中科院在研究生培养及科研项目上的合作还是取得了很大成绩，探索了一些新的机制和路径，也为后来中国科学技术大学的独立办学奠定了基础。

（二）创办全国第一个研究生院

1963年中国科学技术大学开始招收研究生，地球物理学家赵九章曾致函学校领导，建议学校开办研究生院。中科院也曾提出开办研究生院的方案，后因“文化大革命”而搁浅。1977年9月，中国科学院在恢复对中国科学技术大学的领导之后，向党中央、国务院呈送了《关于恢复招收研究生的请示报告》，报告中提出要在北京创办中国科学技术大学研究生院。这份请示报告5天后即获批准。同年10月21日，严济慈在《人民日报》发表了题为《为办好研究生院而竭尽全力》的文章。文章指出：招收和培养研究生，无论从当前急需看，还是从长远需要看，都是非常重要的。赶超世界科学技术先进水平，培养优秀的科研人才，这是全党的大事，全国的大事。他还进一步指出：科技人才的培养和科技队伍的建设，基础在教育。文章最后还写道：古稀之年，决不辜负伟大领袖毛主席生前的亲切教导，绝不辜负党中央的殷切希望，决心为培养我国青年一代的科学技术人才而竭尽全力。12月3日，严济慈主持召开中国科学院研究生招生领导小组会议，讨论招收研究生的考试、命题等问题。1978年3月1日，中国科学技术大学研究生院在北京正式成立。这是全国最早创办的研究生院，严济慈出任研究生院的首任院长。

为了培养研究生院首批千余名研究生及后来的众多学子，严济慈竭尽全力。没有教学楼，他就安排先租了北京林学院（今北京林业大学）的4层教学楼供教学和学生住宿，学校领导和教师则在操场上搭起的一栋栋组合式木板房里办公。在专职教师很少、校舍严重紧缺、课程体系尚未建立的极端困难条件下，严济慈带领全院师生迈出了坚定的步伐。

首先，研究生院确定了培养目标——培养政治觉悟高，知识面广，专业训练好，进取心强，敢于攻难关，攀高峰，开拓新方向的新一代生力军。其次，坚持“全院办校、所系结合”的优良传统，聘请中科院各研究所的著名科学家担任兼课教师，使研究生们能很快接触到科学研究的前沿，并注重与社会科学的联系与结合。最后，聘请了李政道、杨振宁、丁肇中、陈省身、波特和桑格等世界级科技名人到校讲课和做学术报告，其中尤以李政道和杨振宁授课的时间最长，影响最大。

1981年11月，中国科学技术大学被国务院批准为首批博士和硕士学位授予单位，其中博士点11个，硕士点24个。1983年，国内首批授予博士学位的18人中，有7人为中国科学技术大学培养的研究生。1982年1月，中国科学技术大学被国务院批准为首批博士学位授予学校。同年5月，中国科学院党组批准同时使用校名“中国科学院研究生院”“中国科学技术大学研究生院（北京）”。1986年，合肥校本部也设立了研究生院。

到1985年4月严济慈改任名誉院长之前，中国科学技术大学研究生院已建成具有中科院特色的研究生课程体系，即以二级学科为基准将课程加以规范，体现出重基础、重前沿的基本特点。为了保证研究生的培养质量，研究生院形成了定期对课程进行质量跟踪调查的教学体系。在严济慈任中国科学技术大学研究生院院长的6年间，共有近3 000名研究生结业，进而转入相关研究所从事学位论文的研究工作。与此同时，研究生院初步建立起自己的专职教师队伍和有关实验室，并开始聘用本院直接培养的研究生。

（三）面向世界，开放办学

1978年3月，全国科学大会召开之后，严济慈忙于接待各国科学使团和著名科学家，开展对外科学技术交流活动。中国科学的春天到来了，这重新唤起了严济慈的科教报国之梦。早在半个世纪前，他就在《科学是国际的吗？》一文中，比较了中国国情与世界科学发展的现状，并引用了法国著名学者巴斯德（Pasteur）的一句名言“科学没有国界，但科学家有国家”，鼓励中国的科学家“不必气馁”。他认为，我们这个拥有四大发明的国家，终将“异军崛起，独树一帜”！他为中国科学技术大学提出“创寰宇学府，育天下英才”的办学目标。中国科学技术大学要成为高水平的教学和科研并举的重点大学，必须面向世界，开放办学。

严济慈认为“科学是没有国界的”。因此，他十分重视并积极致力于拓展我国科技领域和高教领域同国际的交流与合作。他认为，国际人才交流是以彼之长补己之短，日本就是靠汲取国外先进科学技术起家的。自己之所以取得一点成绩，离不开留学法国的经历。为了提高中国科技大学研究生院的教学水平和在读研究生的素质，使他们开阔眼界，尽快与世界高科技的发展水平靠拢，严济慈邀请著名物理学家、诺贝尔奖获得者、美国哥伦比亚大学的李政道教授，于1979年4月2日至5月18日，到中国科学技术大学研究生院讲学，讲授粒子物理与统计力学两门课程。参加听课的有来自全国28个省、自治区、直辖市的科研单位、高等院校的1 000多人。此后，严济慈又邀请诺贝尔奖获得者、英国剑桥大学分子生物学实验室波特和桑格教授，在中国科学技术大学研究生院讲学，讲授“抗体与补体”和“胰岛素氨基酸序列测定”等前沿成果。

早在赴法留学时，严济慈就在一封信中写道：“现在，居吾辈情形，吾辈研究科学，科学在中国没有根，未能独立，更无先人可为吾辈之准则。虽科学为国际的，但我总愿于国际外做中国的科学事业。”[①]国家的科学研究由于十年动乱出现了人才的断层。严济慈看到自己会见的各国科技领军人物都是三四十岁的年轻人，而自己已是耄耋老人，心急如焚。1979年，当应邀回国讲学的李政道博士向严济慈提出，能否开展一个中美联合招考物理学研究生赴美国大学攻读博士学位的项目（CUSPEA）时，严济慈欣然应允，答应合力倡导推动。在获得中央同意后，严济慈担任中方招考委员会主席。该项目争取到美国70多所大学的全额资助，历经9届，共选拔出915人。其中，中国科学技术大学学生共考取237人，占录取总数的25.8%，为全国之冠。CUSPEA成为我国改革开放以来，大规模、有计划地选派硕士研究生赴美攻读博士学位的

① 严济慈著：《严济慈：法兰西情书——爱国·爱家·爱人》，解放军出版社2002年版，第20页。

开端，项目架起了改革开放后中国优秀学子赴美留学的第一座桥梁，打开了中美科学、文化以及商业交流的大门。它为改革开放初期百废待兴的中国科学技术事业贡献了整整一代优秀人才，为中国科学技术研究和发展注入了全新的理念和源源不断的动力。

1981年4月16日，严济慈撰写了一封《致CUSPEA同学的信》，勉励即将赴美留学的物理学研究生，要他们“以敬爱的周恩来总理等老一辈革命家、科学家为榜样，胸怀祖国，专心攻读，勇攀高峰，早日学成，为国服务”。在1984年、1985年的一段时间里，曾有人对CUSPEA项目的工作提出批评，说是办错了，办坏了，留学生不回国，优秀人才流失了。严济慈不为这些流言所干扰，多次明确表示：“派留学生去学习先进的科学技术是必要的，应该回来。没有回来，一是时间没到，二是社会问题，有多方面的原因，不能因噎废食。”他坚持按原计划办完9届，打通了中国学生到海外留学的渠道。1986年11月12日至12月9日，严济慈应邀赴美国参观访问，他除了会见知名的美籍华裔科学家杨振宁、李政道、吴健雄等人，还先后接见了在旧金山和纽约学习的CUSPEA中国留学生，详细询问他们的学习和生活情况，勉励他们专心学习，期待他们早日学成回国。考取项目的人当中后来有很多人回国参加工作，成为我国科技教育界的学术骨干。

在严济慈的领导和牵线之下，中国科学技术大学在全国大学中率先实行了对外开放，先后与30多个国家和地区的近百所大学、科研机构签订了合作交流协议，建立了稳定的合作关系，并邀请外籍专家、学者来校讲学或进行合作研究，选派教师赴国外访问学习或进行合作研究，聘请名誉教授和客座教授，举办多次大型国际学术会议。在严济慈的领导下，中国科学技术大学走出国门，面向世界，开启了国际化开放办学的新征程。

（四）求贤若渴，不拘一格

由于“文化大革命”的影响以及学校搬迁安徽合肥失去兼职师资优势等原因，中国科学技术大学师资断层严重，师资相当匮乏，与清华大学、北京大学等学校相去甚远，学校的教授曾一度少于安徽大学。

为解师资之困，时任校党委书记刘达想出两个办法，得到严济慈的充分肯定和大力支持。一是将在“文化大革命”中毕业的优秀学生召回举办“回炉班”，学习结束后一部分留在中国科学技术大学教书。二是“搜罗”被错划为右派的北大学生，各系主任组织班子，把散落在各地的这类学生网罗到中国科学技术大学来。在“文化大革命”时期，京城高校和中国科学院的右派很多，中国科学技术大学主张科学办学、民主治校，自然成了他们的庇佑之所、栖身之地，为此学校聚集了一批优秀人才。北大学生熊金城、赵立人和教师陶懋颀、张鄂棠都先后调往中国科学技术大学数学系任教。由于受到严济慈、郁文与钱临照等人的关爱，这批其他院校唯恐避之不及的“异类”在中国科学技术大学重新走上讲台。学校给了他们成长的机会，为他们搭建科研平台，后来他们之中有数位当选为中国科学院学部委员（院士）。这些人为中国科学技术大学的数学、力学和物理等很多系的恢复和发展做出了贡献，成为中国科学技术大学的“脊梁骨”和“顶梁柱”。

为迅速提高学校年轻教师的教学和科研水平，学校决定尽快送中青年教师出国深造。学校创造一切可能的机会，选派优秀的年轻教师赴国外大学进行访学和攻读博士学位，包括公费留学项目、CUSPEA项目和自费留学项目。“一个人最能干、最好的时间是30岁前后，绝不应该压制年轻人。”这是严济慈经常挂在嘴边的一句话。

在中国科技大学北京研究生院创办过程中，英语教学人才青黄不接。为了提高研究生的外语水平，1979年7月，严济慈邀请中国科学技术大学前英语教师、年过六旬的李佩出任研究生院英语教研室主任，并邀请外籍教师，专门设立了英语培训中心。李佩是“两弹一星”功勋科学家郭永怀先生的夫人。1956年，郭永怀、李佩带着5岁的女儿郭芹，从美国康奈尔大学回到北京，郭永怀出任中国科学院力学研究所副所长，李佩1961年任中国科学技术大学英文教师。1968年12月5日，郭永怀从青海基地回北京，因飞机失事牺牲。1969年年底，李佩从北京来到合肥，直到1978年4月才返回北京。李佩收到严济慈的邀请后十分吃惊地说：“我不是教授，怎么可以担此重担？”“为什么不行？”严济慈反问。1980年9月14日，为鼓励李佩，严济慈特意出席了中国科学技术大学研究生院英语培训中心开学典礼，并发表讲话，鼓励同学们一定要把外语学好。在严济慈的支持和鼓励下，花甲之年的李佩焕发了青春。她不仅协助李政道开展CUSPEA项目，还另行开辟了中国学生直接通过托福考试自费留学的通道。同时，她在大学英语教学方面成绩卓著，成为中国应用语言学的奠基人之一。

（五）首创少年班

中国科学技术大学少年班的创办可以说是中国高等教育史上

的一个创举。中国科学技术大学首任校长郭沫若很早就主张“天才”教育。1974年5月回国的李政道提议，能否通过设立“为早慧少年进行超常教育”的特殊班级，打开尊重知识和人才的新局面，这可以看成是少年班的最早倡议。1977年，在党中央吹响“向科学技术现代化进军”的号角之际，江西冶金学院（今江西理工大学）教师倪霖举荐赣州13岁天才少年宁铂的一封信件出现在时任国务院副总理方毅的案头。这封信得到方毅的亲笔批示，直接促成了中国科学技术大学少年班的诞生。

少年班的开办在全国产生了重要影响并成为中国科学技术大学办学的一张名片，这正是在严济慈全面主持学校工作并担任校长的时期。1978年3月8日，经中国科学院和教育部批准，中国科学技术大学经过考试选拔智力超常的少年进校学习，探索在少年中成功培养合格大学生的经验。少年班以“早出人才、快出人才、出高质量人才”为办学宗旨。首期少年班21人，平均年龄14岁，年龄最小的11岁。1979年开始，少年班招收的学生也开始通过高考进行选拔。从此以后，少年班每期都招收30多人到40人。少年班实行学业导师制和班主任制，实施因材施教，不分学科办学，成为中国科学技术大学教学改革的试验田。

严济慈对这个少年班非常关心，多次利用回校的机会专门去看望这批新招收的少年大学生，并亲笔为他们题词：“你们是初升的太阳，希望寄托在你们的身上。”在短短几年里，少年班就取得了可喜的成绩。在严济慈的推动下，中国科学技术大学创办少年班的影响不断扩大，也得到了邓小平的肯定。1984年8月，邓小平对少年班建设给予较高评价：“少年班很见效，也是破格提拔，其他几个大学都应该办少年班。”此后，国内多所院校也相继开办少年班。大学开办少年班肇始于中国科学技术大学，能够40多年始终坚持实验探索开办少年班的也唯有中国科学技术大学一家。

中国科学技术大学首创少年班，引起国内外广泛关注，对促进我国高等教育制度的恢复和繁荣发展，乃至推动全国青少年立志向学，都起到了很重要的作用。少年班的探索与坚持，寄托着时代和国家对人才的渴求，开启了我国超常教育的先河。少年班在国内高校最早试行不分专业的宽口径培养，高年级在全校范围实行自由选择专业等一系列试验和探索，不仅成为中国科学技术大学教育教学的试验田，也对中国高等教育的改革和完善起到了促进作用。

（六）作第一流的学问

为重塑“全院办校、所系结合”的办校方针，实现“创寰宇学府，育天下英才”的办学目标，严济慈认为中国科学技术大学不仅要成为中国基础科学与尖端技术人才培养的教学中心，还应充分利用中科院的研究力量和实验条件，使中国科学技术大学同时成为基础科学和尖端技术的科学研究中心。

“文化大革命”的十年，让许多有志青年白白浪费了许多宝贵的光阴。学校新招的研究生中，有的思想比较消沉，对国家和个人的发展前途信心不足。针对这种状况，严济慈提出，搞科学研究，就是要努力攀登、不畏艰险，就是要“好高骛远”、勇往直前。以此来激励学生们奋发图强，勇往直前。严济慈在中国科技大学研究生院建院五周年纪念大会上语重心长地对研究生们说：“青年时期是人的一生中最宝贵的时期，我的青年时期是在半殖民地半封建的旧中国度过的，你们应该好好珍惜宝贵的青年时期，不要以为来日方长，优哉游哉，而要抓紧时间努力学习，充实自己。”①

为了学术的传承，严济慈亲手撰文，传授读书、学习和研究的经验与体会。严济慈认为，“科学研究工作的最大特点在于探索未知”，因此应“在学术上有所创见，在技术上有所创造，即在理论上或实践上有所创新”②。为此，科学工作者必须具备两个学术条件，即“能够提出问题”和“善于解决问题”，而克服困难、解决问题的过程就是创新的过程。他特别欣赏的第一流工作，就是那些“研究题目必须是在茫茫未知的科学领域里独树一帜的，解决问题的方法必须是自己独出心裁设想出来的，体现这个方法，用来解决问题的工具必须是自己设计、创造的，而不是用钱能从什么地方现成买来的”③。他以莫泊桑的名言告诫年轻的后辈学人：“一个人以学术许身，便再没有权利同普通人一样地生活。”作为科技工作者，必须专心致志，刻苦钻研，甚至要有所牺牲，没有8小时内和8小时外的分别。

为推动做一流的学问，严济慈促成了国家重大科研项目落户中国科学技术大学，落户合肥。1991年12月，中国科学技术大学国家同步辐射实验室建成，90岁高龄的严济慈从北京赶到合肥，冒雪参加验收大会。同步辐射实验室项目是中国科学技术大学科学研究的重大项目，这是我国高校中第一个大型科技工程，也是“七五”期间国家重点工程。早在10年前，严济慈就十分重视这个项目。1981年10月，严济慈亲自到合肥，会晤安徽省委、合肥市委领导，

---

① 严济慈：《祝贺与期望》，《学习与思考》1984年第1期。

②③ 严济慈著：《严济慈科技言论集》，上海教育出版社1990年版，第248、249页。

出席“合肥同步辐射装置预研制及物理设计审定会”，为项目落户中国科学技术大学奠定了坚实的基础。1983年4月，国家计委正式批准立项，在中国科学技术大学建设国家同步辐射实验室。1984年11月，项目奠基开工，身为全国人大常委会副委员长、中国科学技术大学名誉校长的严济慈又亲来学校为奠基石培土。1985年，由于经济方面的原因，工程建设曾面临下马的危险。已卸任校长的严济慈立即将此事报告给邓小平，在邓小平的支持下，工程不仅没有下马，反而加快了进度。

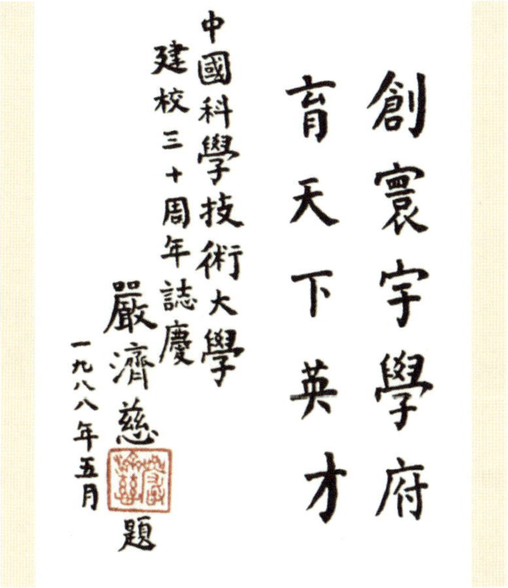

严济慈为中国科技大学校庆三十周年题词

（七）拨乱反正，“改”为人先

1980年7月30日，由严济慈校长主持的中国科学技术大学第二次工作会议在北京召开。会议着重研究了如何发挥中科院和中国科学技术大学在科学技术研究、人才培养方面的优势，决定在中国科学技术大学率先开展一系列改革措施。

第一，明确未来中国科学技术大学的办学目标与定位。为达成这一目标，在体制和机制上由校务委员会对合肥校本部和北京研究生院的工作（作为一个实体的两部分）进行统一规划和安排。

第二，学校及时提出对人才培养目标进行调整，进行“4—2—3（学士—硕士—博士）分流培养”的试点。学校确定了人才培养目标，即培养具有高水平并能刻苦耐劳的科学技术研究人才。学校要求学生毕业时具有扎实宽厚的理论和实验技术基础，较强的科学研究能力，至少掌握一门外语。校本部以本科生培养为主，逐步扩大硕士生及博士生的培养比例。北京研究生院培养硕士和博士，逐步过渡到以博士培养为主。通盘考虑高等教育的三个层次，旨在提高研究生培养质量，缩短培养周期，在保证质量的前提下提高办学效益。这为后来国内高校推行“硕博连读”制积累了成功经验。

第三，在全国率先提出并逐步实施专业结构调整和改造，使当时以理工为主的学科结构调整为理工结合、兼有文管的综合性学科结构，增设国家急需的新兴技术方面的系科、专业，并通过不断完善，使学科专业一直保持在全国高校的先进行列。

第四，为提高人才培养质量，学校在教学领域开展一系列的改革。1980年中国科学技术大学开始实行学分制改革，同时实行免修、选修、跳级等措施，学生可以根据国家的需要、社会的要求和自己的基础、志趣、特长安排自己的学习计划；试行导师制，允许对拔尖学生单独拟订培养计划；鼓励学有余力的学生尽早参加科研活动，设立学生科研专项费用，开放部分实验室供学生使用。这一系列改革在国内外高等教育界引起巨大反响。

（八）中国科学技术大学是我的“掌上明珠”

严济慈80岁以后很少出门，但几乎每年都要到中国科学技术大学一次，与学校领导、教师、学生进行座谈，察看学校的发展状况。他多次在不同场合都说过，“中国科学技术大学是我的‘掌上明珠’”。他对学校的作用都体现在学校发展的关键节点上。“七五”“八五”期间，中国高等教育进入了一个重点发展的新时期，一些重大改革措施、重点发展项目和计划相继推出。严济慈利用自己在中国科学技术界的重要影响，利用一切机会扩大中国科学技术大学的影响力，在各种场合力推中国科学技术大学的改革成果，为中国科学技术大学顺利进入国家重点建设高校做出了卓越的贡献。

1983年，国家决定在“七五”期间重点投资建设一批大学，在教育部和国家计委的初步名单中没有中国科学技术大学。12月8日，在得知学校没有入选重点建设高校名单后，时任全国人大常委会副委员长、中国科学技术大学校长的严济慈给邓小平、万里等中央领导同志写信，转呈校党委《关于请求给予中国科学技术大学以重点支持的报告》，表示自己“感到诧异”，“身为中国科学技术大学校长，遇到此类问题是不得不关心的”，随之详细介绍了学校的人才培养和科学研究工作在全国高校中居于领先地位的实际情况，建议增列中国科学技术大学为重点建设大学。6天后，邓小平批示：“据我了解，科技大学办得较好，年轻人才较多，应予扶持。”国务院副总理万里也对此批示：“请东昌（时任教育部部长）同志再研究一下，应给予中国科学技术大学应有的支持。请与科学院研究。”1984年3月，学校被国务院批准为“七五”期间国家重点建设的十所高校之一。

严济慈领导规划了学校建设新校区。学校在基础设施方面的投入和建设为学校后续的发展奠定了坚实的基础。20世纪80年代初，随着办学规模不断扩大，学校提出建设新校区的规划。1984年4月12日，安徽省人民政府批复同意合肥市人民政府“关于对中国科学技术大学新校区建设征地费用审核情况的报告”。1985年4月，辞去校长职务的严济慈转任中国科学技术大学名誉校长，依然一如既往地关心和支持中国科学技术大学的建设与发展。1986年6月，中国科学技术大学规划新校区的第一期工程计划获国家计委批准，总投资9 300万元。截至1988年底，学校校园面积扩大近一倍，建筑面积已由迁址合肥时的6万平方米增至51万余平方米，学校教学科研实验设备设施和校园校貌有了根本改观。

1992年，国家在“八五”规划纲要中提出“要努力建设好一批重点大学”。严济慈利用各种机会大力宣传中国科技大学改革发展的成就，呼吁支持将中国科学技术大学列入国家“八五”期间国家重点支持高校。中国科学技术大学顺利进入国家重点支持高校行列，这也为中国科学技术大学在中部地区创办精品大学奠定了重要基础。

正是在严济慈的领导和支持下，经过“七五”“八五”国家重点建设，中国科学技术大学在人才培养、科学研究、学科发展、专业调整、师资队伍、基础设施建设等方面取得了突飞猛进的发展，得以在中部地区成功迈上一流研究型大学之路。

严济慈在寓所锻炼身体

［图片由视觉中国（陆中秋）提供］

五、对中国科学技术大学的影响

严济慈的前半生最突出的成就在于物理科学方面的研究，后半生则与中国科学技术大学结缘。他是中国科学技术大学第一代领导集体中的一员，也是第二代领导集体的核心。他对中国科学技术大学的主要贡献与影响表现在以下几个方面。

（一）他是中国科学技术大学的主要筹创者之一

在郭沫若校长的领导下，从参与学校筹建开始，严济慈亲自主持学校校务会议，讨论招生、宣传、生源、专业设置、师资配置、教学计划与教学大纲的制订，事无巨细；作为科研出身的内行，他召开专兼职教师和院所科学家座谈会，悉心听取他们对教学工作的意见和建议，充分体现了管理的专业性和民主治校的理念；他身先士卒，为本科生授课，教学科学严谨、深入浅出，深受学生的喜爱，至今中国科学技术大学的学子仍然对他充满魅力的教学念念不忘。

（二）他是中国科学技术大学形成办学特色的主要推动者

严济慈在主管中国科学技术大学教学工作期间，始终把人才培养质量放在首位，坚持教学与科研、理论与实践相结合的办学思想，打破理工分家的学科建设模式，提出培养具有坚实的理论基础、熟练的实验技能、科学的创新意识和外语能力等综合型专门人才的教学目标，主张在教学实践中把最新的科技成就和科研前沿课题及时传授给学生。中国科学技术大学在“全院办学、所系结合”办学理念下形成自己的教学特色，这是中国科学技术大学能够在较短时间内从诸多高校中异军突起的重要原因之一。以历史的眼光来看，中国科学技术大学选择加强基础课教学、培养尖端科技人才的育人路径相当成功。时至今日，“文化大革命”前入学的中国科学技术大学毕业生中已经有38人当选两院院士，同期毕业生当选比例位列全国高校之首，还有20多人成为“科技将军”。尖端人才大批涌现证明了中国科学技术大学重视基础课教学的培养模式是行之有效的。这既是严济慈科学教育思想的充分体现，也是对他主抓学校教学工作的充分肯定。

（三）他是中国科学技术大学“二次创业”的领军人

号称年少时读书从不考第二的严济慈就任中国科学技术大学校长时，已是耄耋之年。但他却聊发少年狂，再次率领中国科学技术大学创造了中国高等教育史上的多个第一。他重启了“所系结合”的办学模式，坚定了全员“二次创业”的信心；他继续推行学校业已形成的办学理念和教学特色，使学校办学得以传承有序，继往开来；他主张学生自选专业和学分制，支持学校推动一系列合乎教学规律的改革和创新，使中国科学技术大学走在高校改革创新的前列；他率先在北京创办中国第一所研究生院，让国家重点科研实验工程第一次落户高等学校，开启了中国科学技术大学争创世界一流研究性大学的新征程；他倡导支持中美联合培养物理类研究生计划（CUSPEA），坚定主张开放办学，开展学术交流与合作，开拓中国科学技术大学国际化办学新路径；他在高等学校首先创办少年班，第一个开始高等教育超常学生培养的实验和探索。在严济慈的带领下，中国科学技术大学持续的改革和创新让学校重新恢复了生机和活力，对我国高等教育的改革开放起到了重要的促进和引领作用。

（四）他是中国科学技术大学关键发展节点的有力支持者

20世纪八九十年代，在国家高等教育采取重点发展政策时期，中国科学技术大学规划了面向世界办学、成为教学和科研双中心的发展目标。作为校长的严济慈利用自身在科技界的地位和影响，排除各种干扰，大力推动中国科学技术大学的发展，扩大了中国科学技术大学在科技界和教育界的影响力，使得学校顺利进入国家重点建设高校行列。中国科学技术大学也借此机遇，通过一系列改革创新获得了快速长足的发展。严济慈无疑是中国科学技术大学发展史上的关键人物。

屹立在中国科学技术大学校园广场的严济慈铜像，以他的名字命名的“严济慈物理学英才班”和“严济慈奖学金”等，都昭示着严济慈在中国科学技术大学发展史上的不朽功勋。他的业绩与精神将永远激励着中国科学技术大学后辈不断开拓创新，勇攀高峰。

主要参考文献

1. 叶松庆:《严济慈的科学教育实践与思想》,《教育与现代化》1997年第4期。

2. 严济慈:《谈谈读书、教学和做科学研究》，严济慈著:《严济慈文选》，上海教育出版社2000年版。

3. 金涛:《严济慈先生访谈录》,《中国科学技术史料》1999年第3期。

4. 严济慈著:《严济慈：法兰西情书——爱国·爱家·爱人》,

解放军出版社2002年版。

5. 张沪著:《严济慈》,河北教育出版社2000年版。

6. 严济慈著:《严济慈文选》,上海教育出版社2000年版。

7. 卢曙火著:《科学泰斗——严济慈传》,杭州出版社2004年版。

红专并进
理实交融

中国科学技术大学校训

撰稿人:马勇,湖北大学教育学院讲师,主要从事教育法学、教育基本理论研究。

李秉德

LI·BINGDE

西北师范学院（西北师范大学前身）
院长（1981—1983）

（图片由西北师范大学档案馆提供）

李秉德（1912—2005），河南洛阳人。作为学有所成的留学生，他在1949年新中国成立前夕毅然回国。从1950年起，他在祖国大西北工作了55个年头，先后担任西北师范学院院长、名誉院长，在西北师范大学发展史上做出了重要贡献。他在改革开放路线的指引下，从整顿教学秩序入手，采取一系列措施加强教学科研工作，为西北师范学院教育质量的提高和快速发展做出了不懈的努力。李秉德长期从事课程与教学论研究，是新中国教学论、教育科学研究方法、小学语文教学法等学科领域的开拓者和奠基人之一。

一、早年求学与教育经历

（一）出身贫寒，刻苦求学

1912年7月，李秉德出生于河南洛阳的一个城市贫民家庭，在家中4个孩子中排行老大。父亲没有土地，也没有固定的职业和住宅，靠兼职做会计来补贴家用。李秉德的母亲出身于一个农民家庭。李秉德对她的描述是："不识字，但是很好的一个人，热情、善良。"[①]李秉德的祖父是一名郎中，地位并不高，家庭生活也不富裕，却常常悬壶济世，教育子女及后代要多做善事，救助穷人。李秉德从小就受到了家庭环境的影响，心地善良，立志要为穷人多做好事，于是他发奋学习，立志成才。[②]

1919年，李秉德就读于一所改良的私塾。5年后，他进入一所

① 万鑫、宋颖军编写：《中外教育家故事集锦》，吉林教育出版社2012年版，第126页。

② 王鉴：《论李秉德先生的治学思想》，《教育研究》2012年第6期。

公立小学，开始走读上学。因学习成绩非常好，他很快升入了初级中学。这段经历留给他的记忆是：学校条件非常差，老师的水平低。在小学学习语文时没有课本，在初级中学学习时只有物理、化学和数学的简易课本。①

念完初级中学，李秉德于1928年考上了位于开封的河南大学预科三年高级中学。由于家庭困难，李秉德一方面从亲戚处借钱上学，另一方面想方设法勤工俭学。入学后不久，他就在开封的一所私立中学找到了一份教英语的工作，每个月可以挣12元钱。另外，他还兼职当家庭教师，以贴补生活。②

在开封，李秉德开始了在河南省最好的高级中学求学的生涯。“报考表上有‘科别（文、理）’一栏。我竟不知道何谓文科、理科，就向旁边一个报考生请教。他说：‘理科难，我报文科。’我说：‘那我也报文科。’就这样，后来发榜，我被录取到文科预科。入学后，一个曾教过我的同乡本科生埋怨我说：‘你的数学和物理学得比别人快，当时怎么不报理科’，可是那时木已成舟，改也改不过来了。”③虽然有误入文科大门这个插曲，但当李秉德真正踏进预科进行学习时，图书馆中大量的书籍让他目不暇接、眼花缭乱，他做梦也没想到世界上会有这么多的书。突然间，他感到自己走进了一个崭新的世界。当时的学习压力非常大，因为只要两门课程不及格就要被开除，170名学生中就有28名没能上到第二年，而李秉德经过刻苦学习，成绩优异，顺利进

---

①② 万鑫、宋颖军编写：《中外教育家故事集锦》，吉林教育出版社2012年版，第126—127、127页。

③ 李秉德著：《李秉德文集》，教育科学出版社2005年版，第381页。

入了第二年的学习。[①]

在这所高级中学学习两年后，李秉德于1930年考入河南大学，并成功地申请到河南省政府的奖学金，一年有200元钱。这对于一个有抱负的年轻人来讲是一大笔钱了，意味着他不仅可以没有后顾之忧地全身心地投入学习，而且可以给家里寄钱，供弟弟们上学。[②]他选择了英国语言文学作为自己的主修专业，教育学为辅修专业。在河南大学学习了一年后，他又把教育学作为主修专业，因为他感到这不仅是一个专业，更是一项事业。令他改变专业的另一个原因是，他觉得即便自己的英语学得再好，也超不过那些本族语者。[③]

李秉德追忆1930—1934年在河南大学求学的那段黄金岁月：丰富多彩、令人振奋。他记忆犹新的一位教授是邰爽秋，一位留美归国学者，曾在哥伦比亚大学学习，并获得博士学位。邰爽秋当时教授的一门课令李秉德印象深刻，这门课的名称是“中国教育的出路问题”。在这门课上，邰爽秋除了借给学生许多书让他们阅读，还用报纸和其他时事资料作为教学材料。邰爽秋认为，这门课不仅是关于中国教育的出路问题，而且是关于中华民族的出路问题。当前教育救国之道，在于使广大民众掌握一门可以自救的生产技术，先解决民生问题，进而再求国家富强，积蓄力量抵御外辱。“中国教育的出路问题”这门课程每周上一次，邰爽秋在讲到如何通过教育来战胜政府的腐败无能时，都会痛哭流涕，边哭边上课。正是邰爽秋的眼泪，促使李秉德决心将自己的一生贡

①②③ 万鑫、宋颖军编写：《中外教育家故事集锦》，吉林教育出版社2012年版，第128、127、128页。

献给祖国的教育事业。[①]李秉德后来在《一个老年教师的心声》一文中曾经提到过邰爽秋对他大学生涯的影响："我并不认为邰先生这套'教育救国'理论有多么高明，但他那种教育救国的热诚以及他说到做到的行动深深地感动了我，也可以说他的那种'动真格'的精神点燃了我决定从事教育专业的心中之火，而且这团火点燃起来以后就越烧越旺。"[②]

（二）就职开封教育实验区，推行"廉方教学法"

从河南大学本科毕业之后，李秉德参与了"廉方教学法"的实验。这是在开封城东三里外的大花园村小学进行的一项新教学改革实验，在当时产生了很大的影响。[③]

1933年，邰爽秋想在开封搞一套教育与农业，特别是与手工业相结合的实验，恰好时任河南省政府秘书长的张廷休和他熟识，他就托张廷休向省政府建议，由河南大学与河南教育厅合办一个实验区。经同意后，邰爽秋草拟了一个方案，报河南省政府批准，成立了开封教育实验区委员会，委员长由河南大学文学院院长、教育系主任李廉方兼任。邰爽秋原想借此大干一番，不料由于1933年暑假前学校出现变故，只能辞别河南大学，去上海大夏大学任教，遂改由李廉方担负实验区的专责。[④]

1934年暑假，李秉德从河南大学教育系毕业，正当他为寻求工作而苦恼的时候，李廉方先生邀他做助手，从事开封教育实验

① 万鑫、宋颖军编写：《中外教育家故事集锦》，吉林教育出版社2012年版，第128页。
② 李秉德：《一个老年教师的心声》，《教育研究》2002年第8期。
③ 彭海蕾、胡慧睿：《李秉德教育思想研究》，《当代教育与文化》2012年第2期。
④ 河南大学校史修订组编：《河南大学校史》，河南大学出版社2012年版，第52—54页。

区工作，进行“廉方教学法”实验，李秉德就到开封教育实验区的大花园教育村去做教育股干事。[①]

“廉方教学法”实验的主要精神是要彻底打破分科教学体系，对初入学的儿童完全实行单元活动教学。总之，在每一单元活动中都能使儿童在愉快的气氛中进行真实而有效的学习。这种以单元活动为主要模式的学习进行一年或一年半之后，就逐步过渡到以大量自由阅读为主，以更深入的单元活动和特殊练习为辅的教学阶段。

“廉方教学法”实验于1934年秋季开始，经过一个学期后对这些学生进行测验，证明这些学生的学习成绩显然优于一般学生。李秉德根据当时的情况写了一篇文章，在《开封实验教育》杂志上发表。接着全国几家有名的报社（如《大公报》）记者竞相报道实验进展情况，于是这一实验就越来越引起社会的重视。开封教育实验区工作的初步成功，激发了李秉德对小学语文教学研究的热情，他的整个学术生涯也就从这里起步。

在农村小学进行教育实验两年后的一天，李秉德被《大公报》上一则广告吸引了。这则广告说，洛克菲勒基金会准备提供5个去北京燕京大学攻读研究生的奖学金名额，学制五年，前两年学习硕士课程，第三年去美国进修，后两年则在晏阳初主持的河北定县（今定州市）教育实验区工作。李秉德如愿以偿地获得了这个名额，同时获得了能够保证自己衣食无忧和弟弟顺利求学的600美元奖学金和300美元旅行费。1936年到1937年，李秉德完成了燕京大学乡村教育研究生全部课程的学习，然后他利用旅行费，尽

① 李瑾瑜编选：《陇上学人文存·李秉德卷》，甘肃人民出版社2012年版，第181—190页。

可能多去一些教育实验区进行考察。他先是去了梁漱溟在山东邹平主持的农村教育实验区，接着又考察了河北定县和陶行知在南京主持的晓庄学校，并南下到广州和广西，最后还去了香港。对各地农村教育实验的亲身考察与深入反思使李秉德意识到，梁漱溟的全部努力都是建立于中国传统理想之上，晏阳初是在模仿法国模式和贯彻西方思想，而陶行知则在整合中西方文化方面表现得最为成功。①

早期的教育实验研究对李秉德影响很大，他在后来的工作及研究生培养中，十分注重理论联系实际，并且带领研究团队深入中小学开展实验研究。李秉德曾经在《塞水兰山三万里，暖来寒去九十春》一文中对晏阳初、李廉方对他的影响做出这样的评价："我从晏阳初、李廉方两位先生身上知道了搞教育要开阔视野；从李廉方先生身上，我悟到了搞教育必须精雕细琢，从小处入手，光讲大道理不行，还得脚踏实地地干。这两点对我以后从事教育工作的影响是非常大的。"②

（三）抗战期间坚持教研，与河南大学共渡难关

1937年7月，全面抗战爆发后，李秉德被迫中断在燕京大学的学业，先在河南省立百泉乡村师范学校任教，后又到开封教育实验区工作。1938年8月，任河南省立淮阳师范学校教导主任。1941年6月，任湖北省教育厅督学。1941年冬，李秉德受聘重返母校河南大学，任教育系副教授，后又兼河南大学图书馆主任

① 许美德：《李秉德和西北师范大学》，李秉德著：《李秉德文集》，教育科学出版社2005年版，第467页。

② 李秉德：《一个老年教师的心声》，《教育研究》2002年第8期。

（馆长）。这时正值抗日战争艰苦的相持阶段，河南大学辗转搬迁、颠沛流离，教学、生活处于十分困难的境况。抗战期间，河南大学从开封迁出，先后到过五个地方，即信阳县（今信阳市）的鸡公山、镇平县、嵩县潭头镇、淅川县的荆紫关及陕西宝鸡县（今宝鸡市陈仓区）的卧龙寺。在鸡公山和镇平停留的时间都很短（从1938年春到1939年初夏），基本上没有安置下来，到潭头镇也是在正常状态下搬迁的，没有遇到什么大的困难。但从潭头、荆紫关两地迁出时，正值1944年日本发动打通大陆交通线的豫湘桂战役，师生们遇到的困难之大，学校遭受的损失之重，都始料不及。其间，李秉德经历了紧急逃离、妻子生产、辗转搬迁、冒险护书、艰难复校等变故，就是在这种动荡不安的战争岁月中，李秉德写成了《民众识字教育》和《教育科学研究方法》等著作，并先后为学生开设了普通教学法、教育行政、初等教育、中等教育、西洋教育史等必修课，以及教育科学研究方法、民众教育、教育英文选读等选修课。如今，当我们重温李秉德的《河南大学搬迁记》一文时，仍为他的这段经历感到胆战心惊，也为先生在战争年代坚持教育学的教学和学术研究而交口称赞。①

二、扎根大西北的为师岁月

（一）结束留学生涯，毅然返回祖国

1946年夏，李秉德到南京参加抗战胜利后首批官费留学考试，

① 李秉德：《河南大学搬迁记》，《纵横》1996年第2期。

准备前往欧洲留学。1947年夏，李秉德以优异成绩获得到欧洲留学的资格后，结束了在河南大学6年的任教生涯，开始了3年多的留学生涯，前后在瑞士洛桑大学、法国巴黎大学、日内瓦大学等校学习，对欧洲一些国家的教育情况进行了考察，并在日内瓦大学的卢梭学院师从认识论的创始人皮亚杰，系统地了解了皮亚杰的教育思想和实验。

1949年9月，李秉德回国后，便由中央有关部门介绍到北平华北大学政治研究所学习。不久，以华北大学为基础组建中国人民大学，原政治研究所学员转入华北人民革命大学政治研究院，新中国成立之初回国的旅欧旅美学生，很多都在这里学习过。李秉德在这两所大学里一共学习了8个多月，系统地学习了马克思列宁主义和毛泽东思想的基本理论，对中国共产党及其领导下的中国新民主主义革命，对刚刚诞生的中华人民共和国，有了较为系统的认识。在学习期间，李秉德庄严地向党组织提交了第一份入党申请书。从此以后，加入中国共产党成了他最崇高的人生目标。[①]

对于自己从巴黎到北京、再到兰州的经历，李秉德回忆道："我是1949年春与欧洲几个国家的中国留学生一起从巴黎起程回国的新中国首批留学生。在船快到香港的前几天，同船的关肇直说：'凡愿到解放区的可到我这里登记。我和香港大学教授曹日昌熟识，他可以在香港为大家代办有关事情。'我就告诉他：'我愿去刚刚解放的北平。'过了两天，他给我一张船票，目的地写的是'仁川'[②]。我问他这是怎么回事？他说：'你不用操心，我

① 杨爱程、郭戈、郝志军：《李秉德传》，李秉德著：《李秉德文集》，教育科学出版社2005年版，第456页。

② 今韩国仁川市。

们这一批十来个人都是到天津就下船的。’果然，船到天津就有人热情地接待我们，安排我们吃住，并为我们买好到北平去的车票。接待我们的人好像和我们都非常熟悉一样。后来才知道，曹、关和接待我们的人实际上都是中共地下党组织的安排，我们自己却不知道。”①

1950年6月的一个下午，李秉德接到通知说，“组织上可能要提前给你分配工作，你思想上要有所准备”。星期一早上，他又接到通知说，“现在就要给你分配工作，请你马上收拾行李上车”。李秉德问去哪里，他得到回应说，到校办公室就知道了。当他来到校办公室门前时，已有十来个欧美回国留学生在等着。工作人员出来说：“马上上车到中央教育部去！”到了中央教育部已是晚上十点半了。有一个值班人员在等着。吃完饭后值班人员说：“你们中×××是分配到东北大区去的，火车票已买好，吃罢饭就去火车站准备上车，李秉德、朱勃、刘文清三人是分配到西北大区教育部的，买的是明日去西安的火车票，今晚在招待所住上一晚，明日一早上车。”

（二）结缘西北师院，坚持教育研究

李秉德、朱勃、刘文清三人乘火车到西安后，就去西北军政委员会教育部报到。接待他们的人事处处长说：“李秉德和朱勃都是学教育的，西安与兰州各需一个。经请示江隆基部长，决定让朱勃留在西安，明早李秉德和刘文清都乘汽车去兰州西北师范学院。”

李秉德要去的西北师范学院，可追溯到1937年全面抗战爆发

---

① 李秉德著：《李秉德文集》，教育科学出版社2005年版，第397—398页。

后，北平大学、北平师范大学、北洋工学院和北平研究院等内迁至西安时合组而成的西安临时大学。不久迁至汉中，改名为西北联合大学。1939年其中由北平师范大学改组而来的师范学院改为独立的国立西北师范学院。1941年迁至兰州。1949年9月定名为西北师范学院。李秉德从西安出发，所乘的汽车时好时坏，走了一个星期才到兰州。到西北师院十里店宿舍住下时天色已晚。李秉德问："西北师院在哪儿？"回答是，顺着马路往西走，过了狼沟（即十里店桥下面的那条沟，桥是后来修建的）就是。次日清晨，李秉德便顺路西走，过了狼沟后看见的还是像十里店宿舍的土坯房子，再走远就是农田了。他就又问一个农民，西北师院在哪儿？农民说，"你已经走过来了"。他这才知道这些土房子就是国内颇有名气的西北师院，不过大门是朝东开的，未见校名挂牌而已。这对于不久前从巴黎回来的他来说，不免有落差太大之感。不过他在此待下去的决心却未有丝毫改变。

1950年6月，李秉德正式到西北师范学院任教育系教授，并任西北师范学院副教务长。他怀着建设新中国的极大热情，积极投入教学、科研和教育行政管理工作中。1954年，李秉德在时任西北师范学院院长徐劲的支持下，加入中国民主同盟。1956年被评为二级教授。正当李秉德不知疲倦地工作的时候，却遇到了1957年的"反右"运动。他被无端地打成右派分子，撤销了行政职务，受到不公正的待遇。1958年11月，西北师范学院由教育部划归甘肃省领导，更名为甘肃师范大学。李秉德虽继续在校执教，但直到1959年才摘掉右派的帽子。1962—1963年，李秉德被派往北京参加在中央社会主义学院的学习，心情才稍为舒畅些。回到兰州后，除教课外他还接受甘肃省教育厅的任务，负责编写《农民识字课本》，这就使他又有了发挥专长的机会。他编写的《农民识字课本》于1965年印行后，受到甘肃农村干部群众的普遍欢迎。①

（三）身处逆境的“学术权威”，任教小学的大学教授

十年动乱时期，李秉德又被打成“反动学术权威”，受到了不公正的对待，在教学和科研工作中未能正常地发挥应有的作用。②“文化大革命”结束后，李秉德被安排到甘肃师范大学附小教授三至五年级的数学。他没有因教小学而感到委屈，反倒非常高兴，因为他又可以从事教育工作了。他说：“面对这项新任务，我是这样来考虑的：虽然就教材内容来说，并没有什么深奥之处，但是本着一个教育专业者的职责与良心来要求，要把自己的教育理念与思想贯穿当前的教学实际，还需要付出一定的带有创造性的艰苦劳动。为了使这些十来岁的孩子们对这门数学课产生兴趣，并能把所学到的数学知识应用于实际问题中，我在设计教学过程中经常考虑如何提出问题，设计一些密切联系实际的作业题，并制作一些简易的直观教具。”③他的儿子对此印象深刻：“父亲备课特别认真。一次他很晚也不睡觉，在灯下不停地切萝卜。他将萝卜切成各种不同的几何小块，为学生做数学教具，只要干教育的活儿，父亲就很快乐。”受李秉德的影响，他一家三代里面，从事教育工作的就有10余人。1994年，甘肃省教委、甘肃省教师奖励委员会授予李秉德全家“教师世家”荣誉称号，以表彰他和家人对

①② 杨爱程、郭戈、郝志军：《李秉德传》，李秉德著：《李秉德文集》，教育科学出版社2005年版，第457、458页。

③ 李秉德：《一个老年教师的心声》，《教育研究》2002年第8期。

教育工作的贡献。[①]

“文化大革命”期间深入一线从事教学的这段特殊经历为李秉德日后的学术建树奠定了一定的基础。当谈到这段经历的时候，他常笑着说：“我那时得到的一个体会就是，要教好小学并不比教大学更容易。”[②]他曾说：“教育工作者在运用教育知识来解决教育教学问题的过程中所遇到的难度有其特殊性。因为他的工作对象是活生生的人，而活生生的人是有着自己的主体性和思想感情活动的。教育者必须使自己的教育行为和教育对象的实际情况相互适应，才会发生效果。所以教师的工作要特别细致，然后方可望在教育知识的运用上取得所期望的效果。”[③]

三、办学治校的主要成就

（一）拨乱反正，推动改革

1976年10月，“四人帮”被粉碎。随着党中央拨乱反正工作的深入，李秉德和一大批老知识分子一起获得了“新生”，他的所谓右派问题得到了彻底纠正。1979年，他又被任命为甘肃师范大学教育研究室主任，继而研究室改为教育科学研究所，他担任了所长。不久，党组织批准他为中国共产党党员，30多年来，他追求的梦想终于变成了现实。1981年他成为西北师范学院的院长。在任期间，他曾出访美国康涅狄格州中央州立大学，与该校校长詹姆斯博士共同签署了建立姐妹院校的协议书。

---

① 陈曦、李秉德：《奉献无悔写春秋》，《教育与职业》2009年第7期。

②③ 杨爱程、郭戈、郝志军：《李秉德传》，李秉德著：《李秉德文集》，教育科学出版社2005年版，第458、408页。

1982年开学动员大会，院长李秉德做报告
（图片由西北师范大学档案馆提供　馆藏　52003）

1983年5月，因年龄原因，他从院长岗位上离职，成为西北师范学院的名誉院长。[①]

在担任西北师范学院院长期间，正值拨乱反正时期，他从学校事业发展的大局出发，排除各种干扰，为受到不公正待遇的知识分子平反，调动了广大知识分子的积极性。他在深入考察研究国内外高教和高师问题的同时，顺应时代要求，探索办学规律，在管理、人事、教学、科研、后勤等方面进行了一系列改革。特别是建章立制，强化管理，增加选修课比重，加强实践环节，实施学分制、主辅修制、双学位制，扩大与国外的合作交流，营造了浓厚的学术氛围，提高了教学质量和办学效益，从而使学院发展步入正轨。[②]郭戈曾回忆，其师从李秉德攻读博士学位期间，西北师大学风朴实、管理规范，受当时商品经济大潮的负面影响较小，始终保持着严谨治学的传统，对课程、教学、学时、出勤等要求都很严格。[③]

（二）创建西北师大第一个博士点

1981年，经国务院学位委员会批准，李秉德成为我国第一位

---

① 李秉德著：《李秉德文集》，教育科学出版社2005年版，第458页。

② 郭戈：《大家风范　一代名师——悼念我的导师李秉德先生》，《群言》2005年第6期。

③ 郭戈：《忆导师李秉德先生》，刘基主编：《我与西北师大》，甘肃文化出版社2012年版，第300页。

教学论博士生导师。鉴于他在教育科学，特别是教学论领域的贡献，李秉德成为新中国第一批教学论博士点的负责人，开启了他在学校既从事行政管理工作，又从事人才培养的教学、研究工作的“双肩挑”状态。作为导师，他先后培养出博士20余人。在整个培养过程中，他始终坚持严格要求，在培养方式上灵活多样，不拘一格，形成了十分独特的研究生培养方法。①

1. 对学生全面关心和爱护

李秉德曾把他对学生的教育总结为八个字，那就是“关心爱护，严格要求”。他对学生既有严师的期望与要求，更有父母般的宽容和朋友般的关怀。在对学生的严与慈之间，他更是有慈有严、先慈后严。②他曾说：“博士生、硕士生都是这个专业的接班人，将来要为国家的教育事业做贡献。因此，我爱护他们，关心他们的成长，关心他们的疾苦，维护他们的利益，尽力帮助他们。尽管个人的力量是有限的，但这颗爱心却是非常重要的。有了这颗爱心，师生关系就建立在一个坚固的、深厚的、相互信赖的基础之上。”③

2. 严格要求，方式灵活

关心和爱护并不意味着放任自流，相反，在为人治学方面他对学生的要求非常严格。李秉德自1982年起开始招收研究生。在多年的招生工作中，他严格要求，认真把关，坚持研究生的入学标准，不依关系录取，不屈从外界压力，显示了一位学者应有的品质与气节，受到了国内外学术界的共同赞扬。在研究生培养过

① 王鉴：《论李秉德先生的治学思想》，《教育研究》2012年第6期。

② 李瑾瑜：《李秉德先生的教学论研究及其方法论启示》，《当代教育与文化》2012年第2期。

③ 李秉德著：《李秉德文集》，教育科学出版社2005年版，第498页。

程中，无论是招生、录取、上课、讨论，还是作业、考试、论文开题及指导、答辩等，李秉德都是严肃认真，一丝不苟，对研究生的业务水平、学术态度、思想品德、组织纪律、为人处世等方面均严格要求。[①]

对高层次人才的培养，特别是博士研究生的培养，李秉德要求更为严格。他认为，为了达到高规格的要求，要设立一定的学位课程，以进一步为博士生打下深厚的基础，更重要的是激发学生的积极主动性，以提高其自学的兴趣与能力。既要帮助博士研究生提高现有的水平与能力，还要给他们一些参加实践的锻炼机会。因此他在培养过程中，采取了灵活多样的培养方式。比如保证必修、选修课程的质量，开设小班专项讨论课，师生个别接触与谈话，给任务、压担子等。[②]

（三）开创崇尚学术、严谨质朴、敦品励学的校风

1. 知识指导与方法指导相结合

在教学过程中，一方面李秉德能在知识上给研究生以指导，每次研讨或讲解问题，他都以观点鲜明、视角独特、思维起点高、看问题深远的独特风范而使研究生受益颇多；另一方面研究生从他思考问题、发表见解的过程中能够获得研究方法。他还结合每次学习的具体情况给予研究生在学习、研究方法方面以及时、准确的指导。

谈到如何阅读一篇文章，李秉德认为读一篇文章应当注意这

---

① 陈曦：《李秉德：奉献无悔写春秋》，《教育与职业》2009年第7期。

② 王嘉毅：《学高身正为人师》，李秉德著：《李秉德文集》，教育科学出版社2005年版，第515—516页。

样几个方面：①应有谦虚的态度，每篇文章都有它合理的东西；②注意作者的思路和语言风格、逻辑结构；③对文章基本结论要掌握；④提出问题和不足；⑤对作者提出的问题或阅读过程中联想到的相关问题试做思考和研究。李瑾瑜曾回忆说，李秉德先生“就我们如何学会表达观点，如何聆听别人意见，如何争论，如何说服别人等，都进行过专门指导，使我们学会了不少学习和研究的方法”[①]。

2. 言传与身教相结合

李秉德不仅以自己的学识影响研究生，更以其躬身示范来教育研究生。接受过他教导的研究生谈到他的大家风范时，都深为敬慕。多年来李秉德一直坚持为研究生亲自授课，并将每一堂课都看作是富有创造性的工作。他八十多岁时，仍坚持给学生上课，每次教学他都精心准备。他说：“虽然有些课我都教过多少遍了，但是每次上课之前，我仍然一定要认真准备，不敢有丝毫马虎。因为我时时在考虑着，学科在发展，时代在变化，自己面对的当前这群新学生的知识准备与思想情况，也绝不会与过去的一模一样。而且自己也应该有所进步，绝不能存着以不变应万变的心理去应付一群新的学生，这与一个教师应有的责任心是不相符合的。”[②]

2002年底，李秉德已是九十高龄，刚刚动完一个较大的手术后出院。一些硕士生、博士生很想见见先生，听听他的教诲。先生得

① 李瑾瑜：《李秉德先生指导研究生的方法特色》，李秉德著：《李秉德文集》，教育科学出版社2005年版，第508—510页。

② 李秉德：《一个老年教师的心声》，《教育研究》2002年第8期。

知后十分重视，认真准备，而且坚持到教室，一讲就是3个小时。①

3. 知识与见识相结合

古人所谓“读万卷书”就是强调知识，而“行万里路”就是强调见识。李秉德自己在欧洲求学期间，走遍了欧洲著名的教育机构，访问了许多著名的教育专家，增长了见识。李秉德在后来指导研究生学习的过程中，一直都强调知识与见识相结合，他不仅促成了西北师范大学与加拿大安大略教育学院联合培养博士生的项目，把一批优秀的学生送到国外扩大见识、增长知识，而且他倡导国内访学，每当有研究生作论文的时候他都要列出一些要访问的专家学者名单。正是因为李秉德指导方法得当，一批批优秀的博士生脱颖而出，他们不仅理论基础扎实，而且擅长国内外学术交流，形成了我国教学论领域一支独特而富有影响力的研究队伍。现在通信技术发达了，网络资源丰富了，许多大学的博士生作论文就省去了访学这一过程，但西北师范大学的博士生培养还保留着传统的访学、搜集资料的培养方法，因为面对面地与专家学者交流，对于研究生的综合培养十分有利，对于学术传统的保持与传承十分必要。这也说明李秉德长期坚持的知识与见识并重的治学思想得到了继承和延续。②

4. 向学生学习，教学相长

李秉德善于学习，也从不放过一切学习机会。1997年华东师范大学叶澜教授的《让课堂焕发出生命的活力》一文在《教育研究》上发表，李秉德马上让学生到他家进行学习研讨。他

① 王嘉毅：《学高身正为人师》，李秉德著：《李秉德文集》，教育科学出版社2005年版，第515—516页。

② 王鉴：《论李秉德先生的治学思想》，《教育研究》2012年第6期。

首先结合叶澜的文章对于教学论的丰富意义进行了讨论，对于文体也倍加赞赏。每当学校有中外教育专家做报告，他总是坐在前排，向前倾着身子（先生听力不好），并努力做着笔记。讨论时，他总是带头提问并给予积极评价。张铁道回忆道："教育部基础教育司王定华博士来兰州出差，先后两次应邀到学校介绍基础教育改革情况，李秉德都早早地赶到会场，非常认真地听讲。每次同学的专题发言，先生也努力倾听，并给予积极鼓励。我由于工作关系，经常深入基层或外出学习，了解的信息或获得的见闻也成为先生的素材。每次回来，先生总是很认真地听我讲述各种见闻以及对教育问题的想法，并与我就这些问题开展深入讨论。"①

（四）建设教学与科研团队

李秉德是我国课程与教学论研究队伍的缔造者之一。他带领西北师范学院的学术团队，形成了国内富有特色的"七要素"教学理论流派。他还通过培养高层次研究人才，继承和发扬了理论研究团队建设的学术传统。他强调，每个人都是独立的个体，要十分尊重他，要根据他的兴趣选择研究方向，同时，每个人的力量都是有限的，一个优秀的团队对于一个学科的发展是十分重要的。因此，李秉德在教学论的博士点上，最早组织了国内较强的教学与研究团队，团队成员包括李秉德、南国农、吕方、李定仁、赵鸣九、胡德海、景时春等教授，每位教授都各有所长，共同组成教育学科的优秀团队。李秉德还十分注重梯队建设，他非

① 张铁道：《我的导师李秉德先生》，李秉德著：《李秉德文集》，教育科学出版社2005年版，第475页。

常用心地培养了万明钢、王嘉毅、李瑾瑜、徐继存、蔡宝来等教授作为新一代的教学与科研团队成员。

四、要处理好高等学校教学中的十大关系

李秉德“十分热爱教育和教育学术事业，从1930年选择教育专业以来，始终没有离开过教育岗位，并在广泛的领域里辛勤耕耘，成就卓然，留下数百万字的精彩论著，形成了较为系统全面的、理论与实践相结合的、有特色有创造性贡献的教育思想和观点”[①]。李秉德曾撰文回忆其一生，并总结道：“回顾我的一生，可以说都在这学和教的生涯中度过了。”[②]“我这一生，像是写了一个‘之’字。新中国成立前19年点了一点，就写不下去了。新中国成立后30年，像是在这个点下写横，接着是写了个不太长的折撇，现在又终于回笔写这一捺了。这是我晚年的极大幸事。”[③]改革开放后的80年代，年近70的老先生，拼命想抢回被耽误的21年时间。对于他所深深钟情的教育事业，在完成办学治校的行政工作中，在教书育人过程中，他勤于笔耕，在高等学校教学管理方面也做出了富有创造性的学术成就。

李秉德认为，“搞好教育，人人有责”，但是面对教育的复杂性和难度，教育工作者必须“予以总体把握，方能有效地进行工作”，必须“根据当时的社会与教育发展的实际情况，从整体上把握方向，发出振聋发聩的吼声，从而引领后辈人不断地把教

① 郭戈：《大家风范　一代名师——悼念我的导师李秉德先生》，《群言》2005年第6期。
② 李秉德：《一个老年教师的心声》，《教育研究》2002年第8期。
③ 李秉德：《塞水兰山三万里，暖来寒去九十春》，《师道》2004年第11期。

育推向前进”。[1]李秉德不仅对教学基本原理和中小学教学问题有深入的探讨，而且对高等学校包括高等师范院校的教学问题也有很深的造诣。早在1954年，他就撰写了论文《对于高等学校一般教学过程与方法的基本理解》。改革开放初期，高等学校的教学秩序亟待恢复，加之“四个现代化”建设的迫切要求，高等学校的教学问题日益引起人们重视。结合自身的理论研究和实践经验，1982年，时任西北师范学院院长的李秉德围绕“如何提高高等学校教学质量”这一议题，撰文指出高等学校在教学上必须处理好十大关系。[2]

这十大关系是：（1）在处理教书与教人的关系上，要做到既教书又教人；（2）在处理教和学的关系上，要做到教学相长；（3）在处理掌握知识的广厚基础与精深造诣的关系上，要夯实宽厚的专业知识基础；（4）在处理知识传授与能力培养的关系上，要把重点放在培养能力上；（5）在处理教学内容多与少，教学进度快与慢，学习负担重与轻的关系上，最好能做到在学习分量上于少中见多，在学习进度上形慢而实快，使学生在学习道路上稳步前进，不觉得有什么负担；（6）在处理课堂讲授与其他教学形式的关系上，要以课堂教授为主，但不忽视其他教学形式；（7）在处理好课内与课外的关系上，要以课内教学为主，但要大力提倡基于学生自愿原则的课外学习、研究活动；（8）在处理好高等学校教学与中等学校教学的关系上，要使二者之间既有连续性，又有阶段性；（9）在处理好掌握专业知识与学习教育科学的关系上，教师

① 李秉德：《我对教育工作的认识与体会》，《班主任》2004年第10期。
② 李秉德：《关于高等学校教学的若干问题》，《西北师大学报（社会科学版）》1982年第3期。

既要继续经常学习所教专业，不断提高自己的专业水平，也要力求掌握教育规律，不断提高自己的教学能力；（10）在处理好教学科学化与教学艺术化的关系上，要把教学的原则性和灵活性结合起来，以此提高教学质量。

李秉德认为：高等学校中的复杂多变的教学活动所包含的关系，绝不限于上述十种关系，在这些关系之间彼此又有着紧密的联系。因此可以说教学活动中的关系是错综复杂的。如何处理好这些错综复杂的关系？最根本的一点，就是教师要善于掌握运用教学规律，使学生在生动活泼的学习过程中充分发展其各项能力。因此，检查教学效果，就要从学生身上看能力培养到什么程度。如果能够紧紧地掌握住这一精神，并处理好上述十种关系，那么领导教学工作就不会迷失方向，而实际从事教学工作的教师也就不会有太多的无效劳动了。这样，我们就一定能够把我们高等学校的教学质量不断地提高到新的水平。①

围绕“如何提高高等学校教学质量”这一现实问题，从“关系”的视角提纲挈领地指出高等学校教学活动的复杂性，揭示高等学校教学活动的特殊规律，并高屋建瓴地提出高等学校进行教学质量建设的相关建议，能够取得这些研究成果得益于李秉德严谨的治学态度、务实的工作作风、科学的研究方法和强烈的社会责任感。这是他从事教学论教学和教学理论研究的成果和宝贵结晶，也是他从事高等学校教学管理实践经验的深刻总结。他几十年如一日，博采众长，认真独立思考，所进行的研究既切中时弊，以现实教育中存在的问题为立足点，又高瞻远

① 李秉德：《关于高等学校教学的若干问题》，《西北师大学报（社会科学版）》1982年第3期。

瞩，以教育发展中的重大理论问题为出发点，显示出大家风范和名家魅力。

五、对高师院校教育学科建设的贡献及影响

从20世纪三四十年代起，李秉德就著书立说，成绩卓著，在国内教育学术界颇有名气。改革开放以后，他不顾年事已高，在行政事务之余，抓紧分分秒秒，从事教学和学术研究。1995年，他荣获“全国优秀教师”称号，1998年被评为国务院政府特殊津贴专家。在跨越了两个世纪、长达70余年的辛勤耕耘中，李秉德在教育教学的诸多领域积累形成了丰富的学术思想，他对教育教学创造性的实践、研究和贡献，也得到了社会的高度认可。他曾任第六届、第七届全国政协委员，同时兼任中国教育学会和中国高等教育学会首届理事；担任中国教育学会小学语文教学研究会副会长、顾问；担任中国教育学会教育实验研究分会顾问、甘肃省教育学会会长等。他的学术成果大体分布于以下三个阶段。

一是20世纪30年代中至40年代末。大学学习期间，李秉德就积极参与科研活动，发表了多篇论文，如《论所谓适合社会需要的教育》（1932）、《学校风纪之培养》（1932）、《开封城乡中小学小楷速率测验报告》（1933，与郜爽秋等合作）等，翻译了《心理生活之社会性》（1933）、《电影在中学学生的社会态度上所产生的效果》（1933）等，并在大学四年级被聘为《开封实验教

育》月刊的“特约撰稿人”。[1]他的研究成果，除去一部分得以公开发表，还有一些则遗失在战乱之中。如完成于1944年的《教育研究方法》手稿，还未出版即丢失于随河南大学向内地的搬迁途中。

二是20世纪50年代初至70年代末。这一时期，李秉德既经历了回国初期满怀激情、投身祖国教育事业建设的美好时光，也经历了长达20年遭受迫害的痛苦岁月。尽管如此，他仍矢志不渝，默默坚持，围绕语文教育、课堂教学改革、教师培养等问题开展了一系列研究，形成了相当丰厚的研究成果。

三是改革开放以来至去世的近30年。这一阶段可以说是李秉德人生和学术生涯的一个高峰期。正如他自己所言，历经坎坷之后，终于在晚年赶上了一个好时代。他一生中最重要的学术成果大体上都产生于这一时期，如关于语文教育、教育科学研究方法、教学论、教育实验的一系列重要论著就是在这一时期陆续完成的。[2]

从1978年起，他在各种期刊上陆续发表论文50多篇。1980年，甘肃人民出版社出版了他的专著《小学语文教学方法》。1986年10月，他主编的高等学校文科教材《教育科学研究方法》由人民教育出版社出版，完成了一项他酝酿多年的写作计划。这是我国出版印刷次数较多、影响较大的一部教育科学研究方法著作，也是影响较大的教育学科著作和教材之一。1987年3月，知识出版社又出版了他和钱伟长、费孝通等著名学者共同完成的《我国社会经济和科技发展战略问题》一书，其中他阐述了关于我国教育发展战略的一些思想。这本书作为中央电视台教育节目用书之一，其

① 王嘉毅：《李秉德：我国教学论学科的奠基人与开拓者》，《国家教育行政学院学报》2005年第5期。

② 田慧生：《怀念中加高层次教育研究人才联合培养项目的开拓者——李秉德先生——〈李秉德教育文集〉编后记》，《当代教育与文化》2011年第4期。

主要内容曾向全国播放。1991年由李秉德主编的被列入国家教委“七五”规划的高等学校文科教材《教学论》，由人民教育出版社出版。该书提出了一种新的教学论体系，标志着以李秉德教授为首的教学论西北流派的诞生。

李秉德对教育的研究涉及众多领域，如教育基本理论、教育政策、教育发展战略、教育法规、教育人口、教育经济、教育文化交流、高等教育、早期教育、社会教育等。但李秉德毕生对教学论、教育研究方法、教育实验、语文教育、教学理论与实践关系的研究用心最多，成就卓著。[①]

（一）关于教学论

对于教学论的研究，李秉德倾注了毕生的心血。在已取得一系列重要成就的基础上，他不断思考和完善现代教学论的学科体系。他说：“回顾半个多世纪来我国学校教学的发展轨迹和个人学习教育学的情况，我产生了这样一种想法：我们为什么老是跟着外国的教育学者们亦步亦趋呢？学校教学现象是我们教育工作者天天遇到的现象，为什么不可以用我们自己的头脑对之加以认真的探讨呢？这

1983年李秉德参加科学讨论会
（图片由西北师范大学档案馆提供）

① 李瑾瑜编选：《陇上学人文存·李秉德卷》，甘肃人民出版社2012年版，第4页。

就是我给自己提出的一个严肃的课题。当然，我这样说丝毫没有闭关自守或闭目塞听、拒绝学习外国的意思。我在这里只是强调，用自己的眼睛看我们的教学现象，并且用我们自己的头脑来对之进行分析。”[①] 他认为：“教学论同其他学科一样是不断发展的，要与时俱进才行。现代教学论研究既要适应时代的要求，又要能体现中国的特色。这是我们现代教学论工作者的努力方向。”[②] 在创设现代教学论学科体系过程中，贝塔朗菲创立的系统论给了李秉德很多启示。系统论的基本原理主要包括：整体的功能不等于各部分功能之总和，系统的结构决定系统的功能，系统是动态的，其最终目的是最优化。[③] 根据整体性原则和有序性原则，在分析国外教育教学理论得到系统论指导的基础上，尤其是借鉴了巴班斯基的教学过程最优化理论，李秉德创设了以“七要素说”为核心思想的中国现代教学论学科体系。

沿着教学“七要素”学说所提供的逻辑思路和架构，李秉德于1991年主持编写了我国高等学校文科教材《教学论》一书。这本由人民教育出版社出版的教材，依照教学“七要素说”的设想展开，比较系统地表达了李秉德在建构中国自己的教学论时所依据的理论思想，在教育教学理论界产生了广泛而深远的影响。这标志着李秉德在教学论学科体系建构上获得了重要成果，不仅为广大教育工作者提供了教学理论学习和研究的成果，也以其理论上的创新成就，奠定了他在中国教学论学科研究上的重要地位。由于《教学论》的广泛运用和在实际中产生的良好影响而受到国

①② 李秉德著：《李秉德文集》，教育科学出版社2005年版，第100、134页。

③ 李秉德主编：《教育科学研究方法》（第2版），人民教育出版社2001年版，第302—306页。

内同行好评。1993年，《教学论》被评为甘肃省哲学社会科学优秀成果奖一等奖，1994年被评为中国教育学会优秀专著奖，1995年被评为甘肃省高等学校优秀教材奖一等奖，1996年人民教育出版社在《光明日报》登载获奖图书目录，将《教学论》向全国推荐。1997年，《教学论》获国家级教学成果奖，1999年，教育部组织专家评审，将《教学论》列为全国中小学教师继续教育学习参考书。①2000年，《教学论》作为教育部师范教育司推荐的全国中小学继续教育学习参考书修订再版时，李秉德又组织相关研究者吸收了国际国内教育科学研究和其他学科研究的最新成果，使之更加科学和完善。②

从对教学实际问题的关注和研究开始，到积累和形成关于教学论的学术思想，再到构建更具理论价值的教学论学科体系；从对一个个具体问题研究所发表的成果，到奠定形成具有更大影响力的学术著作，是李秉德在教学论研究上给我们最具示范性的方法论启示。

（二）关于教育科学研究方法

教育科学研究方法是教育科学的重要组成部分，对研究的科学化、创造性具有重要的、直接的影响。李秉德从步入学术研究的殿堂起，就十分重视教育科学研究方法。早在1944年就撰写了《教育科学研究方法》一书，并十分重视学术研究与科学态度、科学方法之间的关系。他指出："要想相当完满地完成教育科研的任务，必须提倡并大力加强教育科研专业人员和广大教育工作者之间的协作。

① 李定仁：《一丝不苟　精益求精——记李秉德先生主编〈教学论〉经过》，《当代教育与文化》2012年第2期。

② 李瑾瑜：《李秉德先生的教学论研究及其方法论启示》，《当代教育与文化》2012年第2期。

广大教育工作者天天在教育实践中，发现问题比较快，感觉比较敏锐，体会比较深刻，这些都是进行教育科学研究的有利条件。”①

1946年，34岁的李秉德发表了8 000余字的《学术研究与科学态度》一文。②文章围绕“从学术研究说到科学态度”“什么是科学”“科学的态度应该怎样”“科学态度与科学方法”“科学研究在应用上的限度”等几个方面阐明了他的学术研究立场。

在1979年《教育研究》第1期（创刊号）上，李秉德发表了题为《教育研究必须讲求科学的研究方法》一文，尖锐地指出，我国的教育学缺乏科学性，要使教育学真正成为一门科学，就必须承认教育“有着它本身的规律”。要办好教育，就不能不尊重教育本身的客观规律，不能靠老经验或“长官意志”办事，必须开展教育科学研究，而要搞好教育科学研究，就必须具有科学的态度并讲求科学的研究方法。1981年，李秉德发表了《要充分认识教育、教育科学、教育科学研究的重要性》，1982年他又发表了《如何开展教育科学研究新局面》等文章，非常鲜明地表达了对教育、教学必须用科学的态度和方法去研究的思想，并且介绍了教育研究的一些主要方法。这些思想现在看来也许是常识，但在当时，却是一个必须正确认识和需要思想引领的重大问题。③

在教育教学研究方法这个领域的研究中，李秉德为我们展现了从关注具体问题开始，到多方面的思考研究，再到建构学科体系的方法论的魅力。1986年，他主持编写了《教育科学研究方

① 李秉德、檀仁梅主编：《教育科学研究方法》，人民教育出版社1986年版，第9页。

② 李秉德著：《李秉德文集》，教育科学出版社2005年版，第36页。

③ 李瑾瑜：《李秉德先生的教学论研究及其方法论启示》，《当代教育与文化》2012年第2期。

法》一书，并由人民教育出版社出版。这部著作作为李秉德对教育科学研究方法学科体系构建的思想结晶，被教育部列为我国高等学校文科教材，也是20世纪80年代我国教育科学研究方法方面的第一部著作，在我国高师院校教育科学研究方法这一学科的发展史上占有重要地位。

（三）关于教育教学实验

在教育教学的多种研究方法中，李秉德特别倡导和推崇"实验法"。早在20世纪30年代中期，李秉德就在河南开封教育实验区从事"廉方教学法"（又称"合科教学法""卡片教学法"或"二年半制"）的实验工作。李秉德这两年的实验工作及此后对国内外著名教育实验区和实验学校的考察，对后来进行教育实验问题的研究乃至对其整个学术思想的形成都奠定了良好基础。因此，李秉德不但在各个时期极力倡导教育实验活动，还深入研究教育实验的方法和技术，并率先在《教育研究》杂志上向广大教育工作者介绍教育实验方法，如单组实验法、等组实验法和循环实验法等集中常用的教育实验方法，并对实验情况的控制、采用教育实验法的先决条件以及教育实验的实践等具体问题进行了深入讨论，对于教育实验法的普及和推广起了积极的推动作用。[①]加拿大学者许美德说："他毕生致力于在中国背景中进行教育实验，这是一种牢牢地根植于中国传统文化土壤的教与学的方式。这种方式强调一个人心智、心灵和精神的全面发展。"[②]

20世纪80年代中后期，我国教育学术界发出了"教育科学的

① 李秉德著：《李秉德文集》，教育科学出版社2005年版，第515页。
② 陈曦：《李秉德：奉献无悔写春秋》，《教育与职业》2009年第7期。

生命在于教育实验”的呼声，并在基础教育领域形成了繁荣的“教育实验”的局面，许多观点、流派涌现。在这个过程中，也产生了一些非科学甚至反科学的形式化的教育实验现象。针对这些现象，李秉德及时给予理论分析与引导。1984年，他发表了《进一步提高语文教学实验研究的科学性》一文，指出要使教学实验合乎科学要求，必须真正做到“实验对象选样要有广泛的代表性”“实验因子要明确突出”“确定测量标准与方法，做好对照比较”“对比较结果要进行认真分析”等。1988年他又发表了《对于教育实验要保持科学的态度》一文，明确呼吁：“既然把实验当作科学研究的方法，就应该在实验的全过程始终保持科学的态度，也就是实事求是的态度。”文中对“实验者”“行政部门”和“具有权威者”提出了非常中肯的建议。这些思想的声音和理论的及时引领，对于推动教育教学改革和实验的顺利进行，无疑都是非常必要和重要的，也显示了一个教育家对教育研究和实践的责任和担当。①

（四）关于语文教学

我国教学论研究者，大多数长期被一个两难的问题所困扰，那就是研究教学，只有“一般教学的专业理论”而没有“学科教学的经历与背景”。这也许是造成理论研究较为空泛、理论缺乏影响力和变革力的重要原因之一。李秉德在1982年发表的《如何开展教育科学研究新局面》一文中，谈到教育研究工作者要目光远大时说：“教育研究者就应该力求多知道一些东西，作为我们研究的基础。多知道些什么呢？第一，教育科学范围内的东西要尽量多知

① 李瑾瑜：《李秉德先生的教学论研究及其方法论启示》，《当代教育与文化》2012年第2期。

道些，包括教育内部的规律，以及外部规律的重要内容。第二，除教育知识外，要尽可能掌握一门专业学科，社会科学或自然科学都行，若能掌握一门自然科学，达到大专程度更好。第三，新的技术科学最好也能知道些。”①不难看出，李秉德倡导教育研究者“除教育知识外，要尽可能掌握一门专业学科”，他自己就是一个具备这样知识结构的教育家，他在中小学语文教学方面的研究与影响，以及所形成的思想观点，也是他思想体系的重要组成部分。

受“廉方教学法”实验的影响，李秉德一生对语文教学的研究始终兴趣盎然，他在这方面的研究是逐步扩展和深入的。早在20世纪30年代中期，李秉德从事的教育实验主要是按照李廉方的“改造小学国语课程”三期方案进行的，由此打下了语文教学研究的基础。他早期的语文教学观点，主要侧重在民众和儿童的识字方面。在五六十年代，身处逆境的李秉德集中钻研了小学语文教学问题，撰写了一系列有关论著，先后撰著了《小学识字教学改革途径的探讨》(1960)、《小学学生课外阅读的组织与指导》(1960)、《引导学生通过语文形式逐步深入理解内容是语文阅读教学的中心问题》(1962)、《关于小学生作文中错别字情况的一个小型调查》等文章。虽然教小学语文是对李秉德的“惩罚”，但这种“惩罚”却成为他在教学实践中研究教学问题的绝好机会。我们一直倡导最为理想的教学论研究是针对实际的教学问题所开展的研究，李秉德不仅以自己的行动践行了这种理念，也为我们如何做研究树立了榜样。②

“文化大革命”之后，李秉德重返大学的教学研究岗位，但他

① 李秉德著：《李秉德文集》，教育科学出版社2005年版，第52页。
② 李瑾瑜：《李秉德先生的教学论研究及其方法论启示》，《当代教育与文化》2012年第2期。

对语文教学的关注、思考和研究从未间断。他结合自己的观察和思考，先后发表了《漫话中小学语文教学三十年》(1979)、《论中小学语文讲读课中的读、练、讲》(1979)、《努力使中小学语文教学方法科学化》(1980)等文章。在语文教学史、阅读和识字教学、语文教学方法的改革、语文教学实验和科学化，以及语文教学学科建设等方面做了深入、系统和有创造性的研讨，从而构筑和形成了他的语文教学观。他主张加强对语文教学历史的系统总结，改进中小学的语文教学方法，抓好课堂教学特别是讲读课，用教育和教学的科学理论指导语文教学，大力提高语文教学质量。小学低年级语文教学要“以识字为重点”，用科学的态度和方法研究语文教学，努力建立“语文教育学”等观点和意见，得到了国内同行的广泛赞同和响应。这些基于语文教学实践和研究的思想，又以学科体系的方式集中反映在1980年由甘肃人民出版社出版的《小学语文教学方法》一书中。该书全面系统地探讨了小学语文教学改革的重大问题，也奠定了他在中小学语文教学研究中的学术地位。①

20世纪80年代后期，李秉德虽然担负着大学教学、研究和管理的重任，但对中小学语文教学问题还是继续给予了深入细致的研究，先后发表了《关于小学语文阅读教学重要性的再认识》(1984)、《在小学语文阅读教学中培养学生的创造性》(1985)、《“以识字为重点”不可轻易丢掉》(1985)、《当前小学语文教学中存在的问题和我们的着眼点》(1985)等一系列文章，其中所论及的问题，在今天仍具有现实意义。尤其是在这些研究的基础上，李秉德已不再满足于对语文教学具体问题的思考，而是开始构建

① 李瑾瑜:《李秉德先生的教学论研究及其方法论启示》,《当代教育与文化》2012年第2期。

具有学科意义的语文教育思想。1987年，他发表了《关于建立语文教育学的初步设想》，1996又发表了《从语文教学法、语文教学论到语文教育学》，这两篇文章在当时的教育界产生了重要影响。李秉德从中小学语文教学问题的研究再到他努力建立“语文教育学”学科的观点和思想，得到了国内同行的广泛赞同和响应，也再一次给了我们研究教育教学问题的方法论启示。20世纪末许多师范院校纷纷将“语文教学法”转型为“语文教学论”和“语文教育学”，这与李秉德的研究、倡导和努力有着密切的关系。①

（五）关于教学理论与教学实践相结合

教学理论与教学实践的关系，是长期以来困扰教学论研究和教学论学科发展的老大难问题。作为教育家的李秉德，在他一生的教育学术生涯中，都在努力倡导教育教学研究必须联系和结合实际，必须着眼于教学实践。他在教育各领域的研究，尤其是教学领域的研究，都紧紧把着时代与实践的脉搏，并用自己的行动体现着理论研究与实践发展的紧密结合。1996年，李秉德在《教育研究》第10期发表了《教学理论与教学实践“两张皮”现象剖析》一文，他指出，用理论来指导实践，以实践来促进理论的学习，这样良性互动不断地把教学实践和理论提到更高的水平，是理论与实践结合的目标。但是使教学实际工作者和从事教学理论工作者“双方都感到苦恼”的是所谓教学理论与教学实践“两张皮”的问题，要解决这一问题必须分析不同情况，方可找到正确的道路和方法。他说：“我读一本书或一篇文章，了解了作者所表达的重要问题与论点时，我常提出两个问

① 李瑾瑜：《李秉德先生的教学论研究及其方法论启示》，《当代教育与文化》2012年第2期。

题来问自己。一是他所说的是否与实际相符？实际上是不是那么回事？二是假如真是那么一回事，真有道理，我自己是否对此问题也如此想？我想不到，那就佩服人家高明，我就从中受到教益。”[1]

主要参考文献

1. 陈曦：《李秉德：奉献无悔写春秋》，《教育与职业》2009年第7期。

2. 李瑾瑜编选：《陇上学人文存·李秉德卷》，甘肃人民出版社2012年版。

3. 郭戈：《大家风范　一代名师——悼念我的导师李秉德先生》，《群言》2005年第6期。

4. 郭戈：《忆导师李秉德先生》，刘基主编：《我与西北师大》，甘肃文化出版社2012年版。

5. 河南大学校史修订组编：《河南大学校史》，河南大学出版社2012年版。

6. 李瑾瑜：《李秉德先生的教学论研究及其方法论启示》，《当代教育与文化》2012年第2期。

7. 李秉德、檀仁梅主编：《教育科学研究方法》，人民教育出版社1986年版。

8. 李秉德、王鉴：《时代的呼唤与教学论的重建》，《高等教育研究》1999年第5期。

9. 李秉德主编：《教育科学研究方法》（第2版），人民教育出版社2001年版。

10. 李秉德著：《李秉德文集》，教育科学出版社2005年版。

① 李秉德著：《李秉德教育文选》，教育科学出版社1997年版，第400页。

11. 李秉德:《一个老年教师的心声》,《教育研究》2002年第8期。
12. 李秉德著:《李秉德教育文选》,教育科学出版社1997年版。

知术欲圆
行旨须直

西北师范大学校训

撰稿人：王娟娟，管理学博士，兰州大学高等教育研究院讲师，主要从事教育管理学与高等教育研究。

叶培大

YE PEIDA

北京邮电学院（北京邮电大学前身）院长（1981—1985）

（图片由北京邮电大学提供）

叶培大（1915—2011）是我国当代著名的教育家、光通信及微波通信领域的先驱。他长期担任北京邮电学院副院长、院长、名誉院长和北京邮电大学名誉校长，是国务院学位委员会电子学与通信学科评议组首届召集人。他在国内率先开展了大气光通信的研究工作，也是新中国第一所邮电高等学府的创办人之一，是中国第一批博士研究生导师之一、中国科学院第一批院士之一，曾受聘为美国麻省理工学院电磁科学研究院（TEA）院士。叶培大先后担任过20多个国际会议的主席或合作主席，承担多项国家级大型科学研究项目，为我国的科学和教育事业做出了突出贡献。他还曾长期担任全国政协委员、民盟中央常委。

一、求学从教的经历

1915年10月18日，叶培大出生于江苏南汇县一个传统的书香门第。他幼时跟随父亲在私塾学习四书五经，后进入新场镇小学学习。高小毕业后，考入民立中学，最后进入北洋工学院（今天津大学）学习。叶培大的求学经历影响了他的教学生涯，也奠定了他成长为我国通信领域先驱者的道路。

（一）接受传统教育

叶培大说过："一到决定命运的人生关口，我都会选择到学校做教师，这可能是受了我父亲、叔父一辈子从教的影响。"[1]叶培大的家门素来重书崇文，祖上就有不少族人科举中第。叶培大的

① 李斌著：《与光同行》，北京邮电大学出版社2005年版，第219页。

父亲叶时茂则是精通书画，声名远播，被当地人送以“江南一叶”的雅号。叶时茂满腹才学，然而时值西学昌盛，朝廷废除科举，无法从政当官，只能受聘成为私塾教师，教授四书五经。但叶时茂知书达理，并没有在传统思想中故步自封，而是前往上海学习法律，然后当了几个月律师，最终回到私塾继续执教，但这显然为日后将叶培大送往上海接受更为先进的西式教育埋下伏笔。

叶培大在父亲的启蒙中开始读书认字。父亲饱读诗书，他所能给予叶培大的除了传统文化的滋养、为善好学的品德，更多的还是一位父亲对孩子成人成才的殷殷期待。叶培大也从来没有辜负父亲的期望。他进入小学时便直接就读三年级，勤奋刻苦、严谨认真，对课业从未放松，一直保持优异的成绩，并最终以第一名的成绩从小学毕业。紧接着，父亲就带他前往上海报考民立中学。

（二）接受新式教育

清末，一大批仁人志士纷纷批判科举，主张对传统教育制度进行改革。在改革的推动下，各地兴起办学热潮。不少有识之士怀抱教育救国的信念投身教育事业。这些人所创办的新式学堂开始教授西式课程，增加新学科，采用新的教学方法。上海民立中学就是苏本炎、苏本铫为教育报国于1903年创立的。民立中学强调的教育理念是“讲求实用”，学校对教师延聘与学生学业都要求甚高。1927年，叶培大考入民立中学，自此开始接受新式教育。民立中学的教学方式完全不同于先前的高小。“从初三起，即有英美教员任课，英语是课程中的重中之重，除国语外的全部课程——诸如数学、物理、化学，甚至中国历史、地理都实行全英文教学，即便是中国教师讲课也是如此。每周学生还必须交一篇英文作文，考查极其严格。”①正是在此期间，叶培大打下了坚实的英语基础，掌握了数理化的基本知识。如果说传统教育教会了叶培大明辨是非、乐学上进，那么民立中学的教育就是叶培大的命运与国家、社会相连的肇始。他在民立中学见识到更大的世界。在上海，他感受到时局的动荡，接触到时代浪尖的思想言论，知道了陈独秀、胡适、鲁迅和巴金。起初，叶培大醉心于文学，一心扑在创作之中。但后来，到人生抉择之际，他想到父辈从文的艰辛，想到时代发展的需要，便毅然决然地确定了自己学习工科的志向，正式走上了科技救国的道路。1933年高中毕业后，他进入上海私立大同大学学习。

1934年，叶培大考入国立北洋工学院电机系就读，接受更为系统和深入的新式教育。北洋工学院同样治学严谨，重视英语。它的“实事求是”的教学宗旨对叶培大的影响尤为深远。后来叶培大担任北京邮电学院院长时，他的诸多举措无不体现着昔日北洋工学院求实的校风。叶培大在北洋工学院求学时仍然保持其一贯的优异成绩，年年名列第一。在熟练掌握书本知识的同时，他还勤于实践，积极与同侪交流。然而，此时国难当头，民族危机不仅使叶培大中断了自己的毕业实习，也让他认识到战争已经不能容忍平静的校园生活。1935年，随着“一二·九”运动的爆发，爱国热潮席卷全国校园，叶培大加入了学生请愿团，投身抗日救亡运动。1937年全面抗战爆发后，北平大学、北平师范大学、北洋工学院和北平研究院等迁至西安，组成西安临时大学，不久又

① 李斌著：《与光同行》，北京邮电大学出版社2005年版，第14页。

迁往汉中，改名为国立西北联合大学。1938年7月，其中原北洋工学院部分改为国立西北工学院。在学生爱国运动浪潮中，叶培大终于意识到自己的所思、所想、所学已经与社会紧密地联系在了一起。大学是一个人塑造人生观、价值观和世界观的关键时期。叶培大在这段时期提升的不只是学识，还有对理想、命运和社会责任的认知。

二、教学管理的业绩

（一）在天津大学的教学管理业绩

叶培大有着从教的坚定信念，在成为北京邮电学院院长之前他就积累了丰富的教学和实践经验。1938年8月，他从国立西北工学院毕业时以本专业第一名的成绩留校任助教，开启了他的教学生涯。叶培大任助教时，除了协助正常教学活动之外，很多时候还需要亲自授课，讲授一些基本知识。战时条件艰苦，学校名师荟萃。正是在这样的环境中，叶培大的教学能力得到了极大的提升。之后，叶培大辗转于金陵大学和北洋大学任教，也都得益于他在西北工学院初登讲台时所受到的良好训练。叶培大在西北工学院任教两年，尽管受益颇多，但也意识到学校设备匮乏，不利于实践。于是他在1940年9月到重庆进入国民政府中央广播电台工作，更加努力地提高自身业务水平。

叶培大以自己的亲身经历贯彻理论与实践相结合的理念。他凭借在大学读书时所奠定的坚实的理论基础，在实践中不断摸索前进的方向，把握国内和国际通信领域的发展动态。1945—1946年，叶培大留学美国哥伦比亚大学研究院。在此期间，他曾先后在美国国家广播公司和加拿大北方电气公司实习，还曾前往旧金山参观实习。1946年10月归国之后，叶培大到南京继续在国民政府中央广播电台任职，并曾前往南京江东门机房，负责中波台的广播技术工作。叶培大的实践经历贯穿教学活动之中，所以他能充分积累在国内外通信领域工作的经验，逐步成长为业界翘楚。叶培大时时刻刻心系国家，希望通过从教和通信建设为国家尽到自己的力量。这些经历和精神既融合在他的教育教学中，也融合在他此后的教学管理工作中。1949年9月，叶培大回到天津北洋大学任教。1951年，北洋大学与河北工学院合并为天津大学。1952年叶培大升任天津大学电信工程系系主任，开始了他的教学管理生涯。

叶培大坚定从教也是对国家和社会发展趋势的顺应之举。在战时，尽管有不少人奔赴一线为国效力，但从长远来看，教育依旧是一个国家长远发展的命脉。叶培大也会接受政府部门的任命去主持一些实践项目，不过他自始至终都把教育、通信领域科研事业的发展作为自己工作的重心。这是叶培大的个人志向，同时也反映出他的目光长远。

叶培大正式出任天津大学电信工程系系主任后工作更加繁忙。“他不再只是一个单纯地站在讲台上教书育人的教师了，还要承担系里教学计划的编制、学科的设置、教学的全局管理以及其他大量行政事务。”①叶培大在教学管理工作中日益感受到教学与科研并重的重要性，即使多年后接受访谈时，他也不忘提及这一点。当访谈者问到叶培大“对治校执教感触最深的，或者说觉

① 李斌著：《与光同行》，北京邮电大学出版社2005年版，第78页。

得最重要的是什么”时，叶培大回答道：“论感触和印象，最深的要算是教学和科研并重这一条。高校的教师，尤其是重点高校的教师，必须既教书又搞科研……高校搞科研有很多好处，也有很多优势。不仅要出科研成果，直接为经济建设服务，创造社会财富，而且要提高教师水平，锻炼教师能力，活跃学术氛围，丰富和更新教学内容，提高人才培养质量，一举两得，既出成果，又出人才。”① 教学与科研是学术理论转化为现实生产力的基础。教学与科研并重是提高教师知识水平和教育教学质量的关键，也能帮助学生更好地获取学科前沿信息，成长为专业人才。彼时天津大学成立不久，且刚调出诸多优势学科，亟待重新规划发展。叶培大作为电信工程系系主任，将北洋大学实事求是的校风延续到天津大学。

叶培大面临的挑战还有，要为学校发展尽可能多地招揽人才。周炯槃便是在这一时期加入天津大学的。周炯槃是中国通信网理论教学和信息论研究的开拓者之一，1943年毕业于上海的交通大学，后进入哈佛大学获得理学硕士学位。叶培大邀请他前来天津大学时，他正在上海新安厂天津分厂工作。其实早在归国时，周炯槃便有进入大学任教的想法，但一直没有机会。叶培大的邀请正好和他内心的想法不谋而合。事实证明，叶培大的决定是正确的。周炯槃进入天津大学电信系后，同样秉承教学与科研相结合的理念，深入扎实地开展教学和研究工作。同时，他还自学俄语，了解当时苏联相关领域的动态，不断开设新课程。学校和院系发展的根本在于人才。如果没有高水平的教师，学校便无法培养高

① 李秀峰：《钟情科教育桃李——访中国科学院院士叶培大教授》，《群言》1996年第10期。

水平的学生。周炯槃的加入是天津大学电信系发展的重要一步，也是我国通信事业发展之幸事。后来，叶培大和周炯槃一同调到北京邮电学院工作。

（二）在北京邮电学院副院长岗位上的教学管理业绩

北京邮电学院的建立与发展源于新中国成立初期的高等学校院系调整。调整之前，全国范围内很多高等学校的规模、系科设置、地区分布和培养层次等方面都不能契合当时国家政治经济的发展规划。所以，按照苏联高等教育的模式进行全国高等学校的院系调整刻不容缓，势在必行。1951年11月，教育部在苏联专家的参与下召开了全国工学院院长会议。会议按照苏联工科院校的模式，拟订了工学院调整方案，这些方案于次年4月公布。以此为标志，开启了1952—1953年的高等学校院系大规模调整。这次高等学校院系调整以“以培养工业建设人才和学校师资为重点，发展专门学院，整顿和加强综合大学”为指导思想。在1952年下半年以华北、东北和华东三大行政区为重点，对高等院校进行了全面调整。[①]这次调整对高等学校院系重新改组，建立了一批新的专门学校，形成了比较完善的工科教育体系。北京邮电学院应运而生。

作为新中国第一所邮电高等学府，北京邮电学院“在天津大学电信系的电话电报通讯专业、无线电通信广播专业以及重庆大学电机系的电话电报通信专业的基础上，设立了三个系：有线电通信工程系、无线电通信工程系和工程经济系”[②]。作为天津大学

① 王炳照等编：《简明中国教育史》，北京师范大学出版社2007年版，第465页。
② 李斌著：《与光同行》，北京邮电大学出版社2005年版，第83页。

电信系的系主任，叶培大于1954年开始参与北京邮电学院的筹建。1955年，他随天津大学电信系正式转入北京邮电学院。他有丰富的教学管理经验，所以出任北京邮电学院无线电通信工程系的系主任。叶培大初到北京邮电学院，在参与学校建设时面临不少困难。但也正是在北京邮电学院，叶培大的事业得以全面展开。

叶培大刚到学校时，仪器设备和教材都十分缺乏。他和同事们只能一边努力教学，一边逐步解决这些问题。他们开始自己动手编写教材。叶培大和吴彝尊合著的《电磁场理论及微波技术》就是这一时期的成果。这本书深入浅出，联系实际，受到同行的认可，影响很大。而关于仪器设备方面的问题，他们四处搜寻相关器械和零件，自己动手组装调试，最终慢慢组建起较为完备的科研设施。在这样全新的环境中，叶培大的教学和管理面临更大的挑战，但也因此得到锻炼，水平得以提高。

叶培大在科研工作中也取得累累硕果。他开始从无线电广播转向微波通信，进行金属圆波导中H10模的传输和数字微波中继系统等研究。他还和中国科学院展开合作，“实现了在一条铜圆波导管内同时传输几十万对电话的成功效果”[①]，1964年与中科院电子学研究所合作，在国内率先开展了大气光通信研究，在国内首次研制出微波波导校相器和直接耦合滤波器等。在深入探索实践中，叶培大不断地进行总结和反思，先后发表了一系列高质量的学术论文。他的研究工作同时推动着日常教学的改进。为了在理论层面更加深入，叶培大建立光通信实验室，开设了中国第一门

① 李斌著：《与光同行》，北京邮电大学出版社2005年版，第97页。

微波技术课程、第一门光纤基础理论课程，并全程用英语进行教学。叶培大也是国内最早的一批硕士研究生导师之一。

叶培大在讲课中

（图片由北京邮电大学提供）

1979—1981年，叶培大任北京邮电学院副院长，主管教学工作。此时，他已是学校教学、科研工作的核心人物。叶培大行事稳健，抓教育教学工作往往能落到实处。在1979—1980年，为了解全院教学情况，及时解决问题，当时主管教学的叶培大带领有关人员，“亲自深入第一线听课，召开学生座谈会，检查教学质量”[①]。只有把教学前线的工作做扎实，教学质量才能真正提高，学校所培养的学生才能有解决问题的能力。此外，叶培大还十分注重对中青年教师的培养。教师只有认真负责、水平卓越才有可能实现优质高效的课堂教学效果。在教学检查的推动下，各系教研室则相继采取不同的措施来改进教学。有些教研室进行集体备课

①《北京邮电大学校史》编委会编：《北京邮电大学校史（1955—2005）》，北京邮电大学出版社2005年版，第168—169页。

和多次试讲，有些教研室则规定在学术活动日专门研究教学。总的来说，叶培大主管教学时重点关注以下几个方面。

第一，加强基础教学和外语教学。叶培大在求学经历中所接触到的基础教学和外语教学都极为严谨和扎实。这些经历一方面造就了他高超的专业水准和英语运用能力，另一方面也使他在接手教学管理工作时极为重视基础教学和英语教学。叶培大多次到国外开会交流，了解到国外通信领域正在突飞猛进地发展。尽管当时国门还未全面打开，但他已然敏锐地察觉到必须加强国内外学术交流，而英语就是实现国内外实时交流不得不用的工具。基于此，叶培大针对北京邮电学院当时的具体情况采取了多种措施。对于基础教学，相当一部分教师水平有限，讲课质量不高。叶培大在深入一线了解情况后，主张对教师依其所长进行安排。“譬如学术水平不够的，要加强进修，暂缓安排上课；有才学的教师而表达能力差的，则适当减少教学工作，多安排科研和编写教材方面的工作；对教学经验不足的教师，应加强试讲，老教师给予具体帮助，以提高教学效果。”[①]基础教学上的问题反映出北京邮电学院建立时间还不长，教师队伍仍有待加强的实情。但北京邮电学院是邮电部直接申请成立的高校，势必成长为国内邮电通信事业的领头羊。这就要求学校师生要站立在学术发展的前沿。学术前沿的任何突破和发展都依赖于稳固的基础。基础教学也必然应得到重视，落到实处。为此，他积极倡导改进教学方法，提高教学效果，改善教学环境，建立实验室。对于英语教学，叶培大既鼓励师生加强英语学习，也

①《北京邮电大学校史》编委会编：《北京邮电大学校史（1955—2005）》，北京邮电大学出版社2005年版，第169页。

在自己开设的专业课上率先用英语讲授。为了保证高质量的英语教学，叶培大任副院长期间，学校还特地建立了语言实验室，对使用外语教学的教师高标准、严要求，以努力达成满意的英语教学效果。

第二，提高课堂教学的质量。课堂是教师传授知识、师生交往互动的主要场所。课堂教学质量直接关涉教师的工作质量和学生的个人发展。当时的课堂教学存在的主要问题是轻视实践、教学手段落后以及课堂秩序不好。针对这些问题，叶培大同其他教学管理者一起给出了明确的解决方案。首先，轻视实践是一个多层次的问题。它不只在于行动层面，还在于意识层面。教师将理论教学置于首位无可厚非。理论教学、知识传授本就是课堂教学的主要任务，但由于学校提供的实验场所和时间都有限，无法充分满足实验教学的要求，教师便没有合理组织实践学习的机会。学校在行动层面上要督促教师多组织实践教学。这也需要学校创设良好的实践条件，比如，可以延长实验室的开放时间，多建立一些实验室，及时更新实验室的器械设备等。在意识层面上，学校要加强教师的实验观念，使他们认识到理论与实践并重的重要性。即使是纯理论性的科目，也要加强练习，注重学生对知识的掌握和应用。其次，对于教学手段落后的问题，学校一方面鼓励教师直接使用电教手段，另一方面通过调整教学计划和课程内容来做出相应的配合。当时电化教育逐步兴起，在校内使用和普及新的教学手段也开始逐步推进。最后，关于课堂秩序不好，学校提出辅导员和教师要加强学生遵守课堂纪律的品德教育，解决学生上课不专心的问题，妥善安排学生的衣食住行。

第三，实行学年学分制，恢复学术委员会。叶培大任副院长期间，学校通过了学年学分制，恢复学术委员会的活动。“学年学分制是以学分作为衡量学生学习分量的单位，根据学生在校期间所修各课程的轻重分量规定相应的学分。计算学分的方法很多，一种简便的办法就是按教学计划中规定的每门课的周学时数作为该课的学分数。”[①] 在实行学年学分制的同时，学校还将课程分为必修课和选修课，并实行导师制。这些措施的出发点都是为了提高教学质量，对学生因材施教，促进学生的专业发展。将课程区分为必修与选修，通过导师制促进师生间的交流，帮助教师提高自身的教学与科研水平。学年学分制兼具计划性与灵活性，可以在保证知识结构系统完整的基础上实现弹性与柔性教学。恢复学术委员会的活动也是为了促进学校教学与科研的发展。叶培大是学术委员会的主任，他通过领导学术委员会的活动促进学术民主，帮助师生提升科研能力，对学术相关事务提供咨询和评议。在学术委员会的指导下，学校各院系能够团结一致共同面对问题，提高总体实力。叶培大作为专家型的领导者，在管理科研和教学工作的同时，自身专业也得以精进，成长为北京邮电学院乃至全国通信学科建设的带头人。

叶培大任学校副院长期间，还实行了延长图书馆开放时间、增添外语书刊、健全教学管理规章制度等措施。他凭借丰富的教学管理经验和精湛的专业知识，深入而准确地抓住教学与科研中的根本问题。他对专业基础、英语和课堂的重视也符合现代教育培养人才的要求。

---

①《北京邮电大学校史》编委会编：《北京邮电大学校史（1955—2005）》，北京邮电大学出版社2005年版，第171页。

三、治校办学的主张与举措

叶培大于1981—1985年出任北京邮电学院院长。多年从事教育教学与科研工作，有着担任系主任、副院长的学校管理经历，院长的职位无疑给了他充分发挥自身能力的最好平台。在领导北京邮电学院时，叶培大依旧保持着他那稳健的行事风格，脚踏实地地前行。他将美国麻省理工学院作为榜样，提出“忽视基础将永远落后”“学以致用”“教学与科研相结合”和“取乎其上，只得其中”等办学理念。另外，他提出的“执着出奇·团结致胜”“学术神圣·笃实淡定”“惟实求新·笃志践行”等理念也在一代代北邮人中星火相传。他很清楚地意识到学生是人才培养的核心，教师是教学科研的关键。总的来说，叶培大在院长任上采取的办学举措主要有以下三条。

（一）强调教学与科研并重、理论与实践相结合

叶培大主张教学与科研并重、理论与实践相结合。就叶培大的科研经历而言，他最开始专注于无线电通信，然后转向微波通信，再转向大气光通信，最后在1970年年末走上了研究光纤通信的道路。叶培大的几次科研转向都紧跟通信领域的发展前沿，并和他的教学紧密结合。例如，在对大气光通信进行研究时，叶培大主持建立了光通信实验室，带领他的研究生队伍，及时抓住“相干光纤通信系统及部件”这一深具战略发展意义的前沿课题，大力组织科研攻关。[①]在攻关前沿课题的同时，他也指导研究生进行研究工作，培养学生的科研能力。此外，他还开设了研究生光

① 李斌著：《与光同行》，北京邮电大学出版社2005年版，第112页。

纤理论课程，举办光通信技术研习班。

叶培大始终秉持教学与科研并重的理念。他的科研成果是教育活动生长的土壤，指引着课堂教学和培养学生的方向，而教学活动则成为促进科研的一条重要途径。首先，学校通过教学能够实现师生双方相互提升，为科研提供人才支持。其次，科研的生命力在于创新。教学可以促进科研创新。叶培大一直认为创新无法一蹴而就，它一定要基于广博的专业知识基础，必须循序渐进。学校日常教学的目的正是要为学生打下良好的专业知识基础。教师在讲授课程、指导实践的同时，也能不断地夯实自身所学。高质量的科研创新背后一定是日积月累的学习和实践。在面对学校的实践问题时，叶培大目光长远，一如既往地狠抓实践教学。其实，早在国立西北工学院授课之初，叶培大就深深地感受到前辈李书田的理论与实践相结合的思想。李书田是国立西北工学院的院长。他认为“巧心劳手成器物曰工”。心和手对于工科学者而言同等重要。重“巧心”轻“劳手”，就是重理论轻实践，这样的人无法在具体情境中解决问题，容易与客观现实脱节；而重“劳手”轻“巧心”，就是重实践轻理论，这样的人只是在反复操练技能，而没有学理上的总结和提高，更遑论科研创新。叶培大受李书田的影响，深刻认识到理论与实践相结合的重要性，也通过增加实验室数量和延长实验时间来督促全校师生重视实践。他强调教学与科研并重、要求理论与实践相结合的思想主张及采取的教学管理举措为北京邮电学院之后的发展奠定了根基。

（二）重视教师队伍建设和学生培养

叶培大十分重视教师队伍建设和学生培养工作。培养学生是大学作为育人场所的基本职能，也是教育管理者和教育者的主要工作内容。叶培大在关心学生、关注学生培养工作时并非孤立地来看待学生群体。他一贯主张要想培养出一流的学生，首先就要有一流的教师队伍。教师总要在知识储备、实践经验和外语水平上胜过学生，才能给予学生适时恰当的指导和真正有效的帮助。尤其是对于研究生的培养，重点学科导师队伍发挥的影响更大。

叶培大想要打造一支高水平的、有真才实学的师资队伍。这一方面源于他在教育管理工作中的经验和认识，另一方面也是以世界一流大学为目标的必然要求。更重要的是，这也契合当时北京邮电学院培养人才和发展科技的客观实际。“恢复高考初期，当时北京邮电学院300余人的教师队伍，工农兵学员出身的教师占很大比例，能够精讲的教师不多，同时具备基础理论、外语、教学、科研能力的教师比例更少，还有的教师讲课质量不高。”[①]针对这些问题，他让教师参加培训进修，弥补自身短板，提高讲课质量，并要求教师们学以致用，加强实践操作训练。对于外语教师，叶培大则主张进行分级考试，以考促学，提高教师英语水平。叶培大对教师严格要求，对学生也是如此。他对学生的要求根据学生的层次和实际情况而定。对于培养博士研究生，叶培大认为老师只需要进行大致方向上的指导。博士研究生不仅要有独立解决问题的能力，还要尝试自己组织团队进行科研攻关；硕士研究生的首要任务是完成所学专业的系统训练，然后可以进一步确定自己的研究方向；本科生要踏踏实实学好本专业所设课程，要掌握好基本概念和基础知识。叶培大对不同阶段的学生有着不同的培养

---

① 陈印政：《叶培大教育思想研究》，《北京邮电大学学报（社会科学版）》2015年第6期。

要求，同时也认为每一个阶段的学生都应该勤奋刻苦。他时常告诫学生，学习没有任何捷径，只有天道酬勤，任何突破和成就都是由一点一滴的汗水换来的。也许正是因为长年累月的科研和教学，叶培大更能切身体会什么是脚踏实地，什么是勤奋，所以他不是追求虚空的政绩工程，而是将教师的实力和学生的能力放在第一位。叶培大不是一位高高在上的发号施令的校长，他喜欢走进教学一线，了解师生们的真实情况，竭尽全力帮助他们克服困难。当他发现作为工科院校的北京邮电学院气氛有些沉闷时，他便亲自邀请指挥家李德伦、小提琴家盛中国、电影表演艺术家项堃、舞蹈艺术家陈爱莲等文艺界人士进校演出，以扩展通识教育内容，活跃文化氛围，提升学生综合素质。

（三）提倡国际学术交流

叶培大具有开阔的国际视野，大力提倡开展国际学术交流。这与他年少时所受的西式教育和留美经历是分不开的。这些经历让他具备了国际化的观念和视野，关注了解国外通信领域的发展状况，并重视和国外同行建立联系。在工作中，他经常与国外学术界保持联系，紧跟世界科技发展前沿。其中，对他治校观念影响最大的是1979年参加“欧洲光通信国际会议”。彼时叶培大还未担任院长。他在欧洲两周的时间内与同行交流探讨，参观世界知名电子公司，充分感受到国际通信业发展的强劲势头。叶培大出任院长后就竭力提倡全校师生进行国际学术交流。对此，叶培大的学生任晓敏、林金桐都深有感触。

任晓敏曾回忆道：“学校经常聘请一些国外的专家教授前来开学术讲座。同时他嘱咐我们这些青年教师，大家一定要来听，而且不准使用翻译，要硬着头皮听。叶先生认为，如果作为一所全国重点大学里的教师，还不能与国外的专家用英语直接交流，那是绝对不合格的。经过一段时间的适应和锻炼，大家感觉到不仅外语水平提高得很快，而且在学术上也的确获得了很大的收益。对此，学校的许多老师和学生都是深有感触的。”①

林金桐跟随叶培大完成硕士学业后留校任教，并兼任科研助手。在叶培大身边学习7年之后，林金桐又前往英国南安普敦大学攻读光电子学博士学位。林金桐在怀念叶培大的文章中写道：“当我去英国南安普敦大学，在一个国际化的研究组里工作时，我感觉自己的光纤理论的功底不比任何人差，这得益于跟随先生的3年硕士学习和4年的助教经历……先生多次出国参加国际学术会议，了解科技前沿，把握科研方向……先生就是这样用了短短两三年时间，与美国、英国、日本、加拿大、德国、法国、荷兰等国一流的光纤科学家建立起了联系网络。这个网络，对于后来北京邮电大学乃至全国访问学者的派出和学术交流起到至关重要的作用。”②

叶培大强调指出：一个博士生导师，一个做前沿科学研究的学者，要特别注重国际交流和国际合作，要多参加国际学术会议。只有工作是国际水平的，培养出来的研究生才是国际水平的；只有培养过程是面向世界的，所造就的人才才能走向世界。③叶培大一直身体力行地践行着这一准则。他曾亲自组织多场国际学术会议并担任主席或合作主席，如中日光纤科学及电磁场理论会议、中英光纤通信会议、ITT传输研讨会、国际电信流量及网络研讨

①③ 李斌著：《与光同行》，北京邮电大学出版社2005年版，第131、172页。
② 林金桐：《心中的铜像：怀念叶培大》，《群言》2011年第5期。

会、国际通信技术/中英二次光纤通信/固体及半导体激光器专题会议等。他还在多个国际研究组织担任重要职务，是跨国电气电子工程师学会（IEEE）的会士，并兼任该学会通信学会国际活动委员会委员、亚太地区委员会委员和北京分部主席，还是国际集成光学及光通信会议（IOOC）国际管理委员会委员和美国麻省理工学院电磁科学研究院（TEA）院士。1988年6月，费城市市长亲自授予叶培大美国独立宫金钥匙奖。叶培大无论是作为学者还是作为校长，都十分注重与国际学术界的互动交流。他狠抓英语的一个重要原因也在于此。叶培大在国际学术交流中的身先士卒与表率作用，在北京邮电学院办学国际化水平不断提高的过程中起到重要的推进作用。

叶培大雕塑

（图片由北京邮电大学提供）

四、业绩长存

（一）为人师表

叶培大是北邮精神“崇尚奉献，追求卓越”的杰出践行者和代表者。作为一位高尚无私、受人尊敬的学者和教师，他一生所获奖项和荣誉不胜枚举，也兼任了许多社会职务，但他最看重的却是“全国优秀教师”和“北京优秀教师”这两个称号。在他的心里，成名成家不是自己的人生目标，教书育人才是终极任务。在一次对叶培大的采访报道中，采访者这样写道：“采访叶先生，你会被一种特殊的气质所吸引。话音不高，饱经风霜的脸上永远含着微笑。说到自己对科学的贡献时不见眉飞色舞和侃侃而谈，讲起自己受到的委屈时又没有义愤填膺和怨天尤人……叶先生是那种拿得起、放得下、心底无私天地宽的人。”①叶培大淡泊名利、无私奉献的品格已经熔铸于他的气质和一言一行之中。

正是身为一名教师的使命感推动着他去培养下一代，去关心学生和教师的发展。在萌生了新想法、发现新方向时，他总是第一时间告诉学生，鼓励学生树立远大目标和理想，走出自己的道路。他传授学习和研究经验时毫无保留。他最关键的经验就是勤奋。叶培大曾对记者说，其实他并不聪明，只不过比别人刻苦一点，所以才能有今天的成绩。叶培大在学习与工作中一向勤勉。他的学生张民教授追忆他时写道：“叶先生88岁高龄时仍承担‘光波导技术基本理论’课程的讲授任务，每次都站着讲课，一站两个小时。我们劝他坐下来，他说站着讲是为了尊重科学、尊重学生。2002年初春，春寒料峭，叶先生因受风寒而嗓子发炎，说话声音很低。当时我做他的助教，劝他请假休息几天，病愈后再上讲台。叶先生却执意坚持讲课，叮嘱我将高功率的扩音器和麦克风借来，并在课前调好音量。”②提起上课，提起学生，他总是开心而又自豪。他曾经说，听过他的课的学生，保守估计已有3 000人。③他对学生的关怀无微不至，经常到学生宿舍了解学生的生活和学习状态。他也经常鼓励学生勤奋努力，总是想方设法帮助学生成才，让学生超过自己是他一生的追求。

---

① 李大庆：《最贵平常心》，《科技日报》2000年5月17日。

② 郭建恩等编著：《六十五年的光荣——叶培大教授从教65年纪念册》，军事谊文出版社2005年版，第141页。

③ 郝立东、赵青：《叶培大此生无悔》，《商业时代》2000年第6期。

叶培大在他的自传中这样说："对于当教师这个清苦差事，我情有独钟，似乎也算一生之中的缘分……看到学生们一个个成才，我既高兴，又有成就感。民族振兴，国家建设，都离不开人才。现在国家以经济建设为中心，实行科教兴国战略，非常之英明；'可持续发展战略'，非常之有远见，造福子孙，深得民心。大学就是科教兴国第一线，教书就是直接为中华民族的复兴培养人才，是很光荣的。所以，干了一辈子'教书匠'，我无怨无悔。"①

（二）振兴北京邮电学院

叶培大1981—1985年任北京邮电学院院长，1985—1993年任北京邮电学院荣誉院长，1993—2011年任北京邮电大学名誉校长，任职期近30年。在任北京邮电学院院长期间，他励精图治，对学校进行全面改革建设。任荣誉院长之后，他振兴北京邮电学院的心愿始终没有改变，继续利用自己的影响和学术带头人的身份联络国际资源，建立人才关系网，搭建师生与国际交流的桥梁。

叶培大还十分关注北京邮电学院的资金状况。他感慨道："相对清华、北大等名校，北邮的教育发展基金之'金'的绝对数目相对还很少，需要大家多方努力拓展，扩充吸纳资金的渠道。"②资金是培养人才的重要基础，没有资金，学生的生活保障和老师的物质待遇就得不到提升，就没有办法营造良好的学习和工作环境，

① 郭建恩等编著：《六十五年的光荣——叶培大教授从教65年纪念册》，军事谊文出版社2005年版，第9页。

② 李斌著：《与光同行》，北京邮电大学出版社2005年版，第219页。

更不用提人才发展和科研创新。他为北邮教育发展基金会的题词就是“利在当代，功施后世”。

叶培大作为一位专家型的领导者和带头人，深知大学发展的关键所在，所以他反复强调教学与科研并重，强调建设一流教师队伍，强调提高全校师生的英语水平、提高科研质量。这种治校方略虽然无法在短时间内取得立竿见影、突飞猛进的成效，但他的谋划与举措是富有远见的。

如今，北京邮电大学的通信类相关专业成了学校的王牌专业，在全国居于领先水平。全国高校第四轮学科评估结果显示，北京邮电大学的信息与通信工程学科取得“A+”的最高评分，位居最前列。这是北京邮电大学一代又一代师生潜心科研、奋勇争先、努力教学的结果，也是叶培大多年耕耘的成果。从最初的广播专业，到后来的微波通信，再到光纤通信，叶培大“开辟国内全新的学科领域，实现了无数个第一次”[1]，帮助北京邮电大学从初创时的“一穷二白”实现了质的飞跃。

（三）心系通信

叶培大从1983年起担任国务院学位委员会电子学与通信学科评议组召集人，于1984年成为我国首批博士研究生导师。作为我国通信领域的先驱学者、新中国微波通信的领军人物、新时期光纤通信的开拓者和信息高速公路奠基人，叶培大时刻关注着我国电信业的发展动态。即使在86岁高龄时，他依旧展现出快节奏的学习工作状态。“多年来，一有新知识，我就想了解，就想懂得，

① 郭建恩等编著：《六十五年的光荣——叶培大教授从教65年纪念册》，军事谊文出版社2005年版，第142页。

就想弄清楚，可现在要学的东西太多了。我从事光纤通信教学研究，光这一项技术要学的知识就多得不得了。还想学习移动通信方面的知识，这是当今和光纤通信比肩的两大热门通信技术之一。”①叶培大认为，在国际通信业蓬勃发展的大形势下，我国通信业的发展虽然已有巨大成绩，但仍有待进一步推进，关键要形成独立自主进行开发研究的能力。国内通信行业的发展与学校的教学科研活动息息相关。学校是产出人才的主阵地，改善教师待遇，为教学活动提供充足的保障，人才才能得到发展，才有实现价值的机会。人才是进行基础研究的主要群体，人才多了、人才强了，研究实力就会增强，中国通信业的竞争力也就增强了。

叶培大认为，中国电信业的出路在于解决四个方面的问题，即服务、体制、基础科学的研究开发和人才的使用机制。②在提高服务水平方面，要以竞争机制促进企业提升；在体制上，则要向市场经济转轨，以竞争带动从业者观念的转变。

叶培大是新中国通信科技领域的大师级人物，他为我国通信事业人才培养和光学通信学科建设做出的杰出贡献将永载新中国的科技史册。

主要参考文献

1. 李斌著：《与光同行》，北京邮电大学出版社2005年版。

2. 郭建恩等编著：《六十五年的光荣——叶培大教授从教65年纪念册》，军事谊文出版社2005年版。

3.《北京邮电大学校史》编委会编：《北京邮电大学校史

① 王娅姝：《夕阳未必逊晨曦——再访叶培大院士》，《群言》2001年第12期。
② 郝立东、赵青：《叶培大此生无悔》，《商业时代》2000年第6期。

（1955—2005）》，北京邮电大学出版社2005年版。

4. 郝立东、赵青：《叶培大此生无悔》，《商业时代》2000年第6期。

5. 王娅姝：《夕阳未必逊晨曦——再访叶培大院士》，《群言》2001年第12期。

6. 陈印政：《叶培大教育思想研究》，《北京邮电大学学报（社会科学版）》2015年第6期。

7. 李秀峰：《钟情科教育桃李——访中国科学院院士叶培大教授》，《群言》1996年第10期。

8. 李大庆：《最贵平常心》，《科技日报》2000年5月17日。

（本文所用图片均来源于《六十五年的光荣——叶培大教授从教65年纪念册》，特此感谢。）

厚德博学
敬业乐群

北京邮电大学校训

撰稿人：鲁婵，北京师范大学教育学部硕士研究生，主要从事教育史研究；李子江，教育学博士，北京师范大学教育学部教授、博士生导师，主要从事教育史研究。

钱令希

QIAN LINGXI

大连工学院（大连理工大学前身）

院长（1981—1985）

（图片由大连理工大学档案馆提供）

钱令希（1916—2009），江苏无锡人，我国杰出的力学家和教育家，计算力学工程结构优化设计的开拓者。他于1981—1985年任大连工学院（现大连理工大学）院长，长期从事力学的教学与科研工作，在培养人才和推动科技进步方面做出了重要贡献。

一、“献身科教效春蚕”

1916年7月16日，钱令希出生于江苏省无锡市鸿声里镇的一个书香世家。钱氏是当地的名门望族，钱氏子孙严于律己，勤俭为本，忠厚传家，以天下为己任。在这样的家风影响下，钱氏家族人才辈出，有著名的力学家钱伟长、钱令希，著名物理学家钱临照，著名经济学家钱俊瑞，著名环境工程专家钱易，著名作家、文学研究家钱钟书，著名历史学家师钱穆等。

钱令希的父亲钱伯圭早年参加辛亥革命，后从事教育事业，曾在荡口镇果育学校执教，回乡后又创办鸿声小学，曾是钱穆的启蒙老师。钱伯圭有两个儿子，钱临照（1906—1999）和钱令希。兄弟二人自幼聪颖过人，勤奋好学。钱伯圭用科学救国的思想勉励二人潜心读书，支持他们出国留学深造，为国家民族效劳。在钱伯圭的严格要求和悉心教导下，兄弟二人在各自研究的领域中成绩斐然，为我国的科教事业做出了卓越的贡献。

钱令希本名钱临熹，因幼时总写不好“临熹”二字，其舅舅将其名改为读音相近的“令希”二字。钱令希6岁入读鸿声小学，9岁住读于梅村镇高小。1927年，考入江苏省立苏州中学。1928年10月，在哥哥钱临照的辅导下，以优异的成绩跳级考入上海中法工学院（现上海理工大学）高中部。1932年8月，直升上海中法工学院大学部土木科。1936年9月，以土木科第一名的成绩毕业，是年10月，被保送到比利时布鲁塞尔自由大学留学。1938年7月，22岁的钱令希顺利毕业，获比利时“最优等工程师”学位。

1938年秋天，钱令希满怀抗日救国的热诚回到国内，在昆明刚成立的叙昆铁路局任铁路桥梁工程师。1941—1943年，先后在川滇铁路公司、云南大学、交通部桥梁设计工程处工作。25岁时他就被聘为云南大学土木系教授。1943年11月，27岁的钱令希应邀到内迁贵州遵义的浙江大学任教。在工作中他逐渐崭露头角，发表了《关于梁与拱的函数分布与感应》(后来获得科学奖）一文，以及刊发于美国《土木工程学报》、后来获美国土木工程学会结构力学的“莫采夫奖”的《悬索桥的近似分析》一文。1950年8月，钱令希被任命为浙江大学土木系主任，同年，他的论文《余能原理》发表于《中国科学》，谱写了我国力学工作者研究变分原理的新篇章。1951年年底，钱令希结束了在浙江大学8年的教学生涯。

1937年，钱令希（左）与胞弟钱临照在比利时合影
（图片由大连理工大学档案馆提供）

1952年1月，受大连工学院院长屈伯川之邀，钱令希来到大连，任大连工学院教授和科学研究部主任。1954年和1958年，钱令希先后担任武汉长江大桥和南京长江大桥两座大桥的工程顾问，参与桥梁规划、设计和科学研究工作。1955年，39岁的钱令希入选中国科

学院第一批学部委员（院士）。自1956年起，连续当选全国政协第二、第三届委员会委员，第三至第七届全国人大代表。1957年，参与核潜艇结构设计。1959年，在参加完我国长江三峡水利枢纽的规划会议后，钱令希提出了一个新型的支墩坝——梯形高坝的建议。20世纪60年代，受周恩来总理委托，钱令希参与研发导弹核潜艇，承担了壳体的强度、开孔和稳定问题的研究任务，计算出了我国第一代核潜艇的关键技术数据，研制出了潜艇结构的强度计算规则。1974年，他代表大连工学院承担了我国第一个现代化油港——大连新港主体工程的设计任务，提出了“百米跨度空腹桁架全焊接钢栈桥”的构想。1979年，钱令希任大连工学院副院长，因出色的工作表现，被评为全国劳动模范。1981—1985年任大连工学院院长。1982年，任中国力学学会第二届理事长。1983年，入选世界银行对中国的第一批教育贷款项目专家组成员。1987年，比利时列日大学以比利时国王的名义授予他名誉博士学位。1993年，成立了“钱令希力学奖励基金会”，钱令希担任名誉理事长。1999年，被聘为无锡市人民政府高级科技顾问。

1983年，钱令希的专著《工程结构优化设计》获全国优秀科技图书奖一等奖；1985年，他的成果“潜艇结构设计计算规则”和“结构优化程序系统DDDU”获得国家科学技术进步奖三等奖；1991年，国家教育委员会授予钱令希科技进步奖一等奖；1994年，香港理工大学授予钱令希“杰出中国访问学人奖励计划奖”；1995年获“何梁何利基金科学与技术成就奖”；1998年获“陈嘉庚科学奖·技术科学奖”；2005年获大连市最高科学技术奖“大连科学技术功勋奖”；2008年，92岁的钱令希当选“大连市2008年文明感动人物”。钱令希一生获奖无数，但他本人淡泊名利，生活十分简朴。

2009年4月20日，钱令希因病医治无效，在大连去世，享年93岁。4月24日，大连理工大学师生及社会各界人士冒雨参加追悼会，送钱令希最后一程。钱令希的遗愿是将20万元遗产捐赠给大连理工大学工程力学系。他的儿子钱昆明说："父亲身后没有留下什么重要财产，一些教学资料、书籍也都捐给了学校图书馆。"

钱令希一生献身科教事业，鞠躬尽瘁，身体力行，执着无悔，把教书育人当作自己光荣的职责。"献身科教效春蚕，岂容华发待流年。翘首中华崛起日，更喜英才满人间。"这是钱令希院士于1978年参加全国科学大会时写下的自勉诗句，是他一生的追求，更是他一生的写照。

二、激活"学术细胞"、坚持"两个中心"的办学理念

（一）解放思想，开创理工科大学教育新局面

1981—1985年，钱令希担任大连工学院院长。他说，要想开创理工大学教育的新局面，就必须先解放思想，打破传统的旧观念，摆脱旧框框的束缚，全面而系统地进行改革。

钱令希根据当时工农业战线实行生产责任制的经验，提出在大学试行学术上的责任制——"学术细胞"。他将这一思想具体呈现于《谈大学教师组织的基本单位——"学术细胞"》[①]一文中，并刊登在《高等工程教育研究》上，当时在学术界和高等教育界轰动一时。

钱令希认为，"学术细胞"的功能，既包括教学，又包括科研。它既是一个在竞争中求发展的系统，又是一个流动的开放系

① 钱令希:《谈大学教师组织的基本单位——"学术细胞"》,《高等工程教育研究》1986年第1期。

统。每个“细胞”以学术带头人为核心，让教师在共同志趣的基础上自由组合。这样一来，“细胞”多了，大家就能集思广益，充分发挥个人才智，潜心研究与教学。这些“学术细胞”富有弹性，它们可以分解、重组、交叉、联合。若遇到重大的综合性课题，就可组织相关的“学术细胞”，联手攻破难关。为了保证这些“学术细胞”永远迸发活力，各“细胞”间就要以竞赛的形式，互相激励、互相监督、共同进步。他以20世纪70年代的大连油港海上栈桥的设计研究任务为例，证明了“学术细胞”的作用。

1974年11月，大连工学院承担了中国第一个现代化油港——大连新港主体工程的设计任务，当时就曾联合全校水利系、工程力学系、造船系等六个系的力量，成立了群英云集的设计小组。这是一项落实周恩来总理“三年改进港口面貌”指示的工程，任务是扩大原油出口量。钱令希带领小组成员夜以继日地设计建设栈桥码头的方案。他们运用结构力学方法，集中讨论、交流、分析在实施中可能会遇到的问题，相互启发，共谋对策。在这种自由开放的学术氛围下，设计方案不断地得到优化，世界第一座百米跨度空腹桁架全焊接钢栈桥由此诞生。这座栈桥承载通油通水的管道和一个车道的载荷，将陆地与1千米外的油港码头连接起来。如今，这座栈桥已屹立于大连新港近50年，为我国经

钱令希带领设计组在大连新港码头工地的留影

（图片由大连理工大学档案馆提供）

济建设做出了卓越贡献。1978年，该工程荣获全国科学大会奖和国家70年代优秀设计奖。

1977年，邓小平决心以教育和科学作为突破口，实行全面的拨乱反正。在听取方毅、刘西尧等人关于教育工作的汇报后，邓小平表示：要抓一批重点大学。重点大学既是教育的中心，又是科研的中心。对于如何办好理工大学这个问题，钱令希十分认同邓小平提出的“两个中心”的方针。1981年，他曾在《人民教育》上引用宋代理学家朱熹的诗句“为有源头活水来”作题目，撰文强调现代的科学教育应当理工结合、教学与科研相辅相成，认为只有这样才能形成一泓源头活水。他提倡学术自由，认为科学教育在各个方面都要形成一个开放的动态结构。这一理念提出后随即在教育界产生强烈反响。

（二）坚持“两个中心”，强调教学与科研并重

1983年，邓小平为北京景山学校题词：“教育要面向现代化，面向世界，面向未来。”钱令希认真学习，领会题词精神，认为“三个面向”的实现途径就是抓好“两个中心”。随后于1988年，他在《上海高教研究》上发表了《坚持“两个中心”是办好大学的关键》一文，总结了大连工学院走在前列的专业、系或研究室的经验，表明坚持“两个中心”是促进出成果、出人才的重要方针。[①]他对教师也提出科研与教学并重的要求，强调通过课堂，及时更新教学内容，把教师本人的最新科研成果融入教学。同时他还鼓励教师指导博士生、硕士生或本科生搞科研，让他们

① 钱令希：《坚持“两个中心”是办好大学的关键》，《上海高教研究》1988年第3期。

的论文与工程实际相结合，形成老中青搭配合作的学术梯队。教师通过承担课题的方式，既为工程项目做贡献，又有利于发展学科理论，还解决了经费难题，发挥了理工科院校在经济建设中的作用。

钱令希深知我国高等教育同发达国家之间的差距，所以他常常鼓励优秀教师出国进行合作交流，打破思想上的束缚，进入国际学术交流网，真正实现“面向世界”。在学校领导班子的支持下，一批又一批教师获公派留学，他们中绝大多数人都选择学成归来，报效祖国，成为大连工学院教学和科研的中坚力量。这与钱令希的关怀密不可分。在他们留学期间，钱令希总是与他们保持书信联系，在学习、生活方面给了他们无微不至的关怀和支持。他们牢记钱先生的嘱托，潜心学习、勤奋钻研，把最先进的技术和思想带回祖国。钱令希多次率领代表团赴国外进行访问与讲学，并担任国际知名的计算力学杂志《应用力学与工程中的计算机方法》的编委。在提倡“走出去”的同时，钱令希还邀请国外专家学者走进大连工学院进行讲学，开展一系列学术交流活动。大连工学院自1985年起，开始聘请国外著名学者担任名誉教授、客座教授，呈现前所未有的学术繁荣景象。

在钱令希这些先进办学理念的引领下，大连工学院在教学改革、科学研究、人才培养等方面取得了骄人的成绩，增强了办学实力，迎来了发展的春天。

（三）强调打好基础，重视知识积累

古人云：“九层之台，起于垒土；千里之行，始于足下。”治学必须有一个相当坚实的知识基础。钱令希治学历来十分重视打

好基础，在这方面他有切身的体会，经常拿自己的经历来教育学生。他说："学习如同在硬木头上钻螺丝钉，开头先要搞正方向，锤它几下，然后拧起来就顺利了。否则，钉子站得不稳不正，拧起来必然歪歪扭扭，连劲儿也使不上。"①

钱令希强调，在学习中要注重完善基础知识，打基础是为了更好地做研究，并且在研究实践的过程中，也必须充实和拓展自己的治学基础。他所说的打基础是指广泛阅读，扩大阅读面，但是不仅仅局限于读书，还要在实践基础上下功夫。要注意实验技能的训练，以及语文基础、数学基础、外语基础、哲学和科学史基础。对现代科技人员来说，还要加上电子计算机技术的基础训练。这个广泛的治学基础，也就是科技工作者应有的合理的知识结构。打好必要的治学基础，才能形成优化的知识结构。他还结合自身体会说："起初搞桥梁设计，工作领域比较窄，后来搞结构力学的教学和科研工作，同时常参加各种工程实践，深感专业知识不够，但我最感困难的是基础知识和基础工具不够……所以我认为，只有打好比较宽厚的基础，建立合理的知识结构，才能适应性强，后劲潜力大，工作中才有创新的活力。"②

钱令希在指导研究生
（图片由大连理工大学档案馆提供）

① 中国科学院学部联合办公室编：《中国科学院院士自述》，上海教育出版社1996年版，第893—894页。

② 钱令希：《谈谈治学的方向、基础和方法》，《高教战线》1984年第5期。

在指导研究生方面，钱令希十分重视研究生的专业知识和基础理论的学习。他严格要求学生首先要打好基础，多读书，既包括专业书籍，还要广泛阅读专业外的一些期刊，不要把自己束缚在狭隘的专业小天地里，要养成天天跑图书馆和书店的习惯。只有这样不断吸收前人新颖的见解，加上自己阅读所获得的宝贵经验，才能使自己的眼界更加宽广，思路更开阔，才能敏捷地抓住有意义的研究课题。

钱令希还呼吁加强理工科大学生的语文修养。他说："深邃的直觉洞察力、娴熟的数学工具、准确的概念语言，以及得心应手的实验技能和外文工具，是每一个科学技术工作者进行创造性劳动的素质或基本功。没有正确的概念和明确的语言，要对事物进行科学抽象，揭示它的内在本质是不可能的。理工科大学生们打好语文基础，不仅有助于他们了解人文社科方面的知识，并且在此基础上，运用本专业较熟练的现代科学理论、数学方法和技术手段，去完整地表达自己的想法，写出逻辑缜密、语言通顺的科学报告，更有利于了解中国优秀传统文化，开阔视野，陶冶情操。"①

钱令希所说的"打好基础"不仅针对高等教育，还体现在他对中小学教育的关心上。尤其是在担任大连市教育顾问后，他常常主动到中小学校去听课。他提出了不少建设性意见，提升了大连中小学基础教育的质量。他于2002年8月为大连理工大学附属学校题词：青少年是为人生一辈子打好基础的最重要时期，学习要自觉，生活应自理，自律自强长知识长身体，像春花一样灿烂

① 钱令希：《要重视大学生的语文修养》，《辽宁高等教育研究》1982年第3期。

有朝气。以此来激励附属学校师生努力学习，奋发图强。

钱令希还常常对学生们说，在学习过程中，有些知识刚开始学习时似乎是懂了，但这并不意味着真懂，如果不能举一反三，就不能为我所用。所以关于求学之道，打好基础固然重要，但同时不能安于现状，还应脚踏实地去巩固与实践，才能扎实前进。①

（四）打破常规，着重创新能力的培养

钱令希十分注重创新。他常说："在学术上，我老是不安分的。"他以敏锐的眼光和活跃的思维，不断吸收融合新思想，把握学科新方向。早在20世纪60年代初，他便带领研究生勤奋学习数学和电子计算机的有关知识，同时努力在我国兴建计算力学这一新学科，成为这一领域的开拓者。在1973年中国科学院力学规划座谈会上，他还做了题为《结构力学中最优化设计理论与方法的近代发展》的学术报告，在力学界产生了较为深远的影响。

钱令希认为，培养研究生的创新能力尤为重要，研究生应具备与时俱进和开拓创新的能力。他认为，作为更高平台的研究生教育，仅使知识再度更新是完全不够的，创新能力的培养是根本支点。创新就是要能提出新概念、新思想，能独立思考地解决问题。研究生不应总是在别人的框框里跟在后面跑。研究生培养要改变以往只强调全面发展而忽视个性发展的观念。培养个性、创新意识和创新能力，为研究生营造一个自由舒适的学术环境，有助于研究生个性发展，使他们有足够的发展和创新的空间。

---

① 中国科学院学部联合办公室编：《中国科学院院士自述》，上海教育出版社1996年版，第893—894页。

钱令希强调，导师在培养研究生的创新能力方面的作用至关重要。导师培养研究生的创新能力并不是一成不变的，更需要创新。在研究生教育中，“导师总比学生高明”的想法是错误的。导师和研究生是平等的关系，尊重导师并不是一切服从导师，容忍学生与自己激烈争论的导师才是优秀的导师。在学术上师生应该是同事和朋友的关系，只有这样才有利于研究生创新能力的培养。平等和谐的学术环境更有利于培养研究生的创新能力。

在教学中，钱令希率先倡导“创造性自觉学”的教育。他强调，“知识信息贫乏的人固然缺乏创造性，但只图信息饱和的人也会溺死在书海之中。”[①]这表明他非常重视学生自学能力的培养。他要求学生善于进行反思总结，提升自学能力。钱令希认为，学习的习惯和方法也得有新的路子，要不受教师讲解、书本知识、舆论导向的束缚，要勤于独立思考，找到一套适合自己的学习方法。

钱令希还不遗余力地支持创新教育。1993—2001年的8年中，大连理工大学仅创新教育单项教学成果就连续两次获得国家级一等奖，一次获得省级二等奖，学校的创新教育走在国内大学的前列。这与钱令希一贯倡导创新教育是分不开的。针对推进创新教育中遇到的管理上的难题，钱令希提出：“必须加强全校创新教育的统一规范化管理，成立高层次的创新教育专门教学管理机构。”[②]早在1984年，他就组织学生成立了“创造性自觉学小组”。2003年，他又说服学校领导同意批准成立“大学生创新院”。这是大连理工大学创新教育的又一里程碑式发展。

① 钱令希：《谈治学的方向、基础和方法》，《高教战线》1984年第5期。
② 周建新著：《钱令希传略》，大连理工大学出版社2013年版，第132页。

三、灵活自主、宽严相济的管理措施

钱令希治校期间，对学校的管理也有自己的真知灼见。他认为教育事业要改革，要前进，必须靠放宽政策来突破。①

第一个需要放宽的是职称评定。烦琐的评审流程、严格的评审要求，导致教师不能集中精力投入教学与科研两个中心上来，有突出贡献的教师也无法晋升职称。钱令希认为，在这件事上，可以放手来进行一些改革，如教授一级的晋升，由国家从严掌控，而副教授及以下的教学、科研人员的职称评定可以把权力由国家下放到学校，各校结合自己的情况去评审。对于那些条件不完全具备的学校，可以以一个或几个兄弟学校联合的方式进行评审，也可以试行聘任合同制，根据工作需要，按照科学合理、精干效能的原则，充分调动教师的积极性。钱令希不仅关心教师的职称评定，还关注学校党政管理、图书资料、实验技术、翻译、学报编审人员的职称问题。这些人员也为学校管理做出了巨大的贡献，应放宽评定限制，提高待遇，以保障他们的利益。

第二个需要放宽的是博士研究生的招收点和招收硕士研究生的人数。当时，我国正面临人才稀缺的局面，而招收研究生政策过于严格，使一些毕业于一般院校的人才被拒之门外。钱令希认为招收名额也应该灵活设置，各大学在招生时应有更多的自主权。但凡有积极上进、愿做贡献者，可以相应地给他们提供机会，让他们在实践中创造条件、提高水平、积累经验，以免过于保守造

① 钱令希：《解放思想　放宽政策　开创高等教育的新局面》，《高等工程教育研究》1983年第1期。

成名额空缺、人才流失。

第三个需要放宽的是人才交流，尤其是留校教师的流动政策。他列举了两点留校教师的弊病：其一，学术上的“近亲繁殖”不利于学科发展；其二，人才压制、论资排辈的现象不利于拔尖人才的脱颖而出。教师的交流政策受地区条件的限制，人人都愿意到北京、上海等大城市发展，其他地区甚至边远地区相对来说不具吸引力，更不占优势。能否提高边远地区的职称、待遇、条件是解决这个问题的关键。这样才能使他们在生活上无忧无虑，在事业上大展宏图。同时，他针对学术界的老化现象，提出要把学校的自主权下放给有作为的中年教师，六七十岁的教师不再担任行政职务和学术领导人，把有限的精力放在学术工作和培养接班人、研究生上面。钱令希本人确实也是这么做的，1985年，69岁的他将院长一职交给金同稷，从此担任大连工学院的顾问。

第四个需要放宽的是学校后勤工作。随着学校的不断发展，师生对后勤保障服务提出了更新更高的要求。钱令希设想将后勤工作进行社会化改革：整个后勤部门组织起来，成立一个后勤服务公司，和学校签署合同，分权独立。学校每年将部拨的经费交给他们，把有关后勤的人权、物权也下放给他们，由党政组织给他们布置任务，提出要求。这种管理体制加大了后勤的自主权和自由度，后勤服务保障能力不断增强。

钱令希当年提出的这些高校管理措施，有些至今仍被沿用。宽严相济，营造良好的学术环境，保障了师生的日常生活，也使人才有了用武之地，无后顾之忧，能全心全意地施展才能，并从中得到锻炼和提高，为我国科技、教育事业多做贡献。

四、甘当伯乐、鞠躬尽瘁的为师风范

（一）奖掖后学，爱才惜才

人是生产力发展中起决定性作用的力量。所以，钱令希认为，发展教育和科学事业，第一重要的是培养人才。一所大学只有拥有最好的教师，才能够吸引最好的学生，培养出高品质的人才，产生高质量的研究成果。钱令希在被任命为大连工学院院长时就明确提出，学校的头等任务是培养人才。钱令希根据自己30多年的治学办学实践，总结出人才培养的科学规律：第一要有一个“活”字，要有活跃的学术空气，让教和学的人都有主动权，只给一方主动权，人才就无法培养出来；第二要有一种感情，除了革命的责任感之外，还要有一种惜才爱才、荐贤举能的感情。他要求全校教职员工无论做什么事情，都要统一到培养人才的思想上来，统一到培养人才的感情上来，这样就能造成一个良好的培养人才的环境。

钱令希一生爱才如命。他积极培养年轻人，并鼓励学生超过自己。在执教的几十年中，他大力扶持和提携年轻人，先后为国家培养出了一大批栋梁之材，其中潘家铮、钟万勰、胡海昌、程耿东、邱大洪、杨锦宗这6位院士都是他的学生，钱令希也因此获得了“伯乐院士”的美誉。

钱令希独具慧眼，在学生中发现英才就刻意加以培育。他的不少学生后来都成为蜚声海内外的力学界和工程界的权威人物。钱令希对学生的关心，达到无微不至的程度。他的学生提到老师对自己的教诲、帮助，依然记忆犹新，感激之情更是溢于言表。据潘家铮院士回忆，他考上大学后，父亲突然离世，母亲也因此受打击重病，姨母和哥哥还患有精神疾病，在这种情况下他已打算休学，去当教师补贴家用。钱令希听说后，从他自己微薄的工资中拿出一部分钱来资助潘家铮，让他顺利地完成了学业，并且在毕业后还引导他走上水电建设之路。①

1952年，钱令希被调到大连工学院任土木系教授、数理力学系主任。1962年，钱令希趁着与中国科学院力学所人才交流的机会，在屈伯川老院长的支持下，顶着阻力把在中国科学院力学研究所工作处境十分不好的钟万勰调到大连工学院。在钱令希的努力下，钟万勰不断追求进步创新，取得了一系列创造性的成果。1993年，钟万勰当选为中国科学院院士。钟万勰回忆这段往事时不禁感慨："钱先生的高风亮节，尤其是他求才若渴的人梯精神以及对我的知遇之恩都使我铭感于心，永远值得我学习。"②

在20世纪70年代初，钱令希还克服种种阻力，先后把"文化大革命"期间从大连工学院毕业、因出身和社会关系而被迫远离力学事业，不能充分发挥才华的程耿东、林家浩等学术人才调回学校，使他们回归专业，重新扬帆远航。最终，他们没有辜负钱令希对他们的信任和期望，在力学领域都取得了可喜的成就，程耿东还在1995年当选为中国科学院院士，并担任大连理工大学校长。正如程耿东说的那样："那一次，钱先生帮我赶上了一班早车，也搭上了人生的快车。"

"文化大革命"结束后，大连工学院成立了工程力学研究所，屈伯川院长莅临讲话并亲自任命钱令希为所长。于是钱令希再次着手将昔日的一些得意弟子，如隋允康、李兴斯、杨名生等，从

①② 侯建国、钟万勰主编：《钱临照、钱令希纪念文集》，科学出版社2016年版，第95、101页。

全国各地不能展其所长的环境中——调回大连工学院，并委以重任，从而逐步建成了一支有影响力的学术梯队。这体现了他一贯的以人才为本的胸怀。

1982年，钱令希这个“伯乐”，又发现了顾元宪这匹“千里马”。钱令希带着他读完硕士研究生，并把他留校任教。短短十几年，顾元宪就在力学界显示了举足轻重的地位。但天妒英才，2005年，顾元宪在巴西参加第六届国际结构与多学科优化学术大会时心脏病突发，因公殉职，年仅51岁。钱令希悲痛万分，为他钟爱的学生写下一副挽联：“承前启后，后来居上，荣为全国劳动模范；冲锋陷阵，创新立业，尊称一代领军人物。”

2006年，病中的钱令希迎来了90岁的生日，来自全国各地的12名著名力学专家齐聚大连理工大学，以举办学术报告会的形式为他祝寿。他的24位弟子各奉献一篇代表性论文，为他出版了《力学与工程应用》论文集。正是因为钱令希爱才如命，所以桃李满天下，令国内同行称道。

钱令希说：“我一生中最幸福和骄傲的事就是‘我的学生们都比我强’，像潘家铮啊，那是三峡工程的技术核心人物，还有钟万勰、胡海昌、程耿东……他们都比我强，我心里高兴啊！”

为了发展力学，并记载钱令希在力学领域的突出成就，1993年，一批跟随钱令希多年的学生争取到社会各界捐助的30余万元，设立了“钱令希力学奖励基金”。基金会设立以来，已奖励了近千名优秀的青年力学人才，有力地推动了力学人才的培养。

（二）以身作则，品高德厚

钱令希对待工作严谨认真、勤勤恳恳。1938年，钱令希任叙昆铁路局桥梁工程师。这条铁路由四川的叙府通往云南昆明，与滇缅铁路相接，以期为全面抗战打开一条通道。钱令希深知这条铁路对抗战的意义，他与一位老工程师在荒无人烟的西南边陲风餐露宿，勘测桥梁，仅靠步行跋山涉水，在140多千米的线路上为上百个大小桥梁定位定型。1975年夏天，钱令希在组装大连新港的百米跨度空腹桁架全焊接钢栈桥时，一连20多天没有离开现场。当时环境十分艰苦，他与工人、青年教师同吃同住。为了把自重405吨的桥架安全、准确地整体吊装到桥墩上，他顶着炎炎烈日，四处奔波。为了等第二天早晨赶潮起吊，他一整晚都在与工人做准备工作，以确保工程万无一失。看着栈桥连同输油管道和行车道一起安全地吊装到桥墩上，他激动得热泪盈眶。

钱令希致力于教育事业，默默耕耘，诲人不倦。到了晚年，他虽然年事已高，但仍身体力行，执教不辍。他不但关心研究生的培养，而且坚持为本科生做学术报告。他以严谨的教学态度，认真备课并亲自准备讲稿。他的授课方式深入浅出、形象生动，深受学生欢迎。他所倡导的老师要“启发式认真教”，学生要“创造性自觉学”的教学方法也广为流传。钱令希退休后，还旁听本科生的工程力学和理论力学课，风雨无阻，课无缺席。他边听边记，给教师建议，与教师交流研究如何搞好课程建设，提高教学质量。有的教师不忍心钱令希这样劳神，劝他听几节课指导指导就行了。钱令希却说：“我不是来指导的，我是来当学生的。思考对我来说也是一种健身益智。”

钱令希对待学生和朋友更是关心有加，无微不至。新中国成立前夕，他曾不顾个人安危掩护浙江大学学生中的中共地下党员和进步分子，深受学生的尊敬和爱戴。有一次，他在学校资料室的柜子里发现了一箱革命书籍。为了保护思想先进的学生，从那之后，他严格保管钥匙，不让人随便进入资料室。事后，掩藏这批图书的地下党员、后来担任宁波大学校长的朱兆祥说："钱先生真是深知我们的好老师。"学生们都愿意把自己的心事与他诉说，他耐心地帮助学生解决学习生活中遇到的难题。学生们无不称赞钱令希是一位慈祥、和蔼、热忱、令人尊重的老人家。据钱令希的秘书武金瑛回忆，钱令希总是默默地帮助别人，把别人的事情当作自己的事来做，从来不求回报，也不让受助者有压力。比如，当他知道别人需要了解一些东西的时候，他不会直接跟你说，我来帮你吧！而会说，这方面的资料我也需要，我们一起来研究吧！

据钱令希的女儿回忆，钱令希退居二线后，仍然紧跟时代的步伐，学习汉语拼音，练习电脑打字，并苦练书法。钱令希的书法运笔秀巧，气韵生动，在他的晚年，留下了许多珍贵的墨宝。在他88岁寿辰那天，他曾题写"四乐箴言"，道出了他兢兢业业的工作追求、为人处世的态度和知足常乐的品格：工作奉献求乐，处世助人为乐，生活知足常乐，休闲自得其乐。后来钱令希将这"四乐箴言"亲自花钱裱好赠予李心宏教授，李教授说："这'四乐'不但是钱老的修身格言，也成了我的一面明镜，时刻激励着我努力奉献而淡泊名利！"

钱令希晚年依然笔耕不辍

（图片由大连理工大学档案馆提供）

在妻子去世后，钱令希陷入了极度悲痛中，病情也开始加重。在女儿的陪伴和众人的关爱中，被疾病折磨得非常虚弱的他逐渐走出阴霾，决定坦然面对病魔，那个乐观豁达的他又回来了。他安慰女儿说："最终的日子迟早要到来，我会随遇而安。你来到我身边，我就非常开心。我会把能做的事情做好，每天都要过得好，我相信那一天还很遥远。"

钱令希对人宽厚真诚，从不抱怨他人，处处为他人着想。在医院时，他从未提出过个人要求，积极配合医生的治疗，而且十分体贴理解医护人员。一次，钱令希起夜，看见护工睡得太熟就没有叫醒她，但因他的左半边肢体不听使唤，不幸跌倒在地，一头撞在了病床上。护工吓得惊慌失措，钱令希却安慰她，说没关系，都是自己不好。

生活中的钱令希就是这样，有着谦逊严谨的作风、乐观向上的心态、爽朗幽默的性格。常常有人问他健康长寿的秘诀是什么，93岁的钱令希笑着说："人的一生，风风雨雨，什么事情都能遇到，但是只要坚持积极和乐观的生活态度，认真过好每一天，就一定能健康长寿。"

五、对学科建设、学校建设的卓越贡献

（一）力学泰斗，著述等身

钱令希一生著述颇丰，硕果累累。他是我国计算力学与工程结构优化设计的开拓者，对我国桥梁工程、水利工程、舰船工程、港湾工程等领域都做出了卓越的贡献。他也因此被称为我国的"力学泰斗""结构力学之父"，誉满神州。

1950年，钱令希在《中国科学》第1期、第2期上发表了论文《余能理论》。这篇文章打开了中国力学工作者对力学中变分原理研究的新大门。20世纪50年代初，钱令希的《静定结构学》与《超静定结构学》出版。作为当时的教材，这两本书内容简洁而富有启发性，严谨而不落俗套，颇受读者喜爱并得到推广。两本教材公开出版后，在高等学校和工程技术界产生了很大的影响，一些科研工作者深得其益。

1954年和1958年，钱令希先后以工程顾问的身份，参加了武汉长江大桥和南京长江大桥这两座大桥的规划和科研工作。1959年，在参加完我国长江三峡水利枢纽的规划会议后，钱令希提出了一个新型的支墩坝——梯形坝坝型。这种坝型最突出的特点是混凝土在施工时可以采取大面积的平面模板，便于施工。这种新式的支墩坝提出后，得到了广泛应用。

20世纪60年代，钱令希还研制出我国潜艇结构的强度计算规则，并将这项研究成果应用于我国核潜艇的研发中。因这项工作的成功实施，获得了1978年全国科学大会奖。他根据此项工作的实践成果所撰写的论文《潜水耐压的锥柱结合壳的强度和稳定性》也荣获1982年国家自然科学奖三等奖。

在周恩来总理“要搞好基础理论研究”的指示下，钱令希在1973年中国科学院力学规划座谈会上做了题为《结构力学中最优化设计理论与方法的近代发展》的学术报告。他倡导应大力发展计算力学，主张力学要以综合研究结构优化设计的理论和方法，为工程提供优化设计的理论和方法，突破仅做分析的老传统。这篇文章随后在《力学情报》上发表，引起了力学界和工程界的广泛关注与共鸣，促进了工程结构设计与数学理论与方法间的融合。

1978年，在制定全国力学学科发展规划时，钱令希极力主张把“计算力学”列为力学发展的重要方向之一。他以具有前瞻性的分析、独到的见解说服了参会者。随后，他的主张被采纳，并被指定主持全国力学发展规划中“计算力学分支学科规划”的调研与制定工作。之后，他亲自组织队伍，进行研究与实践，组织召开了教育部计算力学大会，并会同多个工业部门共同组织了在蚌埠召开的全国计算力学大会。在钱令希的苦心经营下，中国的计算力学不断向前发展。

1982年，经第一届中国力学学会理事长钱学森提名，钱令希被推选担任中国力学学会第二届理事长。1983年，中国力学学会计算力学专业委员会正式成立，学科和队伍得到迅速发展。同年8月，钱令希在大连主持了中美工程计算力学学术讨论会，发起建立国际计算力学协会（IACM）。这一年，他的《工程结构优化设计》一书在水利电力出版社出版。这是我国在这个领域的第一本学术专著，荣获全国优秀科技著作奖一等奖。1984年，为推动力学与工程结合，钱令希在大连工学院创办了《计算结构力学及其应用》杂志，亲自担任主编。1985年，由他担任编委会主任主持编撰的《中国大百科全书·力学》出版。在钱令希等人的带领下，中国力学学会在国内多次举办重大国际学术会议，赢得了国际声誉。

（二）呕心沥血，建设“大工”

钱令希将他的生命和智慧都奉献给了大连工学院。回想当年，大连工学院老院长屈伯川来到浙江大学，对钱令希“三顾茅庐”、以诚相邀。当时的大连工学院还名不见经传，因为这座大学是伴随着东北全境的解放刚刚成立起来的。虽然建校两年来，这里已经集聚了一批知识分子，但与那些老牌大学比，屈伯川仍然感觉人才不足，便亲赴自古人才辈出的江浙去“挖人”。

钱令希被屈伯川求贤若渴之心所感动，但当时并未答应他。不久后，钱令希在上海偶遇了张大煜，张大煜在大连石油研究所工作，他说：“大连工学院没有老框子，充分宽松和自由，是个干事业的好地方。”他的一番话，使钱令希最后下定决心。钱令希觉得在这种自由宽松的氛围下，摆脱了条条框框的束缚，更有利于创新和研究，他在心里默默打定了主意。为了坚定自己的决定，他让妻子带着子女先行到大连，不给自己留任何退路。①

对于钱令希来讲，当他一走进大连工学院，就忘却了一切，一心扑在了建设学校的工作上。从此，这位学者从满头乌发到白发皓首，同大连工学院同呼吸、共命运，一路经历了半个多世纪的风雨。

1980年春钱令希与JIGFEX程序研发组在杭州留影
（左起李锡夔、隋允康、钟万勰、钱令希、林少培、林家浩、裘春航）
（图片由大连理工大学档案馆提供）

① 侯建国、钟万勰主编：《钱临照、钱令希纪念文集》，科学出版社2016年版，第86页。

钱令希一到学校，就像春蚕一般为学校的教学与科研事业奉献自己。他把每分每秒都用到工作中去，做着一件又一件关乎学校未来的事情。作为一位满怀对祖国和教育热爱之情的教授、学者，钱令希以政治家的思维，与时任院长屈伯川一同开始对学校发展进行战略架构。在学校的50多年间，他不断完善教学单位、组建科学研究所、创建科研学刊、搭建研究队伍、投身国家重大工程……为学校的发展不懈奋斗着。

2016年7月22日，大连理工大学召开了钱令希百年诞辰学术思想座谈会，相关领导及钱令希生前同事、亲友、学生等出席会议。会上大家深切缅怀钱令希院士在力学方面的突出贡献和献身科教的崇高精神。

中国科学院学部工作局副局长王敬泽表示：钱令希院士毕生致力于工程力学的科研和教育事业，抱着“科学救国”的满腔热情，以厚德笃学、矢志创新的科学态度，为新中国的桥梁、水利、舰船、港湾等工程领域建设做出了杰出贡献。钱令希院士见证了中国科学院的发展变迁，带领和推动学部的咨询评议、学科建设与发展、人才培养等工作，为学部建设和发展做出了重要贡献。

国家自然科学基金委员会数理学部常务副主任孟庆国指出：钱令希院士是中国计算力学的奠基人和开拓者，带动了全国计算力学学科的发展，是中国老一辈科学家的优秀代表。钱令希院士等老一辈科学家在艰苦的条件下，扎实开展科学研究工作，推动了国家科技事业不断发展。

中国力学学会副理事长方岱宁表示，钱令希担任中国力学学会第二任理事长期间，带领全国力学界开展学术交流，发展交叉学科，加强科普教育，壮大力学队伍，使中国力学学会得到快速、全面的发展。在国际上，钱令希院士和国际知名学者共同发起成立了国际计算力学协会，使中国在国际组织始终保持了重要的地位和话语权。钱令希院士培养了一批又一批优秀的力学工作者，使大连理工大学涌现一支不断创新开拓、站在世界力学发展前沿的学科队伍，成为我国最重要的计算力学研究机构。

大连市委副书记、高校工委书记宋善云表示：钱令希院士是我国著名的力学家和教育家，我国计算力学工程结构优化设计的开拓者，献身于我国的结构力学教学和研究，坚持理论与实践相结合，为祖国的繁荣富强和大连的发展建设做出了重要贡献。

大连理工大学党委书记王寒松代表学校对钱令希院士做出了高度评价：钱令希院士为党和国家的科教事业鞠躬尽瘁，是具有战略眼光的科学家，引领了中国计算力学的新方向；是学以致用的倡导者，攻克了一个又一个理论和工程科学的重大难题；是桃李天下的教育家，哺育出一代又一代的国家栋梁。钱令希院士的一生折射出中国知识分子为中国梦不懈奋斗的历程，是千千万万中国知识分子献身国家民族复兴伟业的时代缩影。要激励人们更好地担负起今天的责任和使命，把钱令希院士曾经为之奋斗的事业不断推向前进。

钱令希院士一生热爱祖国，服务人民，忠于中国共产党。他把毕生精力都奉献给了祖国的教育和科研事业，克勤克俭，任劳任怨，辛勤耕耘。作为大连工学院（现大连理工大学）的掌门人，他把教书育人、报效祖国当作自己最光荣的使命。

钱令希院士生活中谦逊严谨、乐观豁达，对待学生和蔼可亲、平易近人，对待朋友关心有加、无微不至，对待子女严格要求、率先垂范。

钱令希院士献身科教、孜孜不倦的敬业精神，解放思想、勤奋创新的思想主张，爱才如命、甘当春蚕的为师风范，谦逊严谨、乐观豁达的崇高品格永远值得后人铭记和敬仰。

主要参考文献

1. 钱令希:《提高师资水平　开展科学研究工作》,《科学通报》1954年第5期。

2. 钱令希:《发展中的计算结构力学》,《力学与实践》1979年第1期。

3. 钱令希:《为有源头活水来》,《人民教育》1981年第7期。

4. 钱令希:《要重视大学生的语文修养》,《辽宁高等教育研究》1982年第3期。

5. 钱令希:《我国结构优化设计现况》,《力学进展》1982年第3期。

6. 钱令希:《解放思想 放宽政策 开创高等教育的新局面》,《高等工程教育研究》1983年第1期。

7. 钱令希:《谈谈治学的方向、基础和方法》,《高教战线》1984年第5期。

8. 钱令希:《谈大学教师组织的基本单位——“学术细胞”》,《高等工程教育研究》1986年第1期。

9. 钱令希:《坚持“两个中心”是办好大学的关键》,《上海高教研究》1988年第3期。

10. 侯建国、钟万勰主编:《钱临照、钱令希纪念文集》,科学出版社2016年版。

海纳百川
自强不息
厚德笃学
知行合一

大连理工大学精神

撰稿人：王凌皓，教育学博士，东北师范大学教育学部教授，主要从事中国教育史、高等教育研究；龙铁佳，东北师范大学教育学硕士，主要从事中国教育史研究；蔡婷婷，东北师范大学教育学硕士，主要从事中国教育史研究。

史绍熙

SHI SHAOXI

天津大学校长（1982—1986）

（图片由天津大学党委宣传部提供）

史绍熙（1916—2000），江苏宜兴人，我国现代著名的工程热物理学家、燃烧学家及内燃机专家，现代著名的教育家。他于1982—1986年任天津大学校长。史绍熙是我国内燃机领域第一位博士学位获得者，内燃机学科与工程热物理学科的奠基人和开拓者，国务院学位委员会审核、国务院批准的首批博士生导师。他长期担任天津大学教授、内燃机燃烧学国家重点实验室主任。

一、生平与科教业绩

（一）早年在家乡的成长经历

谈及史绍熙的早年经历，就绕不开他的哥哥。史绍熙原名史绍华，1916年8月19日，他出生于江苏省宜兴县（今宜兴市）官林镇义庄村的一个贫寒农家，同时出生的还有一个双胞胎哥哥"史绍熙"，兄弟俩出生尚未足月，母亲就因产后受风去世了，他们遂由祖父母抚养成人。贫寒的家境使兄弟俩从小就养成勤奋好学、独立自强的品格，他们从不羡慕那些阔家子弟，很懂得节约，觉得有饭吃、有书读已经很幸运了，只有专心致志刻苦学习才能对得起白发苍苍的祖父母。兄弟俩刻苦读完小学，家里发愁供不起他俩上中学。小学校长和邻村一位前清秀才轮番上门，劝说不能让这样聪明好学的孩子失学，家里这才勉强答应送一个去上中学。懂事的哥哥让弟弟去考中学，自己到溧阳一家南货店当学徒。弟弟绍华考上了宜兴中学，小学校长又点拨他报考江苏省立无锡中学，无奈绍华的小学文凭留在了宜兴中学。哥哥一心成全弟弟，便将自己的文凭借与了弟弟。1929年，弟弟用哥哥的小学文凭以第一名的成绩考取无锡中学初中部，从此史绍华改名为史绍熙，与其兄同名。1932年初中毕业时，他因参加抗日救亡活动险些遭学校开除，终因学习成绩优异而受到老师保护，随即考入江苏省立常州中学高中部。

史绍熙在中学开阔了视野，看到当时国家的积贫积弱，认为落后就要挨打，只有工业强大了才能实现民族振兴。机械是工业的基础，而当时由北洋大学更名的国立北洋工学院①的工科在全国高校中是最强的。史绍熙为了实现工业救国的理想，在高中毕业后毅然抛弃舒适的南方生活，以优异成绩考入位于天津的北洋工学院机械系。第二年，哥哥也通过努力考入位于上海的交通大学土木工程系，因交大原名南洋公学，于是，官林镇义庄村的一对双胞胎兄弟，一个考取南洋，一个考取北洋，一时在宜兴传为佳话。

（二）青年时期外出求学

北洋工学院学风严谨，学生多不求衣食之美，而是不问寒暑伏案苦读，这种求实之风正是史绍熙所向往的。他于1935年进入北洋大学机械工程系后，一心想要振兴国家工业，因而学习尤为刻苦认真，成绩十分优异。史绍熙在北洋工学院求学时的两件小事形象地反映了他的刻苦勤奋状态：一是总坐在第一排，二是实验室事件。

史绍熙在北洋工学院读书时，四年里总是坐在第一排。可他

① 1937年与北平大学、北平师范大学和北平研究院等合组为西安临时大学，1938年西安临时大学更名为国立西北联合大学。北洋工学院等后改组为国立西北工学院。抗战胜利后国立北洋大学校名正式恢复，1951年与河北工学院合并为天津大学。

并不是每次都最早来到教室，为何总能坐在第一排呢？其实这源于北洋工学院的一个特殊规矩。学校自创办之日起，长期坚持宁缺毋滥的原则，养成了严谨治学的校风。当时，学校的考试又多又严，淘汰率相当高，几乎每届都有四成学生因各种原因不能毕业。为了营造出学业至上、追求卓越的奋发砥砺氛围，学校形成了一个特殊的规矩——学生座位按照考试成绩从前向后排序。这样，任课教师踏入某班级教室，一看学生的座位即知其成绩如何。史绍熙在机械工程系就读的四年里，学习刻苦且成绩优异，学期考试屡获第一名，因而总是坐在第一排。

由于史绍熙勤奋好学、成绩优异，他很早就进入实验室参与实际产品的制造与改良。有一天，年轻的史绍熙独自在实验室做实验直至深夜。临走之前，他见地面有些污渍，就从外面找到一个墩布，将整个实验室打扫得干干净净后方才离开。令他感到意外的是，次日刚到实验室，便被老师狠狠地批评了一顿。原来，整个实验室里有很多仪表，它们的储存对空间湿度要求相当严格。史绍熙昨晚拖过地后，实验室的空气湿度骤然间增加许多，会对很多精密仪表造成损伤。得知自己的行为会造成如此严重的后果时，史绍熙后悔不已。后来，史绍熙学成归国回到母校任教，还经常会回忆起这件事，每次都会对学生说："做实验是一件特别需要谨慎的事情，一点儿都马虎不得。"

1939年，史绍熙以全班第一名的优异成绩在国立西北工学院毕业并留校任教。后又先后在四川铭贤学院和武汉大学任教。1945年他又在激烈的竞争中脱颖而出，考取了公费赴英留学，进入曼彻斯特大学研究生院机械工程学科深造。史绍熙在曼彻斯特大学经过几年的刻苦学习，于1949年7月以《测量内燃机空气消耗量及其他脉动气流用层流流量计的研究》为题，通过博士学位论文答辩，获得博士学位。同时，他的这一成果引起英国内燃机界的重视。史绍熙毕业后受聘为英国威尔士大学斯旺西学院研究员，继续从事内燃机研究，并在英国《工程》杂志上发表了《稳定流及脉动流的临界雷诺数》一文，进一步引起国际关注。

新中国成立后，史绍熙决定放弃国外优越的工作和生活条件，回国效力。消息一传出，威尔士大学斯旺西学院鉴于史绍熙所取得的成就，千方百计想挽留这位才华横溢的中国年轻学者，劝他加入英国籍，继续留在斯旺西学院工作；同时，曼彻斯特大学的博士生导师力荐他到美国麻省理工学院工作。史绍熙表示："工业救国是我的夙愿，我决心回国参加新中国的建设。"在回国过程中，史绍熙遭遇了重重阻挠，但是他只有一个信念——回国参加新中国的建设。当时中英尚未建交，要办理离境回国手续求助无门。他日夜思念自己的祖国，苦闷的情绪只有向一起工作的同事倾诉。同事们很同情他，其中一位同事的伯父是英国议员，向当局反映了这个问题，并让媒体大造舆论，当局迫于舆论压力，才给史绍熙办理了离境回国手续。1951年史绍熙终于返回祖国。

史绍熙正面照

（图片由天津大学党委宣传部提供）

（三）献身新中国科教建设

史绍熙回国后还有一段小插曲，他接到母校的邀请，但并未直接去北洋大学就职，而是先到武汉大学任教，然后转到北洋大学。原因是1945年他出国前在武汉大学任教，出国获批后需要准备一些生活必需品，当时史绍熙手头拮据，武汉大学借给他两个月的工资，条件是回国后必须回武汉大学任教。虽然史绍熙回国时已经是新中国了，时过境迁，人事变更，他也接到北洋大学的邀请，但是他认为应该遵守承诺，还是到武汉大学报到。随后，北洋大学教务长亲自到武汉大学协商，史绍熙才得以回到母校。

1951年史绍熙回国后，刚好北洋大学更名为天津大学。到天津大学任教授后，他发现施展才华的空间很大。当时，新中国成立伊始，百废待举，国内不仅内燃机工业基础十分薄弱，而且高等院校尚未设立内燃机专业。作为这一领域的专家，史绍熙积极推动与筹划，1952年，他领导建立了天津大学内燃机专业，并亲任内燃机教研室主任，成为我国这一专业学科的创建者之一。1954—1957年，他担任天津大学机械系副主任。当时没有教材，没有教学计划和教学大纲，一切从零开始。史绍熙就组织翻译苏联内燃机教材及其教学计划和教学大纲。为了翻译俄文教材，史绍熙从头开始学习俄文，亲自翻译。而他从大学开始所读的教科书都是英文的。后来，他接受采访时回忆说："我从没有翻译过英文书。我翻译的著作只有两部教材，全都是俄文的，就是在那时翻译的。"这两部教材后来也成为全国第一套内燃机通用教材。当时，他个人承担的课程非常多，包括讲授"热工学""气体动力学""燃烧学""内燃机设计""高速柴油机原理与设计""自由活塞发动机"等课程。

在科学研究中，史绍熙总是把国家的需要作为自己的研究课题，使科研更好地为经济建设服务。他在1958年担任天津大学第三机械系主任，并于同年创办了内燃机研究所，担任首任所长，1960年扩建为天津内燃机研究所，全面组织领导研发了当时国家急需的105系列柴油机、85系列柴油机、小型汽油机以及其他内燃机的研究和设计工作，并在小型高速柴油机和多种小型汽油机上取得了新突破，研制成功我国第一台标定转速3 000转/分的新机型，可满足军用发电、快艇辅机和汽车动力的需要，为我国内燃机产品发展做出了重要贡献。现在该所已发展成为我国拥有现代化设备和试验场地的小型内燃机和摩托车实验研究与检测中心。史绍熙在研究中经常讲“我们要走中国自己的创新之路”，其中在105系列柴油机上全面应用的“复合式燃烧系统”，正是他践行这一创新理念的代表作之一。

20世纪50年代末至60年代初，我国工业和经济正处于一个极其困难的时期，由于生产工艺水平和使用维修水平相对落后，迫切需要依靠自己的力量设计新一代柴油机产品。经过大量的研究和实验，1959年，史绍熙突破国际上流行的空间式和壁面式燃烧理论，创造性地提出了既适应中国国情又兼具上述两种燃烧方式之长的新型燃烧系统——复合式燃烧系统，不仅改善了柴油机的燃烧过程，减低了燃油消耗率，而且可以燃烧多种燃料，取得了显著的社会效益和经济效益。这是我国第一个独具创造性的燃烧系统，在国内外产生了重大影响。1960—1972年，史绍熙担任天津大学动力工程系主任。1972年起任天津大学机械系主任（至1979年）。

“文化大革命”爆发后，史绍熙受到不公正待遇，但他始终保持坚定的信念和乐观主义的态度，他相信黑暗总会过去，科学的春天一定会到来。那时他带女儿出去买了一把二胡，经常自拉自唱京剧《四郎探母》中的那段词："杨延辉坐宫院自思自叹……我好比笼中鸟有翅难展，我好比虎离山受了孤单。"唱出他当时被迫停止工作、接受批判审查后苦闷的心情。在"文化大革命"中被批斗时，史绍熙坚持原则，绝不乱讲，从不为保全自己而牺牲别人。

"文化大革命"结束后，史绍熙又以饱满的热情投入科研事业中。当不少科技人员还心有余悸的时候，史绍熙就在全国领衔主编了第一部《柴油机设计手册》，共380多万字。这是我国第一部全面总结柴油机设计经验，兼收国外最新技术成果的大型工具书，具有较高的实用价值和学术价值。1978年3月18日，第一次全国科学大会召开，科学界迎来了发展的春天。就在这一年，史绍熙与王补宣一起推动了工程热物理这一新兴学科的建立，积极支持创建了中国工程热物理学会，并共同肩负起学会发展的重任。1979年，他担任天津大学副校长兼热物理工程系主任，创立了工程热物理专业，旋即又筹建热能研究所并兼任所长。

1980年，史绍熙当选为中国科学院学部委员（院士）。此外，他还在国内外学术团体、高等院校和科研院所以及国家部委咨询机构中担任重要兼职70余项，参加了我国各个时期科技发展规划的制定和组织工作，培养了大批中青年科研骨干。

1982—1986年，史绍熙出任天津大学校长。在他的任期内，天津大学得到了长足发展，先后成立了研究生院、管理学院、石油化工学院、材料科学与工程系、物理系、化学系、力学系、人文与社会科学系、外语系等，使天津大学由多科性工科大学发展为以工科为主，理、工、文、管各科相结合的综合性大学。史绍熙非常重视国际学术交流。在他任校长以后，天津大学与国外高校进行了更加广泛的联系与合作，先后同美、英、加拿大、法、德、日、波兰、挪威、新西兰等国的22所大学建立了校际合作关系。他不仅经常应邀到国外讲学和参加国际学术活动，而且于1984年、1985年在国内组织了两次国际会议。史绍熙也非常重视高等教育的社会服务职能，他在掌舵天津大学后创新办学形式，调整人才培养结构，倡导产学研相结合，积极服务社会经济发展。

（四）晚年发挥余热

1986年，史绍熙卸任天津大学校长职务之后仍积极投身教学和科研事业。从那一年起，史绍熙就高瞻远瞩地开始筹建“国家内燃机燃烧学重点实验室”。这是我国内燃机学科及燃烧学领域第一个国家级重点实验室，其研究方向是开展内燃机燃烧中物理过程和化学过程的基础研究，特别注意开展与能源合理利用和环境保护有关的应用研究。对实验室工作的开展他都亲力亲为，从小型内燃机到柴油机复合式燃烧系统，从攀登计划到“973”计划，从科学研究与企业密切合作到产业技术创新联盟的建立，都凝聚着他的智慧与汗水。

1988年开始，史绍熙又主编了300多万字的《内燃机设计手册》，被机械工业出版社列为重点科技图书，于1992年正式出版。此外，他还担任了《中国大百科全书》机械卷动力机械部分的主编。他还参加了我国几个时期科技发展规划的研制工作，其中包括《1963—1972年科学技术发展规划》《1978—1985年科学技术发展规划纲要》《1986—2000年基础研究长远发展规划》的制定，为我国的科学技术发展规划工作做出了贡献。

1989年6月5—8日，史绍熙在天津组织召开了第18届国际内燃机会议（CIMAC）并担任大会主席。作为中国内燃机学会理事长，他与德国内燃机协会签订了两国合作协议。他还以中国大学内燃机学科组主席的名义，与英国大学内燃机学科组签订了学术交流协议，为我国内燃机学术界走向世界、进入国际先进行列做出了重要贡献。

2000年年初，史绍熙在体检中查出腹部有异物，人们都劝他休息，但他依然义无反顾地投入工作中，仍然每天坚持工作10多个小时。后来病情加重，才不得不住进医院。确诊为癌症后，大家都不忍心告诉他。当时，他住的病房是个套间，外面是接待室，他却把接待室当成工作室来用。在手术前后，还依然为学生修改毕业论文，评审科研论文，指导项目科研人员和研究生的工作。手术后，史绍熙的精神状态非常好，大家都以为奇迹出现了，但那时癌细胞已经扩散。就在生命的最后一刻，史绍熙凭着顽强的毅力和病魔斗争，还在安排自己出院后的日程和工作。虽然病情一天天恶化，但他依然忍着疼痛，用左手捂着腹部，右手修改学生的论文，并参加两个博士生的答辩，这是他送走的最后两个博士生。他在病危时刻，输着液还在赶着校对要发表的论文。由于手抬在桌子上，致使血液倒流到输液管中，药液变成了红色，医生们见此情况不禁热泪盈眶。他辞世时，尚有5名博士生未完成学业，有一批未曾回复的电子邮件和信件，还有许许多多未完成的工作，他不得不无限遗憾地离开了一生热爱的事业。

二、办学治校思想与举措

自1951年起，史绍熙长期在天津大学执教，历任天津大学内燃机教研室主任、动力工程系主任、天津内燃机研究所所长、机械工程系主任、热物理系主任、热能研究所所长、天津大学副校长、校长等职。在长期的教学、科研与管理工作实践中，他逐渐形成了自己的办学思想。尤其是担任天津大学副校长、校长期间，正值改革开放初期，各项改革措施逐步推进，高等学校面临着改革与发展的新形势和新任务。史绍熙在邓小平“教育要面向现代化，面向世界，面向未来”的方针指引下，立足我国国情和天津大学的发展实际提出了一系列教育改革的措施与建议，并付诸实施。历史证明，这些措施不仅在当时是正确的，而且对天津大学后来的建设与发展也起了重要作用。这些措施及其实施过程成为史绍熙办学治校思想的鲜活素材，孕育了史绍熙的办学治校思想。史绍熙的办学治校思想主要包括以下几个方面。

（一）规范人才培养，创新人才培养方式

史绍熙的人才培养思想包括两方面的内容：一是规范人才培养，二是创新人才培养方式。“规范人才培养”主要是基于北洋大学“双严治教”的传统和“文化大革命”后松懈的学风提出的。

北洋大学是天津大学的前身，自建校之初即以“实事求是”为校训，素以“双严治教”著称。“双严”即教师治学严谨、对学生教学要求严格。天津大学形成了严字当头的优良校风与学风，而为国家、社会培养了一代代栋梁之材。史绍熙毕业于北洋大学，养成了治学严谨的优良作风。在教学中，他对学生严格要求，使

学生获益良多；在科研中，他勇于探索，又严谨务实，因而在科研中取得了一系列有创新意义的重大成果。史绍熙这些经历使他对“严师出高徒”有着执着的信仰。

史绍熙在担任副校长之初，正值学校“文化大革命”后的拨乱反正时期，高考刚刚恢复，学生质量参差不齐，教学秩序松弛。针对这种情况，他强调要加强教学管理，恢复正常的教学秩序，继承和发扬北洋大学“双严治教”的优良传统，树立良好的校风和学风，努力提高教学质量。

1982年史绍熙担任校长后，更加注重天津大学的规范化建设。在他的倡导下，天津大学制定了《贯彻治学严谨、严格要求的意见》，把“双严治教”规定为天津大学的治学方针和校风。该意见对教师执教、学生学习和校、系教学管理提出了一系列严格与具体的要求。这在当时对加强教学管理、提高教学质量起了重要的作用。此后，天津大学坚持贯彻“双严治教”精神，重视发扬良好的校风和学风。规范人才培养、严格治教治学的思想主张逐步成为天津大学广大教师与职工的共识，并成为新时期天津大学办学的一大特色，对学校人才培养质量的提高起到了重要的作用。

“创新人才培养方式”是史绍熙人才培养思想的另一个重要方面，主要体现在他主张大学生勤工俭学、开展社会实践活动。随着经济、科技体制改革的推行，天津大学于1983年成立了对外科技服务部，积极开展对外有偿科技服务。1984年，学生也展开了课余的有偿科技服务，成为勤工俭学活动的一种新形式。随之，学生中也出现了一些经营型勤工俭学活动，如学生经营的牛奶站、咖啡厅等。对此，校内外褒贬不一，众说纷纭。史绍熙从育人的高度出发，对学生的勤工俭学活动给予了积极引导和大力支持。他说："怎样看待大学生的勤工俭学活动，我的态度很明确，我主张大学生搞勤工俭学活动。教育要进行改革，实践环节要加强。大学生自发兴起的勤工俭学活动，正是顺应了教育改革的潮流，是培养新型人才的需要，也有助于解决高等教育中'政治与业务''理论与实际''知识与能力''教与学'等基本矛盾。大学生搞勤工助学，有些家长和教师担心，认为这样做会影响学生的学习，影响学生成为高级专门人才。勤工助学固然要占用一部分时间，但即使不搞勤工助学，学生也不会每时每刻都在念书。读书不是学习的唯一方式。"①

在史绍熙的大力支持下，天津大学的学生科技服务活动蓬勃发展。在1985年前后不到一年的时间里，该校学生就为校外单位完成计算机程序设计任务50余项，完成城镇规划、建筑设计任务10余项，并就校外工厂生产管理情况写出了质量较高的调研报告和工业诊断书，为乡镇企业研制了新产品等。不少学生还在校内外开办了不同类型的英语口语班、计算机知识普及班以及化学分析、机械制图培训班等。

对于学生勤工俭学活动的意义和价值，史绍熙非常认可，他说："这种知识输出型的勤工俭学活动，不仅使学生有一定的经济收益，更重要的是使学生们应用和强化了学到的专业知识，锻炼了实践能力，同时积极为社会做出了贡献，增强了大学生的社会责任感和学习的动力。我主张80年代大学生的勤工俭学活动应该以上述活动内容、形式为主，应该把勤工俭学活动和培养学生成

① 史绍熙：《我主张大学生搞勤工助学》，《高教战线》1985年第5期。

才紧密地结合起来。”①

对于学生们的经营型勤工俭学活动，史绍熙结合自己对国外大学的了解给予肯定和引导，让他们认识到经营型勤工俭学活动的教育意义。他指出：“我认为应该支持学生开展经营型活动，要让学生懂得经济，有经济头脑，不能培养书呆子。所谓有经济头脑，就是做事要讲效益，要讲划算不划算。我们培养的大学生要为社会主义现代化建设做贡献，就必须要有经营思想。我们理工科大学，除了培养高级科学研究人才和工程技术人才之外，也要培养中、高级管理人才和领导者，因此，学校要采取一系列措施保证大学生既能掌握宽厚的基础知识和专业知识，有灵敏地接受信息的能力，又有现代化的经营思想和开拓创造精神。经营型勤工俭学活动也是培养人才的一条渠道。”②

“规范人才培养，创新人才培养方式”是史绍熙办学思想的重要组成部分，它既是对天津大学优良办学传统的继承和发扬，也是对社会和时代变迁的积极回应，在当时对高校人才培养模式变革具有重要的启示价值。

（二）发展综合性大学

新中国成立初期，为了适应当时国家发展的需要，中央政府对全国的高校进行了院系调整。天津大学当时有理、工两个学院。院校调整调出了理科，调入河北工学院的工科专业，天津大学完全成了工科院校。到改革开放初期，国家和社会发展对高等教育提出了新的要求，全国各重点工科高校已普遍感到理工分

---

①② 史绍熙：《我主张大学生搞勤工助学》，《高教战线》1985年第5期。

家、单办工科已难以培养高质量的人才，也难以获得高水平的科研成果。

针对这一问题，史绍熙从人才的知识结构切入进行了系统的思考。史绍熙认为，知识结构是一个关系到教学质量的全局问题，人才培养的周期很长，影响人才需求的因素很多。许多因素的发展趋势虽然可以预测，但是人们今天的认识往往很难符合明天的客观实际。一般说来，不同类型的人才，应有不同的知识结构，然而，有许多知识是各种类型人才都必须不同程度地具有的。比如，现代管理知识和技术经济知识、科学技术观和方法论的知识、人文与社会科学知识、计算机知识等。具体到高级工程技术人才，不仅要掌握扎实的基础理论和专业知识，而且要有宽广的知识面，要有适应学科间交叉、渗透的能力和科学的创新精神。不具备这些基本条件，是很难适应经济建设和科学技术发展需要的。

史绍熙指出，我国高等教育在较长的一段时间里，理工分校，文理分家，学生所学的知识和技能比较狭窄，落后于科学技术的发展。很多人的聪明才智未能得到充分的发挥，因而不能在现代化建设中发挥更大的作用。基于此，他在天津大学率先进行了学科设置的改革。在工科各系之外，史绍熙先后建立了数学、物理、力学、化学等理科系，以及外语、人文与社会科学等文科系，并使管理工程系发展成为管理学院。

史绍熙还认为，综合化是现代科学发展的一个显著趋势。科学的体系，就像一个纵横交错的立体网络，是一个有机的整体。以多学科的理论、方法进行横向的和立体的研究，不仅是现代科学发展的需要，也是时代对教育的要求。为了造就一代新人，近年来世界各国纷纷改革高等教育，潮流所向，大致相同。欧美发达国家和日本对人才培养提出的要求是，知识的综合化和能力的多样化，博专结合，一专多能。因此，许多国家都在学校系科设置上实行综合化，有的把同一地区的各类大学统一组织起来，建立新型的“综合高等学校”；有的专门学院也在扩大科、系，朝综合性大学的方向发展。基于我国当时的情况，史绍熙认为，把一批重点大学办成综合性大学，既是高等教育发展的规律性反映，也是社会主义建设的客观要求。

史绍熙在实验室

（图片由天津大学党委宣传部提供）

（三）教育要服务社会发展

史绍熙十分重视大学的社会服务职能，他曾说：“教育是一个国家经济发展的根本条件。要发展经济，教育必须先行。”他的这一思想可以表述为三个方面：拓展人才培养形式，更新学科专业体系，实施产学研一体化。

在“拓展人才培养形式”方面，史绍熙认为：“教育要适应经济建设对培养人才的需要，高等学校除了主要培养本科生和研究生外，还应适当开展多种形式办学。这样做不仅有利于发挥学校的优势和潜力，而且是解决在职人员的知识更新和国民经济对人才培养需要等问题的一条有效途径。”基于这一认识，由他掌舵的天津大学在重点培养本科生、研究生之外，还开设了干部专修科、大专班、夜大学，开展了在职技术人员的继续教育和短期培训，采取了不同学制、不同规格、多种形式的办学方法，致力于为国家培养各种急需的建设人才，取得了较好的效果，受到了经济建设部门的欢迎。

在“更新学科专业体系”方面，史绍熙认为，在科学技术的高速发展过程中，不断涌现出一些新兴学科，如果高校的学科专业更新不及时，培养出来的人才就不能适应经济和科学技术发展的需要。他主张：“在学科建设上，我们要在改造和更新老专业、老学科的基础上，设置一些新专业、新学科，尤其要再建设一批重点学科。”基于这些认识，他在天津大学改造和更新老专业和学科，建设和设置了一批经济社会发展急需的新专业和学科。

在“实施产学研一体化”方面，史绍熙很早就提出了“高校要走教学、科研和生产宏观一体化的路子，使之在加速人才培养、科技发展和经济建设等方面产生越来越大的作用”的观点，并运用辩证唯物主义的方法论阐述了三者之间的关系：教学、科研、生产三者具有共同的目标，即为我国的四个现代化，为经济建设服务；教学、科研、生产是三个不同的领域，各有自己的任务特点和活动规律，应当保持其相对独立性，遵循各自的规律去发展；教学、科研、生产一体化，既相互依赖，又相互制约；一体化是有时间性的，不是永恒的联合。史绍熙还强调：在研究和攻关过程中，我们要把教学、科研、生产三者紧密地结合起来，这对发展高等教育，提高教育质量，提高科研水平，促进生产的发展都是十分有利的。

基于上述思想，史绍熙在校长任期内，积极倡导天津大学走产学研结合的路子。学校先后和十几个省市、几十个企业部门建立了产学研的合作关系。比如，天津大学和中国石油化工总公司联合建立了石油化工学院和石油化工开发中心。这使天津大学的化工学科在人才培养和科研开发工作上与我国重要的石油化工企业建立了密切的联系，显著地提高了学校的教学质量和科研水平。而天津大学提供的优秀人才和高水平的科研成果，也为我国石油化工企业的发展做出了积极贡献。

（四）倡导国际交流合作

史绍熙十分重视国际交流与合作，他说："新中国成立以来，我国高等教育的发展，经历了一个复杂曲折的过程，有成功的经验，也有失败的教训。在学习国外经验方面，新中国成立初期由于我们在全面学习苏联经验的时候，与我国的具体实际结合不够，曾经吃了亏，这个教训是深刻的。但是20世纪60年代以后，我们闭关自守，封锁了自己，同样也吃了亏，这个教训也是很深刻的。多年来，我国科学技术之所以比较落后，经济发展之所以比较缓慢，这不能不说是一个重要原因。"他还说："党的十一届三中全会以后，我国实行了对外开放政策，通过对外开放，学习外国的先进经验，极大地促进了我国高等教育的发展与改革。"

史绍熙担任校长期间，积极贯彻对外开放政策，几年内与世界上30多个国家开展了学术交流。通过建立校际互访制度和安排教师参加国际学术会议，使天津大学与美国、加拿大、英国、日本、德国等发达国家的十几所高校建立了校际合作关系，如互派留学生、互派讲学人员、合作科研等。史绍熙几乎每年都出国参加学术会议，进行学术、教育和科研考察，与此同时，他每年都邀请国际著名学者来天津大学讲学。这些国际学术交流与合作活动，使天津大学师生拓宽了视野，开拓了思路，对学校教学质量和科研水平的提高起到了重要的促进作用。

史绍熙还坚持在国际交流中立足国情，博采众长。他曾说："教育，特别是高等教育如何改革和发展，各国都在根据自己的社会情况进行研究和探索，即使是一些发达国家也在探索新的路子。各国有各国的情况和特点，教育有共性，也有不同国家的特殊性。我们在开展国际合作，学习外国经验的时候，必须从我国的国情出发，从民族特点出发，结合我国的实际，博采各国之长，这样才能使我国高等教育的改革和发展，建立在'具有中国特色的社会主义高等教育体系'这个基点上。"

三、对高等教育改革和内燃机专业教育的影响

史绍熙是一位长期工作在高教一线的教育家，具有多重身份。他是我国高校内燃机专业的开创者和奠基人，是一位勤勉奋进的学者和诲人不倦的教师，同时也是我国高等学校教育改革的探索者和领跑者。史绍熙对我国高等教育改革及内燃机专业教育都具有重要影响。

（一）对我国高等教育改革的影响

史绍熙长期担任天津大学教授，历任内燃机研究所所长、热能研究所所长、内燃机燃烧学国家重点实验室主任，并于1982—1986年担任天津大学校长。他对高校的教学和管理工作有着真切的体悟和深入的思考，提出了许多有价值的办学思想。史绍熙掌校的时间虽然不算长，却处于我国改革开放初期的重要阶段，其所面对的问题异常复杂，解决起来也最困难。作为20世纪80年代

我国大学改革的代表人物之一，他提出的许多发展思路和改革措施对以后的高等教育改革与发展有重要影响。

史绍熙作为一名蜚声国际的科学家，经常参加高水平国际学术会议，与许多国际知名大学有着科研合作与学术交流关系。他对国际高等教育的办学水平和发展趋势比较了解，意识到中国的高校与国际知名大学有较大的差距，主张重点大学应扩大国际交流与合作，学习国外先进的办学经验。为了推动重点高校参与国际交流，史绍熙不仅在主政的天津大学力推国际交流，而且还撰文呼吁高校实施开放式办学，博采众国之长以提高办学水平。尽管高等教育国际化发展是今天高等教育界的共识，但在改革开放初期，大张旗鼓地提出重视国际交流并付诸实践也是需要眼光和魄力的。史绍熙的这一主张和做法对我国的高等教育国际化发展产生了重要影响，不仅为其他高校开展国际交流合作树立了榜样，而且推动了国家相关政策的出台。

史绍熙在改革开放初期就提出了高校综合化发展的思想，并依据人才的成长规律和知识的发展趋势对这一观点进行了论证。他还进一步提出要将天津大学由一所多科性工业大学发展建设成为“以工为主，理、工、文、管相结合的综合性大学”的办学思想，并依据这一思想，对天津大学进行了一系列改革，推进了学校的综合化发展。这一具有开拓性和创新性的指导思想不仅在天津大学的发展史上留下了浓墨重彩的一笔，而且对我国高校特别是工科高校的发展战略产生了重要影响。

史绍熙在20世纪80年代初提出了“教学、科研、生产一体化”思想，并论述了这一思想对发展高等教育、提高教育质量、提高科研水平以及促进产业发展的重要意义。史绍熙在校长任期内，积极倡导天津大学开展产学研结合，使该校先后和十几个省市、几十个企业部门建立了产学研合作关系。随后，国内高校呈现产学研相结合的蓬勃发展的态势，以及高校科技园的出现，证明了史绍熙的远见卓识。

（二）对我国内燃机专业教育事业的影响

史绍熙是天津大学内燃机专业的创始人，同时是我国内燃机专业教育体系的奠基人，是我国公认的内燃机领域的开拓者。新中国成立伊始，国内不仅内燃机工业基础十分薄弱，而且高等院校尚未设立内燃机专业。作为这一领域的专家，史绍熙回国后即积极推动与筹划，1952年，他在天津大学建立了我国第一个内燃机专业，并担任内燃机教研室主任。他组织力量翻译出版了我国第一套内燃机通用教材，并承担多门课程的讲授。此外，史绍熙很重视内燃机专业师资的培养，把不断提高教师自身素质与学术水平和更好地为国家建设培育人才紧密联系在一起，为我国内燃机专业师资力量不断壮大奠定了雄厚的基础。

史绍熙曾是教育部全国内燃机教材编审组组长，负责修订教学计划和教学大纲，制订教材编审计划等。他还曾担任中国内燃机学会理事长和全国内燃机专业教学指导委员会主任委员，对我国高校内燃机专业的创立和发展给予指导和引领。同时，为使国内学者了解国际学术发展前沿和趋势，也让更多的外籍学者了解中国，他还努力争取举办了第18届国际内燃机会议。这是世界公认的内燃机科学技术领域中最重要的学术会议，向来都由西方发达国家主办，因此争取到主办权极为不易。在史绍熙的努力下，作为新中国成立以来国内举办的一次大型专业性国际学术会议，大会组织得相当圆满，受到国际内燃机学会理事长韦塞尔的高度评价和赞扬，为中国和中国内燃机学会赢得了很高的国际声誉。

史绍熙根据研发成果，撰写了《自由活塞式发动机》一书，填补了国内空白；主编了大型工具书《柴油机设计手册》和《内燃机设计手册》。同时，他创办了《内燃机学报》和《燃烧科学与技术》等学术期刊。此外，他还发明了柴油机复合式燃烧系统，并在流体力学、燃烧学、代用燃料、测试技术以及内燃机产品发展等诸多领域取得了突出的成就。他先后发表专著、译著及科学论文百余部（篇），获得各类奖项荣誉达23项，为我国内燃机专业的教育、研究和学术体系的完善做了突出贡献。

（三）对高层次人才的培养

史绍熙几十年如一日，以振兴中华为己任，满怀责任感和使命感，开拓进取，不知疲倦。年逾古稀时，他仍耳聪目明，身体矫健，在科学上的追求与进取精神不减。同时，作为学术带头人和导师，他更加重视培养新生力量，特别是对高层次人才的培养。除亲自带博士研究生外，还担负着我国内燃机专业博士后科研流动站和国家燃烧学重点实验室的领导工作。

史绍熙在指导博士后
（图片由天津大学党委宣传部提供）

史绍熙在工作中素以严谨著称。他严于律己，生活非常规律，每日黎明即起，5

点钟便开始工作。一天工作10多个小时，不分寒暑。他工作起来，一丝不苟，认真负责，对所提出的理论无一不经大量的试验，反复验证；对发表的每篇论文总要反复推敲并逐一核对数据。他崇尚实事求是，理论联系实际；坚持勤奋与探求；主张言必信，行必果，恪守信义，并以此为表率，影响他人。他注重教书育人，善用启发式教学，注重思想和能力的培养，鼓励独立思考和大胆创新，放手科学实践与探索，但对每一阶段的工作监督和最后成果的审查却十分严格。他不惜花费大量的时间和精力为他的学生逐字逐句地批改论文，而且对求教者无不热诚以待、循循善诱、诲人不倦。他为人正直、胸怀坦荡，不仅对己严格，对人亦严。他对不应有的差错从不姑息，批评起来常常不留情面，但不计前嫌、不结私怨，往往在批评之后接踵而来的是更多的关怀与帮助。他以严谨治学、言传身教、潜移默化，为国家造就了众多有用人才，他的许多学生已分别在各自的教学、科研与生产岗位上担负重任，做出了巨大贡献。

四、永远燃烧的生命之火

1989年10月，为庆祝史绍熙执教50周年，天津大学召开了隆重的大会。会上吴咏诗校长代表天津大学对史绍熙在教育与科学事业上所做的贡献做了如下的评述："史先生始终怀着一颗报效祖国的心，勤奋顽强地奋战在教学、科研的前沿。他以自己大半生的生命与半个世纪的奋斗实践，表明自己是热爱党、热爱祖国、热爱人民、热爱教育与科学事业的。半个世纪以来，作为教授，史先生辛勤耕耘于教育苗圃，孜孜不倦地教导、培育了无数科学技术人才，可谓桃李满天下。作为科学家，史先生勤奋、严谨、努力拼搏、呕心沥血，为使我国内燃机及燃烧学事业进入世界先进行列做出了积极的贡献。作为前任校长，他为学校教学、科研两个中心的形成，为培养多层次人才，提出以严治校的方针；为培养综合型人才，提出并实施了以工为主，理、工、文、管相结合的办学方向，为学校的发展做出了贡献。他走的是一条爱国知识分子的路，是新中国爱国知识分子的代表，是我们的榜样和楷模。他以自己的献身精神和杰出的工作赢得了我们的敬仰，同时他也为我们学校赢得了骄傲和光荣。”

2000年9月16日，史绍熙逝世后，教育部、中国科学院等单位在唁电中对史绍熙给予了高度评价。

教育部在唁电中对史绍熙评价道：史绍熙同志是我国教育和科技界德高望重的老领导、老专家，多年从事内燃机研究工作，学术上有较高的造诣，为国家培养了一大批优秀的科学技术和管理人才，为我国的教育、科技事业和天津大学的发展做出了重要贡献。史绍熙先生的逝世是我国教育界、科技界的一大损失。

中国科学院在唁电中对史绍熙评价道：史绍熙院士是我国著名的工程热物理学家、燃烧学家、教育家。他提出了柴油机热混合理论，发明了复合式燃烧系统；研究开发成功我国第一台转速为3 000转/分以上的高速柴油机和第一台两级自由活塞式发动机压气机；在推导出粒子在气缸内涡流中的运动轨迹方程基础上，提出了周边混合气流形成的原理；建立了周期性脉动式流动的能用速度分布方程并求得其频率影响的无因次式，从而解决了层流流量计的理论和设计问题。史绍熙院士在长期的教学和科学研究工作中，始终遵循学习、创新、求实、献身的精神，坚持理论联系实际，不断创新，获多项专利，为我国工程热物理学科及相关技术的发展做出了重要贡献。史绍熙院士是一位德高望重、博学多才、卓有成就的科学家。他热爱祖国、热爱党和社会主义事业，为国家培育出一批高层次的科学技术人才，为我国科学技术和教育事业的发展做出了卓越的贡献。

教育部科技司在唁电中对史绍熙评价道：史绍熙同志是我国教育和科技界德高望重的老领导、老专家，中国科学院资深院士，中国工程热物理学会名誉理事长，高等学校工程热物理研究会理事长，曾任教育部科技委第一、第二届委员，内燃机燃烧学国家重点实验室主任和学术委员会主任。他多年从事内燃机研究工作，为国家培养了一大批优秀的科学技术和管理人才，为我国的教育、科技事业发展做出了卓越贡献。史绍熙同志的作风、人品是科技教育工作者的楷模！他的逝世是我国教育界、科技界的一大损失。

主要参考文献

1. 史绍熙：《我主张大学生搞勤工助学》，《高教战线》1985年第5期。

2. 史绍熙：《关于高等教育改革与发展的几点认识》，《高等工程教育研究》1986年第2期。

3. 魏励勇：《春风化雨五十年——庆祝内燃机及工程热物理专家史绍熙教授从事教育工作五十年》，《内燃机学报》1989年第4期。

4. 朱钊明、居桂生：《学界泰斗　导师风范——深切缅怀我国著名内燃机专家、中科院院士、我所名誉所长史绍熙先生》，《现代车用动力》2001年第4期。

5. 王伯年：《史绍熙院士对层流流量计和内燃机空气流量测量

的贡献》,《内燃机学报》2001年第6期。

6. 史连佑主编:《永久的怀念：著名科学家和教育家史绍熙院士》,天津大学出版社2002年版。

7. 高福民:《常州人都知道有两个史绍熙》,《钟山风雨》2014年第3期。

8. 阎广芬、王红雨:《史绍熙：科教兴国的先行者》,《中国高等教育》2016年第18期。

9. 管虹:《史绍熙院士：燃烧的生命　不朽的情怀》,《中国科学报》2016年第2期。

实事求是

天津大学校训

撰稿人：薄存旭，管理学博士，山东省教育科学研究院教授，主要从事教育管理学和高等教育研究；刘军伟，中国人民大学教育学院博士研究生，主要从事高等教育研究。

钱伟长

QIAN WEICHANG

上海工业大学校长（1983—1994）

上海大学校长（1994—2010）

（图片由视觉中国提供）

钱伟长（1912—2010），江苏无锡人，我国现代著名的科学家、教育家和杰出的社会活动家。他于1931—1937年在清华大学物理系、研究生院学习。1940—1942年在加拿大多伦多大学应用数学系学习，并获理学博士学位。1942—1946年任美国加州理工学院喷射推进研究所工程师。1946年回国后，任清华大学教授兼北京大学、燕京大学教授。新中国成立后，历任清华大学教授、副教务长、教务长、副校长，中国科学院学部委员、院士，中国力学学会第一、二届副理事长，中国中文信息学会第一、二届理事长，中国和平统一促进会执行会长，中国海外交流协会会长，民盟中央第五、六、七届副主席，第六、七、八、九届全国政协副主席等。1983—1994年任上海工业大学校长，1994—2010年担任上海大学校长。他开创了学校思想解放和学术繁荣的新局面，推进了学校各项事业的新发展，形成了独树一帜的教育思想和治校方略。

一、传奇的人生，丰硕的成果

作为学界巨星“三钱”[①]之一，钱伟长一生传奇，成果丰硕，为后人留下了众多宝贵的学术财富与精神财富。从早年求学时弃文从理，在海外留学名动美国科学界，到中年毅然归国后的穷教授、大右派、“三钱”桂冠和“两弹一星”功勋，再到暮年无退休地投身教育事业，提倡学分制、三学期制，大力推动教育改革，钱伟长始终心系社会、尽瘁科学、献身教育，可谓“一生许国”。

---

① 1956年，钱伟长参加中国第一次“十二年科技规划”的研制，与钱学森、钱三强一起，被周恩来称为中国科技界的“三钱”。

（一）雏鹰振羽：弃文从理，名动海外

1912年10月9日，钱伟长出生于江苏省无锡县（今无锡市）七房桥村的一个书香门第。7岁过后，父亲把他送进村里的一所学堂，开始了启蒙教育。1925年起，钱伟长先后在无锡荣巷公益学校、无锡县立初级中学、无锡国学专修学校求学。1928年投考叔父钱穆任教的江苏省立苏州中学高中部，依靠叔父的接济得以继续上学，于1930年毕业。钱伟长曾回忆道："中学毕业后，我在1931年6月这一个月内，在上海参加了清华大学、交通大学、中央大学、武汉大学和浙江大学五个大学的考试，无非是想多获取几个大学的录取机会，结果居然都考取了。那时大学试题不统一，也不分科录取，我以文史等学科补足了理科的不足，幸得进入大学，闯过了第一关。"他以文学和历史两个100分的成绩考取清华大学，并获得上海化工实业家吴蕴初设立的"清寒奖学金"。此时，钱伟长的叔父钱穆已到北京大学任教，建议钱伟长到清华大学读书。清华大学根据他的考试成绩，准备把他分到中文系或历史系去。的确，就成绩和兴趣而言，钱伟长是应该读文史的。但正是这样一个在文史上极具禀赋、数理上极度欠缺的学生，却在一夜之间做出了一个勇敢的决定——弃文从理。这个决定缘于他进入历史系后，日本帝国主义于1931年9月18日发动了震惊中外的"九一八"事变，侵犯我国东北三省。从收音机里听到了这个新闻，忧国忧民的钱伟长拍案而起，他说："我不读历史系了，我要学造飞机大炮。国家的需要，就是我的专业！"他决定读物理系，学习近代科学技术。这期间，钱伟长早起晚睡，极其用功，凭着刻苦精神，攻克了学习上的一道道难关。1935年从清华大学本科毕业时，他成了物理系成绩最好的学生之一。同年，他考

取清华大学研究院，并获得“高梦旦奖学金”，在导师吴有训的指导下做光谱分析。同年12月，他参加了“一二·九”学生运动。1936年，参加中国共产党领导建立的抗日救亡组织中华民族解放先锋队。1937年所做的硒的单游离光谱分析，开创了我国稀土元素研究的先河，受到国际物理学界的重视。

1939年，钱伟长赴昆明在西南联合大学讲授热力学。1940年8月，钱伟长从上海起航赶赴加拿大多伦多大学，开始公费留学生活。在国外的这段时间，钱伟长学术成就斐然。1940—1941年，钱伟长在多伦多大学和导师辛格合作研究板壳内禀理论这个世界性的难题。这项研究开创了新的方向，受到国际学术界的重视。这时钱伟长年仅28岁。1941—1942年，他研究雷达波导管内的电抗，并和温斯坦（Weinstein）合作研究固支受拉方板的振动。由于钱伟长的出色成果，多伦多大学于1942年授予他博士学位。钱伟长的博士论文《弹性板壳的内禀理论》，发表于世界导弹之父冯·卡门的60岁祝寿文集内。爱因斯坦看后，感慨这位中国青年解决了困扰他多年的问题。此文奠定了钱伟长在美国科学界的位置，该理论给出的薄板薄壳非线性内禀方程后来被科学界称为“钱伟长方程”，美国《应用数学季刊》后来分三期连载了钱伟长博士论文的主体部分。1942—1946年，钱伟长在美国加州理工学院航空系及喷射推进研究所任总工程师，他在冯·卡门指导下研究火箭弹道、火箭的空气动力学设计、气象火箭、人造卫星轨道、气阻损失、降落伞运动、火箭飞行的稳定性、变扭率的扭转、超音速对称锥流等问题。1944年夏，由于钱伟长在航空研究上的成就，他成为美国航空科学学会正式会员。同年秋，他在美国航空工程学会上宣读了论文《超音速对称锥流的摄动理论》，这是国际上第一篇这方面的论文。1946年，与冯·卡门合作发表了《变扭率的扭转》一文。冯·卡门曾说这是他一生中最后一项比较满意的弹性力学工作，是经典型的工作。

（二）雄鹰展翅：“三钱”盛名，科学报国

抗战胜利后的1946年5月，在国外生活得很好的钱伟长以探亲为由回国，应聘担任清华大学机械系教授，兼任北京大学、燕京大学教授。这时候的钱伟长，年富力强，激情四溢，就像绝大多数从海外留学回来的高级知识分子一样，怀着报国之心，急切地希望把他们所掌握的世界科技发展的最新知识、先进的学术思想和教育理念奉献给周围的同事、所在的单位和自己的国家。1946—1948年，他参加了反饥饿、反内战、反迫害等进步运动。1949—1956年，钱伟长在清华大学、在国内外学术界、在国家事务方面，都做出了突出贡献。在清华大学，他于1949年成为首届校务委员会常委兼副教务长，1952年升任教务长，1956年升任副校长。在学术界，他是中国力学学会的负责人之一，是中国科学院力学研究所的创办者之一，并任副所长，是中国科学院自动化所的创办人，是中国科学院1955年首批学部委员之一。1954年，他和学生合著的科学专著《弹性圆薄板大挠度问题》一书出版，在国际上第一次成功运用系统摄动法处理了非线性方程。“钱伟长法”是力学界公认的最经典、最接近实际而又最简单的解法。1956年，这一成果获得了国家科学奖。在国家事务方面，他是北京市第一届人民代表大会代表、第一届全国人民代表大会代表、国务院科学规划委员会委员、中华全国青年联合会常委兼副秘书长、中华全国自然科学专门学会联合会常委兼组织部副部

长、中国民主同盟中央常务委员。

新中国成立后的短短几年时间里，钱伟长为我国科学、教育事业的发展做出了两项重大贡献。贡献之一是他作为主要执笔者之一，参与制定了我国《1956—1967年科学技术发展远景规划》；贡献之二是他和周培源、钱学森、郭永怀一起，为确定我国力学发展方向及力学人才培养发挥了举足轻重的作用。“十二年科技规划”是新中国成立后由党中央、国务院决策、制定的第一个科技发展规划。规划工作由周恩来总理直接领导，召集了来自全国各行各业的600多位专家、学者，费时近半年，确定了57项任务。在规划过程中，当规划工作领导小组向国务院汇报时，周恩来提出要从这57项任务中找出特别紧迫的需要国务院支持的项目。于是规划工作领导小组又另外组织了一个“紧急措施小组”，这个小组成员包括钱学森、钱三强、钱伟长等人，都是中国科技界的精英，他们建议紧急研究原子能、导弹、电子计算机、半导体、无线电通信和自动化技术等项目。1956年，在“十二年科技规划”研制工作结束时，周恩来特别提到了钱学森、钱三强和钱伟长的贡献，称他们为“三钱”。从此，“三钱”之名享誉九州，成为那个时代青少年仰慕的科学明星。中国力学界认可一种说法，即周培源、钱学森、郭永怀和钱伟长是中国近代力学的奠基人。当时力学人才非常少，人们掌握的力学知识非常浅，与航空、航天需求形成巨大缺口。钱学森、钱伟长紧急筹办力学研究班，希望在短期内培养有工科背景的复合型力学人才。在“十二年科技规划”以后，第一个力学班于1957年2月开课，钱伟长、郭永怀亲自执教，第一批学生120人。钱伟长于1953年在中国科学院数学研究所内创立了力学研究室，并于1956年1月参与创办了力学研究所。

1956年10月，主持创办了中国科学院自动化所。力学研究所以为国家服务，特别是为国防服务为目标，以技术科学为指导思想，为我国的“两弹一星”事业做出了重要贡献。从“紧急措施”的提出到力学所、自动化所的创建，为我国后来“两弹一星”的巨大成功发挥了极其重要的作用。其中，钱伟长的贡献是不应该被遗忘的。①

1957年1月31日，钱伟长在《人民日报》上发表《高等工业学校的培养目标问题》一文，对当时清华大学照搬苏联模式的教学思想提出了意见。1958年1月15日，他被错划为右派，为极右分子。他除了被保留教授职务，其余职务全部撤销，接受批判。由此，钱伟长受到了长达20余年的误解和不公正的批判。“文化大革命”期间，虽然缺乏起码的工作条件，但钱伟长以非凡的毅力，推导了12 000多个三角级数求和公式。其中不少很有实用价值，也是前人所未知的。在科研上，钱伟长对很多领域感兴趣，在多个领域都有研究成果，于是有人戏称他为“万能科学家”。从1958年到1966年的9年间，这位被困在清华园里的科学家先后为各方提供咨询、解决技术难题100多个。1968年，他被分配到北京首都特钢厂做了一名炉前工，和工人们一起建立起热处理车间，还设计了当时北京最好的液压机床。1972—1974年，他接到为坦克和野外作业部门研制大电流高能电池的任务，经查阅有关国内外资料，成功地研制出多项指标超过国际水平的锌空气电池，并协助建立了锌空气电池厂。

① 曾文彪：《钱伟长教育思想对上海大学发展的作用及启示》，《高校教育管理》2008年第6期。

（三）苍鹰翱翔：办学治校，教育兴国

1978年3月，全国科学大会胜利召开，预示着我国科学春天的到来。同年年底召开的党的十一届三中全会，实现了新中国成立以来党的历史上具有深远意义的伟大转折，党中央向全党、全国发出了“实行改革开放”和“实现四个现代化”的号召。1979年，钱伟长终于被摘下右派分子的帽子，开始担任一些职务，将更多的精力都投入科技和教育事业中。此时的钱伟长奋起之情油然而生，他以空前高涨的热情拥护改革开放，投身四个现代化建设，他那些沉寂谷底20年的科研成果与心得也像泉水般喷涌而出。1977—1983年，一方面，他在全国各地举办各种科学讲座，公开发表与宣讲他的科研成果与心得；另一方面，他在全国180个城市做了“关于实现四个现代化问题”的报告，听讲人数达30多万人。1983年，经邓小平同志亲自批示同意，71岁高龄的钱伟长辞去长达38年的清华大学教授职务，只身来到上海，出任上海工业大学校长，科学家钱伟长正式转身为教育家钱伟长。

1988年5月，上海工业大学系主任沙龙
（前排左起余忠荪、邓令德、钱伟长、徐匡迪）
（图片由视觉中国提供）

钱伟长来到上海工业大学后才知道，这个学校已经两年没有校长，全校学生不足千人，被上海人称为“四流学校”。针对这种情况，钱伟长提出开放办学的新决策，这一决策取得了不错的效果。他还提出了“三制”——学分制、选课制和短学期制，这些在当时看来非常“前卫”的教学改革办法，成为后来高等教育教学改革的主流。担任校长期间，钱伟长既抓师资队伍、教学制度、办学设施等方面的建设，也抓学生的全面发展和素质培养。钱伟长认为，大学教育必须首先打好基础，专业不应分得过细；教师不仅要传授常识，还要培育学生的自学能力和创新能力；科学家不是在大学的“摇篮”里培养出来的，而是在长期的实际工作中锤炼成长起来的。1994年5月，上海工业大学、上海科技大学、上海科技高等专科学校和原上海大学合并，定名为上海大学。年逾八旬的钱伟长担任合并后的上海大学校长。

二、永远的校长

钱伟长复出之后，很多高校领导想聘请他，尤其是上海工业大学的党委书记张华。作为一位长期在高等学校工作的优秀领导者，张华对高校的发展有着全面的理解，对于“办好一所大学要有一位好校长”有着深切体会，对钱伟长这样的爱国知识分子有着惺惺相惜的好感。张华到上海工业大学任职以后，首先想到要尽快为学校找到一位“好校长”。这对于待势而发的上海工业大学来说，显得格外紧迫。若是能请到钱伟长来做校长，当然是求之不得的。

钱伟长想到上海来办学校是经过深思熟虑的。他认为，上海必将发展为我国重要的经济中心，他需要好好地办所大学，以实现自己的教育理念和办学理想。他在上海工业大学设立了由他任主编的《应用数学与力学》杂志的编辑部办事处。不久，他专程去中共上海市委拜访了市委书记夏征农。夏征农见到他很高兴地说："欢迎你到上海来工作，发挥才能。"①

1978—1981年，上海工业大学领导曾多次试探性地向钱伟长提出，他能否到上海工业大学来工作，他的反应是积极的。学校领导也曾多次向市委书记夏征农等领导汇报和建议，请求上海市委邀请钱伟长担任上海工业大学校长，市领导们都欣然同意，并答应与中央有关部门联系。1981年10月下旬，夏征农两次到上海工业大学召开师生座谈会，学校领导再次当面请示，夏征农均给予了肯定的答复。1982年8月26日，中共上海市委批复上海工业大学党委的请示，同意钱伟长担任上海工业大学校长。9月15日，中共中央组织部正式发文至上海市委，同意钱伟长担任上海工业大学校长。1983年1月16日，钱伟长抵达上海工业大学履任，学校召开了欢迎会，上海市副市长杨恺和上海市教育卫生办公室主任舒文到会并讲话。1月18—20日，《解放日报》《文汇报》和上海电视台对钱伟长就任上海工业大学校长一事进行了报道。2月2日，《人民日报》对此也进行了报道。钱伟长在古稀之年担任大学校长之职，很是引人注目。

1986年，上海工业大学党政领导班子做了较大的调整。中共上海市教育卫生工作委员会在讨论上海工业大学新一届领导班子组成时，也有领导提到了钱伟长是继续担任校长还是聘为名誉校

① 曾文彪：《钱伟长教育思想对上海大学发展的作用及启示》，《高校教育管理》2008年第6期。

长的问题，张华当即郑重表态，认为钱伟长才来了三四年时间，学校已开始发生变化，不能让他退下来。上海市教育卫生工作党委[①]同意张华的意见，上海市的领导也同意让钱伟长继续当校长，汪道涵市长还曾特地关照上海工业大学党政领导班子，一定要尊重钱伟长。钱伟长在上海工业大学及以后新成立的上海大学做校长，学校内部领导体制一直是党委领导下的校长负责制。学校的重大问题要通过党委会全会、党委常委会或书记、校长联席会议充分酝酿讨论，发挥集体智慧，进行集体决策。凡是涉及学校重大事项，在决策前，党委书记都会认真听取钱伟长校长的意见，这已是学校的一个议事规则。学校历任党委书记对钱伟长校长的尊重都是发自内心的，也是完全站在党的立场上的。

长期以来，上海工业大学及后来的上海大学坚持民主集中制和党委领导下的校长负责制，已成为办学特色之一。这一特点得到中央和上海市委的充分肯定。上海工业大学于1993年获得中共中央组织部、宣传部和国家教委联合颁发的全国“党的建设和思想政治工作先进高等学校”荣誉称号，全国获此殊荣的高校共33所，上海仅此一所。在上海工业大学党委的汇报稿中明确写道：我们坚持贯彻民主集中制，凡是校内重大问题，都经过党委和校长联席会议集体讨论决定。领导班子在讨论时，敞开思想，畅所欲言。几年来，在重大问题决策后，没有出现领导班子有两种声音、各行其道的情况。1998年，上海大学再度获得全国“党的建设和思想政治工作先进高等学校”荣誉称号。上海大学党委在这一次的汇报稿中写道：合并四年来，校党政领导班子成员虽有较大变化，

---

① 中共上海市教育卫生工作委员会，简称“上海市教育卫生工作党委”。

但党政一班人一如既往地坚持民主集中制和党委领导下的校长负责制，严于律己，深入实际，在广大师生员工中树立起良好的形象，起到了领导核心作用，成为广大师生员工的凝聚点所在。①

作为上海大学师生心目中永远的校长，从1983年到2010年，从71岁到98岁，钱伟长用28年的晚年岁月，践行着要办一所让人民满意的好大学的伟大理想。目前，上海大学师生正按照老校长确立的发展目标勇往直前。

三、大学教育思想和办学治校成就

从1983年被任命为上海工业大学校长，到1994年四校合并后继续留任校长直至2010年逝世，钱伟长执掌校政长达28年之久。其间，他坚定地站在教育战线的前沿，在教育和教学实践过程中汲取中西文化之长，积极开展符合我国国情的教育探索，大胆提出并果断实施了一系列高瞻远瞩的改革举措，带领新上海大学成功跻身国家“211工程”重点建设高校行列。

（一）大学教育改革与师生全面发展

如前所述，钱伟长青年时期就立志科学兴国，自1946年从美国归来任清华大学教授后，就致力于“办能兴国的教育”，并将其作为终生的追求，在祖国的教育园地里辛勤耕耘了60多个春秋。在长期的教育实践中，秉承坚定的爱国主义信念，钱伟长逐渐形成了丰富深邃的教育思想。2006年7月，上海大学出版社

① 曾文彪：《钱伟长教育思想对上海大学发展的作用及启示》，《高校教育管理》2008年第6期。

出版了钱伟长的专著《论教育》，集中反映了他对我国教育事业进行的前瞻思考和不懈探索。

1. 大学教育改革要拆“四堵墙”

他强调：“教育涉及面极广，是一项复杂的系统工程，我们的改革重点是拆‘四堵墙’，它们是学校与社会之间的‘墙’，教学与科研之间的‘墙’，各系和各专业之间的‘墙’，教学思想上的‘墙’。”[①]在具体教育内容的思考上，钱伟长不但关注了“教育质量和教育投入”“新时期高等教育的改革发展方向”“教育要与社会经济发展相结合”等课题，而且关注了“教学与科研应该怎样结合”“中学的办学育人思路”“教学改革如何适应‘三个面向’”等课题，尤其是重点关注了“大学生应该培养自学能力”“青年学子的学习方法”“研究生肩负着为民族振兴的重任”等学生培养问题以及“师资队伍的建设是办好大学的关键”“培养中青年科技队伍”“教师在学术上应有见解、有建树”等师资建设问题，涉及领域众多，学识见解渊博。[②]

2. 重视对大学生的全面发展教育

钱伟长主张通过开展多门新兴学科、边缘学科、交叉学科等对传统学科进行大刀阔斧的调整，以便使学生真正把所学的知识融会贯通，让学生感知知识的魅力，增强学习的乐趣，获得学习的动力。他非常重视学生的德育工作，认为“我们培养的学生首先应该是一个全面的人，是一个爱国者，一个辩证唯物主义者，一个有文化艺术修养、道德品质高尚、心灵

---

① 李晓溪：《钱伟长教育思想对高等艺术教育的启示》，《美术大观》2012年第3期。
② 钱伟长著：《论教育》，上海大学出版社2006年版，第7页。

美好的人”[①]。同时，他也特别重视学生的体育工作，认为：“学校体育很重要。好处之一是自身健康，另外运动也可以培养人，培养人的分析能力、决策能力。运动场上情况瞬息万变，要应付环境，就要有分析、决策的本事。运动是培养人的体力，增强体魄，激发拼搏争先的斗志，形成合作的团队精神的最好形式。”[②]

3. 重视教师教学能力和水平的提升

钱伟长还非常重视教师的业务素质，他曾通过自己的老师叶企孙和吴有训的事迹来说明教师具备渊博知识和良好素养的重要性。叶企孙的知识面很宽，电磁学、光学、声学等课程他都能讲，讲课内容经常更新，方法也好，深受学生喜爱；吴有训老师讲课从不照本宣科，他刚直不阿，是令人尊敬的师长。通过这些例子，钱伟长试图说明：作为一个教师不能靠一本书、一个例子过日子，学问是无止境的，知识面一定要拓宽。[③]

（二）爱国主义教育与专业知识教育相融合

钱伟长有一句名言：“我们培养的学生首先应该是一个全面的人，一个爱国者，一个辩证唯物主义者，一个有文化艺术修养、道德品质高尚、心灵美好的人；其次，才是一个拥有学科专业知识的人，一个未来的工程师、专门家。”[④]这是钱伟长对他的人才观的高度概括。他说，高等教育肩负着为国家、为社会主义建设培养各类干部和建设人才的使命，必须使学生在德

①② 郜攀峰：《钱伟长教育思想与实践》，《兰台世界》2013年第7期。

③ 王福友：《钱伟长教育思想的形成与发展研究》，《江南大学学报（教育科学版）》2008年第1期。

④ 钱伟长著：《钱伟长文选》第一卷，上海大学出版社2004年版，第18页。

智体方面得到全面发展，热爱社会主义祖国，具有强烈的民族自尊心和自信心，具有高度的社会责任感和愿为振兴中华做出贡献的精神境界。教育工作者应该把培养学生怎样做人和怎样做合格公民当作首要任务，教育的根本目的是提高全民族的素质特别是道德文化素质。为此，他把学生的思想品德教育作为培养全面发展人才的统帅，看作是塑造青年人生观和世界观、保证社会主义接班人培养方向的关键。他善于引导学生把个人的人生价值与国家、民族和社会的前途紧密联系在一起，经过长期、耐心、反复的教育和学生自身思想的不断矛盾与斗争，最终达到全面发展的人的培养目标。钱伟长认为，培养全面发展的人，首要的是培养爱国精神，因为“我们知识分子对民族的兴旺是负有责任的，我们的责任是把本职工作做好，尤其是现在。不要只考虑个人的问题，一定要把国家放在第一位，很多事情也就容易解决了”①。

可以说，爱国主义是钱伟长一生致力于教育和科学的深层动因。因此，钱伟长特别重视对学生进行爱国主义教育，认为爱国主义应当是最基本和最起码的要求，没有这个基础，就很难树立远大的理想。早在1951年8月，他就提出学科教学与爱国主义教育结合起来进行效果更好：“爱国主义教育是一切教育工作的前提，贯彻爱国主义教育是目前教育工作的中心任务。我们绝对不能把爱国主义教育和某一专门的业务教育分开来看，把它单纯地看作只是现阶段的一个政治任务。只有我们把爱国主义经验贯彻到每一项业务工作中去，才能达到提高业务的目的，才能更好

① 钱伟长著：《钱伟长文选》第一卷，上海大学出版社2004年版，第18页。

地完成培育青年的任务。”[1]在专业教学中如何贯穿爱国主义教育，钱伟长认为，应在教学中将我国前辈们在科学领域的贡献介绍给青年，培养他们的民族自豪感，将教学与我们的生活紧密联系起来，让青年人了解祖国的发展史，培养他们热爱祖国的情感等。

（三）科学技术教育与人文社科教育相契合

全面发展的人一定是通专合一、交叉复合的。随着时代的发展，社会对人才的要求越来越高。回顾近现代，特别是新中国成立以来我国高等教育的发展历程，我们可以发现一些明显的弊端，如过弱的文化陶冶、过窄的专业定向、过强的功利追求、过重的共性制约等，以致高校培养人才与社会脱节，人才的素质特别是文化素质严重滑坡。对此，钱伟长提出了自己的看法，积极提倡通才教育，主张理工合一，文理渗透。他认为，专业设置不能太细，因为过细过专的专业训练难以与国家的需要对上口径。出任上海工业大学校长后，钱伟长果断地提出，拆掉各学院与各专业之间的“墙”，强调学科交叉，夯实基础，淡化专业，注重科学素质教育与人文素质教育的交融，立足培养复合型人才。另外，要文理渗透，提高、夯实学生的人文素质，这会对他们的世界观、人生观、价值观产生重大影响。

钱伟长一贯主张理工科大学生应该具有文学、历史、哲学和其他社会科学知识，认为全面发展的人，就其知识结构和主题精神而言，就是科学精神与人文精神相结合的人才，这是培养全面发展的新一代人才的需要。他指出：“理工科学生也必须懂人文科学，必须具备一定的文学艺术方面的素养，否则他们有可能给

---

① 钱伟长著：《钱伟长文选》第一卷，上海大学出版社2004年版，第18页。

‘四化’建设造成不应有的损失。”[①] 为此，钱伟长建议成立了人文社会科学部和文化艺术中心等机构，给学生提供人文选修课，帮助学生更好地完善知识结构，提高理解能力，优化表达方式，增加在科学技术上创造的潜能和突破的可能。此外，钱伟长非常注重体育，认为体育是全面培养合格的社会栋梁的重要部分，因为在运动场上不仅可以培养运动员的身体素质，还能培养他们的人格，锻炼他们的意志，以及培养与他人合作的团队精神，养成在比赛时分析形势、迅速决断的能力，同时还能发现自己的弱点并懂得如何克服并战胜自己。这些都是大学生素质教育不可缺少的部分。1983年出任上海工业大学校长后，钱伟长果断地决定把学校投资的六分之一用于体育健身设施。2002年在庆祝钱伟长90华诞的活动中，有一项就是“钱伟长杯”上海高校大学生足球联赛，钱伟长自己掏钱买了奖杯，他希望通过体育活动培养学生的团队精神、拼搏精神，激发他们自觉锻炼、自主锻炼的兴趣和积极性，从而养成良好的体育习惯。

（四）学校发展与社会服务相联合

钱伟长认为大学在培养人才和创新科技的同时，要适应科学技术的迅速发展和人类社会的快速进步，直接为经济建设和社会发展服务。因此，他任上海工业大学校长后，首先考虑到要在党的教育方针指导下，直接为改革开放中的上海市经济建设服务，开拓办学路子，进一步加强教育和生产的联系，消除学校和社会的隔阂。不久他就提出拆掉“四堵墙”的主张，所要拆的第一堵

---

① 钱伟长：《谈全面培养合格的社会主义建设人才》，《文汇报》1985年6月10日。

“墙”就是学校与社会之间的“墙”，以密切学校与社会和工厂企业的联系，进一步强调教育为社会服务的办学方针。他说，上海大学的特色就是“上海”两个字，如何面向区域，直接为上海的改革开放和经济建设服务。关于立足地方，进一步加强教育活动与生产实践的衔接和联系，以适应经济建设和科学技术的发展变化，他认为：“我们必须实行开放式的办学。一是加强学校与社会的联系，为适应上海新的工业结构的需要，创造和发展与企业合作的机会，开发科技服务，为工厂企业的专家和管理人员开设最近科技发展动态方面的讲座，等等。二是与国外进行人才和学术交流，迅速引进适合国情的新科学、新技术。”①

大学是人才荟萃的地方，具有知识密集的优势，应该加强为社会服务的功能。在协作开发高新技术、吸收消化引进设备和技术、培训管理干部和技术人员等方面，大学都有大量的工作可做，大学的教学科研力量可以在“四化”建设中直接发挥第一生产力的作用。另外，大学师生要接触实践，加强实践，得到全面锻炼，也需要获得社会的配合与支持。新的上海大学成立后，为了适应上海产业结构调整升级的需要，充分发挥多学科及其综合优势，成立了一些学科交叉性的研究与开发中心和学院，充分体现了钱伟长“为了社会需要搞教育，为了社会需要培养人才，为了社会需要做工作”的开门办学思想。此外，上海大学与国家有关产业部门及上海、江苏等地的企业建立了不同形式的联合体，加强了教学、科研、生产和贸易的密切联系。在钱伟长的倡议下，上海大学还与经济部门组成了联合领导的校务指导委员会，统一筹划

① 钱伟长著：《教育和教学问题的思考》，上海大学出版社2000年版，第61页。

2007年5月，钱伟长回到母校无锡市荡口中心小学

（图片由视觉中国提供）

学校与社会结合的各项工作。[①]钱伟长还热情鼓励学生接触社会，每年组织各种形式的社会实践考察队，走向工厂、农村、工地进行实地考察、学习和劳动，对促进学生了解国情、改变观念、热爱工农颇有成效。

（五）教学与科研相结合

钱伟长认为，教学与科研是相辅相成、相互促进的，具有密切的内在联系。教学可以把前人的研究成果系统地传授给学生，使学生掌握自然界的客观规律；科研可以使人们根据已有的知识去探究未知的规律，进而发展和充实教学。只有进行科学研究，把生产实践、科学实验和社会活动的经验成果总结、升华为理论体系，才能进行各学科的教学。教学需要科研做支撑，科研也可进一步促进教学，科研与教学的关系就是源与流、充实与提高的辩证关系。因此，钱伟长主张大学必须以教学为首要任务，以科研为重要使命，既要办成教学园地，又要办成科研基地，不

① 钱伟长著：《钱伟长文选》，浙江科学技术出版社1992年版，第26页。

能厚此薄彼、非此即彼。在钱伟长看来，教师做好教学工作是初衷、是常识、是本分，而科学研究工作是动力、是活力、是生命力。只有进行科学研究的人、参加创新活动的人，才能更好地理解和感受什么是创新，从而在教学工作中培养具有创新精神的人；只有边教学边根据经济社会需要开展研究，才能把最新的科研成果第一时间运用到教学中，这才是高水平的教学和有质量的学习。他说："你不上课，就不是老师；你不搞科研，就不是好老师。教学是必要的要求，不是充分的要求，充分的要求是科研。科研反映着你对本学科清楚不清楚。教学没有科研作为底子，就是一个没有观点的教育，没有灵魂的教育。"① 大学教师只有边教学边根据国民经济的需要搞科研，才能把科研的成果运用到教学中，提高自己的业务水平，提高学生的学习质量。为此，钱伟长旗帜鲜明地反对在大学里形成两支队伍，人为地把教学与科研分开。他认为，大学必须是"两个中心、一支队伍"，教师要教学、科研双肩挑，把教学与科研的结合体现在每位教师身上，并通过教师的辛勤劳动来实现既出人才，又出成果。

鉴于此，钱伟长一向高度重视教师队伍的地位和作用，认为办好大学最根本的一条，就是培养和造就一支素质精良、造诣深厚、结构合理、作风踏实的师资队伍，确保各学科专业都有优秀的学术带头人。他十分重视对教师的培养，经常与教师们座谈，积极提倡教师在实践中锻炼成长，并对教师提出"三个一"的要求，要求每位教师要能够讲授一门主干课程，要联系一个工厂企业并兼任一个职务，要承担一个研究课题。钱伟长尤其关心

① 钱伟长著：《钱伟长文选》第二卷，上海大学出版社2004年版，第119页。

青年教师的成长，积极为青年教师出国访问、讲学、国内外业务进修创造条件，在职务职称晋升上对青年教师做政策倾斜。上海大学与几十所国外高等院校建立了合作关系，学校不间断地派遣教师出国进修、考察和学术交流，教师们通过出访、进修或学术交流等方式，开阔了眼界，提高了业务素质。钱伟长非常强调著名教授的核心作用，认为著名教授更能吸引学生和凝聚教师。他为上海大学先后从各个地区的重点高校招来一批知名教授、学者以充实各个学科，并聘请他们为学术带头人，建立了合理的学术梯队。他还积极引进国外的高校治理模式，邀请国外学者来校访问讲学，聘为名誉教授。对于教师的整体素质，钱伟长从来都是严格要求，强调教书必须育人，而育人首先是以身作则，不能只是口头说教。他还要求教师以大局为重，团结起来，相互取长补短、互帮互助，共同完成培养人才的伟大使命。

（六）教师的教与学生的学相配合

钱伟长认识到，仅以传授知识为目的的旧的教育思想，已经不适合当前科学技术的发展。在知识爆炸的科技世界里，教师拥有的知识、使用的工具和教学方法等，很多方面都落后于现实。钱伟长认为，长期以来，我国大学教育采用的是苏联的教学模式，虽然课程中有很多有用的知识，但无法解决当前生产建设中亟须解决的难题。因此他公开呼吁，反对统一教学大纲、统一教学计划、统一教材。他认为各个地区、各个学校情况不完全一样，统一了就容易脱离实际。关于“教”与“学”的关系，钱伟长认为：“教是外在指导，学才是内在因素，学生只有通过主动的学习，才能把所学的知识变为自己的知识。”[1]学生能否甘心情愿地学、发自内心地学，能否举一反三、融会贯通，不但决定着他的学习效率和学习效果，还影响到他在今后的工作中能否自我更新、自我创造。“教”与“学”本来就是一对矛盾体，大学教育的过程就是要把一个个需要教师传授才能获得知识的人，培养成在毕业时不需要教师指点也能获得知识、无师自通的人，正所谓“授人以鱼，不如授人以渔”。对于不同阶段的学生，钱伟长认为应该采用不同的教学方式。对于本科生，教师应该循循善诱引导学生自学；对于硕士研究生，应该注重培养其调查研究能力；对于博士研究生，应该注重培养其提出问题、解决问题的能力。

为了更好地配合教师的教学，学生需要采用正确的学习方法，才能提高学习的效率，以更快到达胜利的彼岸，正所谓“工欲善其事，必先利其器”。因此，钱伟长主张，每个大学生都要在教师的指导下培养自己独立的自学能力，大学应该把学生培养成有自学能力、能独立解决问题的人。因为自学是知识更新的通道，是一辈子的求知途径，一个人在大学的四年能否养成自学的习惯，掌握自学的本领，不但决定着他能否学好大学的课程，还影响到他毕业以后在自己的工作岗位上能否不断更新知识，进行创造性的工作，为国家做出更大的贡献。对于硕士研究生的学习，因为其与大学生在学习内容上的不同，钱伟长认为要相应采取不同的学习方法。研究生接触到的知识很多都是正在发展中的，有不少还是存在争议的，大都以科技论文的形式发表在各种期刊上，因此研究生要学会从各种各样的论文里获取自己所需的材料，这就

① 钱伟长著：《教育和教学问题的思考》，上海大学出版社2000年版，第52页。

需要硕士研究生学会看论文。博士研究生的要求则更高，需要始终在自己所从事的科技领域里，带着满肚子的问题，独立去寻找解决的办法。改革开放以来，随着我国社会主义市场经济体制的逐步建立，学时制、学年制和班级授课制也暴露出来一些问题。为了增强学生的学习自主性，钱伟长借鉴西方发达国家的经验，结合我国高等教育的实际情况，创造性地推出了学分制、选课制和短学期制的新“三制”。[①]实施学分制，学生可自主安排学习进程，修满学分随时毕业。即使是在同一专业的条件下，不同的学生也可根据自身的兴趣、特点完成有不同轨迹的学习进程，有利于因材施教，增强学生的学习自主性。选课制是学分制的重要实现途径，可以使学生得到更多的自由度、更多的学习自由权。学生在选课的过程中，自主选择专业方向，自主选修课程，自主选择讲课教师，自主安排学习进程。这有助于培养学生的独立思考能力，合理安排学习、工作的能力；同时由于学生可以自主选择任课教师，也把任课教师推入了“竞争市场”，促使他们提高自己的素质，更新教学内容，改进教学方法，否则就有可能无人选课、无法开课。实行短学期制，由于教学时间减少，缩短了理论课程教学周期，促使教师认真备课，抓住重点，精简内容，少讲精讲，讲深讲透，同时缩短了教的进程，给学生留出了一定的学习时间和探索空间；同时加快了教与学的节奏，增强了学生学习的紧迫感。

① 叶志明、宋少沪：《钱伟长教育思想在我校教育教学改革中的实践——浅论与时俱进的上海大学“三制”特色》，《上海大学学报（社会科学版）》2006年第1期。

四、伟力助丰碑，长歌永世存

2010年7月30日上午6时20分，钱伟长于上海逝世，享年98岁。钱伟长品格高尚，境界崇高，深受人们的尊敬和爱戴。他一生不懈奋斗，无私奉献；他顾全大局、坚持原则，严于律己、宽以待人，生活简朴、清正廉洁；他对国家和人民无限忠诚，对中国特色社会主义事业充满信心；他为中华民族的伟大复兴殚精竭虑，鞠躬尽瘁。一位网友诗云："发奋图强钱伟长，老骥伏枥恨更长。爱国爱民赤子心，崎岖一生历沧桑。学富五车贯中西，'三钱'国宝铸栋梁！'力学之父'西游去，求解方程到何方？"这首诗全面描述了钱伟长的诸多身份：著名的科学家——中国科学院院士，有名的教育家——上海大学校长，知名的社会活动家——全国政协副主席。

钱伟长是我国著名的力学家、应用数学家，也是享誉世界的杰出科学家。他长期从事力学研究，还广泛涉猎中文信息处理、高能电池、三角级数求和公式等领域，著有《弹性圆薄板大挠度问题》《弹性力学》《穿甲力学》《广义变分原理》《应用数学》等学术专著20余部，在国内外发表学术论文200余篇，约300万字。他在板壳非线性内禀统一理论、板壳大挠度问题的摄动解和奇异摄动解、广义变分原理、环壳解析解、汉字宏观字形编码等方面，做出了突出的学术贡献。1941年提出"板壳内禀理论"，其中非线性微分方程组被称为"钱伟长方程"。1954年提出"弹性圆薄板大挠度理论"，其中以中心挠度为小参数的摄动法在国际上称"钱伟长法"。

钱伟长十分重视发展教育事业，为新中国教育事业发展，为新中国高级专门人才培养做出了突出贡献。他参与创建了北京大学力学系，开创了我国大学的第一个力学专业。他主持了新中国第一个力学研究班和力学师资培养班，培养了大批优秀的力学工作者。1957年，他发表了《高等教育的培养目标》一文，提出理工合校、重视基础学科等重要意见。他多次呼吁增加教育经费，提高中小学教师待遇。改革开放后，邓小平同志亲自批示调任他为上海工业大学校长，使其得以大力推动高校教学管理的改革。1994年后，他一直担任新组建的上海大学校长，为培养更多高素质人才辛勤耕耘，倾尽了心血。钱伟长是一校之长，还兼任上海市应用数学和力学研究所所长、《应用数学和力学》杂志主编，在2000年前他还一直招收研究生，可以说他是学校的“全职”员工，但他的工资关系一直在北京的全国政协机关。他在上海既不要学校房子，又不拿学校工资，长年住在学校的招待所，吃饭就去招待所的食堂，且房间摆设十分简单，饭菜只有一荤一素一汤。钱伟长毕生为公，心里不想着自己，他只想一心一意地把学校搞好。所以，他说：“我姓钱，但我没有钱。”①

钱伟长热爱祖国，热爱人民，是中国共产党的亲密朋友。“九一八”事变后，他立志为国防建设做贡献，决心弃文从理，毅然由清华大学历史系转学物理。他积极参加“一二·九”运动，是清华大学中华民族解放先锋队发起人之一，曾与同学一道为抗日请愿。1946年5月，正当他在美国事业如日中天的时候，他毅然谢绝冯·卡门的挽留，以探亲为名只身返回祖国，应聘为清华大学教授，兼任北京大学、燕京大学教授。1947年，他拒绝了美

① 曾文彪：《钱伟长教育思想对上海大学发展的作用及启示》，《高校教育管理》2008年第6期。

国有关方面对他全家赴美生活的邀请。他多次在清华大学发起抗议蒋介石政府腐败和独裁统治的签名活动，并热情支持中国共产党领导的学生爱国民主运动。新中国成立后，他以无比的热情投入到祖国的教育和科研事业之中。新中国建设的伟大成就和新旧社会的强烈对比，更加激发了他的爱国热忱，使他坚定了跟中国共产党走社会主义道路的信心和决心。无论是1958年被错划为右派，还是“文化大革命”中受到冲击，他都始终没有动摇对中国共产党和社会主义事业的忠贞信念。中共十一届三中全会后，他坚决拥护中国共产党在社会主义初级阶段的基本路线和方针政策，全身心地投入工作之中。他多次表示，中国共产党海纳百川的博大胸怀和全心全意为国家、为人民办事的精神，真正使得党外人士在中国共产党领导下建言有纳、议政有途、大有可为。

钱伟长是中国民主同盟卓越的领导人。他1952年加入民盟，历任民盟中央委员、常委、副主席、名誉主席。多年来，他带领广大民盟成员紧紧围绕国家的中心任务深入开展调查研究，积极建言献策，足迹遍及祖国的山山水水。他不断为保护历史文物、名胜古迹而呼吁，到重庆、杭州、绍兴、南京、苏州、扬州、曲阜等地深入调查。他对福建马尾港口提出的“束水攻沙”治理方法等，得到中共中央的重视和有关部门的采纳。1989年，77岁高龄的他出任支援贵州毕节试验区规划实施专家顾问组组长，一干就是14年，为试验区的发展倾注了大量心血。他勇于探索、积极开拓的精神，深入实际、认真实践的作风，以及不凡的学识与智慧、气度与魄力，都深深感染和激励着广大民盟成员。他轻个人进退，重事业兴衰，于1996年主动辞去民盟中央副主席职务，推动了民盟领导班子的新老交替和政治交接，体现了老一代民主党派领导人的优良品德和高尚风范。他始终牢记参政党的历史使命，深入实践，勇于探索，为坚持和完善中国共产党领导的多党合作和政治协商制度，为开创民盟工作的新局面做出了重要贡献。

钱伟长是杰出的社会活动家。他在担任全国政协领导职务期间，坚决贯彻中共中央关于统一战线和人民政协的方针政策，积极参加国家政治生活，参与党和国家大政方针的协商。他十分关心改革开放和现代化建设事业，把领导工作与学术研究、社会活动密切结合起来，围绕国家中心任务和群众普遍关心的重要问题，深入实际进行调查研究，积极建言献策。他广交海内外朋友，多次参加或率领全国政协代表团出国访问。他先后担任香港特别行政区基本法起草委员会委员兼文教宗教小组组长、区旗区徽评审委员会主席，澳门特别行政区基本法起草委员会副主任委员，为香港、澳门顺利回归和平稳过渡做出了积极贡献。在担任中国和平统一促进会执行会长和中国海外交流协会会长期间，他多次接待了前来大陆参观访问、投资洽谈的台湾朋友及海外朋友，在传播、展示改革开放和现代化建设成就，发展与华侨华人多领域合作交流等方面，发挥了积极作用。他坚决反对“台独”分裂行径，希望早日实现祖国的和平统一，晚年虽身卧病榻但仍关注两岸关系的发展变化，为促进祖国统一大业贡献了自己的力量。

主要参考文献

1. 钱伟长:《谈全面培养合格的社会主义建设人才》,《文汇报》1985年6月10日。

2. 钱伟长、费孝通等著:《我国社会经济和科技发展战略问题》，知识出版社1987年版。

3. 钱伟长著:《钱伟长学术论著自选集》，首都师范大学出版社1994年版。

4. 钱伟长著:《八十自述》，海天出版社1998年版。

5. 钱伟长著:《教育和教学问题的思考》，上海大学出版社2000年版。

6. 钱伟长著:《钱伟长文选》第一至第五卷，上海大学出版社2004年版。

7. 钱伟长著:《论教育》，上海大学出版社2006年版。

8. 方明伦主编:《钱伟长教授九十华诞纪念文集》，上海大学出版社2003年版。

9. 王福友:《钱伟长教育思想的形成与发展研究》,《江南大学学报（教育科学版）》2008年第1期。

自强不息
道济天下

上海大学校训

撰稿人：李中伟，管理学博士，湖北大学党委教师工作部副部长、人事处副处长，主要从事教育管理和高等教育研究。

谢希德

XIE XIDE

复旦大学校长（1983—1988）

（图片由复旦大学档案馆提供）

谢希德（1921—2000），福建泉州人，我国著名的科学家、物理学家、教育家、社会活动家，新中国第一位著名大学的女校长。

谢希德1946年毕业于厦门大学数理学系，后留学美国，获得麻省理工学院博士学位。1952年10月，回国到复旦大学任教，1977年任复旦大学现代物理研究所所长，1978年9月任副校长，1983年1月任校长，1988年11月起任复旦大学顾问。1979年、1980年连续两次被评为全国“三八红旗手”，当选为中共第十二、第十三届中央委员。1980年当选为中国科学院数学物理学部委员，1981年被选为主席团成员。1988年被选为第三世界科学院院士。她的专长是表面物理和半导体物理的理论研究，撰有《半导体物理学》《固体物理学》《群论及其在物理中的应用》等专著。

一、执着前行、奋斗不息的一生

（一）立志科学救国

谢希德于1921年3月19日出生于福建泉州的一个书香门第，父亲谢玉铭是当时有名的物理学家，母亲是位知识女性。这样一个祥和、安宁而幸福的知识分子家庭对谢希德日后从事科学研究事业产生了深远影响。正是因为生于这样开明的家庭，她才能够突破落后、愚昧的男女有别的传统观念，获得接受教育、从事科学学习与研究的机会。当时的中国能够接受教育的女性可以说凤毛麟角。初中二年级的时候，她转学到北京贝满女中就读。1937年卢沟桥事变后，她跟随父亲南逃至贵阳。1938年，谢希德第一次参加高考，被湖南大学物理系录取。当年女性大学生只占大学生总数的18.4%[1]，直到1947年这一比例依然维持在18%左右。不仅如此，她从父亲那里理解了“国家需要科学”，必须刻苦学习，以实现“科学救国”的深刻内涵。当她把从父亲那里秉承而来的对物理科学的兴趣爱好升华到为国家而学的层面，便获得了强大的精神动力。但后来谢希德患上了股骨结核，因此不得不辍学。经过四年的休养，1942年她以顽强的毅力站了起来，通过自学考上了厦门大学物理系。1946年大学毕业后她前往上海沪江大学任教。

谢希德当时目睹了中国人民困苦潦倒的经济状况以及军阀混战、动荡不安的政治环境，同时中国人民抗争不屈的精神，有识之士挽救国家危亡的爱国思想与当时影响深远的“科学救国”进步思想融合在一起，给她以时代的感染力和强大的学习动力。在科学救国思想的感召下，很多知识分子远渡重洋学习科学知识，以救国家于危难，谢希德即为其中之一。1947年8月，她赴美国留学。在史密斯学院物理系攻读研究生，1949年获硕士学位。之后，转入麻省理工学院学习。1951年获得麻省理工学院博士学位后，开始筹划回国。

1952年9月，谢希德怀着热爱祖国、报效国家的信念，克服种种阻挠和困难，毅然回到祖国！正是对这一信念的坚定，使她对回国这一决定从不后悔。为了此事，她的父亲几十年不和她通信，每当提到此事，谢希德总感痛心，正所谓“忠孝不能两全”，可她从未后悔。她常说的话就是：“祖国的强盛是炎黄子孙的骄傲，每个中国人都应为国家的繁荣昌盛做出贡献。”她去世后，美国耶鲁大学教授李乐德曾深情地说过这样一句话：“谢校长就是这

---

① 潘懋元主编：《中国高等教育百年》，广东高等教育出版社2003年版，第231—232页。

样，直到生命的最后一刻，还想着国家、想着人民、想着复旦。”①也正是对这一信念的坚定，使她对党和国家坚信不疑，对祖国的忠诚不减。这一信念的支撑，使她在面对癌症时创造了生命奇迹，战胜了病魔。

（二）沉浸科学事业

谢希德在国外学成回国后受聘到复旦大学物理系任教，开始了她在国内的科学事业。当时，由于受苏联办学模式的影响，学校只重视教学，很少有人做科学研究，她高瞻远瞩，主张在教学的同时重视科学研究，为复旦树立了做科学研究的理念、方法和风气。1956年5月，谢希德光荣地加入了中国共产党。同年8月，为了实现国家科学技术发展规划，她毅然离开才5个月大的儿子，去北京参加北京大学等五校联合半导体专门化工作。1958年夏回到复旦大学后，她积极筹建物理研究所。同年秋，复旦大学与中国科学院上海分院合作，成立上海技术物理研究所，谢希德任副所长至1966年。之后她的工作更忙了，每天天刚蒙蒙亮，她便已等候在市西南端的公共汽车站，然后搭乘早班车斜穿整个市区，到地处东北端的复旦校园上班，数十年如一日。幼小的孩子常常等不到妈妈回家便睡着了。回到家，她必定要在灯下工作到深夜，形成晚睡早起的习惯。为了早晨五点半能起来赶上去学校的公交车，她的床头放着5个闹钟。我们可以想见，当早晨五点半5个闹钟一齐奏响的时候，这是怎样一种“美妙”的音乐！在她的带动下，物理系逐步发展起来，教学、科研、实验室建设都有了眉

---

① 王增藩、刘志祥著：《谢希德传》，复旦大学出版社2005年版，第5页。

目。1965年冬，谢希德率领中国固体物理代表团出席了英国物理学会固体物理学术会议。1966年“文化大革命”开始后，她被剥夺了参加科研的权利。1977年，经历了“文化大革命”后的谢希德以敏锐的思维和眼光，发现了物理学领域的“原始森林”——表面物理学，并开展科研攻关。后来美国物理学家沃尔特·科恩（Walter Kohn）对此评价道：“谢希德教授做了明智的选择，在复旦大学开展表面物理学研究，并在短时间内达到世界水平。”[①]她堪称是中国物理科学研究领域的拓荒者和引路人。我们从她的年谱中可以看出她对物理科学的贡献：一篇篇高水平的学术论文，一部部专业著作，一次次学术会议上引起热烈反响的学术报告，一个个研究所的建立，一个个物理新领域的探索……其中都包含着她无数的心血。担任校长期间，她依然不辍科学研究并带领复旦大学积极走出国门，多次参加国际有影响力的学术会议，并做了多次高水平的、令外国专家同行称道的学术报告，发表了多篇有国际影响力的学术论文和著作，使自己和复旦大学拥有了国际声誉。

（三）彰显优良品德

谢希德继承了中国传统女性的优良品德：善良、谦恭而温和；同时她也吸收了现代女性的特点：进取、宽容和豁达。这些优良品质完美地集于她一人身上，让人感受到女性美的真正内涵：从内到外散发出来的优雅从容、坚毅平和。

病魔缠身时，谢希德保持乐观主义精神，拥有豁达的心态，

① 王增藩、刘志祥著：《谢希德传》，复旦大学出版社2005年版，第5页。

坚强地与疾病和厄运抗争。一生中，她遭遇了五次重大疾病，包括股关节结核病、乳腺癌等，但她早已把生死置之度外，灾难没能让她退缩，反而进一步磨炼了她的意志，使她明白了生命的宝贵，从容、积极地配合医生的治疗。手术及放疗、化疗的痛苦是常人难以想象的，就连医生、护士都劝她：难受就喊出来吧，但谢希德从未呻吟过。她的坚强让见多不怪的医护人员都被感动得落泪，“坚强”已经内化为她的品格。对于学习意义的深刻领会，为中华崛起而读书的责任感和使命感，促使她在病床上坚持学习外语，阅读朋友带给她的书籍，并通过书信和好友交流、畅谈。让她念念不忘的入党誓言，促使她坚定地认为：“只要心脏还在跳动，就要战斗，就要为党的科学事业奋斗不息……”她在心里默默地鼓励自己“一定要活下去，争取多活几年。”[1]她相信党、相信国家，科学繁荣和祖国强大的意义超越一切，她要争取更多的时间为祖国做贡献，把损失的时间抓紧补回来！正是这种强烈的信念和力量支撑着她，反复发作的病魔在她面前一次又一次“退让”了，她创造了生命的奇迹。

谢希德工作照（张萍1992年摄）
（图片由复旦大学档案馆提供）

日常生活中，谢希德穿着得体、大方而朴素，给人以气质非凡的感受。她热爱丰富多彩的生活，

① 王增藩著：《谢希德》，金城出版社2008年版，第4页。

喜欢听音乐，如贝多芬的《命运交响曲》、莫扎特和施特劳斯的名曲等。她喜欢收藏，家里摆满各种各样的纪念品，尤其喜欢收集邮票，她还参加了学校学生组织的集邮协会，出任名誉会长，支持学生发展业余爱好。她会织毛衣，积少成多地织出一些“作品”。她还是个文学爱好者，中外文学典籍都很熟悉，应用自如。她又是一个不一般的家庭主妇，每次在家招待客人，都会亲自掌勺做一桌好菜。作为女性，她的情感细腻而深沉，在丈夫生病住院期间，只要她在上海，都去看他，并在床边放一束鲜花，而且及时更换，让病房充满生机。她还把别人寄给丈夫的卡片，拴在一根长绳上，挂在病房里，增添喜气，给他做按摩，帮他恢复脑力。她在人前很少儿女情长，但丈夫的去世，使她明显衰老了很多。对丈夫她怀有愧疚，她总说：“我们商量过了，等以后不忙了，一起出去玩，但这已经不可能实现了。”虽然他们频频出国参加各种学术会议，但从未结伴而行，有一次竟然在美国洛杉矶机场相遇，然后又匆匆而别。

二、新中国首位重点大学女校长

谢希德先后担任复旦大学副校长（1978—1983）和校长（1983—1988）。1983年1月，62岁的谢希德出任复旦大学校长，成为新中国第一位重点大学女校长。她的就职演说诚恳谦虚、朴实无华，但我们可以从中感受到她那颗纯洁、火热的心。她说：“论经验和威望，我不能和前任校长陈望道教授和苏步青教授相比，但作为一个共产党员，我有决心在有限的任期内，依靠集体的力量，完成党组织交给的任务。”[①] 在她执掌校政的年代，正是国家改革开

① 王增藩：《谢希德高等教育思想简论》，《复旦教育》1993年第2期。

放、由计划经济向社会主义市场经济过渡的时期，百废待兴，沉疴欲治，谢希德以始终如一的爱国热忱、开放民主的博大胸怀，满怀激情、发奋图强，呕心沥血、建树累累，为复旦大学的发展做出了卓越的贡献。

在此期间，谢希德认真做好校务工作，同时不断总结和改进教育管理，对高等学校的办学提出了一系列主张和建议。

办学方面，谢希德提出适应需要、全面发展、尊重规律、教研并举的基本思想。1984年，她在《复旦教育》创刊号上发表文章，总结了复旦大学教育工作的经验教训，对上述思路进行了具体阐发，提出了学校发展应当把握的重大问题。这篇文章系统反映了她办学的真知灼见，集中体现了她对教育工作本质的深刻把握。其主要观点如下。[①]

第一，适应需要，满足需求。就是要适应社会主义建设的需要来培养人才。谢希德从辩证唯物主义的观点出发，指出：经济决定教育，古今中外任何一个国家、任何一个历史时期，教育事业的发展都是由经济决定的。但是，教育的发展又反过来促进经济的发展，这一点是被各个发达国家的历史经验所证明了的，也是被我国的实践经验所证明了的。智力开发对经济发展的作用比增加物质投资更重要。谢希德认为，对一所学校来说，就是要适应国家“四化”建设的需要来培养人才。在培养目标上，既要给学生打好理论基础，又要使学生有解决实际问题的能力，提倡文理相通。对于新设的专业，要力图避免专业过窄的现象。只有这样，才能使今后培养的毕业生能面向现代化、面向世界、面向未

① 杜作润：《新中国第一位女大学校长谢希德》，《复旦教育论坛》2005年第1期。

来，迎接新技术革命对人才的挑战。

第二，全面发展，建设“四化”。就是要全面贯彻党的教育方针，培养德智体全面发展的人才。谢希德从历史的经验教训出发，提出必须坚持又红又专的社会主义方向，坚持知识分子与工农相结合、脑力劳动与体力劳动相结合，加强思想政治教育工作，使学生在政治上严格要求、在业务上刻苦学习，掌握现代文化科学技术，具有为“四化”建设服务的本领，有健康的体魄，也有献身“四化”，为攀登科学高峰不畏艰险的好思想和好作风。

第三，尊重规律，改革方式。就是要按照教育发展的客观规律来培养人才。谢希德认为，教学实践中总结和概括出的一系列行之有效的教育和教学原则，基本上反映了教育发展的客观规律。其核心是以提高教育质量为中心，正确处理政治与业务、基础与专业、知识与能力、理论与实际、统一要求与因材施教、教师主导作用与学生的主动性等一系列问题。其中，也有学习外国先进经验和结合我国实际的问题。根据当时的情况，她提出，为了使学生学得更活一些，要改善当时实行的学年学分制，减少必修课，扩大选修课，改革评分方法，使教学质量不断提高。

第四，发挥优势，“两个中心”。就是要发挥各学科优势，把学校办成教育中心、科研中心。谢希德充分发挥了邓小平关于重点大学既是教育中心又是科研中心的思想，指出高等学校特别是重点大学，应该既是培养世界第一流的高质量人才的基地，又是出高质量科研成果、赶超世界先进科技水平的科研基地。她认为，要把复旦办成“两个中心”，重要一点在于发挥多学科的优势，鼓励跨学科、跨系的协作，特别要重视在人文和社会科学方面与自然科学的综合、交叉、渗透，并且参与国际合作与交流。

根据上述办学思路，谢希德主持制定了复旦大学1985—1990年发展规划，这个五年规划集中体现了她的办学理念和治校方略。具体包括十个方面：充分发挥复旦大学多学科的优势，逐步充实和建设一批新学科；加强科学研究，提高学术水平，为国民经济建设和国家科学技术发展做出更多更大的贡献；加强实验室建设，使其中的七个基础较好的实验室达到国际水平；抓好教学内容和教学方法的改革；加强师资队伍的建设，培养学术骨干，建设好学术梯队；扩大学校规模；在提高质量的基础上，积极而稳步地扩大研究生的数量；扩大接收进修教师的数量；扩大接收留学生学习的专业，增加留学生数量；加强对学术的领导，改革复旦的教学、科研管理体制，各学院也要形成自己的特色。①

难能可贵的是，谢希德率先在国内打破综合大学只有文理科的模式，根据复旦大学的条件增设了技术科学、生命科学、管理科学等五个学院。她大力提倡发展师生的创造性，加强国内外的学术交流，使复旦大学的教学质量和科研水平与日俱增。她深知抓好教师队伍建设的重大意义，采用破格提升的方法，鼓励学科带头人脱颖而出。她注意发挥教师在教书育人中的指导作用，1986年秋在复旦大学推行导师制，设立“校长信箱”“校长论坛”“新闻发布会”，沟通校内各方面情况，及时解决存在的问题。1987年6月，在她接受美国纽约州立大学Albany分校授予名誉博士时，《今日美国》报社记者称她为“中国的哈佛大学校长”②。在她的任期内，复旦大学从十年动乱的劫后创伤中重新

① 谢希德：《总结经验，发扬成绩，把我校办成有中国特色的具有世界先进水平的社会主义大学》，《复旦教育》1984年第1期。

② 陆栋、王迅：《光辉的一生　崇高的品德——深切怀念谢希德教授》，《物理》2000年第7期。

奋起。她以解放思想、开拓创新的精神，严谨务实、勤勉刻苦的作风，带领复旦大学在学科建设、师资培养、教学和科研水平等方面取得了显著成绩，使复旦大学站到了国内高等学校的前列。她还率先带领复旦大学走出国门，扩大国际合作交流，向世界开放，极大提高了复旦大学在国际上的知名度。她的学术风范、人格魅力教育和影响着学校师生，在复旦大学树立了严谨、务实、开拓、进取的良好学风。

三、高校管理思想与实践

复旦大学在20世纪80年代的快速发展，与谢希德任校长期间对学校进行卓有成效的改革是分不开的。作为复旦大学的“舵手”，谢希德没有把自己淹没在具体的事务里，而是高瞻远瞩地考虑学校的办学方向和办学定位问题，逐步深化教育改革，引领复旦大学走上健康发展的轨道。这充分体现了她睿智、开放、有胆识的领导品质。

（一）管理理念：服务、效率、平凡、竞争

在担任校长的过程中，谢希德始终秉持着服务、效率、平凡、竞争的管理理念，实施民主治校，以开明的管理风格，以现有条件下的可行方式推进对复旦大学的民主管理。

服务即办事深入基层。谢希德倡导领导班子要亲自下到基层了解情况，及时为他们解决问题。她想多了解基层的情况，但校际交流、学术活动占去了她许多宝贵的时光。为此，她提出必须用独创的新方法、新模式来了解情况，以便更好地推动学校的工

作。于是，她时常要求学校办公室主任第一时间告诉她，新的学院成立后都做了哪些工作，校长办公会议决定的事项落实了多少。她极力推动校长办公会议在基层举行，以便具体地解决基层发展中的问题。有一次，她走在校内西南角的小道上，有人投来疑惑的眼光，问她是否走迷了路，谢希德笑着说没走错，是到系里去参加校长办公会的，因为这次校长办公会是在数学系资料室里开的。这个资料室是苏步青名誉校长过去一直关心和扶持的，可以说是数学系人才成长和人才辈出的后院。在数学系的资料室里，系党政领导及部分骨干教师与校领导相聚一起讨论数学系的建设问题。教师们首先反映，数学系资料室的期刊图书原本比较齐全，但由于后来图书价格上涨，要维持原来的图书期刊数量已相当困难。谢希德了解这一情况后，开始协商解决办法。根据时任副校长强连庆的记载，1985年11月29日晚上，在当时的生物系召开了一次校长办公会议，第二天又在中文系召开了另一次校长办公会议。两个会议的主题，都是为了解决系里当时最关心的问题：定编、人员流动、骨干培养、专业发展规划等。由于能够和系里的各方面负责人及骨干教师面对面交换意见，大大拉近了校长和学校领导层与基层的距离。这是复旦大学工作能取得令人称羡的成就的重要原因之一。强连庆对当年的复旦校政归纳了16个字：书记开明、校长民主、党政协调、目标明确。面向基层，为基层服务，努力解决基层发展中的困难和问题，这是谢希德民主作风的一个显著特征和表现。那时候复旦大学一些有才气的小青年，如王战、陈伟恕等，就是这样在和基层的面对面交流、讨论中被发现、任用和培养出来的。

效率即干事务实高效。谢希德知道自己肩上的重任，也希望工作有新的突破，但她又是求实者，从不说过头话，还要求多做少说，这是她的一贯风格。比如开会，她总是在一个小时内结束会议，会议内容简明扼要，绝不浪费大家宝贵的时间。担任复旦大学校长之后，谢希德每学期开学时都要向全校报告工作，特别是新学期的打算，这已成为一种不成文的规矩。她的报告既讲成绩，又讲问题，还讲工作方向，虚的少，实的多，言简意赅，一个小时之内结束，深受师生员工们欢迎。因为这不仅让大家了解到学校的进展，了解到本学期的全局工作，而且感受到时间的可贵，感受到少说多做才是真，当然更感受到一种积极的工作作风。又如批阅文件，她总是在短时间内批改完文件，准确而高效。再如管理改革，谢希德先从后勤管理开始，她要为教师和工作人员先把“后顾之忧”解决掉，能让他们安心工作，让后勤人员建立起工作服务于教学的意识。

平凡即共事平易近人。普通人可能把谢希德看得很高，但她总是把自己看成教授、教职员工中的一员。她要去了解他们、学习他们，从他们那里汲取智慧和营养，而不是企图用强制的方式去指挥一切。谢希德的高明之处恰恰就在于她理解教授、基层骨干，懂得怎样用民主和平等的共事方法，也就是用增进友谊和沟通的方法来调动他们的积极性，这是谢希德一生都在实践的。在大家的心目中，谢希德是堂堂复旦大学校长，是女科学家，是了不起的名人，而她自己却以普通劳动者的姿态生活在人们中间。和谢希德在一起讨论工作，系里的同志都很尊重她，因为她对同事始终平等相待，绝无高人一等的架势，而是使大家感到彼此不是上下级的关系，而是一种朋友、同事之间的友谊关系。有时候和谢希德讨论问题，尽管分歧很大，争论激烈，但最后总能达成一致，并加深友谊。谢希德在接待客人时，无论是内宾还是外宾，从来不摆架子，就连外宾见到她都惊讶地说："看不出她是一位有如此重要地位的人物。"[①]这可能是复旦大学在社会认可方面取得突出进展的原因之一。按照她的行政级别，以及自身的身体状况（腿部的疾患），上下班可以有小轿车接送，可是在接送教师来校上课的大型早班客车上，人们时常可以看到谢希德的身影。有人开玩笑地问她乘"巨龙"班车上班有何感想，她说："我觉得这是一件非常愉快的事，在车上既可以提前处理一些公事，又可以借这个机会与同志们交谈，倾听各种议论。从校内事到天下事，都可以成为车内话题，其中有发牢骚的，但也不乏独到的意见。"[②]人们都愿意把心里话说给她听，人们信赖她，因为她值得信赖；人们尊敬她，因为她值得尊敬。在大型客车里，教师对学校的意见和要求，就在交谈中得到了解决。学校的一些重要决策，也会引起人们的积极讨论。谢希德的宣传解释，也更能融入人心。这很生动具体地凸显了谢希德的平凡人的自我定位，是她民主办校风格的体

谢希德在办公室

（图片由复旦大学档案馆提供）

① 孙小琪：《中华女儿——记女物理学家谢希德》，《中国妇女》1992年第1期。
② 杜作润：《新中国第一位女大学校长谢希德》，《复旦教育论坛》2005年第1期。

现，当然也是她掌校卓有成效的人格基础。

竞争即成事激发活力。谢希德认为，在改革开放的大趋势下，为了使高教体制改革更适应国家经济体制、政治体制改革的形势，满足经济和社会的需求，就需要把竞争机制引入高等学校，增强高校改革的活力。每一所高校都面临竞争的局面，评选重点大学、重点学科，甚至申请国家重点科研项目，都不应该存在终身制。自然的规律就是不进则退，高校的发展也是如此。当时复旦大学已经执行的奖学金制度、学制浮动制等，就是为了引导和促进学生间的比学赶超和竞争角逐。谢希德还针对当时仍在维持的毕业生分配制度，提出要引入竞争机制。她认为，我国高校存在专业设置不合理、专业面过窄、理论脱离实际、培养规格单一的问题，使学生不能很好地适应用人单位的要求。毕业分配时的统包统配，又会挫伤学生学习的积极性。

毕业生可以选择职业，用人单位可以择优选用自己认为合适的学生。双向选择制度是一种引入竞争机制的制度，通过劳务市场的调节，在激烈的竞争角逐中可以使高校找到培养人才中的弱点、问题和长处，主动调整内在的结构、布局，包括学科配置、专业设置、课程内容、教学方法、管理体制等，并把教学质量评估与之结合起来。引进竞争机制后，也会增强学生学习的自觉性、主动性，使他们重视和了解社会实际需要，引导他们正确选择学习的内容、方法及面对的职业，拓宽知识面，接受社会发展的挑战，在未来的事业中发挥创造性。她还提出，随着政治体制、经济体制改革的深入发展，还应当把竞争机制引入高校的工资制度、分配制度、劳动人事制度，从而调动教师的积极性、主动性。复旦大学当时正逐步执行的经费和任务包干制度、工资定额管理制度，让学校有权自主安排经费使用，在学校内部形成了一种竞争环境，从而避免吃大锅饭的现象，实现多劳多得、按劳分配，保证教学、科研任务的顺利完成。[①]

（二）体制改革：综合性、研究型

谢希德站在改革的浪尖，她要带领复旦走向何方？她给复旦大学教育体制改革定下了方向和目标，改革主要围绕教学和科研这两个中心进行，主要涉及机构设置改革、管理体制改革、规章制度改革等方面。把复旦大学建设成为一个拥有人文科学、社会科学、自然科学、技术科学、管理科学等多学科性社会主义综合大学，是她改革的首要目标。

理工融合。在谢希德接任校长的20世纪80年代初，复旦大学虽然是一所综合性大学，但由于多年受苏联办学模式的影响，只设有文理科。随着国民经济建设的加快和科学技术的迅速发展，这种模式培养出来的人才很难再适应社会发展的需要，人才市场急需理工结合、具有科技开发能力的综合性大学毕业生。对此，谢希德认为，现代科学技术的发展，出现了理工农医等多学科广泛结合、相互渗透的趋势。据此，学科门类较齐全的综合大学应充分发挥理科优势，把自然科学与技术科学结合起来，建立新的学科，这对于加速我国科学技术发展意义重大。谢希德建议，利用现有理科的基础加强各学科之间的横向联系，发展生物工程和某些技术科学，培养更多基础扎实、知识面较广、能向边缘科学进军的理论与应用相结合的科学技术人

① 谢希德：《正确地把竞争机制引入高等学校》，《上海高教研究》1988年第3期。

才。谢希德指出，无论是工科院校还是综合大学，理工结合是一个值得重视的发展方向，但不应该将办理科作为工科院校实行理工结合的主要手段；办好理科的目的是使工科学生有好的理科基础，其本身招生发展速度，也应与国家需要相适应，更要根据各校的条件来决定。在国民经济进一步调整中，应当总结工科院校试行理工结合的经验，提倡有条件的综合大学发展技术性较强的学科。还可以根据前几年已有的经验，引导部分理科毕业生报考工科研究生，再学二三年。这样的理工结合，也许能培养出一些人才。工科院校今后也可适当多配备一些理科师资，少招些理科系学生，抽出部分力量开展一些与工科相结合的应用基础研究工作，以及在工科专业的教学中，增加一部分理科的内容；同样，综合性大学也可根据条件，增加一些工科的内容。①

内联外联。面对科学技术和生产工艺翻天覆地的变化，为迎接新技术革命的到来，谢希德提出，作为一所重点高校，复旦大学应当更加充分发挥学科门类齐全的优势，教学科研要面向经济建设，发挥基础理论较强的优势，站在迎战的前列。“四化”建设需要多层次的人才，应当着重培养高水平的文化科学技术人才，尤其是在微电子、计算机、材料科学、生物工程、能源工程、激光等前沿学科方面的人才。为把教育和研究与世界新技术革命的宏大视野联系起来，谢希德提出要发挥综合性大学多学科的优势，走学科“内联”之路。为此，谢希德打破原有文理结合的办学模式，经过改革、调整，在原有院系基础上，复旦大学先后成立了

① 王增藩：《谢希德高等教育思想简论》，《复旦教育》1993年第2期。

技术科学学院、经济学院、管理学院等几个学院，建成了一所拥有人文科学、社会科学、自然科学、技术科学和管理科学的综合性大学。

早在1980年，复旦大学就开始把原来理科的某些专业加以改革，并最终于1982年3月建立了技术科学学院，此后又相继设立了技术科学、应用数学和经济科学的联合体。其中，应用数学联合体包括数学、计算机科学和管理科学三个科类，目的在于把理论、模型、计算和软件开发等内容联成一体，综合进行研究、开发和培养相应的人才。经济联合体则主要是为了适应各方面的需要，为培养经济科学研究及实际工作人才而综合使用经济学系、世界经济系、世界经济所和经济管理系等方面的师资力量。特别是实体的技术科学学院的"内联"组成，不仅在材料、器件、电路、计算机系统、软件与测试等方面有一批具有相当水平的教师，而且学校的其他系科还可以提供表面物理、半导体物理、真空技术、薄膜技术、激光技术、全息技术、特种光源、核分析、微量化学分析、物理化学、生物化学、计算数学等方面的最新研究成果，特别有利于培养基础理论扎实、知识面较宽、富有开拓创新精神的研究开发人才。通过"内联"所取得的成果，仅在电子材料、微电子学和计算机科学三个领域，当时就完成了198个项目，荣获各种奖励46项。其中，低压化学气相沉积、氮化硅技术与设备、损伤吸杂工艺、上海市计算机电报自动转报系统等，均获上海市重大科技成果。学校还建立了人、鼠、果蝇等5种生物的基因库，在水稻单体细胞培育方面也获得了成功。为了面向经济建设，复旦还实行"外联"，除已同常州、无锡结成科研生产联合体之外，还与沙市、襄樊、温州等城市建立了外联协作关系。[①]

另外，管理学科曾在新中国成立后的院系调整中被取消，谢希德出任校长后，科学地预见到这一学科对国家经济发展的重要性，她力排众议，将管理学科与文科、理科、技术学科并列为学校建设的重点学科，并决定对它们大胆实行“放权”管理，即学院可以单独与外国大学的管理学院签订交流与合作协议，只须报学校备案即可。这使管理学院能在改革中大展拳脚，得到快速发展。同时，谢希德还亲自到管理学院现场解决学院存在的问题，如留用助教、建设机房等具体事情。这让管理学院的师生更加振奋精神，不断开拓创新。为了改造老学科，适应学科的发展和国内外形势的需要，她在任期间，先后成立了世界经济系、管理科学系，建立了世界经济研究所，创办了经济研究中心。1986年4月，复旦大学成立了中国高等教育史上第一个生命科学学院，使复旦大学真正成为一所综合性大学。[②]

（三）人才培养：优化结构，提高质量

谢希德在复旦大学长期从事物理学教学工作。她非常钟爱和重视对学生的培养，把培养高水平的人才作为己任，除上好每一堂课之外，还把人才培养作为一门学问，从各方面进行深入的思考和探索，既注重培养结构合理、适应经济建设需要的大批专业人才，又采取多种措施着力提高人才培养的水平和质量。

针对办学时出现不注重社会需要、人才比例结构不合理的情况，谢希德感到非常焦虑。她认为，培养人才要和搞经济一样，

---

① 谢希德：《迎接新技术革命的挑战》，《上海高教研究》1984年第1期。
② 邵长兰：《谢希德及其高校管理思想与实践》，《高校教育管理》2009年第2期。

得活一些。随着现代科学技术的发展和人才培养的需要，许多工科大学纷纷办起物理专业班，重点中学中凡是名列前茅的学生，很多都报考了重点大学的物理专业。对此，谢希德指出，成绩好的学生都报考物理专业，农业、医科、工科、文科招生的质量就会受到影响，而物理专业人才的培养，并不是在短时间内能奏效的，也不可能所有的人都成为出色的物理学家。优秀学生只把眼光聚焦于物理，很可能会埋没其他方面的才能，这对整个国家各类人才的培养是不利的。她认为，这不是说不需要培养物理方面的人才，而是说目前学物理的学生过多，和培养其他专业的学生不成比例，这样不仅不利于各学科之间的平衡，也不利于各种人才的培养。搞“四化”建设，理、工、农、医、文各类人才，必须有一个合理的比例结构。

在各类人才培养中有一个比例结构问题，在一个单位更要有合理的人才结构。谢希德认为，除了要有好的学术带头人以外，还必须有好的实验员才行。在工厂里，技术员应当多于工程师二三倍；在医院里，护士与医生的比例，护士应当更多些。但现在人才结构出现倒置，中级人才大量缺乏，高级人才不得不去做中级人才的事。因此，要认真爱护人才，使他们充分发挥各自的作用，就应当大量培养中级人才，形成多层次合理的人才结构。根据这一人才结构的需要，培养中级人才的中专、大专应当比大学多，但目前却出现了不少大学的倒三角状况。谢希德指出，有关部门早已提出要扭转这种状况，但在前几年不少地方不仅没有扭转，反而中专改大专、大专改本科的趋势还在发展，关键要有一定的工资政策，鼓励人们各就各位，安心办好中专、大专。①

致力于物理学研究和教学的谢希德，在任大学校长期间还对文科的人才培养产生了浓厚的兴趣。她提出文科人才培养应重视复合型和交叉型，要有预见性。她指出，文科改革要面向21世纪，应该培养出更多学习经济、法律、政治的人才，以便将来走上各级领导岗位。这些人应德才兼备，有好的马列主义基础，能与中国实际相结合，特别是能与我国改革开放的实际相结合，有比较广泛的知识面，培养文科人才不能太专，应多培养一些文理相通、理工相通的交叉型、复合型人才。她认为，浦东计划中要建的高校，应是综合性的大学，而不应搞专业性很强的专科院校。要培养的21世纪合格人才，应该是复合型人才，即应变能力很强的通才，而不是单一型的、专业面很窄的学生。根据浦东开发事业的需要，目前可培养国际贸易、国际金融、国际会计等方面的人才，发展多层次的教育。②

谢希德始终把培养高质量人才放在学校首位。她认为，衡量任何学校工作的根本标准不是经济收益的多少，而是培养人才的数量和质量。为了培养高质量人才，她根据对毕业生情况的调查，结合对知识爆炸、信息爆炸的认识，强调对复旦大学学生加强基础知识和基本训练的工作。在任校长期间，她主要采取了以下措施。一是抓好“三个提高”：提高教授、副教授给本科学生上课的比例；提高“一类课程”（有好的教材、好的教学效果的课程）的比例；提高学生的创造性即实际工作能力。二是抓好“四个环节”的教学工作：基础（知识）、外语、实践和能力（理科生具有实验

①② 王增藩：《谢希德高等教育思想简论》，《复旦教育》1993年第2期。

能力，文科生具有社会调查能力等）。为了丰富学生的课余文化生活，扩大知识面，她支持学生成立科技协会，鼓励他们利用课外时间，自己读书、研究、组织讨论、进行学术交流。参加协会的大多是优秀学生，富有创造精神和进取精神，很多后来都成为迎接新技术革命挑战的新生力量。三是提倡“三性”：灵活性、适应性和科学性。灵活性是指在教学计划、教学方法上要改变过去统得过死的现象，灵活制订教学计划，灵活采用教学方法；适应性是指教学要适应学生不同的需求，适应社会快速发展的需求；科学性是指加强教学管理的科学性，特别是考试方式多样性的问题。四是完善和推广“三制”：优秀学生的导师制、学分制、五级浮动记分制。①

为了充分发挥教师在教书育人中的指导作用，1986年秋季，在谢希德的领导下，复旦大学开始施行导师制，首批聘任了242名教师担任一年级新生的导师。被聘者大多是学术水平较高、教学经验比较丰富的教授、副教授。对于这项任务，导师们都很积极和热情，并且在实践中创造了不少好的经验和方法，取得了很大的成效，深受学生的欢迎。对此，谢希德适时进行了总结，提出了进一步完善的举措。第一，明确目的。必须明确建立导师制的目的，明确导师的职责。在一年级学生中实行导师制是为了形成良好的校风和学风，进一步开展教书育人活动，不断提高教学质量，促进学生德智体全面发展。因此不能把导师制视为一种权宜之计，而是为了培养一流人才，在一开始就要打下好的基础。第二，促进发展。导师应全面关心学生的成长，从提高学生的独立

---

① 邵长兰：《谢希德及其高校管理思想与实践》，《高校教育管理》2009年第2期。

生活和学习的能力入手，对他们的学习（如选课）、生活（如怎样融入集体）进行有针对性的指导，帮助学生树立正确的人生观，使他们成为“四化”建设的德才兼备、全面发展的人才。第三，建章立制。要抓好导师的组织工作，安排好他们与学生见面的时间（一般可利用星期五下午的政治学习时间）。要适当对导师提出指导工作的阶段性要求，对导师工作要定期检查、经常督促，学校要把导师制的执行情况列为期中教学检查的内容之一，及时调整导师人选，听取导师和学生对导师制实行中的各种意见、建议和要求。每半年召开一次导师工作交流会，表彰在导师工作中有贡献的人，形成制度和规范。

谢希德在讲话

（图片由复旦大学档案馆提供）

在担任校长期间，谢希德还大力组织开展继续教育，培养了大批社会主义建设急需的专门人才。短短5年时间，复旦大学先后举办了6个专业干部专修科和3个专业大专班。其中的管理科学系专题干部培训班受国家经委和国家科委的委托，共举办了13期，培养了1 000多名专门人才。1983年，学校还开始承办高等教育自学考试，到1985年已经有500多人通过自学考试取得复旦大学的毕业证书。这一方面缓解了高等教育不能满足社会需求的矛盾，另一方面满足了许多年轻人对知识的渴望。

（四）师资队伍：拔尖培养，提高水平

要办一流的大学，就必须有一流的师资队伍。谢希德通过抓重点学科建设来促进教师培养。她认为，学科带头人是师资队伍的核心，抓师资建设，就要抓学科带头人的培养。她提出，学科带头人应有较强的组织能力，能影响、带动一批人，指挥、团结一班人协同工作，不断做出成绩。为此，谢希德采取评一批重点学科，选一批学科带头人的方法，使一些骨干教师在科研、教学中真正起到中坚作用。在她任校长期间，学校拟定了《如何发挥学科带头人作用的几点意见》，规定给予学科带头人优先参加国内外学术活动，享受学术休假，对工作有突出贡献的，给予越级晋升和增加工资等待遇。在1978—1981年的4年间，学校有6位教师连续两次晋升职称。1984年，“发展学科带头人，加速人才培养”被列为当年学校三大重要工作之一来抓。1985年，学校顺利开展了教师专业职称资格的评审和职务聘任制试点工作，在评定中破除了论资排辈的观念。为奖励先进，又给全校10名优秀的学科带头人晋升两级工资。这一切措施都有助于学科带头人的成长。1988年，谢希德又提出“让人才脱颖而出”的观点，确立培养学科骨干的机制，采用破格提升的方法，鼓励学科带头人脱颖而出。由于“文化大革命”及其他历史原因，复旦大学的师资队伍受到严重影响，有的学科甚至出现青黄不接的现象，中青年教师流失不少。从学校看，一批年岁大的教师还在工作岗位上，职称评定的晋升比例又有限，这就给中青年教师的成长带来一些困难。在任校长期间，谢希德曾将工作中有突出成绩的7名40岁以下的教师破格提升为副教授。其中一位在政治学研究领域中卓有成就的年轻人，被破格提升为国际政治系副教授，成为当时国内最年轻

的副教授，时年29岁。过了6年，他又以丰硕的成果被晋升为教授，在国内高校中产生了较好的影响。[1]一批当年被破格晋升的讲师、副教授，如今也都成了教授、博士生导师。

抓紧青年教师的拔尖培养，是加快师资队伍建设、应对队伍老化和选拔与培养人才梯队的重要措施。谢希德认为，20世纪80年代的年轻教师，正是90年代学校的骨干。因此，及时发现优秀人才加以重点培养，是一种快出人才的有效方法。按学校规定，青年教师必须有教学和科研一线工作的经历，包括承担实验和辅导工作。数学系当时实行的在职研究生培养和中文系实行的中年教师带青年教师的方法都不同程度地加速了优秀人才的培养，提高了教师队伍的水平和能力。1986年，在继续抓好职称改革工作的同时，谢希德强调要把聘任制试点工作和学科梯队建设结合起来，并特别关注中青年教师，以使重点学科的带头人后继有人。同时，学校大胆起用年轻拔尖人才，列出优秀教师名单，因人培养，各采用不同的方法和渠道。她会同师资办公室的同志以及分管师资培养工作的副校长，组织班子，调查研究，排列出了思想品德好、学术水平高、治学严谨、成绩突出的优秀教师名单，然后逐个分析，采取不同的培养方法，如有的教师在教研室任职，有的被破格提升为讲师，有的送往国外进修，给他们的健康成长提供条件，很多人在她的培养下快速地成长起来。

谢希德从理论和实践相结合的高度，提出了搞好师资队伍建设的一些创造性意见。她指出，要特别重视国内外学术、人才的交流作用，通过国内外进修，促进那些有潜力的教师较快地走向

① 王增藩：《谢希德高等教育思想简论》，《复旦教育》1993年第2期。

前沿。她认为，现代科学技术发展极为迅速，各个领域新的研究成果、新理论、新思想、新技术、新知识层出不穷，在这知识不断更新的年代，只有积极贯彻开放政策，加速国际科学信息交流，才能使教学、科研工作及时跟上国内外先进水平。为此，一方面，要积极争取校外高水平的教师和科研人员，特别是海外留学生来校工作；另一方面，要有计划地派教师到国外有关学校和部门学习进修。在1978—1985年短短的七八年间，复旦大学就有60多人次到国外进行学术活动，有100多人出国两次。[①]这些教师出国学习归来后，更新了教学内容，改进了教学方法，促进了科学研究，还对建设国家急需的紧缺学科起了积极作用。

谢希德提出，现代学科的发展既高度分化又高度综合，专业与学科越来越窄，不利于人才的长远发展。而世界上不少著名大学不断打破原来各系、各学科的历史界限，建立了跨学科的研究中心或研究综合体，让各系、各学科不同的专家相互配合，共同来完成某些大型科研课题。因此，她特别注重发扬学术民主，鼓励学科间的相互交流渗透，促使教师知识更新。在她的领导下，复旦大学利用校内的有利条件，组织学术报告和鼓励学术讨论，经常邀请国内外专家来校讲学，广泛举办讲座、报告会、讨论会、讨论班、培训班等开展自由讨论，有力促进了教师队伍素质的提高。

谢希德重视不同学派间的人才交流，着手改变“近亲繁殖”的教师队伍结构。为了促进人才培养，打破这种半封闭局面，她选派大批骨干教师出国进修，做访问学者，同时邀请外国专家和外校专家到复旦来讲学、搞合作研究等。为了既打破“近亲繁殖”

① 王增藩：《谢希德高等教育思想简论》，《复旦教育》1993年第2期。

的队伍结构，又保证队伍的相对稳定和一定的继承性，她采用了一些具体做法，如在研究生中留少量师资，聘任在校外做出成就的本校毕业生，同时有计划地吸收大量国内外学者，共同参与教学和科研工作。这样既能发挥传统特色，又能吸收各方的长处，这样的队伍结构，对于发展教育、科学事业起到了巨大的促进作用。同时她认为，可以借鉴国外的做法，如视条件成熟情况，逐步取消专职助教制，把大学毕业生分配到工厂、科研单位去，助教由研究生兼任，讲师从工厂、科研单位择优聘任。[①]研究生正处于精力最充沛的阶段，一边学习，一边做辅导工作，有利于加深基础，提高水平。毕业生不留校做终身教师，打破“铁饭碗”，更有利于人才流动。对毕业生来说，通过流动开阔眼界，理论联系实际，可以尽快提高自己；对学校来说，可以吸收各种学派的优秀教师，活跃学术思想，提高整个师资队伍的水平。

（五）学风校风：教书与育人相统一

谢希德在任校长期间，非常关注和重视校风与学风建设。她一方面对大学生如何学习和生活，提出许多有益的教导，另一方面坚持正面教育，预防和制止不良现象发生，双管齐下。同时，加强教师和学生的文明素养教育。她立校风、学风各八字，校风是刻苦、严谨、求实、创新，学风是文明、健康、团结、奋发，以向上的校园文化来濡染人、教育人。

谢希德认为，大学是人生中的一个重要学习阶段，不可能期望在大学里获得未来一生中需要的所有知识，只能在短暂的4年

① 邵长兰：《谢希德及其高校管理思想与实践》，《高校教育管理》2009年第2期。

中，学到一些有关专业的基础知识，提高分析问题和解决问题的能力。她举例说，不少在中学里的高才生进了大学之后常感不适应，这说明他们需要在学习方法上来一个质的变化。随着科学的飞速发展，知识老化的周期越来越短，这就更要善于学习，因此掌握正确的学习方法显得特别重要。那么，什么是大学阶段学习方法质的飞跃？谢希德认为，这个飞跃主要体现在自学能力的提高上。针对当时课堂上还存在一定程度的“满堂灌”现象，可供阅读的参考书也比较少，她语重心长地指出，作为大学生，绝不能满足于上课记笔记、考试背笔记、考完就忘记的被动状态，必须主动阅读必要的参考书。大学生的学习固然需要教师指导，但不能依赖，还应该提倡同学间的讨论，甚至友好的争论，相互促进。她还特别强调大学生要积极参加校园内举行的学术报告会，有些报告不一定能全部听懂，但如果常去参加，便会有收获。此外，谈到如何克服学生中“高分低能”“眼高手低”的弊端，谢希德认为，能力的增长，只有在实践中才能获得改善。在校的文科生，要自觉利用社会调查的机会，学会分析调查材料，提出自己的观点，为社会服务。理工科的学生，必须主动适应实验室或工厂的要求。高年级的学生，还可以提早接受科研课题训练，撰写小论文。学校还应要求学生学会使用计算机。①

随着改革开放步伐的加大，国外一些先进的经验和科学技术得以更快引入。与此同时，一些不良风气和腐朽思想也不断影响着学生。这促进谢希德进一步树立要对学生加强思想品德教育的观念。谢希德指出，校风作为学校的一种教育环境，它通过客观

① 王增藩：《谢希德高等教育思想简论》，《复旦教育》1993年第2期。

现实对学校成员产生积极的心理影响，促使每个人的心态趋于平衡。为此，复旦大学每年都进行评比先进的工作，将大家公认的优秀学生和品德高尚的教职工广为宣传，以他们为核心，去带动一批又一批人，形成良好的学风和校风。作为一校之长，谢希德还经常用自己的亲身经历，对学生进行爱国主义和社会主义的教育。作为连任两届的中共中央委员，她每次出席党的代表大会返校后，都要给学生做报告、谈体会，强调精神文明建设的重要性。与此同时，她还在校刊上发表文章，希望学生家长关心自己孩子的思想和学习，不仅主动供给他们上学的费用，还要跟踪和检查他们的思想和行为，经常保持与学校老师的联系。对于发生在校园、宿舍内的不良行为，她要求教师、辅导员、班主任必须旗帜鲜明地加以制止，要求学生中的党员团员、干部及时向学校反映。有关部门在查实之后，要按校规严肃处理。若违反社会治安管理条例，要交学校公安处处理。只有这样，才能更好地发扬学校的良好校风和学风。在任校长期间，谢希德曾签署布告，开除了一批严重违纪的学生，也挽救了一些触犯校规的学生，使复旦大学的校风、学风得以好转。[①]作为校长，虽然公务繁忙，但她经常深入学生中间，和他们谈心，用自己的亲身经历教育年轻人要好好学习，报效祖国。对待学生，她既是严师又是慈母，时刻关心学生的成长。

（六）办学视野：走出国门，走向国际

鼓励教师走出去。在谢希德接任校长的80年代初，国民思想

① 王增藩：《谢希德高等教育思想简论》，《复旦教育》1993年第2期。

刚刚解放，由于受“文化大革命”毒害太深，人们对海外关系或海外学术很敏感，致使很多人的思维、知识、学术很封闭，教学和科研水平都很低，一些教师的水平与水平高的高年级学生差不多。为提高教师的学术水平，她积极鼓励教师出国进修，并通过个人关系积极为教师联系海外的大学。很多教师的推荐信都是谢校长亲自写的。她不仅鼓励教师走出去，还邀请国外知名专家学者走进来，为老师们介绍新的知识和信息，加强师资的国际交流，开阔教师的眼界。

谢希德任校长期间，主动带领复旦大学积极走出国门。她本人不仅多次参加国际上有影响力的学术会议，并做了一系列令外国专家同行称道的高水平学术报告，而且发表了有国际影响力的学术论文和著作，使复旦大学赢得了国际声誉。

谢希德对复旦大学的一系列改革使复旦大学得到了长足发展，不但赢得了国内的充分认可，而且提高了国际化水平。1984年复旦大学成为国务院第一批列入国家重点建设项目的学校。经过谢希德以及全校师生共同努力，到1988年，复旦共有教师5 307人，其中中科院院士9人，正教授237人，副教授858人，20多个国家的1 983位专家来学校讲学，中长期受聘的外国专家有147人。[①]学校学科设立齐全，专业建设完备，实验室和研究中心建设更上一个台阶，学校的科学研究成果得到国内外普遍认可和好评。

---

① 邵长兰:《谢希德及其高校管理思想与实践》,《高校教育管理》2009年第2期。

四、科教巨擘，巾帼楷模

作为女中豪杰，谢希德是科学巨擘兼教育大师的典范。回顾她坎坷而光辉的一生，可谓集众家于一身。①

（一）杰出的科学家

1977年，谢希德开始率先进行表面物理的研究，并筹建复旦大学现代物理研究所，成为我国表面科学的开拓者。她主持开展了一系列研究项目，如“半导体表面电子态理论研究”“镍硅化合物和硅界面理论研究”“金属在半导体表面吸附及金属与半导体界面电子特性研究”等，都先后获国家教育委员会科技进步奖二等奖。1992年，谢希德凭借其崇高威望积极开展工作，第一次在我国组织召开了国际半导体物理会议，并亲自任大会主席。次年，又以副主席和地区组委会主席的身份，在上海组织举办了第四届国际表面结构会议。这两次代表有关领域最高学术水平的国际会议，向国际同行生动地展示了我国的科学成就和水平，也向国际同行提供了一个了解改革开放的中国的极好机会。由于对科学事业的贡献，她先后担任中国物理学会副理事长、中国科学院学部委员大会主席团成员、上海市科学技术协会主席、国际纯粹和应用物理联合委员会（IU-PAP）半导体委员会委员、第三世界科学院院士、国际《表面科学》中国地区编委、法国《电子显微术和电子能谱》编委。同时，有10所欧洲、美国、日本的著名高等学府授予她名誉科学博士或工学博士

① 蒋平：《为我华夏鞠躬尽瘁——敬贺谢希德院士75华诞》，《物理》1996年第6期。

学位。她被誉为“中国半导体之母”。

（二）卓越的教育家

谢希德培养的学生后来成为中国科学院院士和中国工程院院士的就有不少，至于有研究员和教授职称的就更多了。1983年她出任复旦大学校长后，复旦大学在坚持社会主义办学方向、深化教育改革方面都有长足的进步，以一所新型综合性大学的面貌展现于国内外。她在各类期刊上就大学教育的各个方面发表自己的见解，产生了深远的社会影响。谢希德从1981年起担任世界银行贷款第一个大学发展项目中国专家组副组长，1985年起任世界银行贷款第二个大学发展项目中国专家组组长，又于1991年出任世界银行贷款重点学科发展项目专家咨询组组长。为了世界银行的贷款能产生最大效益，她不辞辛劳，多次考察国外大学的实验室，并在国内开展调查研究，足迹遍及北京、上海和南京的许多大学。她的工作展现了新中国教育家的非凡风采，反映出中华民族的优秀品质，深得国内外同行赞誉。

（三）著名的社会活动家

谢希德担任过中国共产党第十二届和第十三届中央委员，担任过中国人民政治协商会议第七届上海市委员会主席，为国事民生鞠躬尽瘁。改革开放之后，谢希德频频出访，会见了大量的外国社会名流，在国内也接待过无数国际友人，包括1984年4月30日接待美国总统里根。谢希德以其优雅的风度和举止、渊博的学识和精湛的英语向外国友人宣传中国的和平外交政策，争取他们对中国改革开放大业的理解和支持。她的形象展现了我们文明古国的优良传统美德，令人倾倒，赢得国外朋友的称赞。作为一位跨越新旧两个社会、受过中西两种文化教育的女性，她以独特的社会视角，积极参政议政，对妇女的地位和作用、知识分子政策、经济发展、环境治理与人口等一系列社会问题，都发表了很有见地的看法，产生了积极的社会影响。

（四）伟大的女性

需要特别指出的是，谢希德不仅以其自身的坚韧与睿智，有力地证明了女性可以同男性一样在科学领域做出突出贡献，而且以其时代的领悟力执掌名校复旦大学并取得辉煌成就。她对科学事业的执着追求，铸就了她现实生活坚强、坚定的崇高品格。作为校长，她对复旦大学的改革，既体现了她高超的高校管理艺术，又显示出她过人的胆识和开放的心态。尤其令人敬佩的是，在历史与现实、理论与实践交织而成的性别偏见桎梏下，在寥若晨星的大学校长队伍中，谢希德的教育实践无不凸显出作为女性成长与奋斗的艰难和困苦，更凸显出她与众不同的刚强、勤奋与敬业，这种精神至今依然激励着后人。谢希德在40多年的教育教学耕耘中，在10多年的副校长、校长领导岗位上所创造和积累的宝贵财富，所形成的独具一格的领导风格，富有远见卓识的发展理念，求真务实的管理思想，将继续对我国高等教育事业的改革发展产生深远影响。

（五）高尚的人格风范

谢希德一生结识了不计其数的人，所有和她交往过的人都有一种共同的感受，那就是她让人肃然起敬，使人如沐春风。她给所有人的印象是：面带微笑，温和安详。和她相处，没有一丝的拘束感；与她共事，没有丝毫的压抑感。一位曾经采访过她的记者这样写道："她身上有一种人格的力量。什么叫德高望重？不是显赫的地位和名声，而是一个人本身所拥有的高尚品质和人性的光辉。"①在同行和同事眼里，她是一位了不起的科学家、教育家和社会活动家，她一生无私奉献，淡泊名利，从不斤斤计较。20世纪80年代初，美国著名科学家、两次诺贝尔物理学奖得主巴丁教授访问中国后称赞说："在中国科学界中，谢希德是属于最有影响的人士之一。"②许多美国科学家也称颂她是美国人中知名度最高的三位中国人之一。在学生和孩子心中，她是一位慈祥的师长、伟大的母亲，可亲可敬，坚强执着。特别值得一提的是，她被认为是"赏识人才的伯乐"，很多学生在她的精心培养下成长为科研领域的领军人物。在他们眼里，谢希德就是一面旗帜，是人心所向，因此很多人在她的感召下学成后毅然归国，为祖国和家乡的建设做出了积极贡献。正所谓："希圣希贤领学风，德慧术智集疢躬；女流从此亦强者，杰出中华举世崇。"③

2000年3月4日晚9时35分，与病魔顽强斗争到最后一刻的谢希德不幸与世长辞，走完了她坎坷而伟大的一生。去世后，她的遗体捐献给祖国的医学事业。复旦大学设立了"谢希德奖学金"，以鼓励学生好好学习，报效祖国。时任校长王生洪这样解释："谢希德这个名字是意志的化身。"④2007年1月5日，中国物理学会和上海市科学技术协会联合设立了"谢希德物理学奖"，

① 齐全胜主编：《复旦逸事》，辽海出版社1998年版，第175页。
② 陈麦青、杨家润编：《老复旦的故事》，江苏文艺出版社1998年版，第252页。
③ 谢希德著：《谢希德文选》，上海科学技术出版社2001年版，第21页。
④ 王增藩著：《谢希德》，金城出版社2008年版，第4页。

一为纪念她，二为鼓励投身于物理研究和物理教育的女物理工作者。

在谢希德逝世后的讣告中，党和人民给予她高度评价："中国共产党优秀党员，忠诚的共产主义战士，著名物理学家、教育家"，"我国半导体物理学的开拓者之一，我国表面物理学的先驱者和奠基人"，"谢希德同志的一生，是忠于党、忠于祖国、忠于人民的一生，是崇尚实践、追求真理、献身科学与教育事业的一生，是廉洁奉公、淡泊名利、无私奉献的一生。她虚怀若谷，治学严谨，乐于助人，以崇高的人格魅力和对事业的执着追求，在社会各界享有崇高的威望。"对这样的评价，谢希德先生是当之无愧的，她永远值得我们尊敬和怀念。

主要参考文献

1. 谢希德著:《谢希德文选》，上海科技出版社2001年版。

2. 谢希德:《总结经验，发扬成绩，把我校办成有中国特色的具有世界先进水平的社会主义大学》，《复旦教育》1984年第1期。

3. 谢希德:《迎接新技术革命的挑战》，《上海高教研究》1984年第1期。

4. 谢希德:《正确地把竞争机制引入高等学校》，《上海高教研究》1988年第3期。

5. 齐全胜主编:《复旦逸事》，辽海出版社1998年版。

6. 陈麦青、杨家润编:《老复旦的故事》，江苏文艺出版社1998年版。

7. 王增藩著:《谢希德》，金城出版社2008年版。

8. 潘懋元主编:《中国高等教育百年》，广东高等教育出版社

2003年版。

9. 王增藩、刘志祥著:《谢希德传》,复旦大学出版社2005年版。

10. 孙小琪:《中华女儿——记女物理学家谢希德》,《中国妇女》1992年第1期。

11. 王增藩:《谢希德高等教育思想简论》,《复旦教育》1993年第2期。

12. 蒋平:《为我华夏鞠躬尽瘁——敬贺谢希德院士75华诞》,《物理》1996年第6期。

撰稿人:李中伟,管理学博士,湖北大学党委教师工作部副部长、人事处副处长,主要从事教育管理和高等教育研究。

丁石孙

DING SHISUN

北京大学校长（1984—1989）

（图片由北京大学档案馆提供）

丁石孙（1927—2019），上海人，新中国著名的数学家、教育家、社会活动家。1984—1989年出任北京大学校长，为北京大学的发展和我国数学教育做出了突出贡献。

一、数学王国里的教育人生

丁石孙是一位数学家、教育家，一辈子的大部分时间都在教书育人。1927年9月5日，他出生于上海西门路润安里43号，当时取名为丁永安。丁石孙是1941年报考高中时改的名字。他是丁家的长孙，祖籍是镇江宝塔巷同安里。其祖上是读书人，做过小官，曾祖父时家境衰落，后因祖父精明能干，生意昌隆，家中殷实。其父亲丁家承为高中学历，国文非常好，但不喜欢经商，一直未有正式的职业，其母亲也受过教育。丁石孙小时候，学徒出身的祖父认为“进洋学堂会学坏”，就不让他上学。国文由父亲教，英文由母亲教。直到丁石孙八九岁的时候，他的父亲不想自己教了，就把丁石孙送进了一家私塾。在此上了一两年之后，“七七事变”爆发，镇江形势危急，丁石孙就不上学了。1937年11月12日，上海沦陷后，他随父母到汉口二舅家避难。由于没有经济来源，又转赴上海。

1938年暑期，丁石孙考取了上海南洋中学。因为反感国文老师的迷信与腐朽，他于1939年离开南洋中学，考入上海光华大学附中（今华东师大一附中）上初二。1940年，由于母亲刚去世，他非常伤心，就休学了。次年，他直接考入光华大学附中高一年级。太平洋战争爆发后，日本侵略者占领上海租界，家里人担心他在来回上学的路上不安全，就不让他去学校上学，请了个大学生给他当家庭教师，这位老师推荐他转到敬业中学。在敬业中学，丁石孙遇到了对他影响至深的老师，也是他最后走上数学研究之路的启蒙老师。这位数学老师是北京师范大学毕业的，是乐群中学校长的叔叔，一个人住在校园里。丁石孙一有问题就向他请教，老师也经常出点难题训练他们，这给他打下了很好的数学基础。

1944年，丁石孙从敬业中学毕业后，考入上海大同大学电机系。一年后转入数学系。1947年，丁石孙在学生会任宣传部部长，与学生会的其他同学发动全校师生罢课，参加“反饥饿、反内战、反迫害”游行，因此被国民党当局抓了起来。被释放以后，学校迫于反动政府的淫威将丁石孙开除。那时他不想完全依靠家庭，就到上海的一些中小学校兼课，还曾当过家庭教师，以此贴补个人的生活费用。同时他准备继续报考，先后报考了交通大学和浙江大学，但都没有被录取。后来，在一位教师的指点下他才明白，南方的每所学校里都有一张黑名单，他的名字也在其中。知道真相后，他第二年就报考了北平的燕京大学和清华大学，结果被两所学校同时录取。他选择了清华大学。

1948年初秋，他离开上海，乘船到天津，再到北平。从上海到北平，是他人生中的重大转折。作为插班生到了清华大学以后，他在段学复等教授的指导下，真正懂得了什么是数学，开始对数学产生了浓厚的兴趣，进行了深入学习，真正走上了数学研究之路。[①]他后来回忆说：“到清华之后，我才懂得什么是数学，发现自己以前懂的东西太少了，比如连分析方面的‘连续’这样的基本概念都不知道，跟同班同学的差距比较大……我决心花长时间

① 夏莉娜：《走近丁石孙》，《中国人大》2006年第18期。

来补课。有一两年时间通过自己读书和听课这两种方式补课。”[1]

1950年从清华大学毕业后，丁石孙留校任助教，主要工作是批改电机系学生的高等数学习题，并兼管一点系图书室的工作。后被选为数学系工会小组长，负责组织大家学习。1952年他在全国高等学校院系调整时，调入北京大学数学力学系。由于当年该系一下子招了一百多名学生，师资力量严重缺乏，丁石孙的工作量就特别大，包括教一门高等代数课，给闵嗣鹤当助教，批改他给三年级学生开的“数论基础”的习题，还在业余时间参与翻译苏联数学家撰写的教科书。在第一个学期上课不久，系里又给他加了一门课，为化学系一部分基础太差的学生补习中学数学。后来段学复病了，他又替段学复代课。可见，丁石孙是只要工作需要就干。[2]同年，丁石孙加入中国民主同盟。1953年他被选为数学力学系工会的组织委员，负责指导各个工会小组的活动，并开始担任《数学通报》的编辑。1954年在北京大学数学力学系升任讲师，1955年加入中国共产党。

丁石孙总是把学习、教学与研究相结合，他非常善于在学习中提出研究课题。他写研究论文都是自己选择题目而非他人指定题目，并能很快进入对问题的深层探讨。1974年他给73级学生上代数课，从中学代数讲起，并带学生到北京化学分析仪器厂实践调查。1975年他任系里75级学生的教学组长。1978年年初，数学系重新恢复了系主任制度，丁石孙出任数学系副主任。由于刚恢复教研室，很多课没有教师愿意上。大部分教师都觉得自己荒废了很多时间，要抓紧做科研，上课的任务分配不下去。每学期开始时，丁石

①② 丁石孙口述，袁向东、郭金海访问整理：《有话可说——丁石孙访谈录》，湖南教育出版社2013年版，第44、74页。

孙都要到教师家里动员他们上课。有的教师碍于情面答应了，但也有一些教师不答应。他考虑到这样挨家挨户去说，不是办法，就请系里教师讨论，恢复了工作量制度。每位教师一学期每周要保证上4小时的课、2小时的辅导。[①]

1981年，丁石孙任北京大学数学系主任，给研究生开交换代数课。1982年，学校派人去国外进修，他想自己一辈子除了上大学，没有任何的系统学习机会，所以就申请去哈佛大学数学系访学，并辞去行政职务，一心一意从事自己的研究。1984年，在他即将回国前的一个月，赴美访问的时任北京大学代理党委书记项子明找到了丁石孙，告知要他出任北京大学校长的消息。对于这个突如其来的消息，丁石孙一点儿心理准备也没有。就其本心而言，他是打算一心一意做学问的，可是由于在北京大学生活了30多年，无论如何是很有感情的，自己到哈佛大学来做访问学者，不就是要为北京大学多做一点贡献吗？于是，他答应了，并一干就是5 年。[②]在校长任上（1984—1989），他推动学科建设和教学改革，给学生讲党课，讨论办校原则，改组学术委员会，力图严格职称评定工作，组织筹建校办企业，成立蔡元培研究会，建立经济管理中心等多个研究中心，出访多个国家。这一段时间成为他最难忘的一段人生历程。卸任校长后，他回数学系教书。后来他的人事关系由北京大学转到中国民主同盟，1988年任民盟中央副主席。1996年，任民盟中央主席。1998年和2003年，他连续两届当选为全国人民代表大会常务委员会副委员长。[③]2005年12月9

① 丁石孙口述，袁向东、郭金海访问整理：《有话可说——丁石孙访谈录》，湖南教育出版社2013年版，第158页。

②③ 夏莉娜：《走近丁石孙》，《中国人大》2006年第18期。

日，民盟中央九届四中全会接受了丁石孙辞去民盟中央主席职务的请求，推举丁石孙为民盟中央名誉主席。2019年10月12日，丁石孙在北京逝世，享年93岁。

二、办学的思想主张

（一）倡导创办世界一流大学

丁石孙强调，教育的根本目的是提高全民族的素质，同时也要为国家不断输送各级各类专门人才。教育是国家发展的基础，高等教育是发展科学技术的前锋，也是国家长远发展的力量积蓄。国家和全社会一定要重视教育事业，切实搞好高等教育的改革。①他提出“创办世界一流大学”的口号。1986年9月12日，《光明日报》头版头条发表《北大要成为世界第一流的高等学府——北京大学校长丁石孙谈办学目标和指导思想》，报道了此前丁石孙关于“如何建设世界一流大学”的讲话，在社会上产生了很大影响。当时很多人反对，因为世界一流大学需要有好多亿美元的支持，而北京大学的经费连一亿人民币都不到。丁石孙说，虽然短期内不可能达到，但提出这个口号是有意义的，取法乎上，应该把这作为北京大学发展的目标。比如说，一般的科研成果北京大学多得很，但不应该满足于此，应该追求有独创性的、有世界影响的科研成果。每个系统都应该这样要求自己，不要稍微取得一点儿成果就沾沾自喜。②

① 陈邦直、宋琦：《北大校长丁石孙谈高等教育改革》，《群言》1987年第2期。

② 丁石孙口述，袁向东、郭金海访问整理：《有话可说——丁石孙访谈录》，湖南教育出版社2013年版，第204页。

（二）重视基础课教学

丁石孙重视基础学科建设，大力弘扬北京大学文理基础学科的优良传统。他非常强调拓展人才的知识面。他认为，大学生的知识面一定要宽厚，只有这样，才能在日后发展中遇到新问题、新环境时迅速适应。当时的大学教育，由于先前学习苏联，专业划分过细，不仅限制学生的成长，也对学生日后的事业发展产生很大的影响。他说，科学技术突飞猛进，我们必须打好基础，挑选一些基本的知识，年轻人掌握了这个法宝，在将来就既能创新又能有较大的适应性和灵活性，这是相当重要的。[①]他曾碰到一位铁道部的总工程师，这位总工程师是学机械的，20世纪40年代从清华大学毕业，后来之所以能够成为总工程师，就是因为数理化基础好，适应性强，能够不断跟上新技术的发展。[②]基于这样的办学思想，丁石孙非常重视学生的基础课。1986年，北京大学的基础课开设有科学社会主义、中国社会主义建设问题、中共党史、帝国主义论与当代西方资本主义经济等课程，体育和英语占据一定的课程比例。1988年，北京大学更加强调“加强基础，淡化专业”。教学向基础课倾斜，基础课的工作量乘以1.2~1.3的系数，奖金也更高。丁石孙以身作则，虽然当了校长，仍坚持给学生上高等代数这门基础课，除非不得已，从不耽误课时。除了保证基础课占有较大课时比重以外，还强调要由最有经验的教师开基础课。1986—1987学年度之初，担任一、二年级基础课教学的文科教师中，教授、副教授已占60%，理科则占70%。同时，各系还努力吸

① 丁石孙口述，袁向东、郭金海访问整理：《有话可说——丁石孙访谈录》，湖南教育出版社2013年版，第292页。

② 丁石孙等：《造就更多的高水平人才》，《群言》1993年第6期。

收科学文化发展的最新成果，充实和更新基础课的教学内容。①

丁石孙强调要处理好宽与专的关系。他说："专有好处，它让我们懂得搞学问什么叫深入。现在的学校是大规模生产，这种生产方式在现代社会完全必要，但也有缺点。如此大的学校没有一定的规则和约束就没法进行管理，可大学的产品是人，每个人的特点又不相同，如果我们总用同一个模式去要求人，往往是不成功的。这就需要我们在大规模生产中给他们的成长提供一定的自由度。"②

（三）强调民主办学、办出特色

丁石孙认为，要想办好大学，就必须办出自己的特色来，就要有与别的学校不一样的做法。他以世界一流大学为办学宗旨，提出了六条治校方针：建设从严治校；贯彻竞争原则；坚持双百方针；活跃学术风气；树立综合平衡与全局观念；分层管理，坚决放权。在此基础上，他尤其坚持民主办学、办出特色的主张。世界上很多一流的大学都各有各的特色，英国的牛津和剑桥，其教学侧重点就有不同。美国也是各种类型的大学都有，各大学的教学方法、教学内容各有不同。我们办学也要办出自己的特色来。③

三、治校的主要措施

丁石孙认为，当时北京大学工作效率比较低，也比较松散，非从严治校不可。但也主张发扬民主，对不同的事情采取不同的

---

① 吕林编著：《北京大学》，湖南教育出版社1989年版，第145—146页。

② 丁石孙口述，袁向东、郭金海访问整理：《有话可说——丁石孙访谈录》，湖南教育出版社2013年版，第292—293页。

③ 陈邦直、宋琦：《北大校长丁石孙谈高等教育改革》，《群言》1987年第2期。

民主形式。如对学术问题不能全校讨论，而是由学术委员会讨论决定。对生活问题，要在教代会上讨论，要发动全校的教职工参与。[1]他在担任北京大学校长期间，管理学校的措施主要体现在以下几个方面。

（一）重视师资队伍建设

丁石孙认为，大学发展的关键在教师，师资队伍的强弱决定大学发展的速度和高度。因此，他非常重视师资队伍建设。1978年，丁石孙任北京大学数学系副主任时，考虑到教师已经荒废专业很长时间，需要重新学习，就建立了学术休假制度，规定教师每工作4年可以有1年学术休假。当时北京大学只有数学系实行了这种制度。高等数学教研室专门教外系的基础课，这个教研室的教师课多，做科研的机会少、成果少，评职称比较难。丁石孙就采取了一个办法：把给外系上的基础课分到各个教研室，让高等数学教研室的人有平等的机会做科研。[2]这样教师的教学与科研发展就相对均衡了。

1982年，他任系主任时，在北京市科协谈落实知识分子政策问题时发言，建议给中年科技人员应有的待遇，把中年科技人员提到应有的岗位上来。不是要让他们做官，而是让他们在一定的岗位得到锻炼。他说，北京大学数学系四五十岁的人，他们大多数并不比新中国成立初期四五十岁的人差，完全有能力承担学术与行政的领导工作。人年纪大了，不但身体和精力经不起白天工作，而且晚上开夜车，思想也不活跃了。在正常情况下，系主任

①② 丁石孙口述，袁向东、郭金海访问整理：《有话可说——丁石孙访谈录》，湖南教育出版社2013年版，第203、158页。

应由四十多岁的人担任。希望科协在老年科学家中发起一个倡议，请他们为中年科学家创造条件、鸣锣开道，以便当自己不能工作时，可以放心地离开领导岗位。[①]他任北京大学校长后，注重引进高水平人才来北京大学做教师，并尽可能地为其发展创造条件。为了聘请陈章良到北京大学工作，北京大学破格授予陈章良副教授职称，并在北京大学物质条件极其简陋的情况下，支持他建立了“蛋白质工程及植物基因工程国家重点实验室”及“生命科学中心”。[②]

丁石孙非常重视师资队伍的延续性，注重年龄结构的合理性。根据当时北京大学师资队伍的状况，他说：“高校师资队伍青黄不接的情况很值得重视，相差一代人的状况并没有改变。现在50岁上下的，也就是50年代末60年代初培养出来的一批人，是目前的重要力量。40岁以上的也有一些，但人数不多。30岁左右的要接上来，要有实践和时间。总之，教学骨干中30岁至45岁这段年龄的人太少，因此说，跳过了一代人。现在提倡竞争原则就是鼓励优秀的年轻人，尽快升到高级职称上来，充分发挥他们的才能。目前，北京大学的教授、副教授绝大多数年龄在45岁以上，这一年龄结构与世界其他高校师资年龄结构相比明显老化，五年以后这个矛盾将会更加突出。现在这批重要力量再过五年都将60岁左右了，就要退休，而三四十岁的能和这批人具有相同水平的，能接替他们工作的，从目前看为数确实太少。”[③]为此，他大力聘请和培养年轻的教师。如1988年，他聘请了在美国斯坦福大学获得博士学位的年轻有为的闵维方来北京大学任教。

---

① 丁石孙口述，袁向东、郭金海访问整理：《有话可说——丁石孙访谈录》，湖南教育出版社2013年版，第289—290页。

② 王义遒：《跟丁石孙校长办北大（下）》，《北京教育（高教）》2017年第2期。

③ 陈邦直、宋琦：《北大校长丁石孙谈高等教育改革》，《群言》1987年第2期。

丁石孙严格教师职称评聘制度，努力做到公正、严格。在评审之前，他会把各级的学术委员会委员找来开一次会，要求他们不能散布会上讨论的内容，一定要公平、公正，严格遵守纪律。①当时工资和职称挂得很紧，劳动人事部统一规定全国教授的工资标准，在北京大学很难评上教授、副教授，工资水平相应的就低，而在别的大学职称评聘较宽松，很快就能评上教授、副教授，待遇和地位会随之提高。对此，北京大学很多教师意见很大。丁石孙认为，北京大学要办好，跟教授的水平息息相关，如果对教授的要求不高，是不可能高标准办学的，因此，有些教师的情况虽然值得同情，但为了办好北京大学，为北京大学的现在和未来建设着想，晋升的标准非严格不可。②

丁石孙认为，面对高等教育发展的实际和新任务、新挑战，教师必须注意两个问题："第一，我们虽然是做教育工作的，但千万不要把自己摆在教训人的位置上。这样做是很危险的，这就好像我们要替他们解决一系列他们将来要解决的问题，这是明显不可能的，而且他们将来解决问题的能力要比我们强得多……现代社会科技发展速度如此之快，知识量越来越大，况且性质也不大相同。量大好办，可以教给学生，让学生多掌握这些知识，可是速度快就很难办了，这将意味着我们今天教的知识也可能半年后就没用了，我们应该预见到这一情况。第二，世界变得如此之小，所有的民族各自具有不同的文化，差别非常之大。我们如何在这样的情况下快速地去了解别人、学习别人。这已经不是简单

---

① 丁石孙口述，袁向东、郭金海访问整理：《有话可说——丁石孙访谈录》，湖南教育出版社2013年版，第201页。

② 陈邦直、宋琦：《北大校长丁石孙谈高等教育改革》，《群言》1987年第3期。

地照搬就可以了，首先应该是相互了解，相互比较，这样一来，人文学科在这方面就大有作为了。”①

（二）重视学科建设与科研工作

丁石孙非常注重学科建设与科研工作。早在担任北京大学数学系副主任时，为了加强研究工作，他就在数学系成立了北京大学数学研究所。研究所不完全独立，所里的人数占全系人员的十分之一，人员不固定，一个人最多在所里待两年，就要回到系里。每两年由系里推荐人选进研究所，入选的人有两年时间在所里集中搞研究，不用在系里开基础课。②丁石孙任北大校长后，非常注重科研团队的建设。他指出，研究工作如果仅凭个人单干，是很难取得开创性的重大成果的，尤其是在中国当时的科技水平还不高的情况下。

为了适应我国的国情和当时科技发展变化的需要，他非常注重应用科学的研究。他说，我国基础理论和应用科学这两个方面的研究从质量上来说都很不够，同世界先进国家比差距较大。但北京大学历来以基础研究为主，某些基础理论研究还不错，我们缺乏的是应用研究。三十多年来，我国的社会科学研究总是脱离实际，在“六五”期间，社会科学研究现实方面的课题仅占约30%，经过努力，“七五”期间或可能达到70%。并且，在向市场经济转轨的80年代，基础研究面临着难以拿到国家课题和经费的困境。学校要发展，就要增加应用科学和技术科学的比重。因此，北京大学成立了管理科学中心、人口中心、环境科学中心等5个交叉学科中心，陆续开设15个国家和部门重点实验室，加强了应用科学研究。

---

①② 丁石孙口述，袁向东、郭金海访问整理：《有话可说——丁石孙访谈录》，湖南教育出版社2013年版，第292、159页。

丁石孙认为，应用科学研究不是止步于看一些材料，结合实际写一些理论文章，而是必须真正深入实际，进行调查研究，获得充分的资料和数据，为国家决策提供建议和支撑，或获得实用性的研究成果，直接促进国家的发展。1987年，北京大学在高临界温度超导体研究方面连续取得重大突破，跨入国际超导研究先进行列。物理系和化学系合作研制的钇—钡—铜—氧体系超导材料的超导转变起始温度高于绝对温度100摄氏度，电阻值在绝对温度92摄氏度降为0摄氏度，并首次在液氮温区成功地进行了超导磁悬浮实验。[①]各个中心的研究范围比较广泛，包括管理、经济各个领域。

丁石孙非常重视对师生科学精神的培养。他认为，科教兴国不仅仅应该理解为科学技术兴国，更应该是科学精神兴国。只有从实际出发，实事求是，不断追求真理，国家才会兴盛；只有在实践中不断改正错误，才能不断进步。[②]

（三）注重学生素质的提高

由于有肺病，丁石孙从中学到大学没有上过一天体育课，因此更深知身体健康的可贵。他在北京大学校长任上非常重视学生的体育课，当时学校为学生开设了田径、体操、武术、游泳、滑冰、篮球、排球、乒乓球、足球、健美、艺术操、气功等一系列必修或选修课程。另外，学校每天开放体育馆和体育场供学生运动，并且按时令开放未名湖冰场或游泳池。学校鼓励学生们自己组织了足协、篮协、武协。学生们有自己的“足协杯”赛，每年

---

① 吕林编著:《北京大学》，湖南教育出版社1989年版，第154页。

② 刘圣宇:《感受科学精神——记在丁石孙先生身边做秘书二三事》,《秘书之友》2007年第9期。

都组织比赛。每逢球赛，学校热闹非凡。由于体育运动得到普及，北京大学已形成了一套群众性体育竞赛制度。

丁石孙还非常重视学生个性的发展。为了提高学生的素质，当时北京大学成立了很多社团组织。“走出校门，开辟第二课堂”，成为北京大学学生最时髦的口号。他们努力使自己成为社会化团体的一员，而不是孤立的个人，这是北京大学学生具有开放意识的特征之一。同时，社团又是学生们走向社会之前的预演场所。1985年学校注册的社团达50个，几乎每周诞生一个新社团。参加社团活动的有3 000多人次。众多全校性的社团像一把梭子将综合性大学的优点编织起来，真正获得了文理相融的效果。①艺术团是一个团结、勤奋和浪漫的集体。合唱队曾经获得过北京市合唱节的二等奖，一些著名的音乐家或指挥家应聘担任过它的指挥。舞蹈队要求队员入队时有一定的基本功，练功是艰苦的，他们请来舞蹈学院的教师，每周两次练习。晚自习后已经9点半了，队员们准时来到练功房，在钢琴伴奏下练习。刻苦磨炼使他们的演出水平达到专业工作者赞赏的程度。他们曾在首都高校演出自编的《海诗》和经典芭蕾舞剧片段。艺术团团员们不仅一起练功，一起演出，还在一起复习功课。不少毕业班的团员为了在艺术团继续享受集体的温馨和友谊，考取了本校的研究生。学生们在艺术团的活动，与其说是消遣和娱乐，不如说是在自我完善的过程中进行素质的再提升。以新潮发端闻名的北京大学，1987年发起了“首届时装大奖赛”，几十名男女学生的200多套服装参加了角逐。他们大多自己设计，自己剪裁，甚至亲自登台表演。②

①② 吕林编著：《北京大学》，湖南教育出版社1989年版，第129—130、137页。

（四）引进竞争机制

如前文所述，丁石孙提出的六条治校方针中有一条就是“贯彻竞争原则”。他不仅在教学、科研领域倡导竞争，在后勤领域也大力推行竞争。办好食堂对安定学生的生活极其重要，丁石孙任北京大学校长后，花时间最多的是对学校食堂管理进行的改革。当时北京大学规定学校食堂不能营利，哪一个食堂有多少人吃饭，学校就给补多少钱，一个食堂有哪些系的学生吃饭也是学校指定的。这样做，食堂旱涝保收，没有积极性，饭菜质量不好，学生意见很大。时常有学生很生气地给丁石孙打电话，有的学生还专门寄几张饭票给他，让他亲自去吃一吃。为了提高食堂饭菜质量，让学生吃好，丁石孙改革食堂管理，引进了竞争机制。饭票各食堂通用，学生可以随便到哪个食堂吃饭，学校根据饭票的多少给食堂补贴。食堂有小炒，学生想吃得好一点，可以去买，也容许教员在食堂点菜，承包宴会。这样一来，各个食堂都有了积极性，还把做好的饭菜推到外面卖。[①]这样，学校食堂的饭菜质量就提高了。丁石孙说，有一点

丁石孙等人所著的《数学与教育》封面

（图片由张朝平提供）

---

① 丁石孙口述，袁向东、郭金海访问整理：《有话可说——丁石孙访谈录》，湖南教育出版社2013年版，第197—199页。

他印象很深，过去一个食堂维修，要停伙，要让别的食堂帮忙解决学生吃饭问题很困难。现在机制一改，情况完全改观。

四、领导风格和人格风范

（一）求真务实，尚能笃行

丁石孙在就职北京大学校长时说："一般的说法，叫新官上任三把火。我大概没有三把火，一个理由是，我在北京大学工作了这么多年，火气早没有了。同时，我也认为中国的事情比较复杂，不是靠三把火就能解决的。我只希望能够做到下一任校长接任的时候，比我现在接任的时候条件要好一点。这就是我的目标。"[①]丁石孙反对夸夸其谈，鄙视好高骛远，从不提不切实际的目标。他主张"把今天的事情做得最好"。他上任后，确实做了很多务实的事情。比如，他看到外事处负责外事和分管留学生的两部分人不团结，经常吵得不可开交，就调擅长协调人际关系的王肇明去外事处当支部书记。又如，他调了沈鹏当修建处处长，沈鹏把烧暖气的煤大小块分开使用，大大节省了用煤量，使北京大学冬季供暖时间比北京市早半个月，结束晚半个月。这样，得感冒的人少了，校医院的药费就减少了。再如，当他知晓食堂设备差，蒸馒头的笼屉太高，大师傅拿放很费劲儿，就立刻找管财务的人，买可以升降笼屉的机器—— 一个小的起重机，解决了食堂的机械化问题。这些看似小事，却实实在在地使北京大学师

① 丁石孙口述，袁向东、郭金海访问整理：《有话可说——丁石孙访谈录》，湖南教育出版社2013年版，第195页。

生得到了实惠。[①]

（二）为人正派，秉公办事

丁石孙为人公平、公正，从不徇私情。他用过3位秘书，每位秘书来的时候，他都叮嘱秘书不要想在他这儿得到好处，不能打着他的旗号做私事。他经常教育干部不能越权管事，他自己也是一样。比如，有人向他抱怨住房条件太差之类的事情，他绝不当场表态，而是跟管住房的干部商量。又如，学校的招生工作，不归他管，他绝对不会给负责招生的干部写条子。

（三）平易近人，和蔼可亲

给丁石孙做过秘书的刘圣宇说，丁校长与人谈话、研究工作，总是想办法让对方把意见表达充分，对别人的意见他从不轻易否定，而是认真地找出其中合理的成分。有人向他反映问题，不管多么啰嗦、缺乏条理，他总是耐心地听人把话讲完。这么多年，我从未见过他随便打断别人的话。丁校长待人平和，从不以领导自居，给我布置工作也总是用商量的口气。有事情需要我到他那里去一趟，他打电话时总是这样问："明天你有空吗？"在得到我的肯定回答后，他才说："那你到我这里来一下吧！"有一次，我与几个朋友聊天，丁校长打电话来，朋友们听了我与丁校长的对话，不禁慨叹："这样宽厚的长者以后再到哪里找啊！"[②]

丁石孙不仅让时任北京大学教务长的王义遒通过各种途径了

---

① 丁石孙口述，袁向东、郭金海访问整理：《有话可说——丁石孙访谈录》，湖南教育出版社2013年版，第195—202页。

② 刘圣宇：《感受科学精神——记在丁石孙先生身边做秘书二三事》，《秘书之友》2007年第9期。

解学生的需求和意见，他自己也常常直接跟学生对话，这是他的工作方法之一。他每隔一段时间就会找七八个学生，而且都是学生里的活跃分子到他办公室去。有支持他工作的学生，也有反对他的学生。反对他的，他就让他们发表各自意见。当学生对学校的改革有想法，比较偏激时，丁石孙就采取说服的方法，给他们举例说明，让学生们理解。在学生们的印象里，他总是穿一件洗得发白的蓝色或灰色衣服，骑一辆旧自行车，穿行在校园里。有人想找他说话，直接把他的自行车拦下来就是。一些学生思维活跃，关心国内国际大事，丁石孙常常就学校改革与他们平等交换意见。他那届校领导班子非常团结，配合得很好，他和其他成员的关系都不错，这和他平易近人、待人平和的性格是分不开的。多年后，记者采访丁石孙，丁石孙觉得自己最得意的一点就是，当了多少年校长，学校里没有人认为他是校长，谁都不怕他，甚至敢批评他。他所追求的理想的校长状态是不要管太多，不要高人一等，要创造条件，让大家自由发展。[①]

（四）淡泊名利，甘于奉献

“丁校长是一个充满理想的人，把名利看得极淡。最近他常对我说起他的忧虑，他说，现在很多人缺少理想，这是非常可怕的。他希望年轻人能够超越有限的事物，对精神性的存在有所追求，有所坚持。”[②]他的秘书刘圣宇说道，每一任北京大学校长都可以在任期内搬进北京大学燕南园的一套独栋小楼居住，但丁石

①《百年潮》特约记者:《精神的魅力——教育家丁石孙访谈录》,《百年潮》2006年第9期。

② 刘圣宇:《感受科学精神——记在丁石孙先生身边做秘书二三事》,《秘书之友》2007年第9期。

孙拒绝了，仍住在中关园一套不到80平方米的老旧房子里。对于外事活动，他只参加可能对北京大学有好处的活动，尽量把出国访问频率压到最低限度。对出国访问的费用，他能不报销的就不报销。[①]当他还是数学系副主任时，一次职称评定，他和钱敏只能有一个人从讲师破格提拔为教授，他跟周培源校长说过三次，说数学系推荐了两个人，钱敏应该排在自己前头。[②]这种淡泊名利、先人后己的精神着实令人佩服。

从丁石孙在65岁生日时写的遗嘱便可以清楚地看出他是一个淡泊名利、甘于奉献的人。[③]

朋友们：

今天是我65岁的生日，似乎是应该想一下自己的身后事。没有人能准确地预见自己死亡的日子，因此话早说为好。

1. 我死后一切从简，不要任何仪式，尽快送火葬场，一切请他们按常规处理。不要骨灰。我来自自然，我愿意再回到自然。

在我死前或死后，凡是不在北京的亲属，绝对不要因为我的缘故来北京。对世界来说，我的死是一件极小的事情，过去就过去了。

2. 如果我有一段病重的时间，千万不要为了延长生命给我和大家造成不必要的痛苦。如何处理，请我的爱人做决定，她是了解我的。

3. 也许我死后还有一点现款，请把我的一份（依据法律）捐给北京大学数学系，如何使用由数学系决定。我对数学是有感情

①②③ 丁石孙口述，袁向东、郭金海访问整理：《有话可说——丁石孙访谈录》，湖南教育出版社2013年版，第218、165、296—297页。

的。至于实物，由我的亲属处理。

4. 我死了以后，当然要发个通知，请按以下格式：

丁石孙，出生于1927年9月5日，已于×年×月×日去世，特此通知。下面由家属签名。至于发给哪些人，由你们决定。

5. 请不要为我的死悲痛。我衷心希望你们生活愉快。

（五）关爱员工，满腔热忱

丁石孙总是把教职员工的需求和疾苦记在心上。比如，1984年暑假，中关园42楼附近的一片平房，因为地势很低，有一天晚上下过大雨后进了水。平房的居民都是北京大学的教职工。丁石孙知道之后，立刻前去查看，顾不得脱皮鞋，直接走了进去。当看到有个老人坐在床上，水快淹到床面时，他非常难过，立即着手解决这个问题，找来后勤的同志用机器把水抽出来。之后，他还一再督促后勤的同志拿出彻底解决问题的办法，并追问落实情况。①

五、丁香化雨，泽被后昆

季羡林在北京大学百年校庆时说，北京大学历史上有两位校长值得人们永远铭记，一位是蔡元培，另一位是丁石孙。这虽是一家之言，却在一定程度上反映了丁石孙对北京大学的影响。在丁石孙多年的生命旅程中，有50多年的时间是在学校中度过的，其中执教北京大学40多年。他从讲师到教授，从教授到校长，培

① 丁石孙口述，袁向东、郭金海访问整理：《有话可说——丁石孙访谈录》，湖南教育出版社2013年版，第202—203页。

养了一批又一批青年学子。从青年到中年，从中年到老年，丁石孙走出了一条坎坷而坚实的人生之路。他当年的学生许多如今已成为国内外数学界的骨干，在两院院士中，他的弟子也为数不少。他先后编纂出版了《高等代数》《线性移位寄存器序列》《代数学引论》《数学与教育》等多部教科书和专著，其中《代数学引论》《高等代数》分别荣获“全国优秀教材特等奖”和“全国优秀教材奖”。此外，他发表了一系列论文，译有多部数学专著，还是国内系统讲解椭圆曲线的算术理论的第一人。

1985年，丁石孙提出成立北京大学管理科学中心（就是现在的北京大学光华管理学院，目前已经成为亚太地区最有名的商学院之一）。管理科学中心是学校领导的跨学科学术性机构，和系的地位类似。当时，丁石孙考虑到成立系需要有比较成熟的条件，但中心不需要，能做研究就可以。中心研究范围非常广泛，包括管理、经济等各个领域，中心的人员来源也很广。中心成立不久就有了十几个人，中心主任是丁石孙，副主任是厉以宁和陈良焜。[①]

《有话可说——丁石孙访谈录》封面

（图片由张朝平提供）

北京大学新技术公司是丁石孙当校长后成立的一个公司。这

① 丁石孙口述，袁向东、郭金海访问整理：《有话可说——丁石孙访谈录》，湖南教育出版社2013年版，第205页。

个公司目前已经发展成为我国计算机行业中的一个知名品牌——北大方正集团有限公司。起先，北京大学和山东潍坊的华光公司合作，利用王选发明的汉字排版系统，生产汉字排版印刷机，1986年已经做到华光四型机。当丁石孙得知一台机器至少卖十万元以上，华光公司只给北京大学一万元钱，而该公司本身并不会生产机器，只是从日本买来机器，安装上王选的汉字排版系统即可时，丁石孙觉得非常的“不划算”，于是就决定由北京大学自己进行研发。王选的重要发明是信息压缩技术，这项技术就是把包括大量字型字号的信息进行压缩，而只有把各种字型字号的汉字储存下来，才能印纸质出版物。当时要把王选发明的这个系统固化，做到芯片上，国内还做不到。于是，学校就出钱派王选到英国去，把他发明的这个系统固化，做到芯片上，拿回来。很快北京大学自己就创办了一个公司，开始不叫方正，叫作北京大学新技术公司。丁石孙考虑王选不会做生意，就把王选的工作和公司的工作分开，给王选成立一个研究所，负责研究开发，公司负责生产销售。丁石孙从学校里挑选了精干人员筹建公司，动员教师出来开公司，明确开公司的人一定要跟学校脱钩，自负盈亏，但不能保留国家公职人员身份。这在当时是有相当大难度的。丁石孙克服重重困难，支持王选等专家把北京大学方正办起来了。①

丁石孙离开北京大学后，人们依然认为，他担任校长的那几年是北京大学教育教学改革史上的一段高光时刻。当年，因为丁石孙进行教师聘用制改革，促进人才流动，改组学术委员会而涌现的青年人才，现在已成为北京大学教师队伍的中坚力量，许多

① 丁石孙口述，袁向东、郭金海访问整理：《有话可说——丁石孙访谈录》，湖南教育出版社2013年版，第205—206页。

人因此把丁石孙列为最受北大师生爱戴的校长之一。①

丁石孙认为，北京大学作为知识密集的地方，为社会发展贡献思想和方法是义不容辞的责任。他鼓励学生积极参加社会实践，让学生将知识积累与社会贡献结合起来。学生通过咨询、暑期考察服务、挂职锻炼等方式使自己与社会打成一片。如经济系学生常常结合自己的专业或带着中央有关单位的课题到基层进行调查研究，为中央提供决策依据。学生还在沙龙讨论有关经济体制改革的问题，这些热门话题都是中央和地方领导十分重视的。每到节假日，他们还走上街头，为群众提供咨询。如经济系、法律系、无线电系的学生常常向群众解释物价与生活水平的关系，解释民事诉讼应该注意的问题，修理无线电、电视机等，深受群众的欢迎。

1987年3月，在丁石孙的领导下，北京大学和其他兄弟院校一起组成了30多人的考察调查团，在河北保定农村走访调查，最后拟出了一个关系到700万人的现实与未来、生存与发展的规划——《保定地区发展战略总体构想》。他们用所学的知识和调查得来的材料，向保定地区干部们建言献策。他们尖锐、率直、新鲜的见解和设想打破了地方官员们把地理位置视为优势的传统观念，也打破了他们试图继续坚持农业为主的指导方针。他们认为，保定主要是“观念的贫困”，缺乏商品经济观念，缺乏依靠自身的力量以竞争求生存的思想意识，从而形成了脱贫致富的内在动力不足，最后表现为山区自身的“造血”功能障碍。当这些年轻学子们把洋洋洒洒几万字的报告、厚厚一叠分析说明和20多幅图表

①《百年潮》特约记者：《精神的魅力——教育家丁石孙访谈录》，《百年潮》2006年第9期。

送到保定地区专员们的面前时，一位副专员坦率地说：“原来对你们的能力估计不足，结果使我们大吃一惊。”①在丁石孙担任校长期间，北京大学科研工作快速发展，成果丰硕。比如，1985年北京大学考古系“金牛山人化石发掘成果”获国家教育委员会颁发的大学文科首次重大科研成果奖。这在我国社会科学领域还是第一次。②又如，王选主持的“计算机–激光汉字编辑排版系统”的研制，涉及了现代汉语、文字学、激光、数学、无线电、计算机软硬件等多种学科。这项成果在1986年第14届日内瓦国际发明博览会上获金奖，1987年又获得我国国家科技进步奖一等奖。③

丁石孙逝世后，有一副署名“未名1988全体同学”的挽联：“一面春风，曾有丁香化雨，石舫烟云，孙竹凌雪，燕园于兹多风骨；卅年契阔，但悲天高九重，地阔万里，人已千古，君子从来稀世出。”挽联寄托了人们的无限哀思和崇敬之情。丁石孙对新中国科教事业的杰出贡献将永载史册，他崇高的道德境界和伟大的人格风范永远值得后人学习和怀念。

主要参考文献

1. 丁石孙、张祖贵著：《数学与教育》，湖南教育出版社1989年版。

2. 丁石孙口述，袁向东、郭金海访问整理：《有话可说——丁石孙访谈录》，湖南教育出版社2013年版。

3. 宋春伟：《百年数学院　世代民盟人》，《群言》2014年第2期。

①②③ 吕林编著：《北京大学》，湖南教育出版社1989年版，第122—123、158、156页。

4. 吕林编著:《北京大学》，湖南教育出版社1989年版。

5. 刘圣宇:《感受科学精神——记在丁石孙先生身边做秘书二三事》,《秘书之友》2007年第9期。

6.《百年潮》特约记者:《精神的魅力——教育家丁石孙访谈录》,《百年潮》2006年第9期。

7. 夏莉娜:《走近丁石孙》,《中国人大》2006年第18期。

撰稿人：秦俊巧，教育学博士，河北廊坊师范学院科研处处长兼教育学院院长、副教授，主要从事中国教育史研究。

袁宝华

YUAN BAOHUA

中国人民大学校长（1985—1991）

（图片由中国人民大学档案馆提供）

袁宝华（1916—2019），河南南召人，新中国著名经济学家、经济管理专家和教育家。1934年考入北京大学。1935年参加著名的“一二·九”运动。1936年2月，加入中华民族解放先锋队，参加革命工作，同年5月，加入中国共产主义青年团，同年加入中国共产党党员。1937年“七七事变”后，回到家乡开展抗日救国运动，历任中共豫鄂陕边区工委委员、豫西南特委委员等职，奉调赴延安中共中央党校学习，并留在中共中央组织部工作。1945年赴东北，先后担任中共乾安县委书记、洮安县委书记和中共嫩江省委青委书记等职务。1949年新中国成立后，转入经济战线工作，历任东北人民政府工业部秘书长兼计划处处长，重工业部钢铁局副局长、基本建设局局长，冶金工业部党组成员、副部长，国家经济委员会副主任兼国家物资管理总局局长，物资管理部部长，国家计划委员会常务副主任，国家经济委员会主任、党组书记兼全国职工教育管理委员会主任。1985—1991年任中国人民大学党组书记、校长。系中国企业管理协会（中国企业联合会）、中国企业家协会、中国职工思想政治工作研究会的创建者和主要领导人。1995年8月离休。曾任中共第十一届中央候补委员、第十二届中央委员，在中共十三大上当选为第二届中央顾问委员会委员。

袁宝华担任中国人民大学校长期间，“带领学校党政领导一班人，团结合作，坚持民主办学，注意总结、发挥人民大学的优良传统和优势，为保证学校坚持正确的社会主义办学方向，为学校的改革和发展作出了重要贡献”①。

---

① 袁宝华著：《袁宝华教育文集》，中国人民大学出版社1996年版，第82页。此段话引自1991年12月16日时任国家教委党组书记、副主任的何东昌在中国人民大学校长任免会议上向全体中层干部的讲话，是对袁宝华担任校长期间的功绩给予的肯定与评价，何东昌讲话最后还强调：“6年多来，他一直强调以这种精神团结全校师生员工，维护和提高人民大学的学术地位，使人民大学无愧于时代的要求，在保持人民大学优良传统的基础上，努力开创人民大学各项工作的新局面。”

一、临“危”受命的“老校长”

1978年党的十一届三中全会前夕，在邓小平的直接关怀下，党中央和国务院决定中国人民大学复校。[①]复校伊始，中国人民大学面临着停办多年、百废待兴的境况，虽获得了“新生”，但发展依然十分艰难。校长成仿吾和第一副校长郭影秋为复校投入了全部精力，但当时两位老人都年事已高，而且身体不好，很难应付繁重的管理工作。1983年以后两位老人担任中国人民大学名誉校长，校长位置一直空缺。特别是成仿吾于1984年5月逝世、郭影秋因病住院后，中国人民大学的工作更是让大家着急。[②]

在中央积极物色合适人选和广大师生员工的急切期盼下，经过多位中央领导同志再三动员和劝说，袁宝华在关键时刻受命出任中国人民大学校长，答应挑起中央交付他的这一重担。袁宝华在他的回忆录中详细描绘了出任中国人民大学校长的情形。

> 1985年4月24日，胡乔木打电话找我，他当时是中央政治局委员，主管教育。乔木见到我寒暄几句后说：“中央有个意见，要你担任人民大学校长。”谈话中他讲到，成仿吾去世后，人民大学校长位置已经空了三年，他说：我们考虑来考虑去，你来担任人民大学校长。他强调这同经委的工作不矛

---

① 1977年9月，邓小平提出：“人民大学是要办的，主要培养财贸、经济管理干部和马列主义理论工作者。”1978年3月，中共中央指定成仿吾、郭影秋负责筹备恢复中国人民大学的工作。7月7日，国务院在国发〔1978〕129号文件中重申：中国人民大学是一所综合性的社会科学大学。恢复中国人民大学对于加强马列主义社会科学理论人才、经济管理人才和高等学校政治课师资的培养工作，都具有重要作用。7月29日，中共中央、国务院任命成仿吾为中国人民大学党委书记、校长，郭影秋为党委第二书记、第一副校长。

② 贺耀敏著：《共和国建设的高级工程师——袁宝华》，中国人民大学出版社2009年版，第223页。

盾，理论联系实际最合适。这件事，此前邓力群曾给我说过几句，我以为只是他个人的想法，没当真。人民大学的老校长吴玉章、成仿吾都是无产阶级革命家，我党教育界元老。做这所学校校长的分量我清楚。再说，我虽念过大学，可是从没有办过大学。所以在乔木那里，我作了一些解释，表示担子太重，怕干不了。5月5日，乔木又叫我到他家里，再三动员，并说："中央已定，还是你最合适，你到人民大学可以发挥作用。"我知道乔木是代表中央同我谈话，所以提出容我考虑考虑。因为这件事来得突然，回来后同几位同志议论了一下，还是拿不定主意。一方面自己没有办学经验，虽说管过一段职工教育，那是培训，与办大学不同，接受这个任务有些勉强；另一方面，在长期的经济工作中又切身感受到高素质人才的重要。特别是十年"文化大革命"期间，人才资源遭受极大破坏，知道中央对这件事的急迫性，不应推诿，心情十分矛盾。余秋里知道了这件事，他对我说，百年大计，教育第一，这是大事，说他当过南京高级步校校长，鼓励我说我可以干，也应该干。他说，人民大学是我们党在战争时期办起来的大学，发展到现在，已是培养干部的重要基地，这与经委工作不矛盾。我对他讲，吴老和成老都是有成就的知名教育家，他们开创的事业交给我，我担心做不好。秋里说，依靠人大的干部，依靠人大的师生，依靠人大的党组织，有什么做不好的，一定可以做好。虽说这是两句原则话，但在这位老同志的一再鼓励下，在乔木的一再催促下，我表态接受了。接受工作之前，大概是1985年三四月间，彭珮云曾多次向我详细介绍人民大学的情况，包括教学和校领导班子情况。因为这之前她带一个工作组在人民大学蹲点半年。彭珮云的工作做得比较细，她的介绍对我很有帮助。①

接受校长任命时袁宝华已年满69岁，是一位名副其实的“老校长”，这在高等教育史上实属罕见。“我们的老校长”是中国人民大学广大师生至今仍保持着的对袁宝华的亲切称呼。②1985年5月30日，中共中央、国务院正式宣布袁宝华兼任中国人民大学校长，7月31日袁宝华与学校中层以上干部见面。一到任，他便立即开展了深入细致的调查研究工作，花了两个多月的时间找学校领导班子和中层干部交流思想，召开了各种形式的座谈会，与老教授、青年教师谈心，同时倾听青年学生的心声。他还多次前往医院看望郭影秋，在病榻前向郭影秋请教中国人民大学的改革发展问题。经过紧锣密鼓的一系列调研，袁宝华决心要从解决广大师生员工的实际困难入手，逐步理顺各种关系，协调好各方的利益，取得在学校改革发展重大方面的共识，真正做到“依靠人大人办好人大”。

二、保持坚定正确的政治方向

（一）倡导实行党组领导下的校长负责制

1985年5月27日，《中共中央关于教育体制改革的决定》发布。三天后，袁宝华正式获任中国人民大学校长。为推动高校教

① 袁宝华著：《袁宝华回忆录》，中国人民大学出版社2018年版，第460—461页。
② 贺耀敏著：《共和国建设的高级工程师——袁宝华》，中国人民大学出版社2009年版，第222页。

育体制改革，袁宝华在中国人民大学主政时期倡导实行党组领导下的校长负责制，主张把“建设一个团结奋进的领导班子和一支坚强有力的科研和教学队伍”作为办学的根本，不断推动改革向前发展。20世纪80年代中期，当时的中国正处于各个方面急剧变革的重要转折时刻，经济体制改革是整个社会大变革的中心，所以如何把高等教育工作同经济工作紧密地联系到一起，是当时高等教育体制改革面临的迫切问题，同时也对中国人民大学提出了新的要求，高等教育体制改革必须适应经济体制改革和政治体制改革对人才的需要。正是基于此，袁宝华在中国人民大学工作中提出，要在拟定学校发展规划、考虑学科建设和课程建设时充分考虑时代的新要求，努力培养数量更多、层次更高的合格人才。作为长期从事经济工作的袁宝华，对这一点感受极为深刻，也是最有发言权的。他说：“我们做经济工作的人员对这一点体会很深，一天到晚就是盼望着学校能够提供大量的优秀人才。”①

为了搞好高等教育体制改革，袁宝华提出参考党章“关于在国家机关和人民团体中设立党组”的规定，在中国人民大学设立党组。中国人民大学党组对国家教委党组负责，党组成员由国家教委党组指定，学校大的问题必须由党组讨论决定，其他一切校务、教学实行党组领导下的校长负责制。袁宝华重点抓党组工作，日常工作交由常务副校长黄达去处理。这个设想，得到时任国务院副总理兼国家教育委员会主任李鹏的同意。这在大学里是个特殊的领导体制，袁宝华在人民大学期间就是运用这一体制工作，

① 袁宝华著：《袁宝华教育文集》，中国人民大学出版社1996年版，第6页。

大家还觉得顺当。[①]

一方面，袁宝华十分注重抓好领导班子和师资队伍建设。袁宝华认为，建设一个团结奋进的领导班子和一支坚强有力的科研与教学队伍是办学的根本。所以他到中国人民大学伊始，首先抓的就是班子和队伍的建设。在党组会上，袁宝华对新的领导班子提出“学新知、立新意、树新风”九个字的要求。学新知，就是要学习新东西，包括政治理论知识和科学技术知识；立新意，就是要有开拓创新精神，要有新见解、新思路、新章法、新要求；树新风，就是坚持新的工作作风，不故步自封，不搞形式主义，大力提倡民主作风，防止和克服官僚主义。袁宝华建议大胆选拔、起用有才能的年轻人，把他们放到各级领导岗位，给他们锻炼的机会，使他们很快成长起来。把年轻干部放到岗位上，就要信任他们，放手让他们工作，对于青年人既要培养、使用，也要严格要求，使中国人民大学有一股清新的空气。[②]

另一方面，袁宝华坚决贯彻《中共中央关于教育体制改革的决定》，不折不扣抓好落实。袁宝华在中国人民大学1985—1986学年开学典礼上发表讲话时指出：“教育体制改革的决定、经济体制改革的决定和科技体制改革的决定是一个整体，需要配套进行。就我们学校来说，三个决定都要贯彻。首先，要树立坚持改革的决心和信心，所有一切改革的目的，都是为了解放社会生产力，要摆脱我们过去所存在的贫困和落后的状况，必须进行改革。因为我们的改革，实质上是一个革命性的变革，改革是要破

①② 袁宝华著：《袁宝华回忆录》，中国人民大学出版社2018年版，第462—463、463页。

旧立新的，总是有一点风险。改革一定要带来新的突破和新的进展，也一定会带来新的矛盾和新的问题，没有坚定不移的决心是不行的。”①

袁宝华认为，推进学校体制改革要注重规划先行，要站在教育改革的前列，使《中共中央关于教育体制改革的决定》落到实处。他在中国人民大学工作时曾提了一个建议，要发动全校师生员工，通过讨论制订出中国人民大学贯彻《中共中央教育体制改革决定》的规划，以便于具体实施。②关于学校体制改革，他主要围绕“两项改革、两项建设、两项保证”进行，即：改革教学体制和改革行政体制；学校建设和学院建设（指经济管理学院、行政管理学院）；后勤工作保证和思想政治工作保证。对于这三个“两项”，大家花了不少力气。③

袁宝华说：“坚持社会主义办学方向，是我国高等教育的首要问题。在这个问题上，我们的态度始终是明确的、坚定的，党政密切配合，加强思想政治工作始终从培养社会主义建设者和接班人的战略高度着眼，发挥各级党组织的主导作用，党政领导和各个方面协调配合，通过各个环节、各条渠道、各种手段，把思想政治工作进一步落到实处。”④1991年12月16日，袁宝华在卸任中国人民大学校长时说：“为什么人民大学能取得这样的成就？我看首先是全体教职工努力奋斗的结果，特别是在座的各系、所、部、处干部，你们都有独当一面的能力，减少了大量烦琐的日常事务，使我们能顺利地把工作推向前进。另一方面是我

①②④ 袁宝华著：《袁宝华教育文集》，中国人民大学出版社1996年版，第4、6、71页。

③ 袁宝华著：《袁宝华回忆录》，中国人民大学出版社2018年版，第466页。

们有一个团结务实的领导班子，因为有这个班子，大家就能一起开拓前进。”

袁宝华始终认为，教学改革也好，课程建设也罢，都要深入开展坚持四项基本原则和反对资产阶级自由化的政治教育。这是一项长期的任务，学校领导必须不断提高认识，加强研究，坚持抓下去，保证学科建设沿着正确的政治方向发展。①同时，他认为教学改革必须与管理体制的改革同步进行。从某种意义上说，管理体制的改革是教学改革的前提和保证，必须同发扬民主、鼓励教职员工参与民主管理结合起来。为此，他在学校建立了教职工代表大会制度，并推进成立校务委员会，强调校务委员会要由学校各个方面的代表人物组成，主要是吸收那些有丰富的工作经验、有较高的学术威望的老同志组成。教代会和校务委员会是教职工发扬民主、加强监督、参与管理的重要组织形式。袁宝华指出，学校的重大问题，要定期地向教代会和校务委员会报告，认真听取大家的意见，集思广益，以便减少失误，做好工作。②

（二）“捍卫马克思主义就要通过研究马克思主义来发展马克思主义”

袁宝华始终坚持社会主义的办学方向，坚持以马克思主义为指导进行学科建设，主张对青年学生进行系统的马克思主义基本理论的教育。中国人民大学的前身是1937年诞生于抗日战争烽火中的陕北公学。作为从解放区来的老学校，中国人民大学有着光

① 袁宝华著:《袁宝华教育文集》，中国人民大学出版社1996年版，第71页。
② 袁宝华著:《袁宝华文集》第三卷，中国人民大学出版社2013年版，第195—197页。

荣的革命传统。袁宝华提出要把革命传统作为前进的动力，要珍惜这一革命传统，将这一革命传统发扬光大。

袁宝华提出，首先，要坚持马克思主义基本理论教育。中国人民大学自1950年命名以来，一向是以坚持宣传马克思主义理论闻名于全国的主要阵地，这是中国人民大学的光荣。中国人民大学绝不能辜负中央和全国人民所寄予的厚望。其次，要树立为人民服务的思想。中国人民大学是一个几十年如一日地陶冶人们品德和情操的大熔炉，有的同志讲得很好，人民大学为人民。全心全意为人民服务，这是中国人民大学的办学宗旨。学校要不断地加强学校的思想政治工作，振奋革命精神。过去的历史反复证明，中国人民大学是一支建设社会主义精神文明，抵制资本主义腐朽、消极影响的不可忽视的、坚强的力量。①

在资产阶级自由化思潮甚嚣尘上的情况下，袁宝华十分明确地指出，思想政治工作不但不能削弱，相反地，必须进一步加强。中国人民大学无论在什么情况下，都要坚持用马克思主义的基本理论对学生进行系统的教育和培养，不仅要把政治理论课作为必修课，还有各门专业课，尤其是社会科学学科无一例外地要把马克思主义教育纳入专业课里去，这样才有可能培养出真正适应“四化”建设需要的人才。根据这样的精神，中国人民大学在全国高校首先成立了理论工作领导小组，增设了马克思主义原理等新四门理论课。

袁宝华多次强调，教师的责任是教书育人，要全心全意为

---

①袁宝华著:《袁宝华教育文集》，中国人民大学出版社1996年版，第3—4页。

“四化”建设培养合格人才；学生要关心国家大事，关心中华民族的前途。袁宝华希望全校师生都能做到这一点。大家都要有明确的学习目的，要学习建设“四化”的本领。中国人民大学有自己的优势，有自己的特点。袁宝华说，现在有一些人一讲马克思主义就害怕别人说正统。如果不讲正统，难道说要去搞那些旁门左道吗？多少年来的实践证明，除了马列主义、毛泽东思想之外，这个“主义”、那个“主义”都不能救中国。所以，年轻学子要努力学习马克思主义的基本理论。理论是理想和纪律的基石，不去真正学习和掌握马克思主义的立场、观点和方法，就可能在复杂的社会现象面前迷失方向。①

袁宝华还认为，每一名教师，都要努力学习，刻苦锻炼，提高政治与业务素质、教学与科研水平，使自己成为一名合格的教师，做一名坚定的清醒的革命者。他要求教师要以马克思主义思想教育青年学生，并通过社会实践，启发和引导他们树立革命的人生观，坚持正确的政治方向，发扬爱国主义精神，继承艰苦奋斗的传统，培养他们成为社会主义事业的合格接班人。要关心、理解、爱护学生，同时要严格要求，加强管理，提高学生的学习自觉性与积极性，养成其良好的学习、生活习惯及法律意识、公德意识，使他们学好知识、增长才干、健康成长。为提高教书育人成效，袁宝华建议：中国人民大学建立教师教书育人责任制，研究生由导师负责，本专科生由教师分工负责，从学生入学到毕业，从学习到生活，从品德到知识，全面系统地“包”下来，可以先试点，当然，也可以采取别的办法。总之，要把学生当作自

① 袁宝华著：《袁宝华文集》第三卷，中国人民大学出版社2013年版，第145—146页。

己的子弟看待，教育成才。这是教师的光荣任务。[①]

中国人民大学是一所具有光荣革命传统的大学。1986年年初，袁宝华在学校的一个会议上明确要求：马克思主义政治理论课要在学校教育中占据特殊的、重要的地位。它是学校教育的灵魂，是党在学校中思想政治工作的核心，是社会主义学校区别于资本主义学校的重要标志。学校要重视爱国主义教育，让青年们知道自己肩负的重要责任。要针对大学生的特点和他们最关心的问题，寓思想政治教育于系统的理论教育之中，侧重培养学生树立科学的世界观、人生观和价值观，培养他们运用马克思主义分析问题、解决问题的能力，这样才有可能培养出真正适应“四化”建设”需要的人才。人民大学始终不渝地坚持社会主义的办学方向，坚持对学生进行系统的马克思主义基本理论的教育。1997年5月，袁宝华在吴玉章奖金基金委员会会议上再次强调，捍卫马克思主义就要通过研究马克思主义来发展马克思主义。

三、尊师爱生，民主办学

（一）尊师重教，重视师资队伍建设

1985年9月8日，袁宝华在上任后的第一次开学典礼讲话中，向全校师生提出，中国人民大学要多出人才，出好人才，一要发扬学校的革命传统，坚持马克思主义理论的基本教育；二要提高教学和科研水平。关于后者，他认为首先是加强科研工作，提高学术水平，把教学和科研结合起来，进一步提高教学水平；其次

① 袁宝华著：《袁宝华文集》第四卷，中国人民大学出版社2013年版，第236页。

是教和学都要与实际密切结合起来，在教学方法上，要更多地启发学生开动脑筋，解放思想，更多地讨论问题，全校所有的教职员工都要为教学和科研创造必要的物质条件；三要站在改革的前沿，通过改革进一步发挥人民大学的特色和优势。[①]

袁宝华秉承尊师重教的优良传统，倡导正确对待知识分子。1985年9月10日，袁宝华在中国人民大学庆祝新中国第一个教师节大会上发表了题为《尊师重教》的即兴讲话。他认为“教师是国家建设的功臣，教师节就是功臣节”。他说：“经济起飞，教育先行，只抓经济、不抓教育是不行的。”之所以确立每年一次的教师节，充分体现了党和国家对广大教师的殷切关怀和希望，是对每一位教师的极大鼓舞。

在中国人民大学党组会上，袁宝华多次提出要正确对待知识分子。到学校工作后，他有意识地注意多和教师们交朋友，在历次党组会上都要求校领导班子多关心知识分子的生活，帮助他们解决一些实际问题。有些规定该改的就下决心去改，不能口惠而实不至。比如，一些有作为的教师住房困难，他就要求分房规则不要过于强调论资排辈。又如，评定职称过程中，他要求对确有真才实学的讲义应视同论文，不要过于强调写了多少篇论文和发表在什么刊物上。总之，他认为论资排辈不能够体现真才实学和多劳多得，把论文和职称画等号，也不见得能真实反映其教学和科研水平。对于知识分子做人做事的要求与其他人一样，必须严格，但不能苛求。他在校党组会上多次说：“我们学校对待教师最大的不足是缺少关怀，对他们中某些人这样或那样的非原则性问

① 袁宝华著：《袁宝华回忆录》，中国人民大学出版社2018年版，第463—464页。

题又过于吹毛求疵，有的还抓住不放，既伤人，也留不住人。有的虽然一走了之，但留下对学校一辈子忘不了的不愉快，还造成了人才流失，这是我们的失误。”[①]

袁宝华指出，尊师重教，天经地义。大家都知道，教师是人类文明的工程师，用流行的话来说，是人类灵魂的工程师。企业盼望人才，对学校的教师与学生非常器重。道理很简单，没有教师，哪来的人才？从这个角度上说，尊师重教是天经地义的。[②]1985年10月30日，郭影秋同志病逝后，袁宝华写下的《痛悼郭影秋同志》的诗，感人至深，词意恳挚：“北地结长缨，戎马事南征。政绩著川滇，教泽被宁京。无缘桃李秀，有愧萤雪功。病榻肺腑语，初交亦动容。”1990年前后，中国人民大学相继有多位50—60岁的学术骨干去世，为此，袁宝华十分伤心，他曾因一位中年教师去世感叹道：“教业经营赖英才，英年辞世实可哀。而今千里马骨贱，何日再筑黄金台。”[③]

袁宝华高度重视师资队伍建设，坚持倡导要努力发挥老教师的指导和带头作用，发挥中年教师在教学、科研第一线上的骨干作用，加速培养青年教师，以逐步解决师资队伍后继乏人的问题。[④]袁宝华提出要立足长远，在发挥老教师、老专家作用的同时，加速培养青年学科带头人，鼓励青年教师在教学科研上挑担子，为青年教师创造进修提高的机会。[⑤]他多次强调要加强学术带头人和老教师同中青年教师的结合，尽量推动以老带新，以促进中青年教师在科研方面得到更快的提高。

---

①③ 袁宝华著：《袁宝华回忆录》，中国人民大学出版社2018年版，第467、467页。
②④⑤ 袁宝华著：《袁宝华教育文集》，中国人民大学出版社1996年版，第6、73、83页。

袁宝华多次强调，不但要把全体教师的科研活动更好地组织起来，而且要注意组织和调动研究生及本科高年级学生的科研积极性。这是一支不可低估的力量。在研究生和本科生中开展科研活动，不但可以使他们学得更活、学得更深，而且可以使他们在学习期间就初步掌握从事科学研究的方法，也可以出一批学术成果。

（二）坚持民主办学，密切联系师生

袁宝华坚持民主办学的光荣传统，并以此作为进一步办好人民大学的根本出路和可靠保证。他多次重申，人民大学在长期的革命和建设中形成了自己的光荣传统和优良校风，要不断保持和发扬这些光荣传统和优良作风。1987年中国人民大学50周年校庆时，袁宝华将人民大学的光荣传统和优良作风概括为："理论联系实际，实事求是，勇于开拓，民主团结，艰苦奋斗。"他一直强调要以这些光荣传统、优良作风和精神团结全校师生员工，维护和提高人民大学的学术地位，使人民大学无愧于时代的要求，在保持人民大学优良传统的基础上，努力开创人民大学各项工作的新局面。

袁宝华校长

（图片由中国人民大学档案馆提供）

民主作风是袁宝华一贯的工作作风。他常说，民主办学是我

们的传统，要更加重视决策的民主化和科学化，要调动全体师生员工的积极性，用多种形式开通领导与群众对话协商的渠道，在体制和制度上保证大家行使当家作主的民主权利。民主意识不光领导者要有，大家都要有，民主意识在很大程度上是自主意识。他要求学校定期召开校务委员会会议、教职工代表会议和学生代表会议，作为师生员工对学校进行民主管理和公开监督的有效形式。

在民主办学这一思想指导下，袁宝华主持制定了《充分发扬社会主义民主，进一步搞好民主办学的若干措施》，提出从13个方面疏通民主渠道，落实民主办学的具体办法，充分发挥师生员工的社会主义积极性和创造精神，把大家的力量凝聚到培养高质量的社会主义现代化建设人才的光荣事业中去。他主张要加强决策的民主化和科学化，在学校的重大决策上，要广泛地征询和听取师生员工的意见，发动大家按民主程序反复讨论，集思广益，群策群力，切合实际，科学决策，避免失误。[①]他认为，改革要依靠学校的党组织，要依靠共青团，依靠学生会，依靠教代会，依靠全校师生员工。要充分发扬民主，通过全校师生员工的广泛讨论，制订出落实教改决定的规划。学校领导班子要身体力行，尊重知识、尊重知识分子，与老教授、老专家赤诚相见，虚心听取他们的意见，和他们交知心朋友。

袁宝华作风民主，密切联系师生，尊重知识、尊重知识分子、尊重人才。他一向认为，办好学校的关键在于教师，多年来，他与老教授、老专家相见以诚，虚心地倾听他们的意见，同他们之中的

① 袁宝华著：《袁宝华教育文集》，中国人民大学出版社1996年版，第83—84页。

不少人成为知心朋友。他尤其关心爱护中青年教职工和青年学生，通过个别交谈和组织座谈，在各种场合一再勉励中青年教师要又红又专，更快地提高教学科研和思想政治水平。他经常勉励青年学生要树立革命人生观，做清醒、坚定、精通业务的革命者。[①]在教育改革过程中，有一些同志在校务会议上提出要“教授治校”。袁宝华态度明确，他说：“我不同意这个意见。我向他们讲，教授在学校里起重要作用，可是他们是一方面，办学还是要依靠全体教职工，也包括全体学生在内。学生虽说是我们的教学对象，可是在学校里也是主体之一。”[②]

四、以教学科研为中心深化高校改革

（一）注重学校教学改革

学校的教育体制改革，关键是教学改革。1985年9月8日，袁宝华在中国人民大学1985—1986学年开学典礼上的讲话中提到，中国人民大学的教学和科研具有较高的水平，很多学科在全国处于领先地位。但是，现代化建设和经济改革，向学校提出了新的问题和新的要求，这就要求学校必须进一步提高水平。学校要以教学和科研为中心，学校的一切工作都应围绕这个中心来进行。办高等教育的目的，就是要培养一批合格的人才，也就是适应“四化”建设需要的高层次人才，包括“三个面向”、全面发展等。为了达到这个目的，就要发挥高等学校的两个中心作用，即教学

① 袁宝华著：《袁宝华教育文集》，中国人民大学出版社1996年版，第84页。
② 袁宝华著：《袁宝华回忆录》，中国人民大学出版社2018年版，第464页。

与科研的作用。[①]对学校内部来说，改革的关键是教学。科研除了为“四化”建设服务，为繁荣科学服务，也是为提高教学质量服务。假如科研不能为提高教学质量服务，不能提高教学质量水平，也就没有真正发挥科研的作用。[②]

袁宝华主张试点推行学分制来促进教学改革。中国人民大学于1985年下半年开始在全校推行学分制，并提出发挥综合大学学科比较齐全的优势，利用学分制的优点，推广双学位制，快出人才、多出人才、出好人才；在研究生的培养上，提出在特别关注政治素质的前提下，推进改革措施，例如，开展应用型硕士的培养和率先进行工商管理硕士试点等。[③]

（二）强化学校、学科建设综合改革

袁宝华高度重视学科建设、专业的设置和调整问题。他认为，社会的发展和科学的进步，使研究领域越来越广泛，不同研究领域相结合的交叉学科也越来越多。中国人民大学要充分发挥多学科的综合优势，注意开发新兴学科和交叉学科。特别要注意设立一些跨学科的研究机构，在组织上保证和促进新兴学科和交叉学科的建设。因此，学校需要进一步调整学科专业结构和人才培养的层次结构。袁宝华说：“我们学校是一个以社会科学为主的综合性大学。从学科内容来说，大体形成了马列主义理论、财经和管理、文史和法学等人文科学这样三大类。今后应该注意加强基础学科，发展应用学科，开发新兴学科和交叉学科。我们学校有一些属于基础学科的系和专业，力量较强，形成了自己的特色，但也有一些基础学科

①②③ 袁宝华著：《袁宝华教育文集》，中国人民大学出版社1996年版，第33、34、83页。

显得比较薄弱。特别是在加强对外学术交流的形势下，在学术发展愈来愈强调文理渗透的趋势下，有一些对于社会科学的发展至关重要的基础学科，我们显得很不适应，都亟须得到加强。”①

在保持和发展马克思主义理论、经济管理、文史政法等若干学科的地位和优势的同时，袁宝华根据社会主义现代化建设的需要，采取措施适当压缩了个别长线专业，使应用学科得到了较大发展，数学、外语等基础学科有所增强，若干新兴学科也有一定程度的发展。同时，袁宝华注重学科教学内容的更新、教学方法的改进和教学制度的完善。他说：“教学内容的更新，既是一个紧迫的任务，又是一个长期的任务。说紧迫，是因为当代每门学科的发展都十分迅速，新的思想、新的观点、新的体系、新的方法层出不穷，不及时吸收新的研究成果，就会落后。说是长期的任务，是因为教学内容的更新，只有通过不断的、持之以恒的艰苦钻研，才能得到。”②

（三）倡导理论联系实际的学风

在对学生的培养方面，袁宝华针对学校教育中存在的片面注重传授知识，而忽视对学生能力的培养的问题，提出应该坚持传授知识与发展智能的统一。同时大力提倡理论联系实际的学风，提倡和鼓励学生进行社会调查。他为《中国人民大学学生社会实践论文集》一书作序，教导学生在校学习期间就要注意了解社会，了解将来为之服务的对象，面向社会进行调查研究。要求学校把组织学生进行社会实践的工作纳入学校的整个培养计划中去，纳

①② 袁宝华著：《袁宝华文集》第三卷，中国人民大学出版社2013年版，第192—193页。

入对学生的成绩考核里。他强调：教学、科研与实际结合是教育改革的重要任务，科学研究应注意同我国当前现实的重大实际问题紧密结合，认真研究社会主义初级阶段的重大理论问题；要注意同学科建设、课程建设紧密结合，特别是要同培养高层次的硕士生、博士生的工作相结合，使科研成果有助于提高学生的培养质量。袁宝华把学风建设放在学校工作的重要位置上，明确阐述了教学与科研的关系。他说，要加强科学研究、提高学术水平，教学改革为科学研究提出了丰富的课题，教学改革成效大小，很大程度上取决于科研工作开展的好坏。[①]

人文社会科学建设要贯彻落实理论联系实际的马克思主义学风。袁宝华认为，发挥学科优势，办好中国人民大学是学校发展规划的大事。要把学科建设放在学校工作的重要位置，在改革开放的形势下，要进一步调整和完善中国人民大学业已形成的以人文社会科学为主的综合性大学的学科体系，稳定多层次、多学科、多形式的办学格局和规模，加强同自然科学和技术科学的联系，促进文理渗透，提高现有各个学科、专业的水平。袁宝华认为应用学科是中国人民大学的一个优势所在，也正是今后要着重发展的方向。因此“不论是新建立的还是原有的院、系、所，应用学科一般都是社会急需的短线学科，我们要责无旁贷地把它办好”[②]。经过建设，中国人民大学在袁宝华主政时期有十几个学科被列为国家教委的重点学科。他要求各重点学科要进一步按照国家教委的要求，培养了解国际相关学科前沿问题并有能力进行探索研究的硕士、博士，为我国经济建设、社会发展解决重大的问题和为

① 袁宝华著：《袁宝华教育文集》，中国人民大学出版社1996年版，序言。
② 袁宝华著：《袁宝华文集》第三卷，中国人民大学出版社2013年版，第192—193页。

国家重大决策提供科学依据；培养造就新一代学科带头人，为提高包括本科在内的教学水平做出贡献。①

（四）推进课程教材改革和科研工作改革

在课程建设和教材建设方面，袁宝华也提出了一系列有效的改革举措。一方面，在课程改革与建设中，要坚持以马克思主义理论为指导，坚持系统性、科学性、实践性与开放性相统一的思想，按照充实提高主干课、适当减少必修课、不断加强实践课的原则，在开设新课、改进老课、调整课程结构、健全和完善课程体系等方面下功夫。②财经各专业，要按照专业保留、课程通开、内容规范、自行配套的原则，对课程配置进行大胆的改革。另一方面，在教材建设领域，各系专业主干课基本都有自己编写的教材。全校使用的教材中80%以上是学校教师自己编写的。其中有些教材在国内有一定的影响，被不同层次的教育部门采用。在1988年首届全国高等学校优秀教材评选中，中国人民大学有27项获优秀教材奖，其中国家级10项，国家教委级17项。

在科学研究方面，袁宝华十分强调要注重三个方面的结合：一是注重同我国当前现实的重大实际紧密结合；二是注意同学科建设、课程教材建设的结合；三是注重加强学术带头人、老教师同中青年教师的结合，促进中青年教师在科研方面得到更快提高。③同时他认为，关于科研工作，要始终坚持正确的政治导向，坚持科研为社会主义两个文明建设服务、为提高教学质量服务的方向，注重研究重大理论问题和现实问题；坚持贯彻“百花齐放，百家争

①②③ 袁宝华著：《袁宝华教育文集》，中国人民大学出版社1996年版，第72、72、83页。

鸣”的方针，积极开展学术交流、研讨活动，为学科建设创造活跃气氛。

袁宝华始终坚持将扩大院、系、所在课程教材建设和科学研究工作上的自主权，作为学校管理体制改革的一项重要内容。如在学校层面将室主任及科一级干部的人事任免权，学生转系、转专业的审批权等予以下放。同时明确学校各职能部门的职责范围，使职能部门既精干又有效。袁宝华要求逐渐克服职责不清、指挥不灵、渠道不通、办事不力的现象。学校的各个职能部门，是协助校长在学校管理方面做好各项业务工作的机构，是学校领导的参谋和助手。在工作中，职能部门要少一些决定权和批准权，多一些监督权，即代表学校了解有关工作的落实，并进行监督检查；及时发现和总结各基层单位的经验，加以推广；对于某些带有普遍性的问题，认真加以研究，提出解决的措施和办法；使基层单位在各项工作中能得到职能部门的支持和帮助。

（五）坚持面向经济社会主战场开放办学

袁宝华主张一切改革要从实际出发，提倡教师指导学生面向经济社会主战场，加强与工农的联系，建立开放办学新格局。

1985年6月至1991年11月，袁宝华兼任中国人民大学校长和党组书记。这一阶段正是国家在各个方面发生急剧变革的重要时期，经济体制改革是这个社会大变革的中心，一直负责经济工作的袁宝华自然而然地把高等教育工作同经济工作、高等教育改革同经济体制改革紧密地联系到一起了。他多次指出，现代化建设和经济体制改革对我们提出了新的问题和新的要求，教育体制改革要适应经济体制改革和政治体制改革对人才的需求。要求我们在拟定学校发展规划、考虑学科建设和课程建设时充分考虑“四化”建设所提出的新要求，努力培养数量更多、层次更高的社会主义现代化建设的合格人才。[①]由此足见袁宝华在办学治校过程中，十分注重与时代变革和社会现实紧密结合。袁宝华主张中国人民大学的改革要具有学校自己的特点，既要发挥学校的优势，又要积极地吸取别人的好经验，是扬长避短，不是照搬照抄。[②]中央对于中国人民大学一向是非常关切，期望很高的；对学校在发展学术、培养人才方面的成绩，也一直给予了充分的肯定和极高的评价；对学校的性质和任务，都曾有明确的指示。如中央领导同志一再强调：“人民大学在30多年的历史里，为新中国的社会主义建设培养了大批的干部，有很光荣的历史和光荣的传统。希望人民大学要大大发扬自己的光荣革命传统，为社会科学领域各个学科突飞猛进的发展起到带头作用。人民大学要在原有基础上，更加发展，更加扩大，保持原来的基础，适应新的情况，来考虑人民大学的院系调整、院系建设。迫切的任务之一，就是要为国家的行政管理培养干部，要为国家的经济管理培养干部。人民大学要进一步解放办学思想，扩大同国内国际学术界、教育界的交流和联系，人民大学一方面对内要开放，要同各个大学密切往来；另一方面对外也要开放。”[③]袁宝华强调，中央的这些意见，特别是关于对内对外的意见，要在学校的发展中起指导作用。

开放办学的要义之一就是不要总把学生关在校园里，而是要创造条件让学生面向社会。袁宝华指出：“当时许多教师同我讲，他们教过的学生中，好教爱学的是那批上山下乡的学生，这些学

---

①② 袁宝华著：《袁宝华教育文集》，中国人民大学出版社1996年版，第1、4页。
③ 袁宝华著：《袁宝华文集》第三卷，中国人民大学出版社2013年版，第190页。

生有强烈的学习愿望，理解力强，教学效果好。这说明不了解社会的人，何谈理论联系实际！许多教授极力主张恢复社会劳动课，走出学校，到农村、工厂、商店调查研究。我非常赞同，和工厂打招呼，先让研究生进厂实习。同时改变研究生在应届毕业生中招收的办法，规定招收的研究生中有实际工作经验的必须占一半以上，应届毕业的研究生进校后必须按规定先到工厂或商店实习一段时间，再回来攻读学科理论，当然教师也需要实践，学生实习，教师要带队。这是学校教育改革的一项重要内容。"[①]学校教育的主要目的是为社会培养有用之才，学生毕业后要为人民服务，在校学习期间就要注意了解社会，了解将来为之服务的对象，也要面向社会进行调查研究工作。袁宝华在很多不同场合都强调，中国人民大学的学生要利用寒假和暑假以及其他节假日，借回乡探亲、学业实习或旅游之机，深入基层单位、城乡市场、职工或农民家庭进行访问。[②]

袁宝华相信青年学生只有到工农中去，到建设实践中去，才能更好地锻炼和提高自己。他很高兴青年学生能到实践中去锻炼并取得成绩，比如，新闻系几个研究生写的《西北采访万里行》，他认为就是体现了他们深入实际、深入群众采访，坚持理论与实践相结合的成果。又如，看到国政系到北京焦化厂锻炼的9位研究生，通过一个半月的基层锻炼，亲眼看到工人师傅工作十分繁忙，而生活比较艰苦，贡献与报酬并不相符，这种精神使同学们深受教育。袁宝华认为这是他们与工农相结合、与实践相结合的思想收获。[③]

---

① 袁宝华著:《袁宝华回忆录》，中国人民大学出版社2018年版，第465页。
② 袁宝华著:《袁宝华文集》第三卷，中国人民大学出版社2013年版，第150页。
③ 袁宝华著:《袁宝华文集》第四卷，中国人民大学出版社2013年版，第188页。

袁宝华认为，学校的科学研究应该与我国当前改革开放的现实中的重大实际问题紧密结合，认真研究社会主义初级阶段的重大理论问题。在开放办学的实践中，一些学生写出了一批具有一定水平的社会调查报告或论文，并编纂成书，袁宝华欣然作序肯定和推介。[①]

袁宝华在《袁宝华文集》出版座谈会上

（图片由中国人民大学档案馆提供）

五、加强高校思想政治工作

袁宝华讲，思想政治工作是党的全部工作中一项极其重要的工作，思想政治工作的兴衰同党的路线正确与否、同党的领导状况和党的建设状况都是密切相关的。他一贯强调，思想政治工作不仅是党组织的重要任务，也是全校教职工的职责，党政要密切

① 袁宝华著：《袁宝华回忆录》，中国人民大学出版社2018年版，第464—465页。

配合，不断改进和加强思想政治工作，教职工要肩负起教书育人、管理育人、服务育人的任务，通过长期的、艰苦的努力，使学生确立坚定正确的政治立场。

袁宝华一贯重视思想政治工作，认为思想政治工作的根本任务最终还在于调动人的积极性。他从培养社会主义建设者和接班人的战略高度着眼，提出要发挥各级党组织的主导作用，党政领导和各个方面协调配合，把思想政治工作进一步落到实处。在党的建设上，袁宝华强调，要充分发挥党组织和党员的作用，保证学校改革和发展任务的顺利实现；要在改革和发展的实践中，提高党组织的战斗力，提高党员的觉悟水平。他也非常注重培养政工干部，认为：长期以来，人们常常不承认政治工作也是一门科学，政工干部也是一种专门人才，在这方面我们应该开拓一条路，为国家培养出有大学正规学历的专业政治工作干部。1990年，中国人民大学设立了思想政治教育硕士学位专业，实现了袁宝华的这一愿望。

袁宝华认为，马克思主义政治理论课在学校教育中占有特殊重要的地位。它是整个学校教育的灵魂，是党在学校中思想政治教育的核心，是社会主义学校区别于资本主义学校的重要标志，是坚持正确方向、加强德育的有机组成部分。要针对大学生的特点和他们最关心的问题，寓思想政治教育于系统的理论教育之中。侧重培养学生树立科学的世界观、人生观和价值观，培养他们运用马克思主义分析问题、解决问题的能力。在马克思主义政治理论教学方面，人民大学有光荣的传统、丰富的经验以及较强的师资队伍。在新形势下，人民大学要做出新贡献。马克思主义思想理论教育的生命力就在于密切联系实际。既要联系我国的实际，又要联系当代世界的实际，还要联系青少年思想和心理发展的实际。现有的政治理论课，从课程设置到教学内容、教学方法都要进行改革。这方面人民大学已经进行了试点，然后要总结经验，加快改革的步伐。①

袁宝华指出，加强思想政治工作研究，使思想政治工作科学化、系统化、理论化。要真正做好思想政治工作，很重要的一条就是要发挥思想政治工作战线各种力量的作用。一是要发挥思想政治工作战线专职干部队伍的作用。这些同志一天到晚都在思考这些问题，再加上他们实践经验丰富，所以要依靠他们，以他们为骨干来进行研究。二是要发挥业余做思想政治工作的同志的作用。三是要依靠科研机构的广大研究人员。四是要依靠学校的教师队伍。教师负责教书育人。培养出什么样的人才，教师是关键。我们要培养大批具有奉献精神的人。五是要依靠党政机关干部的表率作用。这些人居于要津，影响力强，接触面广，他们以身作则是最有力的思想政治工作。六是要依靠我们的舆论宣传媒介，要用马列主义毛泽东思想占领舆论阵地。②

关于如何改进和加强高校思想政治工作，袁宝华对此有自己的见解与主张，集中体现在以下三个方面。

（一）坚持四项基本原则

袁宝华强调，在学校工作中要坚持四项基本原则，即坚持社会主义道路，坚持人民民主专政，坚持中国共产党领导，坚持马克思列宁主义、毛泽东思想。归根结底就是加强社会主义精神文

---

① 袁宝华著：《袁宝华文集》第三卷，中国人民大学出版社2013年版，第192—193页。

② 袁宝华著：《袁宝华文集》第四卷，中国人民大学出版社2013年版，第287页。

明建设，最根本的是要体现在学校培养能够坚持社会主义方向的建设人才这一办学指导思想上。我们要从这个观点出发，提高对加强思想政治工作重要性的认识，保证学生德智体全面发展，使学校成为抵制资本主义和其他腐朽思想侵蚀的坚强阵地与建设社会主义精神文明的坚强阵地。他认为，各种社会思潮、各种社会势力争夺青年，特别是对大学生的争夺非常激烈。只有坚持马克思主义，才能教育和引导青年明确政治方向，把共产主义信仰作为精神支柱，在复杂的斗争中经受锻炼和考验。我们一定要在这方面发扬人民大学的光荣传统，做出进一步的贡献。

（二）坚持践行教书育人使命

袁宝华认为，贯彻正确的办学思想，培养合格的建设人才，是每一位教职员工的责任。全校教职员工都应该自觉树立培养能够坚持社会主义方向的合格建设人才的历史责任感。教师不但是文化科学知识的传播者，而且是社会主义精神文明的建设者，是思想政治教育工作者。教师在思想政治、道德品质、文明教养、治学态度等方面，都应当严于律己、为人师表，做到教书与育人相统一、治学与做人相统一。同时，教师要结合自己的教学工作，对学生进行爱国主义教育和辩证唯物主义与历史唯物主义教育，进行刻苦学习、严谨治学以及职业道德教育。教育者必须先受教育。教师要做到教书育人，必须努力学习马克思主义，学习党的路线、方针和政策。

袁宝华指出，学校的行政和总务后勤等工作对于开展社会主义精神文明的教育也有着非常重要的作用。行政和总务后勤的同志勤勤恳恳为教学、科研开展优质服务，为教师和学生的教学努力创造条件，遵纪守法、文明礼貌。这对于培育学生的良好道德品质是有着深远影响的。

（三）坚持思想政治工作责任制

袁宝华认为，学校各个部门的教师、干部都是做教育工作的，都要为人师表。但还要有一支少量专职、大量兼职的思想政治工作队伍。这支队伍是开展思想政治工作的骨干力量，同时又是学校各方面力量配合开展思想政治工作的协调者和组织者。对现有的政工干部要采取各种方法提高他们的政治、业务素质，鼓励他们努力钻研思想政治教育这一门科学，做好工作，通过自己出色的工作，提高思想政治工作的权威，取得群众的信任和欢迎。一些兼职做思想政治工作的同志，特别是一些领导同志和班主任，要处理好业务工作与政治工作的关系，切实保证有必要的、足够的时间和精力从事思想政治工作。

袁宝华强调，为了加强思想政治工作，需要建立责任制。各单位党政主要负责同志要抓思想政治工作，切实保证本单位的工作朝着正确方向发展。对本单位群众，包括学生的思想状况要经常了解，心中有数；对各个阶段的思想政治工作要有布置、有检查，及时发现和解决带倾向性的问题；对于专职和兼职政治工作干部，要经常了解和考察他们的工作，帮助他们解决一些实际问题。领导同志要抽出一定时间亲自参加学生的活动，直接做好学生的工作。在建立思想政治工作责任制的同时，必须大力改进各级干部的工作作风。干部应该及时地、经常地听取广大群众的意见，认真负责地解决群众中一些应该解决也可以解决的问题；有些问题限于条件，一时无法解决，也要实事求是地说明情况，群众总是通情达理的。各级干部要努力克服官僚主义，切切实实地工作，把大家的积极性充分调动起来。

综上所述，袁宝华在年近七旬时开始担任中国人民大学校长，以饱满的热情投入党的高等教育事业中，在中国人民大学改革发展历史上发挥了承前启后、继往开来的重要作用，无愧为中国人民大学一代又一代师生心目中“爱戴的老校长”。

主要参考文献

1. 贺耀敏著:《共和国建设的高级工程师——袁宝华》，中国人民大学出版社2009年版。

2. 袁宝华著:《袁宝华回忆录》，中国人民大学出版社2018年版。

3. 袁宝华著:《袁宝华教育文集》，中国人民大学出版社1996年版。

4. 袁宝华著:《袁宝华文集》第三卷，中国人民大学出版社2013年版。

5. 袁宝华著:《袁宝华文集》第四卷，中国人民大学出版社2013年版。

6. 袁宝华著:《袁宝华文集》第八卷，中国人民大学出版社2013年版。

实事求是

中国人民大学校训

撰稿人：黄文彬，管理学博士，中央社会主义学院教务部教务二处处长，主要从事高等教育和思想政治教育研究。

吴咏诗

WU YONGSHI

天津大学校长（1986—1993）

（图片由天津大学党委宣传部提供）

吴咏诗（1927—2016），安徽安庆人，我国现代著名的电子学家、教育家。他于1983—1985年任天津大学副校长，1986—1993年任天津大学校长。他曾担任第七、第八届全国人大代表，第十一届天津市人大代表，教育部普通高等学校本专科教学工作评估专家委员会第一届主任委员，中国科学技术协会第五届全国委员会委员，天津市科学技术协会第四届主席、第五届名誉主席，中国电子学会第四、第五、第六届常务理事，中国高等教育学会第二、第三届常务理事。吴咏诗长期投身于高等教育事业，将探索新时期中国高等教育的改革发展道路作为毕生的追求，为我国高等教育事业的改革与发展做出了突出贡献。

一、生平与教育业绩

（一）读书救国的学子

1927年12月27日，吴咏诗出生于安徽省安庆市一个高级技术人员家庭。父亲吴本蕃是我国知名的纺织机械专家，早年留学日本，回国后做过教师，后担任过工程师、校长、厂长等职务。吴本蕃不仅重视对子女的教育，而且教育有方。吴咏诗在南京度过了幸福的童年。

1937年，全面抗战爆发，吴咏诗随父一路迁徙。虽然历经颠簸劳顿，但吴咏诗仍对读书保持着强烈的兴趣，并为此孜孜不倦，父亲也尽力为他提供当时最好的教育。1940年他进入重庆建川中学就读初中一年级，初二上学期转学到江津国立九中（今重庆市江津二中），初二下学期又转学到陕西省三元中学。吴咏诗在抗战时期的流亡和成长历程，引发了他对中华民族命运的思索，让他萌发了立志报国的决心和信念。

1942年5月，吴本蕃在陕西省岐山县陇海铁路旁的蔡家坡担任西北机器厂经理，吴咏诗也随父转学到蔡家坡扶轮中学（即从郑州内迁而来的交通部部立扶轮中学，1952年迁回郑州，今名为郑州市一零一中学）。蔡家坡扶轮中学虽然规模不大，但其师资优良，教学成绩出众且特色鲜明，在陇海线享有盛誉。吴咏诗在这里从初中三年级一直读到高中毕业。

在蔡家坡扶轮中学的读书经历给吴咏诗留下了深刻的印象，特别是这里的一些优秀教师使其终生难忘，对吴咏诗以后的成长产生了重要影响。对吴咏诗影响最深的是佟子霖和张旅文两位老师。佟子霖当时已经上了年纪，担任吴咏诗所在班级的化学课教学工作。鉴于当时的条件限制，学校的化学实验课被取消，佟老师为了保证学生能够对化学变化有直观和生动的认识，坚持在教室内亲自做实验演示。西北的冬天寒风凛冽，教室内温度很低，每次给学生做演示实验，佟老师都将双手伸入冰冷的水槽中，手指被冻得通红，实在冷得受不了，就把手放在嘴边哈哈气取暖，然后继续做实验。佟老师的敬业精神给吴咏诗留下了深刻的印象，对吴咏诗日后的工作产生了潜移默化的影响。

张旅文是吴咏诗的语文老师，对学生要求十分严格，他在批改作文时连标点符号都不放过。有一次，他给大家出了一道题目，名为《静静的渭河》。吴咏诗附和着题目的字意，在作文上写道“河水静静地流淌……”张老师看后，问道：“你去过渭河吗？”当得到吴咏诗的肯定答复后，又问道：“渭河的水是静静地流淌吗？这个星期你再去渭河一趟，根据亲眼所见修改自己的文章。”星期天，吴咏诗真的来到渭河边实地观察，发现渭河的水势很大，流得很急，的确不是静静地流淌，但河水喧腾却反衬出周围岸边的静谧。吴咏诗提笔写道：河水在豪放地奔流，河岸边的风景却是说不出的安静和美丽。张老师看后，再次问道："说不出的美丽是什么样的美丽？说不出，写不出，这不是作文，作文就是要说出来，写出来。"这件事对吴咏诗触动很大，并使其终身受益。他在晚年回忆时说："这件事让我懂得不能按老师、领导的意志讲话，说假话；要说实话，又不能说空话，要按照自己的感受说自己的话。"他还总结道："用我自己的语言，把我自己真正理解的内容讲出来，这是我开十几门课都受学生喜欢的原因。"

吴咏诗酷爱文学，曾有志于从事新闻事业。他博览群书，很早就读完了中国古典四大名著。父亲吴本蕃很重视对吴咏诗的培养，几乎每次外出都会给他带回文学书籍。在父亲的引导下，上中学时的吴咏诗几乎读完了当时国内出版的所有文艺作品。如饥似渴的阅读不仅拓展了他的视野，丰富了他的阅历，而且培养了他的社会责任感。当时，蔡家坡扶轮中学的课外活动十分丰富，使学生的兴趣与特长能得到充分发挥。爱好文学艺术的吴咏诗与同学组建了文艺社团"白帆社"，不仅丰富了校园文化，还发展了自己的文艺特长。1946年，吴咏诗高中毕业准备报考大学，在选择专业时他毅然放弃了在文艺上的追求，怀着科学救国的理想报考了南开大学电机工程专业。

吴咏诗考入南开大学后并未放松自己在学业上的追求，他始终把读书救国作为自己的信条。由于出色的学习成绩和出众的组织能力，他被同学们选为南开大学电机工程系学生会主席，经常组织学生参加各种活动。在求学的同时，他慢慢接触了进步思想，逐步成长为有民族担当、有成熟思想的进步青年。

1950年1月，吴咏诗光荣地加入了中国共产党，成为新中国成立后南开大学发展的第一批党员。同年8月，他以优异的成绩从南开大学电机工程系毕业并留校参加工作，成为南开大学电机工程系的一名青年教师。

（二）循循善诱的教师

1952年，根据院系调整的要求，吴咏诗所在的南开大学电机工程系调入了天津大学，他成为天津大学电力工程系的一名教师。在20世纪50年代，吴咏诗力担重任、任劳任怨，先后参加了“电力网”实验室的建设，讲授过“电力网”及“电力系统”等6门课程，参加了大型仪器400周交流计算台的研制。这一阶段的工作积累为其后来的职业发展奠定了坚实的基础。

1960年5月，天津大学成立无线电工程系。1961年，吴咏诗被任命为无线电工程系的副主任。他凭借扎实的理论功底讲授了“电磁场理论”“微波技术”等11门课程，教学效果良好，很受学生欢迎。吴咏诗因此被学生称为讲课最好的教师之一。

吴咏诗讲课概念明晰、逻辑性强、旁征博引、语言准确，被学生称赞为茅以升教授讲授桥梁工程课的再现。这源于他的天赋，更源于他治学的严谨和备课的认真。当时正值国家经济困难时期，食品奇缺，吴咏诗饿得全身浮肿，还天天饿着肚子写教案到深夜。在“文化大革命”期间，他依然坚持钻研业务。天津大学无线电工程系“复课闹革命”的第一门课程就是吴咏诗的“电磁场和微波技术”，这门课非常难讲，也非常难学，被公认为抽象深奥、晦涩难懂、枯燥乏味。但是，吴咏诗讲授的这门课却与众不同，他从基本的电磁感应现象入手，配合以生动形象的图示，阐述了时变场中电场与磁场的相互作用，进而推导出反映宏观电磁现象的麦克斯韦方程，指出了麦克斯韦方程的解表示了一个空间传播的波，并深入浅出地介绍了这种波的重要应用就是实现无线通信和无线广播。他的讲授，由浅入深、环环相扣、条理清晰、娓娓道来、引人入胜。他的学生戴居丰后来回忆道：“在他的引领之下，同学们轻松而愉快地遨游于神奇的时变电场之魔幻世界，顿觉兴趣盎然、茅塞顿开、破解奥秘、增长知识，听课变成了一种享受。”[①]他的另一学生张顺颐回忆道：“吴老师将原本极难的课程，化作通俗易懂的知识，配以形象的比喻和数学的思维，使听课者有豁然开朗的感觉，真令人佩服到极点。”[②]

作为教师，吴咏诗不仅重视授业解惑，而且注重以自身严谨的学风影响学生。他在与学生的交往中以身作则、率先垂范。除了外出，他平时无论有多忙，都坚持每周二与研究生见面，了解学生的科研进展情况，详细解答研究生遇到的科研问题。即使在担任校领导期间，工作十分繁忙，他也一直坚持对研究生的亲自指导和答疑工作，雷打不动。吴咏诗不仅课上得好、关心学生，而且十分注重自身学术水平的提高。他是我国著名的电子学家，长期致力于微波固态电路理论与机助设计方法的研究，并取得重要成果。他是一位教学与科研结合得很好，在两方面都取得突出成绩的好教师。

① 戴居丰：《人生楷模吴咏诗先生》，天津大学编：《我与天大五十年纪念文集》，天津大学出版社2013年版，第21页。

② 张顺颐：《恩师吴咏诗》，天津大学编：《我与天大五十年纪念文集》，天津大学出版社2013年版，第23—25页。

（三）潜心治校的校长

1983年，吴咏诗开始担任天津大学副校长，主管教学工作，1984年起他又兼任研究生院院长的职务。吴咏诗主抓教学工作以后，首先对学校的教学质量做了全方位的调查，分析了教学中取得的成绩和存在的不足。他还在天津大学建立了教学工作会议制度，每年召开一次教学工作会议，分析教学中的成绩和问题，探讨教学改革的方向与策略。

吴咏诗在主抓天津大学教学期间，不仅提出系统性的教学改革理念，还采取一些行之有效的措施来提高教学质量。他坚持本科教育在高等教育中的基础和主体地位，积极推行研究生教育改革。他在本科生教育中先后实行了学分制、优异生制度、双学士学位制度、优秀学生提前毕业制度等。他在研究生教育中优化课程结构，增设学科前沿课程，倡导在科研中培养研究生的创新能力，加强对一线科技人员和管理人员的培养，增加了“工程硕士”“工商管理硕士”的培养类型，为在职硕士实行弹性学制等。对于一线教师，他建立了教学奖励制度、竞争激励机制，鼓励教师开展教育教学改革研究。

1986年，吴咏诗开始担任天津大学校长。担任校长之初，吴咏诗就制定了学校“七五”发展规划，明确提出“要将天津大学办成综合性、研究型、开放式的现代化大学”。

1988年1月召开的全国高等教育工作会议提出：“高等教育工作要牢牢掌握一个‘中心’和两个‘基本点’，加快深化改革的步伐，以适应社会主义现代化建设对高级专门人才的需要。”根据全国高等教育工作会议的这一要求，吴咏诗结合天津大学的实际和发展需要，提出要建立主动适应经济建设和社会发展的办学机制，从改革招生分配机制入手，拓宽专业培养口径、更新专业教学内容，同时密切与企业的联系，进行产学研合作教育的试点。

“尊重教师、依靠教师”是吴咏诗校长生涯中浓墨重彩的一笔。在他看来，办好一所学校，依靠教师是必须的。他曾说，我本人就是教师出身，有什么事情我都跟教师商量，从来没有认为自己是校长就可以命令他们，而且我也非常深切地感受到教师非常支持我的工作。他特别重视教师对学校工作的不同看法和建议，要求校长办公室的同志要及时听取和了解，对于教职工（尤其是教师）约见校长，他要求办公室要及时汇报，尽快安排。

吴咏诗在工作中

（图片由天津大学党委宣传部提供）

“潜心治校”贯穿于吴咏诗校长生涯的始终，而且他个人为此忍痛割爱，做出了牺牲。在当校长前，吴咏诗在电子信息领域里的研究非常出色，他曾作为新中国第一代访问学者去美国访学，但直到退休，他连博导都不是。中国工程院院士、时任天津大学常务副校长的钟登华说：“他根本就不去参评，不仅不是博导，他当校长后甚至连自己的科研都放弃了。”在吴咏诗的女儿吴玫看来，父亲当校长的时候是全身心地投入到“把天津大学办好”这件事上去了，几乎放弃了自己的专业研究。“这是一种选择，他不是为他自己。”吴咏诗亲身示范了在治学与治校之间的选择：他热爱自己的专业，但当更迫切的需要、更重要的使命到来时，他选择专心去当校长。

（四）老有所为的长者

1993年吴咏诗卸任天津大学校长，但他从领导岗位上退下来以后并未停止对教育事业的关注与思索。1993—2001年，他担任天津大学教授、校务委员会副主任委员，继续为学校的发展建言献策，发挥余热。

1994年，他参加了在意大利罗马举行的“首届世界终身学习大会”，并根据会议精神结合我国实际撰写了两篇有重要分量的文章，一篇题为《终身学习——教育面向21世纪的重大发展》，另一篇题为《从终身学习的发展来看我国高等教育面向21世纪的改革》。在这两篇文章中，吴咏诗认为，终身学习是时代发展的需要，我国应积极回应这一时代发展的需要，不仅教育部门要做出调整与改革，社会其他部门也应积极参与这一重要的历史进程。他还就高等教育如何适应与促进终身学习的发展提出了自己的看法：转变教育观念，调整专业设置与教学内容，改革教学方法。

1994年，吴咏诗作为专家组成员，参与了教育部组织的本科教学评估工作。1998—2002年，他受邀担任普通高等学校本专科教学工作评估专家委员会的首任主任委员。他以高度的使命感和责任感，投入了大量的精力，对与教学评估有关的政策文件和操作措施进行了深入研究，对教学评估工作方案进行了修订，为教育部决策提供建议和咨询，并发表了《高等学校本科教学工作面临的挑战与改革》一文，对21世纪的本科教学工作提出了意见和建议。

吴咏诗在担任全国人大代表期间，提交了不少议案，几乎件件关系教育。这些议案涉及的话题十分广泛，但都围绕教育的发展提出。具体包括“将天津大学、南开大学列入全国首批‘211工程’的议案”“关于摒弃‘议价生’的议案”“关于制定‘高新技术产业开发区法’的议案”“尽快制定‘高等教育法’的议案”等。吴咏诗的发言高屋建瓴、立意明确、逻辑严密、条理清楚，极具感染力，这使他在每次人代会上都成为新闻单位追踪采访的热点人物。

吴咏诗十分关注我国高等教育的健康发展，尤其是像天津大学这样的重点理工科大学的发展。为此他还专门写了一篇题为《综合性、研究型、开放式、国际化——关于建设国内外知名高水平大学的若干思考》的文章，其观点在2002年12月召开的“高等教育发展与改革（天津）研讨会”上受到中外与会专家的广泛认同，对我国高等教育的发展产生了深远的影响。

天津大学原党委书记、校长李家俊曾说：“2011年年初，我回到阔别12年的母校担任校长。千头万绪，工作从何抓起？我第一时间拜访了老校长。他给我分析了学校的情况，并且一针见血地指出，‘综合性、研究型、开放式、国际化’的办学思想提出至今，对天津大学来说，最大的问题仍然是‘综合性’。寥寥数语，如醍醐灌顶，我一下子明白了自己的重点工作的抓手应该在哪里。此后几年内，我多次就学科布局调整，新兴学科、交叉学科发展和理工融合，人事制度改革和教师队伍建设，人才培养和教学改革等重大问题请教老校长，每每获益良多。”

2016年4月23日清晨，吴咏诗因病与世长辞，走完了他光辉的一生，享年89岁。“个人利益淡如水，人民利益高于天。”这是天津大学师生员工对吴咏诗的最高评价，也是对他人生境界的最好诠释。

二、“综合性、研究型、开放式、国际化”的办学方针

吴咏诗校长

（图片由天津大学党委宣传部提供）

1983年，吴咏诗开始担任天津大学副校长，主管教学工作。1986年，他担任天津大学校长，主持学校全面工作，一直到1993年卸任校长。吴咏诗主政的7年间，是天津大学空前未有的变革时期和发展的关键时期。作为掌舵人，他适应时代发展需要，落实国家战略部署，以多年的高等教育实践经验为基础，探索性地开展教育实践创新和教育理论研究，形成了具有鲜明特点的大学教育思想，其中他在全国率先提出的建设“综合性、研究型、开放式、国际化”大学的办学思想，产生了广泛和深远的影响。

1986年，吴咏诗任天津大学校长之初，就在校党委会扩大会议上提出“要将天津大学办成综合性、研究型、开放式的现代化大学”，他的这一发展设想获得与会同志的一致赞同，并被列入学

校发展“七五”规划，被确定为天津大学的发展方向。作为天津大学的掌舵人，吴咏诗一直在为学校的发展构思谋划，基于“综合性、研究型、开放式”的发展方向，并据此实施了行之有效的发展举措。根据大学改革发展的实际需要，他后来又加上了“国际化”的思想。

（一）综合性

我国的理工科大学大都脱胎于20世纪50年代学习苏联经验而形成的多科性或单科性高等工业院校。多年的办学实践表明，没有其他学科的有力支持，就难以办成高水平的工科院校，也难以适应现代化建设对人才发展的需要。为此，一些工科大学相继成立了理科，陆续建设了管理学科和部分人文与社会学科，形成多学科的综合性发展趋势。吴咏诗认为综合性发展是建设高水平大学的必然要求。一方面，科学技术的发展有着综合化的趋势，一批新兴的学科是在若干学科的结合点上发展起来的；另一方面，培养人才需要提高全面素质，全面素质需要多学科的交叉渗透。吴咏诗还进一步认为，综合性不仅表现在学科设置上，更应体现在人才培养、科学研究和学科建设方面：在教学上，要体现理工结合、文理渗透的精神，鼓励学生跨学科学习，成为复合型人才，这样才能使学生符合社会对人才的需要。

为了将“综合性”体现在人才培养中，吴咏诗对人才培养方案做了调整，在本科生的培养制度中规定工科、理科的学生必须学习人文、社会科学的课程，鼓励学生跨专业、跨系选修课程，允许学生转专业、跨专业学习，鼓励优秀学生跨专业修读双学位。在他的推动下，天津大学还开设了理工结合试点班，培养有后劲的人才。对于研究生的培养，吴咏诗鼓励不同学科学生相互报考研究生，以便于成长为复合型人才。在科研方面，吴咏诗要求清除部门所有制的障碍，注意发展综合性，实行横向的联系与协作。为了系统推进学校的“综合化”发展，吴咏诗要求在“七五”期间必须做到的不仅仅是在系科设置上，而且应该在教学、科研的整个过程中体现出综合性的优势来。

（二）研究型

世界高水平大学都是研究型大学。我国的重点理工科大学承担着建设国内外知名高水平大学的任务，既要为国家培养高质量的人才，也要为国家创造高水平的科研成果。因此，应该办成研究型大学。一般认为，研究型大学应该有一些数量上的指标，比如，研究生占学生总数的比重，科研经费数占总经费的比重，人均科研经费水平等。但吴咏诗认为，大学的研究型更应该表现在教学的研究性、科研的创新性和管理的科学性上面。

1. 教学的研究性体现教学内容、教学方法和教学效果等方面的特征：教学内容应能反映学校与教师本人的科研成果、学术见解和学术特色；教学方法应该是启发式的，能够启发学生主动积极地思考，而不是被动地接受知识的灌输；教学不仅应能吸引研究生，还应能吸引本科生参加科研工作和各种学术活动；学校要形成生动活泼、积极有效的环境，以利于学生创造能力的发挥。

2. 科研的创新性主要体现在引领性、实践性、服务性和先进性等方面：研究型大学的科研更应强调创新，不能仅跟踪国外的研究，而应努力创造自己的学术生长点；科研应能承担国家的经济建设、科技与社会发展中的重大课题，在解决问题的过程中产生有自主知识产权的创新成果；研究型大学的科研还应注重开展软科学的研究，为国家和地方政府的重大决策提供科学化和民主化的咨询意见；研究型大学的科研还需要一批国际先进的学科和国际知名的学者，产出国际先进的研究成果。

3. 管理的科学性主要体现在管理思想和管理效果方面：管理应了解和尊重管理对象的行为逻辑和变化特点；管理应能在机制上激励教学与科研的改革与提高，促进学校的健康发展。为了推进科研发展，吴咏诗要求天津大学在科研上要组织科研协作，敢于承担与国民经济关系密切的重大科研项目，特别要倡导科研的创新精神和科研成果的创造性。

（三）开放式

随着社会的发展，大学与社会的联系日益密切，大学从培养少数精英人物的象牙塔变成了与社会发展息息相关的大众化学府。社会需要大学，大学更需要社会。现代大学要适应这一发展趋势，实施开放式办学，与社会建立密切的联系。吴咏诗认为，大学对社会的开放应包括以下两个方面的过程。

一是适应社会发展需要，为社会发展服务。大学不仅应适应社会的人才需要，以各种可能的形式为社会培养人才，包括本科生、研究生和成人教育、职业教育培养的学生等，还应适应社会发展的需要，以各种可能的形式为社会提供科技服务，推进学校与企业合作。

二是从社会获得促进学校发展的动力和活力。大学在与社会建立密切联系、为社会服务的过程中，也必将从社会吸取自身发展所必需的营养。从社会可以了解人才需求的信息，并以此调整学校的专业设置和教学内容，使得培养的学生更加符合社会的需要，更受社会的欢迎；从社会可以了解科技需求的信息，以此考虑学校的科研选题和学科建设，使科研成果更加符合经济和社会的发展，使学校在财力和物力上获得社会更多的支持，促进自身发展。

为了推进开放式办学，由吴咏诗掌舵的天津大学面向社会需求，拓展培养方式，多形式为社会培养多样化人才，为社会提供科研服务，并与企业建立联合培养机制等。

（四）国际化

国际化也是现代大学发展的一个重要方向。吴咏诗认为，教育的国际化是现代教育发展的一个重要趋势，也是时代发展的要求。我国的重点理工科大学要努力建成国内外知名的高水平大学，就必须加速国际化的进程，要和国外的大学、科研机构和企业建立科技交流与合作的关系，开展学术交流，进行科研合作，吸取各国科技之长，促进我国大学科技水平的提高。

吴咏诗还强调，在推进教育国际化的过程中应坚持辩证分析的态度，对外国教育经验不能全盘肯定，对中国教育传统不能一概否定。他说，我国的现代高等教育已有100多年的历史，与中国源远流长的文化相联系，已形成我国的教育传统和民族特色。在学习国外教育经验的时候，对我国教育的传统应该扬长避短、存利去弊，不能一概否定；对国外的经验也应取其精华、弃其糟粕，结合我国实际加以应用，不能全盘照抄。教育的国际化并不排斥教育的民族化，也不是某一国教育模式的全球化，而是各国教育彼此取长补短、相互交流与融合。

三、立足于“培养创造力”的教学改革思想

（一）培养创造力是教育改革的重要目标和任务

吴咏诗立足于“培养创造力”的教学改革思想是与其人才观密切相关的。20世纪80年代，大学生被称为社会精英，重点大学的毕业生更是被看作“天之骄子”。然而，吴咏诗并不这么看，他认为，在国家复兴的道路上，创新精神和创造能力是国家竞争力的关键所在。他指出，没有大批富有创新精神的人才，实现我国社会主义现代化是不可能的。吴咏诗并不否认大学教育和学历的重要性，但是提出学历不是判断人才的标准，至少不是唯一标准。大学生、研究生掌握一定的专业知识、受过一定的专业训练，能够在社会上胜任一定的专门工作，只能算是一般意义上的人才。如果用能否促进社会变革的尺度来衡量，这些大学生恐怕就达不到人才的标准了。吴咏诗还以著名医学家李时珍和大文豪鲁迅这两个历史人物为例，说明人才是不能单纯以“学历”来衡量的。他进而提出真正的人才标志，绝不是学历，而是创造性，努力培养学生的创造力，才是我们现阶段教育的重要目标，也是教育改革面临的艰巨的任务。

（二）启发式教学是培养创造力的重要途径

有人认为，创造靠的是灵感，是天赋，而不是教育所能培养的。对此，吴咏诗并不认同。他认为，遗传素质仅是一个人的发展前提，而不能就此决定他今后的实际发展，事实上，环境和教育是遗传素质得到实际发展的决定因素。教育的作用在于根据学生不同的素质，因材施教、扬长避短，尽可能发展学生在某一方

面的才能。从这个意义上讲，教育对于一个人才能的实际发展起着决定性的作用。[①]吴咏诗认为，培养学生的创造力必须对现行的教学模式进行改革，在教学中实施启发诱导式的教学方法，强化实践环节等。

实行启发式教学是培养学生创造力的重要举措。基于此，应对传统的教学模式进行变革，在教学中推行启发式教学。长期以来，大家都在努力地实行启发式教学，但由于对启发式教学存在认识上的偏差，教学效果并没有得到多大的改变。如有的教师认为，启发式就是教师编教材，把教材发给学生自学，然后在课堂上讨论并做出总结，由教师来讲授则被认为是注入式教学。为了避免注入式，教师则不敢在课堂上过多讲授，几乎把课堂时间完全交给了学生。这样一来，教师则感到无事可干，学生则由于受传统注入式教学的影响也一时不太适应。[②]吴咏诗认为，启发式教学的具体方式可以多种多样，但其根本原则是在教学过程中启发学生主动思考，培养学生的有效思维，注重对学生进行智力的开发和能力的培养，而不是让学生被动地接受知识灌输。他要求教师在阐述一个问题时应有明确的目的性，让学生明白学习并掌握它的目的，利于学生主动思考；在传授知识时要善于运用唯物辩证法来分析问题，培养学生的分析能力；对于比较复杂的问题最好能介绍不同学派的观点，引导学生自主思考，锻炼学生的思维能力；还应通过典型事例的示范和在实践中锻炼来引导学生应用所学知识解决实际问题。吴咏诗希望培养出来的学生能主动积极地去寻找知识但不迷信已有的结论，善于思考、勇于创新，但思考与创新要以扎实的学科基础为前提。

---

① 吴咏诗著：《吴咏诗高等教育文集》，天津大学出版社1999年版，第244页。

② 李凤堂：《吴咏诗大学教学改革思想探讨》，《天津市教科院学报》2001年第1期。

为了实行启发式教学法，吴咏诗还改革了考试评价方法，不考死记硬背的内容，不考偏题难题，而考学生对基本概念的掌握水平、灵活运用知识的能力和解决问题的创新能力等。

（三）因材施教是培养创造力的重要手段

实施因材施教是培养创造力的重要手段和举措。吴咏诗认为，培养学生的创造能力，必须贯彻因材施教的教学原则，要注意发现人才、培育人才。教师要从学生的具体实际出发，对不同学生采取不同的教育措施，实施因材施教，对学有余力的学生进行重点培养，对学习困难的学生进行重点帮扶，让全体学生都得到最充分的发展。同时，吴咏诗还在教学中引入竞争机制，对教师和学生实施竞争分流，让最优秀的人才脱颖而出。1984年，吴咏诗就提出在天津大学试行学分制和优异生培养制度，后又实施了双学士学位制度、本科生六股分流制、研究生四股分流制等。

吴咏诗在指导学生

（图片由天津大学党委宣传部提供）

所谓“六股分流”，即把本科毕业生按学业表现分为六种情况：优秀毕业生提前毕业或保送研究生；对学有余力、兴趣广泛的学生要求读双学位；按期毕业获学士学位；允许按本科毕业但不授予学士学位；转入大专并按大专毕业；令其退学。所谓“四股分流”，就是按照学业表现把毕业研究生分为四种情况：优秀的硕士毕业生可提前毕业或直接攻读博士；一般的可授予硕士学位；准予毕业，但不授予硕士学位；令其退学。

此外，为了保证教师的素质和授课水平，吴咏诗还在教师中实施了竞聘上岗制度，把最适合上课的教师留在教学岗位上。为了促进因材施教教学原则的实施，1988年，吴咏诗在天津大学实施按系招生的“大类招生”制度，学生入学时不分专业，前两年的基础课，是按系或者是按类别来开设的，学生到三年级时，可以按照自己的兴趣和优势选择专业，如学有余力，允许跨系选修课程。

（四）加强实践教学，培养动手能力

吴咏诗认为，要培养学生的创造力，必须培养学生勤于动手的能力，学生只有在具体的实践过程中才能有所创造。天津大学历来重视学生动手能力的培养，在教学改革中特别强调了“注重实践教学环节，着眼于学生能力的培养”。为了给学生创造动手实践的机会，吴咏诗针对工科学生的特点，一方面积极进行校内实习基地的建设，另一方面主动争取企业的支持，探索校企合作培养人才的模式。到1993年，天津大学已建立稳定的校外实习基地62个。其中，天津大学与华北制药厂探索的“311”学制合作教育模式具有范本意义，其内容是天津大学选送化学、化工、应用化

学三个系的部分学生在三年级结束时到制药厂实践一年，实践结束后再回学校学习一年，用5年的时间完成知识传授和能力培养。

由于“311”学制突出的模式优势和理想的实践效果，该学科陆续被推广到天津大学与天津奥地斯电梯公司、与核工业第四研究院的合作中。实践证明，通过“311”学制毕业的学生的理论功底和实践能力相对来说都比较强。一年的工作实践，对学生的毕业设计可以起到很大的帮助作用，他们可以根据企业的需要进行选题。同时，也便于企业及时发现人才。这种联合培养的方式，受到了企业、学生的欢迎，也推动了天津大学教学改革的进一步深化。

四、致力于“适应经济发展”的校企合作主张和举措

1988年1月召开的全国高等教育工作会议提出，高等教育工作要为以经济建设为中心的各项建设事业服务，面向经济和社会发展主战场，加快和深化改革步伐，以适应社会主义现代化建设对高级专门人才的需要。根据这次会议的精神，吴咏诗结合天津大学发展实际，提出高等教育适应经济建设和社会发展的办学机制，并对校企合作进行了深入系统的探索。

（一）校企合作对国家发展意义重大

吴咏诗认为，校企合作不仅是时代发展和科技进步的需要，也对国家的发展具有重大意义。首先，时代发展和科技进步使高校和企业的相互依赖性增强。科学技术和生产的竞争形势，使企业对大学的依赖日益增强，一方面要求大学不断推出最新的研究成果；另一方面要求大学培养的人才既具有坚实的理论基础，又

具有较好的实践能力，能很快适应企业发展的要求。同时，这一趋势也说明，大学要适应企业乃至整个社会发展的需要，就必须了解社会，了解企业。因此，大学只有密切与社会的联系，建立与企业的合作关系，才能充分发挥自己的作用并获得自身的发展。其次，校企合作在很大程度上能直接推动一个国家快速发展。吴咏诗说，科技进步之所以在各国经济增长率中发挥的作用悬殊，根本原因就在于各国把科学研究成果转化为技术，包括引进技术转化为直接生产力的效率高低不同。因此我们要重视教育在科学转化为技术，进而转变为直接生产力过程中的作用，加强大学与企业的密切合作。

（二）校企合作对大学和企业的发展影响深远

吴咏诗认为，校企合作对大学和企业的发展都具有重要影响。校企合作能促进企业的发展。吴咏诗说，科学技术的发展，使企业界和教育界都认识到，没有强有力的应用基础研究，就很难保持和增强一个企业乃至一个国家的竞争能力。新兴产业的建立，高技术的发展，使企业对大学的依赖和要求变得更加现实和具体。一方面，大学的研究能推动产品和生产技术不断改进，能够形成新技术，发展出新一代产品，甚至可能发展起新的工业技术乃至新的工业体系；另一方面，大学人才培养与企业发展不但紧密相连，而且人才质量与企业发展生死攸关。校企合作对大学的发展也具有重要的推动作用。大学和企业合作不仅可以从企业得到经费支持，更重要的还在于在与企业界的互动中能够直接了解社会的需要，直接了解生产中亟待解决的难题，避免研究选题的盲目性，使学术研究更有实践价值和社会意义。

基于这些认识，吴咏诗在主政天津大学期间大力推动校企合作。在人才培养合作方面，天津大学以适应企业和社会需要为目标，在加强本科生、研究生学历教育的同时，通过多种途径开展了多种形式、多种层次的继续教育和培训，并与企业和地方合作创办了石油化工学院等三个校外培训基地，使受到继续教育和培训的各类人员达7 000多名。在科学研究合作方面，天津大学就与全国各地50多个大中型企业建立了长期、稳定的合作关系，承担了620多项科研攻关课题。其中，1985—1990年，天津大学与企业合作进行应用基础理论研究的课题就达140多项，企业投资1 200多万元。

（三）校企合作过程中要始终牢记合作的初衷

吴咏诗强调，大学与企业合作中要保持各自身份和地位的独立性，不能在合作中迷失自我与本心。他说，大学与企业的合作，在推动经济、科技和社会发展中所产生的巨大作用是毋庸置疑的。但必须注意到，大学与企业的合作应该是建立在有利于各自发展的基础上的，不能看成是一种依附关系而失掉自己的独立地位。吴咏诗还特别强调大学在校企合作中不能只关注与生产有关的产品和技术开发，还要继续坚守基础研究，特别是前沿基础研究。

五、教育诗篇的咏叹

作为中国现代著名的电子科学家和高等教育家，吴咏诗开启了大学校长专业化的先河。他致力于高等教育改革发展，谱写了引人瞩目的大学教育诗篇。他是国务院批准的享受政府特殊津贴的专家，又获得“全国教育系统劳动模范”的光荣称号。他献身高等教育事业的事迹和精神将永载史册。

（一）“突出创造力培养”的人才培养新模式的创立者

吴咏诗对人才标准有自己的解读。他认为，大学毕业生不一定是人才，或者只是一般的人才。人才的标志是“创造性”，有创造性的人才才是“人才”。基于这一认识，吴咏诗认为教学中应突出“创造力”的培养，为此，他在总结多年教学经验的基础上创建了“着眼于学生全面素质提高，突出创造力培养”的人才培养新模式。由此可见，吴咏诗对人才培养规律的准确把握。

吴咏诗依据这一人才培养新模式对教学做出了一系列变革：在教学方法方面，改革注入式教学，实施启发式教学；在教学原则方面，改变过去“一刀切”的做法，实施因材施教；在教学过程方面，增加实践环节的比重；在教学管理方面，引入竞争机制，教师竞聘上岗，学生适时分流；在教学师资方面，提高教师的创造力。为了推进这一模式的具体实施，吴咏诗在详细总结相关经验的基础上撰写了《改革教学，培养学生创造力》一文，文中的观点对当时正在进行的高教改革有巨大的推动作用和重要的应用价值。

这一人才培养新模式以先进的教育思想为指导，突破了我国教育中重智育轻素质、重知识传授轻能力培养、重学科专业轻综合性开拓、重标准化轻多样化等传统思想的束缚，实现了教育观念的历史性转变。该模式反映了时代发展的要求，体现了高等教育的人才培养规律，有利于培养高素质创新型人才，对我国高等学校的人才培养改革具有普遍的指导意义。

（二）“综合化、研究型、开放式、国际化”高校办学方针的首倡者

将一批理工科高校建成“综合化、研究型、开放式、国际化大学”的观点，现在已成为众多理工科高校的共识。这一思想最早是吴咏诗于1986年在天津大学党委常委扩大会议上提出的。1986年，吴咏诗刚刚担任天津大学校长，面对学校的发展，他感到像天津大学这样的国家重点大学单纯办工科不利于学校的发展，也不利于人才的全面成长。他经过认真研究和深入思考，在1986年8月23日的党委常委扩大会议上提出“要将天津大学办成综合化、研究型、开放式的现代化大学”，这一设想得到与会人员的高度认同并被列入学校发展规划。同年12月，吴咏诗在天津大学教职工代表大会上把这一观点向全体教职工做了汇报。随后，吴咏诗把对这一办学方向的思考撰写成《综合化，研究型，开放式——试论天津大学的办学方向》一文，引发了教育界的广泛关注。循着这一思路，吴咏诗后来又撰写了《综合化，研究型，开放式，国际化——关于建设国内外知名高水平大学的若干思考》，全文刊发在《高等工程教育研究》2001年第2期。在文章中，他阐述了大学国际化发展的重要性，从“开放式”中进一步分化出“国际化”的概念。

“综合化、研究型、开放式、国际化”成为天津大学发展的航向标，深刻影响着天津大学的办学实践。吴咏诗卸任校长后，这一思想在天津大学继续得到贯彻，学校各方面的事业取得了很大的进步，充分证明了这一办学方向的正确性。由于这一办学思想符合现代社会发展趋势和人才培养的要求，多年来也得到清华大学等一批重点理工科大学的认同，并在办学实践中得到广泛借鉴，

成为我国重点理工科大学创建世界一流大学的重要参照。

（三）“终身学习”思想的积极宣传者

1994年11月30日，首届世界终身学习大会在意大利罗马召开，吴咏诗作为中国唯一的与会代表，向大会提交了《对终身学习的认识与实践》一文，向全世界介绍中国对终身学习的认识。回国后，吴咏诗根据国际上对终身学习的认识撰写了《终身学习——教育面向21世纪的重大发展》一文，发表于1995年第12期的《教育研究》上，向中国介绍罗马会议的共识，在国内率先倡导“终身学习”理念。在这篇文章中，吴咏诗详细介绍了“终身学习的概念”“开展终身学习的原因”，并详细分析了“终身学习”对教育和社会的影响，并根据“终身学习”的精神和我国的国情提出“我国发展终身学习的建议”。

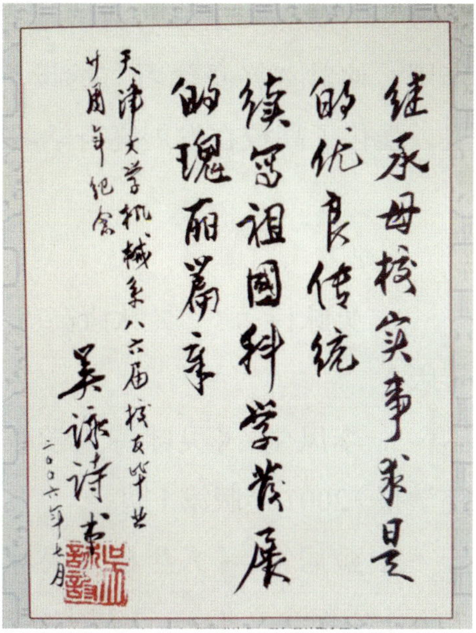

吴咏诗为天津大学机械系1982级同学毕业20周年聚会题词

此后，吴咏诗利用各种机会宣传“终身学习”的理念和价值，指出如果没有终身学习的理念，就很难在21世纪生存。吴咏诗在宣传“终身学习”过程中结合中国高校的办学实际对其进行了深入的思索，并根据思索内容撰写了相关文章。他认为高等教育只有通过转变教育观念、调整专业设置与教学内容、改革教学方法，才能适应与促进终身学习。

吴咏诗对“终身学习”思想的研究、倡导和宣传，对我国建设学习型社会和推进高等教育改革都有重大影响。他关于“终身学习”的观点和主张对我国建立终身学习体系起到了重要的推进作用。他对“终身学习”的设想推动了我国高等教育的改革与发展，强化了高校在发展终身学习中的作用。

主要参考文献

1. 吴咏诗著：《吴咏诗高等教育文集》，天津大学出版社1999年版。

2. 李凤堂：《吴咏诗大学教学改革思想探讨》，《天津市教科院学报》2001年版第1期。

3. 戴居丰：《人生楷模吴咏诗先生》，天津大学编：《我与天大五十年纪念文集》，天津大学出版社2013年版。

4. 陈建强：《追记天津大学原校长吴咏诗：高等教育改革的“领航者”》，《光明日报》2016年4月25日。

5. 张国、刘晓艳：《天津大学原校长吴咏诗：校长之师，连博导都不是》，《中国青年报》2016年4月29日。

撰稿人：薄存旭，管理学博士，山东省教育科学研究院教授，主要从事教育管理学和高等教育研究；刘军伟，中国人民大学教育学院博士研究生，主要从事高等教育研究。

母国光

MU GUOGUANG

南开大学校长（1986—1995）

母国光（1931—2012），辽宁锦西（现葫芦岛市）人，中国科学院院士，我国现代著名光学家、教育家。1986—1995年出任南开大学校长，在近十年的校长任期内，母国光为南开大学的发展做出了突出贡献。

一、生平和教育经历

1931年1月22日，母国光出生于辽宁省锦西县。母国光的求学经历是非常艰苦的。他自幼家境贫寒，总是付不起学费。家里兄弟姐妹多，他是家里的第一个孩子，他父亲认为读书没有多大用处，反对他读书，希望老大能够早早养家。幸亏他的母亲和舅舅开明，他才得以完成学业。在困难的条件和环境下，他奋发图强、刻苦学习，于1944年以锦州考区第二名的成绩考入锦州第二国民高等学校。1945年秋到沈阳中法中学读初二，1946年破格提前升入高中，1947年转入北京盛新中学，1949年以优异成绩毕业后，考入南开大学物理系。

大学求学时期的母国光（右三）

1952年，因成绩优异和工作需要，母国光提前毕业并留南开大学物理系任教。他选择了刚刚开创的光学专业，在沈寿春教授的带领和指导下，先后开设普通、中级和高级光学实验课及辅导光学课和习题课。为开设应用光学课，1956—1957年他被派往中国科学院长春光学精密仪器所进修。在著名光学专家龚祖同教授和王大珩教授的指导下，学习光学设计、光学仪器理论和光学测试等应用光学方面的理论和技术，取得优异成绩。1959年兼任南开大学光学教研室主任。20世纪60年代初，他领导设计和制造的光谱析钢仪成为天津光学仪器厂的支柱产品，填补了我国在该领域的空白。他率先开展了当时还处于萌芽状态的傅立叶干涉调频分光技术的研究。1965年他领衔编写出版了我国第一部基础物理光学的高等学校教材《普通物理学·光学部分》。作为经典教材，该书至今已多次修订再版。20世纪70年代初，在和国外缺乏技术交流，没有国外参考资料的情况下，他自力更生、奋发图强，带领科技人员经过近三年的艰苦努力，设计了彩色分光系统、变焦距物镜等，并独立设计研制成功彩色显像管涂屏用的专门光学校正镜，解决了一系列设计和技术上的关键问题。1975年，他带领年轻教师和十多名学生到中国科学院西安光学精密机械研究所实习近半年。

1980年3月，母国光作为访问学者到美国密歇根州立大学和阿拉巴马大学研修，任兼职教授和访问教授。1981年6月回国后，他首先在我国领导开展白光光学信息处理的研究工作，取得一系列重要的研究成果，并获得多项重大科技奖。1982年他担任南开大学物理系副主任。1983年他晋升为教授。1984年任物理系主任，同年他创建了南开大学现代光学研究所并任所长。1985年任南开大学副校长，主管科研。1986年晋升为博士生导师。1986—1995年任南开大学校长、研究生院院长。1991年当选中国科学院学部委员（院士），1993—2006年任中国光学学会理事长，1993年当选国际光学委员会（ICO）副会长，1994年当选第三世界科学院院士。1996年，任国家教委光学信息技术科学重点实验室学术委员会主任、中国科学院技术科学部副主任、中国科学技术协会第四届委员（后任第五届常委）。1997年，任天津市科学技术协会第五届主席、中国仪器仪表学会副理事长。1998年，荣获“何梁何利基金科学与技术进步奖”，成为中国科学院主席团成员、天津市第十届政协常委。2010年，当选教育部国家基础教育课程教材专家咨询委员会委员、全国科学技术名词审定委员会第六届全国委员。

二、大学教育改革的思想主张

（一）建设综合性、研究性、现代化大学

1986年，母国光在担任南开大学第五任校长后，全面贯彻党的教育方针和邓小平提出的“教育要面向现代化，面向世界，面向未来”的指导思想，结合南开大学的实际情况，提出建设综合性、研究性、现代化的大学的办学目标。

母国光在《我对大学教育的理解》一文中阐述了他的主张。这篇文章可以说是他办学治校实践经验和理论探索成果的结晶。他指出，一方面，大学的综合性是培养现代化人才的需要。在现代社会中，科学技术综合化、整体化的发展，职业技术更新速度的加快和社会分工不断的重新组合，都对人才的素质提出了更高要求。由于新兴科学在发展中对于基础学科具有依赖性，我们在培养学生能力的同时，必须强调使学生具备必要的、广博的基础

知识。这就要求大学适应新的需要，制订合理的教学计划，不仅设置专业教育科目，而且对人文科学、自然科学、体育、社会道德教育、美育以及管理学科都要开设有深度的、系统的、高质量的课程，同时开设一些综合性的课程，供学生选择，以培养知识广博、基础扎实、具备获取新知识的能力的综合性人才。另一方面，大学的综合性可以为发展现代科学提供最优环境。随着新兴技术群和新兴产业的兴起和发展，信息广泛地交流，现代学科出现高度综合，这种高度综合的一个突出表现就是学科之间的相互渗透越来越多。学科间相互渗透的结果，形成了大量的新兴学科和由两种或两种以上学科形成的交叉学科，如经济数学、生物物理学、化学物理学、核天文学、生物医学、光子学及经济控制论等，还有通过多种学科和技术的相互渗透形成某种新的综合学科。学科的综合性发展要求大学打破那种把学科与学科之间的界限划分得过严，各种专业分工过细、互不通气的孤立状态，加速综合领域和临界领域的开发和研究，这是推动新兴学科和交叉学科的强有力手段。综合性大学由于它本身的结构，自然地符合现代科学发展的需要。因此，每一所大学的学科设置必须与社会的结构相匹配，一所大学中应当包括文、理、工、农、医、财经、政法、教育、体育、音乐、艺术等众多学科。让学生在广阔的科学文化背景下有充分选择的自由，获得更全面的发展，可以从事工农商学兵等各行各业的工作，产生较大的社会影响。[①]只有这样，大学才能肩负起为未来社会各行各业培养骨干人才的重任。

母国光认为，大学不是职业培训班，大学生要有一定的知识

① 母国光:《我对大学教育的理解》,《高等教育研究》2000年第4期。

与能力，要有更高的思想境界和责任感。大学的人才培养目标不能只考虑社会上某个部门、某个专业的需要，而要考虑广泛的社会需要，这就是振兴中华民族的需要，对世界的科学文化发展做出贡献的需要，参与未来社会竞争的需要。大学既要培养能工巧匠，又要立足培养大师。既要教育学生树立远大志向，怀有大抱负，又要给他们以宽厚的基础，使其中的许多人在未来的搏击中逐步成长为社会的骨干乃至大师。①

母国光校长在讲话

母国光指出，大学的综合性和研究性是紧密联系在一起的。大学的"综合性"缺乏，意味着某些系科的缺失，如果"综合性"大学没有工、农、医等系科，就会理论脱离实际，缺乏跟实际结合的应用研究。如果走向另一端，没有基础雄厚的自然科学和人文科学等系科，就很难在理论方面得到支持，研究水平就很难提高。因此，母国光在保护和巩固传统优势学科的同时，对基础学科进行了调整和改造，成立跨学科的研究中心和新的科研院所，并在全校组织实施"三个百人"的学术梯队建设工程，造就了一批进入科技前沿的跨世纪学术带头人。

母国光强调，除了综合性和研究性，大学还必须现代化。现代化是一个动态的过程，是随着时代的变化而不断变化的。如果

① 母国光：《我对大学教育的理解》，《高等教育研究》2000年第4期。

大学一成不变，不能随着时代的变化树立新的办学理念，将很难向前发展，也不可能为自己的国家和民族培养出时代所需要的现代化人才。在当今社会，知识对经济的发展越来越重要，知识已经像房产、地产、存款一样，成为一种资源，成为现代经济增长的重要因素之一，这就要求劳动主体智能化，广大劳动者具备一定的知识容量和科学创造精神及能力。在这样的背景下，教育，特别是大学教育的地位、作用与功能都发生了深刻变化，没有教育就没有科学，没有教育就谈不上知识创新，现代化进程把大学从经济舞台的幕后推向了前台，成为经济舞台上的主角。在这种情况下，办学已不再是单纯的政府行为和社会行为，它同时又是一种市场行为。办学经费要由国家投入、社会投入、个人投入三部分构成。发展教育是国家的需要、社会的需要，当然应以政府投入和社会投入为主。不过也必须改变只由政府提供办学经费的公益消费观念，在满足人民群众教育需求的前提下，让受教育者适当缴费，可以缓解长期困扰我们的教育经费投入不足的问题。教育应当与市场经济接轨，多一些人受到高等教育，我们国家就多一分竞争力，因而应千方百计地创造条件来满足人们这种日益增长的需求。高等教育面临普及与提高的双重任务。一次性学校教育已经不能满足社会发展对人才的需求，终身教育被提上日程，具体表现为学校教育向两头延伸。一头是学前教育日益受到重视，以期尽可能完善人的智力发展的早期培养；另一头是走出校门后不断进行再学习、再教育，如“成人教育”“继续教育”和“更新教育”等新的教育形式如雨后春笋般蓬勃发展。所以，现代化大学教育的对象不仅包括修第一次学位的学生，还应特别积极地接受进行深造或再学习的在职人员。[1]

母国光提醒大家，要建设综合性、研究性、现代化的大学，各个大学一定要因地制宜，找好定位，办出自己的特色，切不可“千校一面”。各个学科、各行各业都需要一大批拔尖创新人才。但不同学科、不同行业需要的拔尖创新人才具备的能力素质不同。这就要求每个学校根据自己的优势和特点，结合实际，正确定位学校目标，在适合本校的某个领域、某个学科、某个专业、某个方向以及某个地区占有无可争辩的优势地位，实现跨越式发展。国家应当采取切实有效的措施为全国高校创造公平竞争的环境，鼓励每一所大学按照自己的领域和分工，瞄准世界顶尖水平，从提高内涵方面着眼，结合具体情况，办出特色、争创一流，使自身的优势学科、优势专业和优势方向达到国际一流，并在某一领域培养拔尖创新人才。国家对大学应当实行分类管理，既要鼓励由国家出资办的研究型和本科教学型等各类学校办出自己的特色和优势，也要鼓励由地方或社会力量出资在不同领域办好各种职业或专科学校。

（二）大学的责任应当是为自己的国家培养造就一流人才

母国光强调，一个国家的大学能否为自己的国家培养出人才至关重要。能否为自己国家培养造就一流的人才，从长远来说，直接关系到国家的利益，关系到国家和民族的兴衰。只有针对我们国家现在和未来的实际需要，为我们国家多培养人才，培养一流的学生，解决国家面临的问题，才能促进国家更快更好地发展，

① 母国光：《我对大学教育的理解》，《高等教育研究》2000年第4期。

这应该成为衡量办学水平的一个很重要的条件。是不是一流，就看它培养的人才是不是为我们国家建设及其现代化做出了突出贡献，以此来评价学校的水平和作用。我们国家在过去相当长的一个时期，高等教育（包括研究生教育）发展缓慢，尽管已初步建立了研究生教育的体制。而今，科教兴国已成为全国上下的共识，但还须进一步加强对高等教育重要性的认识。就客观发展而言，国家需要大量各方面的高层次人才，若不能在国际高层次人才的较量中取得胜利，国家就难以立足于世界之林。

母国光指出，培养造就一流人才要重视德育。他说，我国大学要加强学生的思想品德教育，要确实做到能使青年学生通过丰富多彩的社会实践、社会考察活动，了解民族传统和优秀文化，理解国情和社会需要，发誓做一个修身、爱国、有理想，有抱负的人。[①]母国光认为，在很多学校里面，德育还有相当大的差距，我们的学生可以英语很好，数理化很好，专业学得很好，但就缺少一件东西，他不知道自己对国家有什么责任，也不知道对社会有什么责任。在这方面教育应有义不容辞的责任，因为只有学校才能给学生系统的道德教育。

（三）学校是为学生办的，大学是大学生的大学

母国光认为，学校是为学生办的。他说，在市场经济条件下，学生与学校的关系一定程度上就像顾客与商家的关系。因为有学生要上学，才办学校，并不是为办学校养教师，才招学生。学生缴费受教育，教师教学获得收入，所以教育者有义务为受教育者

① 母国光：《我对大学教育的理解》，《高等教育研究》2000年第4期。

服务。大学应该是大学生的大学。大学是培养人的，而人是有主观能动性的。学生获得知识能力的提高，身心的发展，归根结底要依赖他们个人的努力，个人是内因，学校和教师不能包办代替。学生作为求学的主体，他们有思想、有个人的意志和自己的主观能动性，没有学生积极主动的学习，教育就不可能成功。①

学校是为学生服务的，培养高质量的人才是大学一切工作的中心任务。为了把这一中心任务落实到具体行动中，母国光认为，应该采取以下措施。第一，在评价方面，应该以学校培养出来的人才质量为标准。评价一所大学，不应只看学校里有多少著名学者，有多少先进设备，有多少博士点、硕士点，有多少新的教学楼，有多少创收，而是应该根据学生的需求，请相应的教师，上适合的课程，使学生在德智体美劳诸方面获得全面发展。第二，为学生提供更多选择的自由。母国光说："我们现在的招生制度，学生一旦被某校、某专业录取，想改是很困难的。然而，学生在上大学前，不可能对自己所选择的专业了解得很清楚。何况很多人的专业还是家长、教师代选的。进入大学后，经过一段学习，觉得自己更适合学另一个专业，要求调整，这种要求是合理的，应当被允许。"②他在南开大学校长任内，与全校师生一起推进了教学改革。在深入调查研究、认真总结经验的基础上制订了《南开大学关于教育管理改革的几项措施》，简称"教学改革九条"。其主要内容是在转系、转专业、学分制、选课、攻读双学位、自修取得学分等方面，给学生较多的自由。目的就是给学生提供充分的选择余地，创设发展条件，调动学生学习的积极性和主动性。③

①②③ 母国光：《我对大学教育的理解》，《高等教育研究》2000年第4期。

（四）师资是决定学校教育质量的关键

母国光认为，师资是决定学校教育质量的关键。教师在教学活动中处于主导地位。教学内容能否跟上时代的步伐，教学质量能否提高，关键在于教师的素质和责任感。“严师出高徒”，每一位教师都能够在思想上和学业上严格要求学生，真正做到为人师表、言传身教，努力完成教书育人的双重责任，这是提高人才培养质量的可靠保证。千方百计建设一支高素质的教师队伍，永远是一所大学工作的重点之一，也是提高人才培养质量的根本保证。

为了提高南开大学师资队伍的水平，母国光求贤若渴，选留教师精挑细选，培养骨干优中选优，晋升学衔择强汰劣，聘任职务竞争上岗，建立了一支精干优秀的教师队伍。晋升教授不因其年龄而“特批”，不论资排辈，不凭某些荣誉奖励，甚至创收的多少来晋升等，力争统筹兼顾，真正做到公平合理。[①]他采取了“请进来、派出去、梯队建设”的方式来增添优秀人才。南开大学送出一批批访问学者，派出了很多化学、生物专业的青年学者去国外进修深造。在如何请进来即引进人才方面，在母国光的领导下，南开大学做了很多突破性的尝试。比如，聘任著名数学家陈省身创办南开大学数学研究所，又如，聘任著名学者叶嘉莹，创办南开大学中华古典文化研究所，都产生了良好的效果，影响很大。即使在2004年身患淋巴癌后，母国光依旧将引进国内外优秀人才作为自己的重要工作。方志良说：“这个岁数，还有病在身，换作一般人早就休息养病了，可他不是。正是由于他近年来引进的优秀的中青年科技人才，使光学所教师队伍的梯队更加合理，平均

① 母国光：《我对大学教育的理解》，《高等教育研究》2000年第4期。

年龄由2004年的56岁降至现在的38岁，形势喜人。”他在南开大学组织实施了“三个百人”学术梯队建设工程。他站在全校的角度布局人才引进。在他的努力下，南开大学聚集了一大批知名学者和政要担任名誉教授或兼职教授，除了上面提到的陈省身、叶嘉莹外，还有杨振宁、杨叔进、桑恒康、李政道、吴健雄、袁家骝、基辛格、韩素音、金大中等。

三、办学治校的有力措施

（一）加强基础学科教育

母国光指出，基础是创新的前提，有深厚的基础才有高水平的创新。在本科生阶段，基础学科教育是核心。这里所说的基础，不是小专业的基础，也不仅限于拓宽专业口径，而是根据全面素质教育和培养拔尖创新人才的实际需要而确定的，旨在培养学生的整体素质。他认为，世界许多先进大学课程改革的共同趋势是：在本科生阶段重视基础教育，改变围绕狭窄的专业安排基础课的方式，兼顾知识的广度和深度，拓宽基础课程，增加通识课程，开设跨学科课程，实现课程内容综合化、课程设置和实施多样化。这表明，加强基础课教育和通识教育是培养拔尖创新人才的重要手段和必由之路。

母国光认为，仔细考察现在已经成才的年轻人或者历史上成才的人，就会发现他们都有一个很好的基础。要想成就一番事业，要想创新，基础不够是不行的，只有具备深厚的基础才能有更高水平的创新，没有基础的创新常常是经不起推敲的。根深才能叶茂，本固才能枝荣。

母国光对当时忽视基础学科教育的现象进行了批评，并提出了改革意见和建议。他指出，目前本科生培养的主要问题是专业设置过细，培养模式单一，学术视野狭窄，基础知识薄弱，实践经验不足，加上师资力量不强和教学要求不高，从而导致我国大学生的基础科学素养、创新意识和创新能力明显偏弱，这值得认真反思。由于各种历史原因，我国大学本科教育原来的培养目标是某一细化专业的“专家”及相应行业领域的从业者，因而形成了一套过于专业化、实用化、模式化的教育制度和培养方案。这套做法已经不能适应当今社会与学科发展的需要，然而虽几经改革，却没有完成根本性的变革。这在学科设置、专业设置、培养目标、教学计划、课程体系等一系列影响本科生教育的重要环节上都有体现。针对这个问题，他强调必须加强基础学科教育，加大教学改革力度，培养基础宽厚、德智体全面发展的大学生。他说，现代科学技术的发展出现了学科综合化、整体化的趋势，对人才的素质提出了更高的要求，大学教育应着眼于为未来社会培养栋梁，而不是单纯的职业培训；随着研究生教育事业迅速发展，在我国教育结构中，大学本科已经不再是培养高级人才的“终端”，而是其基础阶段。由于新兴学科发展对于基础学科的依赖性和高级人才素质中基础的重要性，我们在注重培养学生能力的同时必须强调具备广博知识的重要性。要培养适应现代科学和社会发展所需要的拔尖创新人才，必须突破狭隘的专业培养模式，改革专业设置和课程体系，进一步加强基础课教学和实践环节教学，将通识教育和专业教育有机地结合在一起。这就要求我们坚持邓小平同志提出的“三个面向”方针，转变教育观念，建立适应现代经济社会发展的本科生教学体系。

（二）营造爱国敬业、积极向上、利于成才的校园环境

母国光提出，大学要为大学生提供各种资源，如教授、教材、实验室、图书馆及其他各种获取知识的手段，还要为青年人之间的交流、切磋和竞争提供条件。大学要培养多种规格的人才，既要培养能工巧匠，也要培养大师。为迎接知识经济的到来，大学必须为中国的现代化培养富于创造力的高度智能化的人才。这就决定了大学不是一台制造同一规格产品的机器，而是一个学术园地，就像可以培养各种苗木的园圃。大学为育人成才创造了必要的氛围。学校的一切改革都应以尽力为学生创造更有利于成才的环境为前提，创造一个适于成才的氛围。①

母国光举例说，抗日战争时期，西南联大等一批国内著名大学的硬件条件并不好，而人才培养质量却很高。新中国成立初期和改革开放初期的人才培养质量也很高，许多人成为今日各行各业的栋梁之材。之所以如此，最根本的原因之一是由于当时的教师与学生都具有一种振兴国家的志向、拼搏努力的精神和强烈的事业心。这表明，有了良好的学校氛围，广大师生爱国敬业、积极向上，即使办学条件较差，也照样能培养出优秀的人才。他认为，近年来，大学的硬件条件普遍改善，而对校园软环境的建设却不够重视，尤其是在德育方面，有些措施脱离实际，有些措施尚未落到实处，有些措施没有取得实效。“德”的问题不解决，教育就会失败。因此，应当采取切实措施，坚持营造爱国敬业、积极向上的学校氛围，通过各种途径，深入进行爱国主义教育，注重培养受教育者的道德情操、社会责任感、科学态度、文化素养、

① 母国光：《我对大学教育的理解》，《高等教育研究》2000年第4期。

创新精神和团队合作精神，使他们成为爱国、敬业、乐群、诚信、守法的优秀公民。

母国光认为，大学还要为学生营造朴素、务实的学习环境。为什么倡导朴素、务实的学习环境呢？他认为，学生时代过分的自由并不是好事，学生要受到纪律的约束。朴素、务实就是不要浪费，不要奢侈，这种安排对学生来讲是绝对必要的，朴素、务实的学习环境有助于学生健康成长。

（三）向学生提供能发挥学习主动性与创造性的空间和机制

母国光指出，学习兴趣作为很重要的非智力因素，它的开发对学生的发展是至关重要的。如果学生对所学的东西很感兴趣，那么学习就会成为一种乐趣，收到很好的效果。如果学生对所学的东西不感兴趣，甚至厌烦，那么就很难收到好的学习效果。因此，要给学生自由选择的机会，不要卡得太死，要给学生提供发挥学习主动性和创造性的空间和机制。

第一，要引入竞争机制。母国光认为，没有竞争机制，就没有真正的淘汰；没有淘汰，就缺乏推动创新的力量。如果进了大学就能毕业，考上博士研究生就能拿到博士学位，那么学生就会缺乏动力。如果引入竞争机制，规定一定的淘汰率，学生就会努力学习，以免淘汰。美国斯坦福大学在课程学习结束时有一个综合考试，由三个教授组成答辩委员会进行面试，规定淘汰率为1/3，这个制度在一定程度上保证了斯坦福大学博士生的质量。德国的大学“宽进严出”，进入大学之后，学完了要求的所有课程，才可以毕业，既可能是4年，也可能是5年，还可能是6年，如果最后还不能学完所规定的课程，就不能毕业。我国也应该采取这样的竞争机制，就好像选运动员通过竞赛可以更快地成长一样，竞争机制促使创新人才的培养。

第二，在教学上，要给学生一定的自由。母国光说，让学生有充分选择专业的权利，如果学生不喜欢数学、化学和物理，喜欢经济，就可以去念经济，学哲学的不愿意念哲学，改学中文或其他专业都是可以的。实行选课制，在学习过程中，有人可以多选数学，也可以多选外语、物理、化学等，这样每个人的课程都不相同，就有利于各种各样的创新人才的培养。如果同班同学100个人学习的课程完全一样，没有区别，每个班培养出来的学生就会一模一样，不符合现代创新人才培养的规律。因此，绝不能因为怕麻烦、怕乱，而设置众多的约束和障碍，妨碍学生的多样化学习，打击学生的学习兴趣。

（四）充分发挥教师的主导作用

母国光认为，教师是学校教学、科研的主体，教师的质量决定了教育的质量。建设一流大学，培养一流学生，关键是要有德才兼备的一流师资队伍，并充分调动他们的积极性、主动性、创造性，最大限度地发挥他们的主导作用。一所大学，不是说把一些高水平的专家、教授会聚在一起就自然成了一所大学，只有充分发挥他们的主导精神，才能培养出出类拔萃的学生。每个学校的办学思想不一样，如果没有组织、没有领导，学校就无法运转，如果没有教师主导作用的充分发挥，要真正出人才可能会有困难。

要发挥教师的主导作用，就要提高教师队伍的整体素质。母国光说，我国大学的教授参差不齐，一些学校可以凭工作资历、行政职务、荣誉奖励、文章数量，甚至创收的多少来晋升教授，致使大量不具备任职资格的教师（没有教过书、科研成果也少的人）和管理干部进入教授、副教授队伍，导致教授、副教授队伍鱼龙混杂。部分教师的道德素质不高，学术浮躁乃至学术腐败之风愈演愈烈。一些教师缺乏爱国主义精神和社会公德，严重影响教书育人的质量。

母国光强调，一定要改进大学教师的评估考核体系。他指出，大学既不是企业，也不是专门研究机构，而是培养人才的学校。应该以大学培养出的人才的质量为标准对大学教师进行评价。任何偏离这个总原则的评价，必然导致弊端丛生。在方法上，要克服近年来广泛实行的过于量化、过于频繁的考核、评比或评价学校及教师工作的不科学做法，以免助长浮夸风，导致一些学校和个人弄虚作假，不利于广大教师潜心学术、教书育人。母国光的这些思想是具有重要现实意义和反思价值的。

（五）坚持开放办学

母国光坚持开放办学，在任校长9年期间，他大力加强与国际大学及研究机构的交流与合作，聘请国际知名学者、专家来校任教、指导工作和兼职。在他任校长期间与有关国家的大学建立了多种类型的合作模式，南开大学也成为国际大学协会中具有常务理事席位的第一所中国大学。他也当选为国际大学协会第八、第九届常务理事，成为第一个进入该组织的中国大学代表。任职期间，他受教育部委派，作为国际大学协会的中方主席，多次参加国际大学校长会议，为促进我国与国际大学的协作交流和发展做出了积极贡献。

四、崇高的人格魅力

母国光具有独特的人格魅力，他敬业严谨、诲人不倦、清正廉洁。母国光去世后，中国工程院院士周立伟深情地悼念母国光："母先生的过世是光学界的一个重大损失，对于我个人来说，我失去了一位良师益友。近20年的交往，我从他身上学到了不少东西，特别是他敬业献身的精神，以及为人师表、正直谦和、甘为人梯、关爱青年的高尚品德是我学习的榜样。"母国光不仅对南开大学改革发展贡献卓著，而且对中国光学事业的发展和光学人才的培养也功不可没，影响了几代光学家。"母先生是一个非常让我敬佩的人，他确实是把自己的一生都献给了中国的光学事业"，中国科学院院士周炳琨回忆起母国光，仍感慨不已。

与母国光相知相伴近60载的夫人池圆香最了解丈夫，她回忆说："他对于自己没有任何愿望，如果说有，那就是希望能够工作到底。正如母国光对自己钟爱学科的形容，光学是让人'把一辈子精力都放进去还不够的学科'。母国光还曾抱怨过，休息日太多了，这样不好，人就应该趁着年轻多学习、多实践。"由于母国光一心扑在工作上，所有的家务，包括孩子的教育就都落在了夫人池圆香一个人身上，"他只知道工作，这么多年了，他每个月开多少工资自己都不清楚"。

南开大学现代光学研究所教授赵星当时毕业后留在母国光身边做助理。他说："母先生在生活上是一个非常严谨的人，前两年先生身体好些的时候，每天上午9：30准时开始工作，一直到12点结束，中午休息一会儿，下午3：30继续工作到5：30。即使重病，对工作依旧十分投入。"去世前夕的母国光十分关心三件事：第一件事就是他带的最后一批两位博士研究生还未毕业，他常常让赵星向学生转达要好好做论文。第二件事就是南开大学光学研究所的发展情况，关于研究所的发展、人才引进等问题他都会过问，有会议也会坐着轮椅到场参加。第三件事就是他对于国内当前光学事业的发展很焦急，特别是对于当前光学领域年轻一代的院士较少这一问题很焦急，经常勉励年轻人要多钻研、多出成绩。之所以80岁高龄还带病参加院士大会，母国光就是希望为光学事业的发展多争取一些机会。

母国光在书房中

母国光为人正直。他的夫人曾说："如果问我最爱他哪一点，我一定会说是他的正直。他一心为公，从不以权谋私。在家里，他从不提工作上的事情，也不让我插话，更不允许我替别人走他的'后门儿'，哪怕这个人是他的外甥或亲生女儿。当年妹妹的儿子在北京读书，因为学习成绩优异，校方要给他一个保送南开大学的名额，可他一听是自己的外甥，便一口回绝了，要他凭自己的实力参加高考。最终，那孩子也没有辜负他的殷切希望，在所考专业里排名第一。我的女儿母晓宏在南开大学读生物化学，毕业那年，她准备去天津血研所应聘，国光在她临行前却千叮咛万嘱咐，让她不要以自己的身份作为敲门砖，要靠自己的真本事。但当时血研所只招男生，所以女儿与这份工作失之交臂，只好选择出国。没有办法，他就是这么一个正直的人。”

五、不灭的科教之光

母国光是新中国成立后南开大学第一批为数不多的毕业生中的一员。他是在南开大学这块英才辈出的沃土上成长起来的，从一名风华正茂的青年学子，成长为国内外知名的光学家和教育家。在近60个春秋里，他与祖国同呼吸、共命运。他艰苦奋斗、奋发图强，虽然经历了各种风风雨雨，但是他仍然矢志不渝，在祖国的教育和科学园地里辛勤耕耘，默默奉献。在改革开放新的历史时期，他意气风发、与时俱进，开拓创新、硕果累累。在走上南开大学校长和中国光学学会理事长等重要领导岗位后，他立足南开、面向社会，胸怀祖国、放眼世界，为南开大学和祖国的教育事业和光学事业积极工作，做出了突出的贡献。

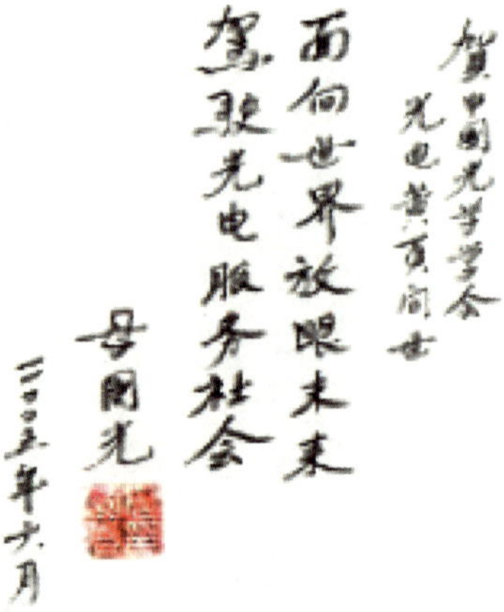

母国光手迹

母国光从事光学教学工作六十余年，学生不计其数。他培养和指导的博士生和硕士生有数十名，遍及海内外，许多已成为当今我国光电领域的学术带头人，有的在国际上也产生了重要影响。比如，荣海生博士在国际上首创硅激光器；又如，梁俊忠博士在国际上率先提出人眼波前像差精确测量方法，从而推动了新型激光眼手术的视力矫正等。

母国光对新中国高校光学教材建设有开拓之功。1965年由母国光领衔编写的《普通物理学·光学部分》一书出版，这是我国第一本基础物理光学的大学教科书，著名光学前辈严济慈教授亲自审阅了该书，并给予很高的评价。作为我国光学教育具有深远影响的教材，1978年该书又经修改和补充，以《高等学校试用教材·光学》为名由人民教育出版社出版，成为“文化大革命”后奠定大学物理专业基础的通用教材，得到全国各大学普遍采用，并受到广大师生的好评，累计发行量达到30万册，许多现在光学科学战线一线的学者诚恳坦述，是这本书引领他们进入了光学的殿堂。该书获得1986年国家教委优秀教材奖一等奖。2000年，这部书的第二版由高等教育出版社作为物理经典教材再版。此外，他参与翻译的《光学仪器理论》《光学成就》《光学信息处理》等著作，在我国光学界也受到广泛重视。这些书对我国光学的教学和研究均具有重要价值。

母国光在南开大学校长任期内，兢兢业业，以务实的领导风格，模范地传承“允公允能，日新月异”的校训精神，带领南开大学向前发展。1992年，国家教育委员会认定南开大学为“八五”时期重点建设院校，母国光主持制定了《南开大学事业发展“八五”计划和十年规划》。在他领导下，学校的各项事业得到发展，学校整体水平和国内外声誉有显著提高。1995年5月，他主持并完成了南开大学进入国家教委第一批“211工程”项目建设的立项预审，为南开大学的发展奠定了重要基础。作为“南开老人”，他走下校长的岗位后，依然关心学校的发展建设，更加关心我国高等教育的发展。2003年，他受中国科学院学部咨询委员会的委托，负责关于科学教育改革咨询课题的工作。经过大量的调研与咨询，完成了《关于改革我国大学理工科本科生基础科学教育的意见》的咨询报告，由中科院报送上级。他十分重视基础教学和本科生教育，筹建了天津大学和南开大学联合创办的光电子科学系和教育部光电信息技术重点实验室，开拓了理工结合、强强联合的创新教育模式。

主要参考文献

1. 方志良等编:《庆祝母国光从教六十周年暨八十寿辰》，南开大学现代光学研究所2010年印行。

2. 张铁帆:《母国光：一生与光同行》,《中国教育报》2012年4月24日。

3.《光电领域专家（四）》,《光电工程》2017年第7期。

4. 李亚舒:《发展科技翻译事业——中国科学院院士、南开大学校长母国光教授谈翻译》,《中国科技翻译》1994年第1期。

5. 八旬劳模母国光:“我的家就是南开”，南开新闻网，2011-05-02。http ://news.nankai.edu.cn/nkyw/system/2011/05/02/000038833.shtml.

6. 池圆香：犹吊遗踪一泫然，南开新闻网，2012-04-14。http ://news.nankai.edu.cn/nkyw/system/2012/ 04/14/000063134.shtml.

允公允能
日新月异

南开大学校训

撰稿人：秦俊巧，教育学博士，河北廊坊师范学院科研处处长兼教育学院院长、副教授，主要从事中国教育史研究。

潘承洞

PAN CHENGDONG

山东大学校长（1986—1997）

（图片由山东大学档案馆提供）

潘承洞（1934—1997），江苏苏州人，我国现代著名的数学家、教育家。1991年当选为中国科学院学部委员（院士），1986—1997年担任山东大学校长，为我国数学事业的发展及山东大学的发展做出了重要贡献。

潘承洞是山东大学发展历史上的杰出人物之一，也是国际知名的数学大师。作为国际解析数论领域内的耀眼之星，他实现了对哥德巴赫猜想研究的重大突破。他是学生眼中的好老师、好校长，他把自己的一生都奉献给了自己热爱的数学研究和教育事业。

一、求学、教学与治学之路

（一）求学之路与工作足迹

1934年5月26日，潘承洞出生于江苏省苏州市一个旧式大家庭中。潘承洞自幼好学善思，1946年8月，考入苏州振声中学读初中。1949年，初中毕业后考入苏州桃坞中学（今苏州市第四中学）。桃坞中学的教学内容和管理制度自成一体。它具有雄厚的师资力量，采用先进的教学方法，培养了大量的优秀人才。这也为潘承洞养成数学兴趣和钻研精神奠定了良好的基础。在读高中时期，潘承洞在一次数学课上发现课本《范氏大代数》中有一道有关循环排列题的解答是错误的，并对此做了修正，而当时他身旁从教20余年的数学老师祝总骏先生却没有发现这个错误。祝老师是苏沪地区颇负盛名的数学教师，祝老师对他这种善于发现问题、不迷信书本、坚持真理的精神十分赞佩。在祝老师的鼓励下，潘承洞对数学更为痴迷，同时祝老师对学生因材施教、循循善诱、鼓励学生勇于创新的教学方法对潘承洞之后的教学生涯也产生了重要影响。

1952年，潘承洞以优异的成绩考入北京大学数学力学系。当时，全国高校正逢院系调整，许多著名学者如江泽涵、闵嗣鹤、段光复等都在北大为他们讲授基础课。数论以其独特简明、充满猜想的特点深受众多数学大师的青睐，潘承洞也被其中的奥秘所深深吸引，并在闵嗣鹤教授的引导下选修了解析数论专门化的课程。20世纪50年代前后是近代解析数论的一个重要发展时期，大筛法、黎曼 ζ 函数与狄利克L函数的零点分布、塞尔伯格筛法等新的解析方法相继被提出，并成为解析数论界的中心。

1956年10月，潘承洞以优异成绩毕业，留北京大学数学力学系工作。1957年，潘承洞考取闵嗣鹤教授的研究生。闵嗣鹤教授为潘承洞确定了研究方向：L函数的零点分布及其在著名数论问题中的应用。在学习期间，潘承洞还参加了华罗庚教授在中国科学院数学研究所主持的哥德巴赫猜想讨论班，与陈景润、王元等一起讨论，互相学习。1961年，他研究生毕业后分配到山东大学数学系任教。

1962年，潘承洞通过对大筛法与L函数零点分布结论的改进，证明了命题成立，这是一个在哥德巴赫猜想研究历史上具有决定性意义的重大进展。1963年，他又证明了（1+4），发表论文《表大偶数为素数与一个不超过4个素数乘积之和》。潘承洞在哥德巴赫猜想领域的研究成果，被国际数学界公认为实现了哥德巴赫猜想研究的关键性突破。

1979年至1986年，潘承洞先后任山东大学数学系主任、数学研究所所长、山东大学副校长。1986年底，被任命为山东大学校长。1991年当选为中国科学院学部委员（院士）。1997年12月27

日，在济南病逝。

（二）教学、学术与做人

1. 认真教书育人

1961年潘承洞被分配到山东大学担任助教，山东大学领导非常重视他，对他照顾有加，这使潘承洞能在山东大学安心地继续从事他喜欢的解析数论研究工作，从此他也与山东大学结下了不解之缘。

在山东大学数学系任教的30多年中，他始终坚守在教学的一线，在他的倡导下，山东大学为本科生、研究生开设了10多门数学专业课程，如数学分析、高等数学、实变函数论、复变函数论、哥德巴赫猜想等课程。潘承洞在教学过程中始终坚持因材施教、循循善诱的原则，对学生认真负责，讲课从不照本宣科，而是提纲挈领、讲透精华。一方面，他极大地鼓励学生敢于说出自己的想法，敢于质疑他的观点，充分激发学生学习的创造性和积极性。其教学风格独特，语言风趣幽默，使原本枯燥的内容变得兴味盎然。另一方面，他不在细枝末节上用过多的语言，而是运用粗线条讲授法，着重讲清问题的来龙去脉和其中蕴含的思想，对理论体系的发展、方法、结果加以分析，高屋建瓴、独辟蹊径。这种教学方法对于刚恢复高考后的学生来说非常适用，能够帮助他们领会更多的数学思想，掌握更多的数学方法，因而受到同学们的喜爱。

潘承洞十分热爱教学工作，兢兢业业、毫无怨言。即使在担任山东大学的校长期间，工作事务特别繁忙，他也仍然坚持抽出一定的时间为本科生授课。1995年，潘承洞特意提出要求，让数学系的教务员给他安排“阶的估计”这门课，尽管那时他的身体已经很不好，但他仍然坚持亲自授课，由此看得出潘承洞对教学工作的重视。

潘承洞对教学工作认真负责、鞠躬尽瘁的态度也鼓舞着山东大学很多教师，正是在他这种为教育事业无私奉献的精神影响下，数学系的许多教师都纷纷以潘承洞为榜样，严格要求自己，认真贯彻执行学校的教学标准，改进教学方法，提高自身科研能力和水平，并以学生为中心，深入到学生中去。这极大地提高了数学系的教育教学质量。1992年，山东大学数学系被教育部评为首批“国家基础科学研究人才培养基地”。

潘承洞工作照

（图片由山东大学校史馆提供）

2. 探索哥德巴赫猜想

哥德巴赫猜想是潘承洞所要探索的课题，谁也没有想到，轰动全世界数学界的哥德巴赫猜想会被一位来自中国的青年突破。“哥德巴赫猜想”成了中国人家喻户晓的一个名词，这个词把中国数学推向了世界，它代表了一个时代的记忆，它是一段传奇，是民族的梦想与荣耀。在探究“猜想”这条崎岖的科研道路上，潘承洞无时无刻不想起他的恩师闵嗣鹤教授对他的耐心辅导和言传身教。

1961年，潘承洞来到山东大学数学系任教。他怀着一颗为祖国科学事业奉献的赤诚之心，在校园内一间狭小的宿舍里，顶着酷暑开始了他攻克哥德巴赫猜想的艰难历程。那时他担任着繁重的教学任务，需要给180多名学生授课，并为他们答疑解惑。上课已经占据了他大量时间，他只好利用晚上和其他空余时间来做研究。而那时生活条件极其艰苦，做科研相当艰难，潘承洞没有退缩，他在简陋的条件下遨游数学知识海洋，凭借心中那份执着和对科研的热爱一步步地走下去，在克服困难的过程中享受着数学知识带给他的快乐。

为了不打扰爱人休息，潘承洞甚至先熄灯，让爱人先休息，他独坐在黑暗中苦思冥想。若是有了一个好想法，他就会慢慢地打开灯，惊喜地把它写下来。由于长期的挑灯夜战与营养不良，潘承洞的眼睛受到了严重损坏，身体也变得虚弱。潘承洞一直在寻找（1+c）定理中c的确定值，他想为祖国的科学事业尽自己的一份微薄力量，他想让全世界知道中国人也在为哥德巴赫猜想努力奋斗。“宝剑锋从磨砺出，梅花香自苦寒来”，经过半年多的苦战，潘承洞在兰恩易研究的基础上通过改进和创造性地运用“大筛法”，成功地完成了重要论文《表大偶数为素数及一个素因子不超过5的数之和》，即（1+5），那一年，潘承洞年仅28岁。论文写出后，他立刻寄给了远在北京的闵嗣鹤教授，希望闵嗣鹤能够和他一起分享这一胜利成果。闵嗣鹤教授看到这篇论文，在感到惊讶的同时又有一些质疑，他不敢相信，潘承洞居然突破了兰恩易的（1+c），把天文数字从c降到了5。潘承洞的证明是对的吗？许多数学家也纷纷投来相同的质疑，王元更是对他的论文进行了认真的审查，在确定无误后马上在中国科学院数学研究所做了专题通报，王元兴奋地告诉大家，潘承洞的证明完全正确。闵嗣鹤教授脸上露出了欣慰的笑容，潘承洞没有辜负他的期望。在场的所有学者都为潘承洞的证明感到高兴，而此时华罗庚教授则立即与《中国科学》和《数学通报》编辑部联系，让他们尽快把这篇论文发表出来。[1]

潘承洞这一惊人的重大突破使中国在哥德巴赫猜想（1+1）的研究中处于世界领先地位，也为后来研究哥德巴赫猜想开创了新的局面，许多有关猜想的研究都引用了他的研究成果。潘承洞打开了国人对哥德巴赫猜想的新认知，也激励着越来越多的数学家继续为之探索。1962年，潘承洞与王元分别用不同的方法证明了（1+4）、（1+3），1966年，陈景润证明了（1+2），并在1973年发表了全部证明。

潘承洞在哥德巴赫猜想上取得突破后，并没有放下重任，而是继续潜心研究与哥德巴赫猜想有密切关系的均值定理。那时，陈景润的（1+2）论文在“筛法”上有重大创新，但其证明方法极其晦涩难懂，于是一种想把复杂的方法简化的念头在潘承洞心中燃起。潘承洞认为现有的均值定理理论不足以支撑他去简化，他必须对此做出实质性的改进。潘承洞带着这样的使命又开始了夜以继日的研究。半年后，他又与王元、丁夏畦共同研究，首次得出了“陈氏定理”（1+2）的简化证明，成为国际上五个简化证明中最好的一个。德国的一位数学家称赞说，他们的证明不但有了

① 郭同文、杨学锋：《不断探索　勇辟新径——记著名数学家潘承洞教授》，《高教战线》1983年第2期。

一个实质性的简化，更重要的是得到了一个新的均值定理，并将它和“朋比尼定理”“陈氏定理”一起列为该研究领域中三个重要成果。而这个新的均值定理不仅在哥德巴赫猜想型问题中得到了广泛应用，而且对其他解析数论的著名问题亦有重要应用，英国数学家黑斯·布朗于1985年就把它应用于原根的阿丁猜想。①

1978年潘承洞与陈景润合作完成了论文《哥德巴赫数的例外集合》。1979年7月，国际解析数论会议在英国小城德拉姆举行，会议的第四天，潘承洞作为报告者登上了国际数论舞台，他从容不迫地用英语做了题为《一个新的均值定理及其应用》的报告，报告时长一个小时，潘承洞用其流利的英语、新颖的论题，严谨的论证，赢得了全场热烈的掌声。报告结束后，许多著名数学家向坐在会场上的华罗庚教授表示祝贺，并对潘承洞的报告给予高度的赞扬，大家一致认同他的报告具有突出的成就、很高的水平。而他们怎么也不会想到，潘承洞事实上只准备了20分钟的报告内容，只是在会议前期突然接到会议主席的通知，希望他的报告能多讲一点，于是潘承洞就享受了这长达一小时报告的荣誉。

哥德巴赫猜想在“陈氏定理”（1+2）出现之后陷入了困难局面，现有的方法已无法解决这一问题，许多数学家纷纷认为需要另辟蹊径。而这时，潘承洞以其超常的才识、胆略和坚韧不拔的意志进行研究，发表了《研究哥德巴赫猜想的一个新尝试》，提出了解决这一猜想的新途径。他的新思想和新方法再一次受到了国际数学家的极大关注，并认为这是一个很有价值的探索。

从哥德巴赫猜想问世至今，众多数学家都在这一研究领域创

---

① 张笛梅、杨陵康主编：《中国高等学校中的中国科学院院士传略》，高等教育出版社1998年版，第192页。

造出了成果，但遗憾的是，这些重要的成就和方法都没有系统地以著作的形式来论述，而是分散在众多的文章和著作中。潘承洞是哥德巴赫猜想研究路上的勇者，他决心弥补这一空白。1981年，经过大量搜集、整理相关的资料，归纳方法，提炼思想，潘承洞与其胞弟潘承彪合作写出了世界上第一本系统的《哥德巴赫猜想》专著。国际数学界权威杂志、美国和德国的《数学评论》对这本专著给予了极高的评价，认为这部书不仅是对哥德巴赫猜想的历史、研究方法、结果、研究状况的评价综述，而且是数论杰出的再创造，是“数论文献宝库中的新成员”。专著出版后，关于哥德巴赫猜想的研究并未终止，而是继续前行。1982年，潘承洞又发表了《哥德巴赫猜想的新尝试》，以此概括他后来的研究工作。

3. 热爱生活，乐于奉献

虽然潘承洞潜心做学术研究，但在科研工作中他没有忘记党对他的培养教育，而是时刻以中国共产党伟大的革命精神来激励自己，并以党员的标准严格要求自己，与祖国同呼吸、共命运。

早在1963年下半年，他就将理论与实践相结合，开始把辩证唯物主义思想运用到自己的教学、科研中去。粉碎“四人帮”之后，潘承洞受邀出席全国科学大会，大会上邓小平同志讲到关于绝大多数知识分子已经是工人阶级一部分的思想，给了他巨大的鼓励。会后他更加坚定了入党的决心，于是他再次找到党组织，说出了自己的肺腑之言：“党中央号召我们又红又专，红的条件不是降低了，而是更高了，我决心要以主人翁的姿态，投入到祖国的‘四化’建设，努力把自己锻炼成为无产阶级的先进分子，请党组织考验我吧！”[1]全国科学大会后不久，潘承洞被破格从讲师晋升为教授，接着他又当选为全国人大代表、山东省人大代表和山东省人大常委会委员，并担任山东大学学术委员会副主任等职务。虽然担负了繁重的工作，但他总以饱满的工作热情、认真负责的态度，投入各项工作当中，为此也赢得了大家的钦佩和赞扬。

潘承洞是个兴趣广泛的人，早年在北京大学他就是乒乓球队的主力队员，几次蝉联全系职工乒乓球赛冠军，每当数学系要推选参加桥牌比赛或象棋比赛人选时，大家都会不约而同地想到他。而后来繁忙的工作已经使他不能再像以前那样经常参加活动，他把兴趣爱好的时间都给予了他的科研工作。潘承洞非常珍惜时间，在开会的路上、乘车的空隙、会议休息、饭前饭后，他都停不下思考。对此，他风趣地说：“我是充分利用数学特点化整为零。”在暑假期间，山东大学党委考虑到潘承洞为科研工作忙碌导致身体有些不适，特意派人动员他到青岛疗养院休养。潘承洞非常感谢校领导对他的关心，但他觉得暑假是科研的最佳时间，所以谢绝了这番好意。1978年，校领导特意派他去一个舒适的海滨胜地避暑，他也没有去，而是来到了威海驻军坐落在小山上的一座普通的营房里从事他的科研工作。他每天早晨五点半起床，深夜12点熄灯，就这样在一个多月的时间里，完成了《素数分布与哥德巴赫猜想》以及与他胞弟合著的书稿初稿。1980年，教育部通知他参加全国优秀教师暑期疗养团，他又谢绝了，而是选择在酷热的泉城，认真修订完他和一名研究生合著的著作——《阶的估计》。由于长期伏案工作，他的身体已经多次出现问题，做过几次

① 郭同文、杨学锋：《不断探索　勇辟新径——记著名数学家潘承洞教授》，《高教战线》1983年第2期。

手术，许多同事都劝他注意身体，回家疗养一段时间，但他一次又一次谢绝了领导和同事给予的关怀。有一次，禁不住大家的劝说，他终于同意去疗养，但临走的时候又带上了一大包资料，回来的时候《数论基础》（上册）已完成了。[1]

潘承洞与华罗庚在一起

（图片由山东大学校史馆提供）

潘承洞淡泊名利、洁身自好，许多人被他大数学家的风范所折服。他曾多次在全系会议上提醒大家，要坚决抵制资产阶级名利思想的影响，讲究科研道德，他自己更是时时处处严格要求自己。在学术上，他从不吝啬，总是毫无保留地把自己的想法告诉学生，并热心地帮他们选定研究方向，为他们查阅和提供大量资料，给予他们耐心的指导。有时在发表论文时，学生们想署上导师的名字，但都被他坚决划掉了。有位学生在他的指导下完成了一篇论文，就在文章里表示对他的谢意，但潘承洞却说，论文的结果与思想是你自己的，不需要提我的名字，于是他坚持把这段话删掉。他曾与陈景润合作过一篇论文，陈景润发表时署上他的名字，潘承洞也是谢绝了，他认为自己仅仅是和陈景润交流了一些看法，并无实质性工作，因而不能署名。在他的坚持下，陈景润无奈地划掉了他的名字，但

① 郭同文、杨学锋:《不断探索　勇辟新径——记著名数学家潘承洞教授》,《高教战线》1983年第2期。

在论文最后部分，陈景润还是表达了对潘承洞先生的感谢，并认为论文的成果潘承洞先生亦有能力独立获得。

1981年7月1日，在山东大学新党员入党宣誓大会上，潘承洞教授站在队列中，庄严地举起了手，他感到无比激动和自豪。在他给校刊写的一篇文章中谈道："我深知自己的业务知识和工作中所取得的一些成绩，都是党培养和教育的结果，没有党我将一事无成。因此，决不能拿自己的知识去作为向党要名要利的资本。我一定要谦虚谨慎，虚心接受同志们的批评，依靠组织、团结同志，沿着党指引的方向，为实现共产主义的伟大事业而奋斗。"随后，他把山东省发给他的科技成果奖一等奖的奖金，全部作为党费交给了党组织。①

二、从严治校，爱才惜才

（一）规范学校管理，加强学科建设

1984年，潘承洞出任山东大学副校长。1986年，他被任命为山东大学校长。他根据1985年中共中央印发的《关于深化教育体制改革的决定》的精神和新科技挑战的形势，同时充分考虑山东大学的特点，制定了"文理并举、新老并进"的办学方针，既注重综合性大学的基础理论研究，发展原有重点学科，又积极扶持建设一批高新技术学科。这不仅使山东大学的人才培养工作适应了经济社会发展需要，提高了山东大学学生的综合能力，同时也使山东大学的办学水平得到了较快发展。学校于1997年12月进入

① 郭同文、杨学锋：《不断探索　勇辟新径——记著名数学家潘承洞教授》，《高教战线》1983年第2期。

了“211工程”。

潘承洞校长主张从严治校、严格管理。他要求全校各部门制定和完善规章制度，依法治校，实现管理制度化、规范化；要求全校教师从严治学、严于律己、为人师表、教书育人；要求学生自尊自重、孜孜以求、立志成才、遵纪守法。潘承洞虽然承担大量社会工作，但他还是非常重视学校的管理，经常召集大家开会，制订相应的计划，听取各方面的汇报，经常深入群众进行调查研究，深入学生中去了解情况，注重学生的基础课教学，密切与各部门领导的合作，加强教师队伍建设，深得学校师生的爱戴与拥护。

潘承洞强调学校工作要以学科建设为重点，提高办学层次和教学水平，同时兼顾教学、科研、后勤等工作。在他的带领下，学校加大了对一些有明显优势的特色学科的投入和建设，如数学、材料化学、化学、物理、生物、中文、历史等，使山东大学的优势学科获得了快速发展，朝着世界一流学科迈进。在他担任校长期间，山东大学改变了单一的文理结构，学科结构发展成为既保持文史见长的特点，又有文理、经贸、政法、管理、工程技术等多学科协调发展的新格局。①

（二）“破格教授”与“博导楼”

潘承洞在校长任上非常重视教师队伍建设，不拘一格重用人才，不讲门户爱惜人才。他对同辈、同行无私坦荡、宽以待人、严于律己。他始终把培养高层次人才、强化师资队伍建设作为提

①《山东大学百年简史》编委会编：《山东大学百年简史（1901—2001）》，山东大学出版社2001年版，第405页。

高教学质量和办学水平的关键。

在任校长期间，潘承洞着重抓山东大学青年后备科研人才的培养和各学科教学科研梯队的建设，创造条件使青年学者能尽早地脱颖而出，为青年人的成长付出了很多心血。他提出了培养跨世纪中青年学术带头人的设想，进行了“山东大学跨世纪人才工程”建设，并为此设立了专项基金，学校在职务评聘、住房分配、出国进修、科研经费和学术交流等方面都实行人才倾斜政策，为青年科研人才提供了良好的学习和工作环境。[①]1987年，潘承洞制定了给有博士学位的青年教师优先分配二室一厅住房的政策，使留校的或从兄弟院校引进的博士毕业生都获得了较好的居住条件，为他们解决了一定的后顾之忧。这在当时全国各高等院校中都是为数不多的。1997年12月，在省政府的帮助下，山东大学80多位博士生导师喜迁新居，住进了户均建筑面积达到或超过100平方米的“博导楼”。

以往山东大学在评定职称的时候论资排辈的情况非常严重，在一定程度上阻碍了有才华的年轻学者的发展，潘承洞为改变这种状况做出了很大的努力。曾经有几位现在已非常知名的学者，当初晋升教授时因为资历的欠缺，遇到了不同程度的阻力，在潘承洞的关心下，这些问题都得到了及时解决。1992年他又主持制定了“破格教授”政策，即40岁以下的年轻教师晋升教授职称可不占用所在单位名额，由学校统一筛选。1993年3月，学校一次提拔了40岁以下的16位年轻教师为山东大学“破格教授”，最年轻的只有30岁。这些“破格教授”不负众望，在科研中都表现突

① 栾开政等编著：《山东的第一所大学》，山东人民出版社2006年版，第210—211页。

出，成为各自领域的佼佼者。潘承洞提出“破格教授”这一政策极大地鼓舞了山东大学的青年学者，提高了他们投入科研工作的积极性和创造性，同时使山东大学在职称评定工作中逐步形成了重能力、重成果、轻资历的良好风气。

三、开门办学，加强合作

潘承洞认为，一个学校如果固守旧有的模式，关门办学，拒绝与社会和市场的联系，就违背了自身的发展规律，是毫无前途可言的。他认为，学校应该确立共建的思想，充分发挥改革的主动性和积极性，自觉地按照教育规律去调整自我，融入社会主义市场经济体制这个整体中去。在潘承洞的倡议下，山东大学提出了“面向山东、立足山东、服务山东”的口号，积极参与国家和地方的经济社会建设。

（一）校地联合，共建共管

在潘承洞的大力推动下，山东大学的共建活动开展得比较早，形式也比较灵活，并取得了阶段性的成果。“校地联合，共建共管”是以国家教委或学校本身与地方政府签订正式协议的方式确定下来的一种全面合作、共同管理的共建形式。山东大学通过与山东省人民政府、济南市人民政府、威海市人民政府等签署一系列全面合作、共同管理的协议（1994年7月，国家教委和山东省人民政府签署了关于共同建设山东大学，实行双重领导、联合办学的意见；1994年，山东大学威海分校与威海市人民政府正式签订了共建协议；1996年2月，济南市人民政府与山东大学签署了关于进行全面合作的协议），使山东大学获得了地方政府的全面支持。山东省人民政府强调，“山东大学是山东的”，是山东省的头号重点大学，全省要全力以赴地把山东大学办成国内一流、国际上有较大影响的大学；要给予山东大学必要的特殊政策，有计划地重点扶持。山东省人民政府还承诺，除每年拨付一定数额的共建经费外，要逐步补齐委属院校生均事业费与省属院校生均事业费的差额，并一视同仁地让山东大学享受山东省出台的地方性补贴政策。同时，省人民政府还表示要全面落实共建协议、加大共建力度，把山东大学的建设和发展列入山东省的经济、社会和高等教育发展规划，支持山东大学进入“211工程”。

（二）二级共建，对口扶持

潘承洞的共建思想并未停留在与地方政府的共建框架内，在国家教委和山东省人民政府对山东大学实施共建的同时，他还大力提倡并积极推行校内各院系与地方开展二级共建，即各院系根据自己的专业设置、研究方向和技术力量等实际情况，有针对性地与地方政府部门或大型企业进行协作。这种协作的形式多种多样，内容简繁不一，时间跨度也没有统一的要求。由于针对性强、见效快，所以深受协议双方的欢迎。例如，环境工程系与山东省环保局于1995年正式签订合作协

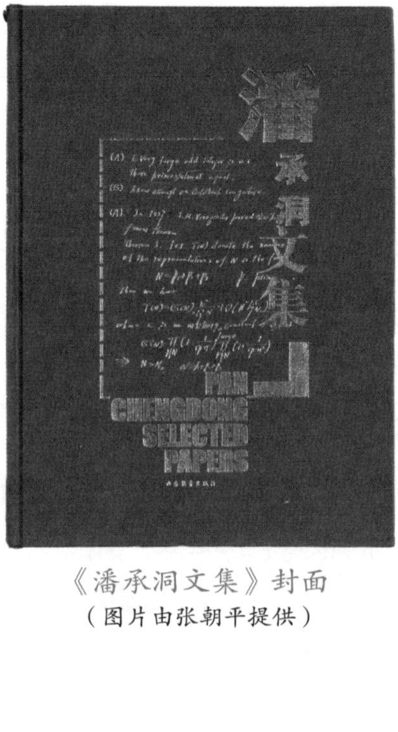

《潘承洞文集》封面
（图片由张朝平提供）

议，将该系的教师和科研人员纳入了环保局的科研梯队，承担环保方面的重大科研任务和环境评估项目，而山东省环保局则分批进行投资，为环境工程系购置仪器设备，改善科研条件。山东大学威海分校和威海市水产局也签订了关于共建水产系的协议，主要由水产系为威海市培养水产方面的人才，承担科研课题和进行项目改造，而威海市水产局方面负责为学校投资建设基础设施，提供实习场所和研究基地。

（三）校际联合，优势互补

潘承洞善于挖掘山东大学的特点，也善于拓展性地挖掘其他高校的优点，在校际的联合中体现优势互补，助力学校的发展。这种校际联合的主要形式是以合作培养、联合攻关的阶段性项目为主。例如，山东大学与山东工业大学签订了合作办学的协议，筹备建立“山东材料科学与工程研究中心”，结合山东大学的功能材料和山东工业大学的结构材料的科研特点，形成优势互补，使其成为我国材料科学方面具有一流水平的人才培养和科学研究基地。山东大学与山东医科大学签订联合培养7年制高等临床医学专业人才的协议之后，培养的首届毕业生深受社会欢迎，形成了一种培养高级医学专门人才的新模式。山东大学与山东中医药大学等医科院校也签订了类似的协议。

（四）校内联合，事半功倍

潘承洞认为，在学校的内部管理上，原有的管理模式下形成了一套自成体系、相对独立的条块分割模式，不利于优势互补，妨碍了整体优势的发挥。针对这一情况，同时也为了适应开放办学、共建共管的要求，他对校内进行了全面的管理模式创新，不断完善校、院、系三级管理体制，以院为基础，按照专业互补、学科互补、优势互补的原则，先后合并组建了13个学院。如技术工程学院，由电子系、光学系、计算机科学系等系科组成，形成了光、机、电一体化的集团优势，在人才培养和科学研究方面产生了较高的效益，提高了学院的整体实力和竞争能力，使教学质量、科研水平和办学效益都上了一个较大的台阶。与此同时，潘承洞还通过强化共建、协作意识，在管理上进一步简政放权，充分利用各院系在办学上的主动性和创造性，使学校管理呈现出稳定、优化、高效的新格局，从而为共建活动的广泛深入开展创造了良好的条件。

通过全方位与地方政府、高校、企业以及内部开展共建活动，潘承洞为山东大学探索了一条互惠互利、共同发展的新模式。时任国务院副总理的李岚清视察山东大学时，充分肯定了山东大学在共建活动中取得的成就与经验。学校为地方政府和企业培养人才、提供技术、承接科研项目、提供咨询服务等，而地方政府和企业则为学校注入资金，为学校的发展建设创造良好的环境条件。通过共建，山东大学缓解了财政困难，办学经济实力得到了极大的增强，也获得了很多优惠的倾斜政策。如山东省拨专款为学校建设“博导楼”，济南市为学校建设“院士楼”，城建部门免除学校的工程配套费等。通过加强山东大学与地方政府和企业的联系，山东大学充分发挥了人才和科技优势，将学校的发展真正纳入市场经济体系。通过学校内部的联合，也培育了一批新的学科点，譬如与德国西门子公司联办的“山东信息技术与工程发展中心”，以及组建的“材料科学学科群”等，都表现出旺盛的生命力、发展潜力和竞争实力。

四、别有洞天的风范

（一）诲人不倦，鞠躬尽瘁

高大瘦弱、数学狂、才华横溢、充满智慧、敬业爱才、富有人格魅力、大学者、战略家，这些词语都是他的学生展涛在回忆导师一文中用来形容潘承洞的词语。从教三十余年，潘承洞以其独特的品质深深受到学生的爱戴和敬佩。他是学生的好老师，亦是好朋友，他对学生的培养就如他的学问一样，是高标准、大手笔的风格，因此他付出了很多心血。作为一名严师，他时常要求他的学生要有上进心，将来能成为有作为的人，总是鼓励学生去研究新的东西，去尝试难的问题。在学生取得优异成绩后，他会第一时间肯定学生的付出并会嘱咐他们戒骄戒躁。①

潘承洞是个富有人格魅力的人，他的魅力来源于他的为人处世。他爱他的学生，关心他们的学习，在周末的时候他会到教室转悠，每当看到他的学生在学习，他就会很高兴，并会聊上几句，问看了什么书，有什么收获。潘承洞以身作则，用自己的言谈举止去感化学生，教他们怎么去做人做事。他有着极其顽强的斗志和惊人的毅力，他的学生在医院里见证了他与病魔做斗争，忍受疾病的痛苦。潘承洞曾先后4次因肿瘤长期住院治疗，他在医院里忍受着常人无法体会的痛苦。手术期间，每一次死神威胁他，他都顽强地挺过来了，连医院的医生都感叹“潘承洞真不简单”。潘承洞生病期

① 佩捷、郭梦舒编著：《从华林到华罗庚——华林问题的历史》，哈尔滨工业大学出版社2013年版，第619—621页。

间，他的学生轮流为他送饭陪床。展涛回忆当时的情景时说："潘老师满脑子都是他钟爱的数学，躺在病床上仍在不停地思考，有一次潘老师手术后不久搬进了一个小房间，他还悄悄地递纸条给我，让我把纸条上面写的两本书带给他，对此我还受到了大师兄的'训话'，担心老师由于看了那两本书而加重病情。"①

学术研究之外，潘承洞也有广泛的兴趣爱好，对乒乓球、桥牌、象棋等他样样精通，并且多次在比赛中获奖。他也因为这些特长，提高了自身的社会观察和人际交往的能力，这使他与学生们保持着良好的人际关系，也为他后来从事行政工作奠定了基础。潘承洞喜欢在课余时间与师门中的弟子对弈，在日常生活中对每一位弟子给予亲切的关怀，在学术上给予学生充分的信任和自由，鼓励支持学生去参加学术交流以增加知识量。同时他也很民主，从不强迫师门弟子选择某个研究方向，而是鼓励他们去探寻、开拓新的研究领域。为此，他还派学生去剑桥大学师从大数学家阿兰贝克研习超越数理论。他的学生在他的鼓励下突破了原有的研究领域，在代数数论、解析数论、密码学等领域纷纷取得了优异成果。

（二）求其友声，笃情重谊

王元初识潘承洞是在北京大学数学系，那时潘承洞才刚20岁，王元24岁。他俩由于是同行，在中国科学院数学所都研究解析数论，所以彼此关系密切。潘承洞的导师还经常鼓励他的学生与王元所在的数论组多交流，多向华罗庚教授请教学习。潘承洞和他

---

① 樊丽明、刘培平主编：《我心目中的山东大学》，山东大学出版社2005年版，第409—410页。

的同学经常来参加华罗庚教授指导的哥德巴赫猜想讨论班，和大家一起接受华罗庚教授的指导和熏陶。王元眼中的潘承洞是一个开朗、心胸开阔、淡泊名利、不与他人计较的人，在数学界众人皆知潘承洞所拥有的良好品质，大家都喜欢和他交朋友。

潘承洞和王元两人都是哥德巴赫猜想的爱好者，对其都具有深入研究，彼此之间在学术上经常交流思想、互相启迪。王元是潘承洞科研路上的倾听者和见证者，潘承洞总会在研究成果出来的第一时间告知他的好友王元，两人互相成就、互相进步。潘承洞到山东大学的最初几年里，对于解析数论研究的执着发挥得淋漓尽致。在不到一年时间里，他就把自己的研究心得与王元交流，通信次数竟达到六十多次，比同一时期他与未婚妻李淑英的通信还多得多。他们之间的革命友谊就像伯牙与钟子期一样，相互欣赏对方，珍惜彼此的情谊，每一次的通信，每一次的会议相见，都可以感受到他们之间不仅是学术的思想火花交汇，更是艰难时期彼此的精神支柱，是无条件地对对方的信任、支持和理解。

潘承洞与陈景润、王元合影
（图片由山东大学校史馆提供）

（三）率先垂范，以身作则

正如歌德所说："一个有真正大才能的人能在工作过程中感到最高度的快乐。"潘承洞的一生就是秉承着兢兢业业的工作精神出色地完成他的教学工作，用自己的切身行动完美地诠释了歌德这句名言的内涵。张学铭、楼世拓、姚琦等多名同事，每每提及潘承洞无不高度赞扬。作为他的同事，大家都被他事必躬亲的工作态度和恪尽职守的敬业精神所深深感染。在山东大学数学系从事教学工作三十余年里，他始终如一地投入教学工作中，在楼世拓、姚琦等多名老师的帮助下，先后开设了数学分析、高等数学等有特色的课程，创办了数学兴趣少年班。除此之外，他还以超前的意识提倡并致力于将数论应用于信息科学，从而推动山东大学的密码学研究蓄力发展，为山东大学数学系的发展倾注了大量的心血。1992年，山东大学数学系被评为“国家基础科学研究人才培养基地”，此后数学学科成了山东大学的王牌专业。

楼世拓曾回忆说，他之所以能够在山东大学实现自己的人生价值，很大一部分原因源于潘承洞的爱惜人才和长期被他的呕心沥血为数学界开辟新天地的精神所感染。在一次机缘巧合下，楼世拓因对黎曼猜想独到的见解受到了潘承洞的赏识，但因当时家庭成分的原因在工作调动之际受到阻碍，潘承洞便三番五次地请求省级组织为楼世拓开绿灯，最终楼世拓调入学校，成为山东大学教师队伍的中坚力量。在这个学术氛围浓厚的工作环境中，楼世拓深受潘承洞的感染，目睹着潘承洞对数学研究的不断攀登，感受着他对教学工作的严谨细致。在潘承洞的领导下，楼世拓和另一位老师姚琦共同成立了数学专业的“小班”，这个班级的教学对象是从全年级选拔出来成绩优秀、年龄较小的17位学生，班级的性质是一个课外兴趣小组。正是因为这个兴趣班的成立，又一次让楼世拓和姚琦真切地领略到潘承洞对学术的热忱及对学生的循循善诱。潘承洞总是以深邃的洞察力感知学生的兴趣和天赋，为每一位可塑之才指引方向，对待自己的教学工作任劳任怨，废寝忘食地为山东大学乃至整个数学界的发展出谋划策。

潘承洞爱岗敬业、无私奉献、为党为国，深深扎根于山东大学，全身心地投入教书育人的崇高事业之中。凭借着对数学的忠诚与对教育的热爱，他在研究和教学的道路上从未停止步伐，不断学习先进的教学理论和教学经验，积极探索教育教学工作规律和教育管理工作的新模式，为山东大学的成功转型和可持续发展奠定了重要基础。

主要参考文献

1. 张笛梅、杨陵康主编:《中国高等学校中的中国科学院院士传略》，高等教育出版社1998年版。

2. 萨苏著:《高墙深院里的科学大腕》，北京联合出版公司2015年版。

3. 王元:《回忆潘承洞》,《数学通报》1998年第4期。

4. 刘培杰主编:《从哥德巴赫到陈景润》，哈尔滨工业大学出版社2008年版。

5. 郭同文、杨学锋:《不断探索　勇辟新径——记著名数学家潘承洞教授》,《高教战线》1983年第2期。

6.《山东大学百年简史》编委会编:《山东大学百年简史（1901—2001）》，山东大学出版社2001年版。

7. 栾开政等编著:《山东的第一所大学》，山东人民出版社2006年版。

8. 樊丽明、刘培平主编:《我心目中的山东大学》，山东大学出版社2005年版。

学无止境
气有浩然

山东大学校训

撰稿人：杨秀芹，教育学博士，中央民族大学教育学院教授，主要从事高等教育学、教育经济学研究。

后记

2018年5月，在人民教育出版社召开了“新中国教育名家大师”（后定名为“当代教育名家”）推选讨论会。会议间隙，我们两人商议将新中国著名大学校长作为研究对象，选择他们之中的优秀代表进行考察，记录分析他们的业绩，总结他们治校办学的经验，以《新中国著名大学校长评传》为名出版，向中国共产党成立100周年献礼。这个设想得到了人民教育出版社郭戈研究员的支持。之后，我们即协商确定了选择著名大学校长的初步原则，在新中国著名大学校长群体中寻找优秀代表人物。2018年11月，中国教育学会教育史分会第19届学术年会在南京召开期间，我们对新中国著名大学校长评传入选校长名单予以确认。

这件有重要价值和意义的工作，难度大，富有挑战性。给新中国著名大学校长立传，关键是要组织好研究与写作队伍，没有一支高素质、有专业水平的作者队伍，单凭我们两个人的力量，良好的愿望是难以实现的。为此，我们首先联络了华中师范大学的王建梁教授、北京师范大学的李子江教授、东北师范大学的王凌浩教授，得到了他们的热烈响应和支持。然后，我们在全国范围内邀请有教育学或管理学专业背景，对研究总结有关新中国著名大学校长有兴趣，具有博士学位并且毕业后还在高等学校从事教育教学与研究工作，已取得一定学术成就的教授、副教授等为骨干队伍，组建了本书的研究编写团队。这支队伍的人员主要来自北京师范大学、东北师范大学、华中师范大学、陕西师范大学、中国人民大学、清华大学、武汉大学、厦门大学、兰州大学、中央民族大学、华中农业大学、湖北大学、武汉科技大学、武汉工程大学、湖北科技学院、临沂大学、武汉体育学院、湖南第一师范学院、河北廊坊师范学院、南京晓庄学院等高等学校。他们中有的同志就在新中国著名大学校长曾经主持的大学工作，对探究本校的前任校长保持着敬仰之情；有的同志对大学校长有浓厚的研究兴趣，并取得过相关的研究成果；有的同志在攻读博士学位期间，或主攻中国教育史，或主攻教育管理学。新中国著名大学校长评传研究与写作团队的这种学术背景、学术兴趣、学术成就以及学术训练等方面形成的基础，为新中国著名大学校长评传的研究编写提供了重要前提条件。

编写本书的基本要求是：第一，坚持历史性与时代性结合。即将大学校长置于新中国的发展历史进程中，尤其是置于新中国高等教育发展的历史进程中、置于校长所在高校发展历史的进程中进行考察。呈现传主出任校长之前的经历，如曾为系主任、副校长等，如曾为其他领域的管理者等，体现传主的发展性。同时立足校长所处的时代背景，写出校长对时代的回应，打上的时代烙印，体现时代与校长的关系。第二，坚持全面性与重点性结合。即对入选校长之丰富的人生阅历、多彩的教育业绩、深邃的办学治校思想、对学校及对教育和社会的影响等进行实事求是的记述与评价，尽可能全面地展现校长丰富的人生。同时将校长在校长岗位上的办学治校主张、方略、举措、得失、影响作为重点进行考察分析，以突出传主作为大学校长的角色特征。第三，坚持科学性与创新性结合。即对著名大学校长立传，必须建立在实事求是的基础上，所取用的材料尽可能是一手的真资料，是经得起检验、考证的材料。对校长的评价要实事求是，不要刻意拔高，也不要刻意贬低。在此基础上，力图多视角地对校长的思想主张做出新的解释，对校长的治校得失做出新的评价，以体现学术探索的创新追求。第四，坚持工具性与可读性结合。为使新中国著名大学校长评传具有工具性价值，行文中的引文要做详细的注释，同时在文后附上撰写该校长评传时参考的主要文献，为读者和研究者查阅相关资料提供参考和方向。

《新中国著名大学校长评传》凡例、绪论和后记的撰写及全书的统稿定稿工作由我们两人承担，其他部分的写作具体分工如下。

马寅初、丁石孙、母国光的评传由河北廊坊师范学院科研处处长兼教育学院院长、副教授秦俊巧执笔。

李达、朱九思的评传由武汉大学党政办公室副主任、副研究员胡庆芳执笔。

吴玉章、陈望道、苏步青、谢希德、钱伟长的评传由湖北大学党委教师工作部副部长、人事处副处长李中伟执笔。

刘伯承、陈赓的评传由广西电力职业技术学院副院长、教授肖全民执笔。

王亚南的评传由厦门大学教育研究院副教授王璞执笔。

侯外庐、匡亚明、郭影秋、刘介愚的评传由华中师范大学教育学院教授王建梁执笔。

屈伯川的评传由东北师范大学教育学部博士研究生姬天雨、东北师范大学教育学部硕士研究生王冬妮执笔。

许崇清、孟宪承的评传由湖北大学教育学院副教授向葵花执笔。

潘菽的评传由武汉工程大学法商学院副院长、教授黄艳及武汉大学教育科学研究院博士研究生刘宇佳执笔。

华岗、潘承洞的评传由中央民族大学教育学院教授杨秀芹执笔。

陈垣、杨石先的评传由北京师范大学教育学部博士研究生姜玉杰执笔。

陈鹤琴、王季愚的评传由武汉科技大学副教授汪睿执笔。

成仿吾的评传由东北师范大学教育学部教授王凌皓和东北师范大学教育学部硕士研究生张丁文、杨彤翊夫执笔。

彭康的评传由陕西师范大学教育学院博士研究生焦彦平和陕西师范大学教育学院教授栗洪武、刘新科执笔。

蒋南翔的评传由清华大学教育研究院副研究员谢喆平和清华大学教育研究院教授王孙禺执笔。

林迪生、江隆基、李秉德的评传由兰州大学高等教育研究院讲师王娟娟执笔。

钟师统的评传由武汉体育学院教授陈晴执笔。

郭沫若、严济慈的评传由湖北大学教育学院讲师马勇执笔。

戴伯行的评传由湖南第一师范学院教育科学学院讲师李汉学执笔。

周荣鑫的评传由湖北科技学院教育学院院长、教授徐蕾执笔。

李国豪的评传由南京晓庄学院副教授杨冰执笔。

周培源的评传由河北廊坊师范学院教育学院讲师赵静执笔。

刘佛年的评传由华中农业大学公共管理学院副教授陶美重执笔。

唐敖庆的评传由东北师范大学教育学部硕士研究生鞠洪贺和哈尔滨学院讲师王睿执笔。

叶培大的评传由北京师范大学教育学部硕士研究生鲁婵和北京师范大学教育学部教授李子江执笔。

钱令希的评传由东北师范大学教育学部教授王凌皓和东北师范大学教育学部硕士研究生龙铁佳、蔡婷婷执笔。

史绍熙、吴咏诗的评传由山东省教育科学研究院教授薄存旭执笔。

袁宝华的评传由中央社会主义学院教务部教务二处处长黄文彬执笔。

经过各位作者的辛苦努力，本书大部分内容的初稿于2019年11月底基本完成。到2019年年底文稿陆续收齐后，我们进行了初步统稿。2020年年初，遭遇新冠疫情，正常的工作受到严重影响，生活局限于小区内、住宅中，《新中国著名大学校长评传》的修改统稿便使我们的生活充实了不少。其间，我们通过电话、微信和电子邮件与有关作者进行修改意见交流，克服资料查阅、核实等方面的不少困难，完成了《新中国著名大学校长评传》的第一次统稿任务。在第一次统稿任务完成后，2020年8月15—16日，我们在人民教育出版社就进一步完善文稿内容召开了有关作者与编辑参加的书稿研讨会，就著作编辑出版的指导思想、时间安排以及文稿中的文字表达、标题推敲、资料核准、注释规范等问题进行了深入讨论，其间得到郭戈研究员的具体指导。会后，我们又对文稿进行了修改完善，就有关文稿中存在的新中国成立前后篇幅失衡，校长角色与其他角色表达失衡的问题进行了修改调整。同时就《新中国著名大学校长评传》中校长的排序进行了明确。

本书能够出版，首先要感谢在新中国高等教育发展史上给我们留下丰富遗产的著名大学校长们，没有他们不可磨灭的业绩，我们也就没有写作这本著作的基础与底气。借本书即将付梓之际，谨表达我们对新中国著名大学校长们的深切怀念与崇高敬意。本书的出版，要特别感谢北京师范大学资深教授、原副校长、中国教育学会名誉会长顾明远先生的亲切教导，他不仅为本书题写书名和拨冗赐序，还对文稿的修改提出了宝贵的指导意见和建议。本书能够出版，要感谢华中师范大学博士生导师、中国教育学会副会长周洪宇教授的大力支持，他经常询问《新中国著名大学校长评传》的研究情况与编写出版进展。本书能够出版，要感谢参与研究与撰写文稿的各位作者，没有他们持续的努力，这套三卷本著作也不可能面世。本书能够出版，要感谢我们参阅过、引用过的众多已有研究成果的作者，没有他们已有的研究成果做参考，也就没有本书的丰富多彩与生动翔实。本书能够出版，还要感谢郭戈研究员、吕达编审、任长松编审、韩华球编审、曾红梅编审、冯卫斌副编审、胡兰江副编审和各卷责任编辑的大力支持和辛勤付出。感谢为本书提供图片的单位和个人。

《新中国著名大学校长评传》虽然要出版了，但也留下了一些遗憾，如本书只收录了47位已故著名大学校长的评传，由于种种原因，还有一些著名大学校长的教育事迹和办学治校思想没有收录到本著作中，有待我们去挖掘和研究。限于水平，我们对新中国著名大学校长的评价或有不当甚至错误之处，恳请读者批评指正。

程斯辉　刘立德

2020年12月初稿

2021年8月定稿